行为，创造安全、透明、高效的社会信息环境；更好支持科技创新，使信息基础设施产业与信息民生服务的发展成果惠及人民；促进社会共享发展红利，健全信息法律治理体系；鼓励学生提高信息管理能力和素养，为实现高水平科技自立自强和建设教育强国、科技强国、人才强国，全面推进中国式现代化作出新的更大贡献。

另外需要说明的是，现在的第三版是在前面两版的基础上修订完成的。

在全书结构上，继续保持和延续了第一版和第二版 10 章的安排，从人类社会信息过程出发考察信息管理活动，从而完整反映信息产生、生存、传递、获取、加工（组织、检索）、利用等一系列相互联系的环节，以及信息的分布、信息管理的支持工具——信息系统及技术方法、信息管理的社会机制——信息政策法规和信息机构管理等方面的内容。

在具体内容上，第三版的修订主要包括：

第 1 章：增加了大数据等新一代信息技术对信息链结构的影响；新增新时期信息化建设的相关政策介绍。

第 2 章：取消“2. 4. 3 Web2. 0 环境下的信息交流”的单节设置，将相应内容整合到其他小节中；新增“2. 4. 4 网络环境下的科学信息交流”一节。

第 3 章：删除“3. 5 网络应用：网络信息资源的分布规律”一节，相关内容精简整合到本章前面各节。

第 4 章：将“4. 3 信息的评价与选择”改为“4. 3 信息质量的评价”，内容上进行了调整；“4. 5 网络应用：网络信息的评价与获取”改为“4. 5 网络信息获取与利用”，内容上进行了更新，增加了开放数据平台和社会化问题平台相关内容。

第 5 章：部分小节标题有所更改，如“5. 4 网络应用：网络信息资源组织”改为“5. 4 网络信息组织”，“5. 5 信息组织的发展方向——知识组织”改为“5. 5 知识组织”，小节内容均相应调整。

第 6 章：将“6. 3 信息检索的技术与方法”合并至“6. 2 信息检索的发展历程”一节当中；“6. 4 网络信息检索”一节中新增移动搜索引擎的内容，并更新了实例内容。

第 7 章：将“7. 2 基于服务科学的信息服务”改为“7. 2 信息服务的演变与现代发展”，内容上进行了调整；“7. 3. 4 信息用户的研究方法”中新增了眼动跟踪法、视频捕捉法、搜索日志分析、点击流数据分析等方法的介绍；“7. 4 网络应用：网络信息服务与网络用户”改为“7. 4 网络用户的信息需求和行为”。

首届全国教材建设奖二等奖

国家级精品课程配套教材

普通高等教育精品规划教材

高等学校信息管理学专业系列教材

信息管理学基础

第三版

马费成　宋恩梅　赵一鸣　编著

WUHAN UNIVERSITY PRESS
武汉大学出版社

图书在版编目(CIP)数据

信息管理学基础/马费成,宋恩梅,赵一鸣编著.—3版.—武汉：武汉大学出版社,2018.8(2025.3重印)
高等学校信息管理学专业系列教材
ISBN 978-7-307-20483-6

Ⅰ.信… Ⅱ.①马… ②宋… ③赵… Ⅲ.信息管理—高等学校—教材 Ⅳ.G203

中国版本图书馆CIP数据核字(2018)第193897号

责任编辑:詹 蜜　　责任校对:汪欣怡　　版式设计:汪冰滢

出版发行：**武汉大学出版社**　(430072 武昌 珞珈山)
(电子邮箱：cbs22@whu.edu.cn 网址：www.wdp.com.cn)
印刷:武汉中远印务有限公司
开本:720×1000 1/16　印张:30.5　字数:543千字　插页:1
版次:2002年12月第1版　2011年8月第2版
2018年8月第3版　2025年3月第3版第10次印刷
ISBN 978-7-307-20483-6　定价:58.00元

第3版前言

中国共产党第二十次全国代表大会提出，新时代党的中
领全国各族人民全面建成社会主义现代化强国、实现第二个
以中国式现代化全面推进中华民族伟大复兴。这为中国信息
息管理学科建设指明了前进方向，提供了根本遵循。以大数
新兴信息技术为代表的新一轮信息革命浪潮为信息管理学科
发展空间和宝贵机遇，不仅催生了一系列创新型科研工具与
进了信息管理学科与其他学科交叉融合。

信息管理学作为研究人类社会信息活动基本规律的科学
管理与应用，旨在优化信息资源的配置和确保信息的安全有
量服务于国家信息化战略需求。在我国发展新的历史方位上
发利用与开放共享，建立健全信息管理制度体系，以信息化
地推动国家经济发展与社会进步。以信息管理学科的发展
向善，以信息管理学科的教育筑牢人才基石，支撑国家在
的健康可持续发展，推进国家治理体系和治理能力现代化

在上述背景下，本次重印以习近平新时代中国特色社
二十大精神为指导，面向数字中国建设整体布局规划，围
时代教育根本任务，以培养学生的创新精神和实践能力为
内容进行部分修订，以满足信息管理学科发展的需求，推
理论创新与实践创新。

全书系统性地介绍了信息管理领域的基础性和概论性
新时代中国特色社会主义思想和党的二十大精神，重点
面：信息管理工作坚持安全和发展并重，统筹信息资源的
障；推进信息机构建设，完善高端信息交流平台；规范

第8章："8.2.3 信息系统开发方法"提及敏捷开发思想，并新增测试驱动开发方法的介绍；"8.4.4 信息系统安全技术"新增入侵检测系统的介绍。

第9章："9.3.3 公益性信息机构的协作管理"新增政府公共资源协作管理和图书馆联盟等实践案例；"9.4 营利性信息机构的市场营销管理"改为"9.4 营利性信息机构及其管理"，内容上进行补充和调整；"9.5 网络环境下信息机构的发展"一节内容精简整合到相应小节当中。

第10章：更新补充了相关的政策和法律内容及案例。

为便于指导和学习，每章末设置了本章内容提要和本章重点，以协助同学在学习过程中能对整章内容有更好的总体把握，对重要知识点有更深入的了解和掌握。

本书的编写参阅和引用了许多作者的研究成果，我们都以脚注的形式进行标注或以参考文献和引用文献的形式列于书末（也可能有因疏忽而遗漏的），对这些我们表示由衷的谢意。在本次修订中，李志元、石静、黄倩等同学在资料搜集和整理方面做了大量的协助工作，也对他们的辛劳付出表示感谢。

武汉大学出版社的詹蜜女士作为本书的责任编辑，从第一版开始就一直持续跟进，提出了许多很好的意见和建议，为本书的三次编辑出版付出了辛勤劳动。特别要提到的是，许多兄弟院校的同行一直对这本教材以及这门课程给予了很多的关心和支持，在此一并表示感谢。

在教材的三次修订过程中，我们亲历了信息管理的迅速发展和变化。作为新兴的学科，信息管理仍然还有许多待开拓和研究的领域。要编写出一本结构合理、内容精当的教材，并能够与时俱进，在理念和内容上不断升级迭代，需要我们继续不懈的努力和探索。对于书中存在的疏漏甚至错误，也恳请同行和读者不吝批评指正。

编著者

2023年12月于珞珈山

第 2 版前言

《信息管理学基础》是信息管理与信息系统专业的一门专业基础课，本书作为该课程的教材，目的是向学生介绍本专业领域系统的基础性和概论性知识，为学习后续课程提供支持。现在的这个新版本是在第 1 版的基础上修订完成的。

信息管理的实践虽然源远流长，可以追溯到遥远的古代，但作为一门学科的信息管理则是现代计算机和通信技术广泛应用于人类信息活动各环节的基础上发展起来的新兴学科领域，这个领域年轻同时又极具活力。在课程讲授中，我们积极引入本领域所出现的一些新问题，以求能够尽力贴近时代的发展，并在此基础上着手准备修订版的编写工作。

原教材自 2002 年出版以来，在许多兄弟院校信息管理与信息系统专业和相关专业使用，收到了较好的效果。但历经 10 年，信息技术日新月异，互联网高度普及，信息产业蓬勃发展，信息服务活动更加丰富多彩，教材的一些内容和提法都显得比较陈旧，已不能满足教学的需求。苦于教学科研任务繁重，教材的修订时断时续，拖延了较长时间，所幸的是我们在这一过程中还不断补充了新知识，反映学科的新发展。

在教材修订过程中，我们进行了一定范围的调研，从不同角度反映的意见为新版教材的修订提供了有价值的参考。在此基础上，我们结合课堂讲授积累的素材和经验，对老版教材进行了较大幅度的修改和补充。

新版教材基本保留了原教材的体系结构，即从人类社会信息过程出发考察信息管理活动。围绕这一过程及相关内容的逻辑顺序构成教材的 10 个章节，包括信息的生成、传递、获取、加工（组织、检索）、利用等一系列相互联系的环节，以及信息的分布、信息管理的支持工具——信息系统及技术方法、信息管理的社会机制——信息政策法规和信息机构管理等方面的内容。这也是原教材的重要特色。

在教材内容方面，首先是直接补充了一些新的内容，例如第 2 章信息交流增加了 2. 2 节信息交流的模式，第 7 章信息服务增加了 7. 2 节现代信息服务的主要环节，第 9 章信息机构及其管理增加了 9. 2 节信息机构的运行与管理、9. 4 节营利性信息机构的市场营销管理，第 10 章信息政策与信息法律增加了 10. 1. 3 节国内外信息政策概述等。其次在各章内部，或删除，或调整，或整合，或重新组织，力求将新旧内容融合，这部分的改动并没有很醒目地反映在章节标题的变化上，而是分布在标题之下的具体内容里。作为专业基础课的教材，对象是低年级的本科生，为了帮助学生对于一些专业理论知识点的理解，教材中还引入了相应的实例分析和讨论。

在内容修订上最突出的特点，是在每章（第 1 章、第 8 章除外）都增设了一节网络应用的专题，作为各章内容在网络环境下的体现或应用，包括：

- 网络信息交流
- 网络信息资源的分布规律
- 网络信息的评价与获取
- 网络信息资源组织
- 网络信息检索
- 网络信息服务与网络用户
- 网络环境下信息机构的发展
- 网络环境下的信息政策与信息法律

这样做的目的是希望充分体现信息管理领域与网络环境的紧密联系，并介绍一些信息管理在网络及数字环境下的新发展和新动向，增强同学的专业时代感。这也是新版教材最大的特色。

为便于指导和学习，每章末设置了本章内容提要和本章重点，以协助学生在学习过程中能对整章内容有更好的总体把握，对重要知识点有更深入的了解和掌握。

在本书的修订过程中，我们最初还在每章后面附有相应的案例资料和问题思考，作为课后延伸阅读材料，希望通过更多更新的实例素材，引发学生进一步的分析和思考。但由于篇幅限制，在最后定稿的时候这些案例没有包含在教材中。不过这并不遗憾，因为我们将抽取出来的案例资料配合这门课程的实验教学内容合编成了新版教材的配套辅助材料，连同新版教材一起出版。作为基础性的理论课程，为其配备案例和实验材料，这种做法还不是很多，希望这种尝试能够收到好的效果。

本书的编写参阅和引用了许多作者的研究成果，我们都以脚注的形式进行标注或以参考文献的形式列于每章的末尾（可能有因疏忽而遗漏的），对这些作者我们表示由衷的谢意。此外，新版的编写是在第 1 版基础上完成的，同时也要对第 1 版的其他两位编著者胡翠华和陈亮表示感谢，他们的前期工作为此次的修订奠定了很好的基础和条件。

武汉大学出版社的詹蜜女士作为本书的责任编辑，提出了许多很好的意见和建议，为本书的编辑出版付出了辛勤劳动。特别要提到的是，许多兄弟院校的同行一直对这本教材以及这门课程给予了很多的关心和支持，在教材修订时，提出了很好的建议，在此一并表示感谢。

信息管理作为新兴的学科仍然还有许多待开拓和研究的领域，要编写出一本结构合理、内容精当的教材，需要我们进一步探索、研究和努力。对于书中存在的疏漏甚至错误，也恳请同行和读者批评指正。

著 者

2011 年 3 月于珞珈山

第 1 版前言

信息管理学基础是信息管理与信息系统专业的一门专业基础课，本书即是为该课程编写的教材，目的是向学生介绍本专业领域系统的基础性和概论性知识，为学习后续课程提供支持。

信息管理的实践虽然源远流长，可以追溯到遥远的古代，但作为一门学科的信息管理则是现代计算机和通信技术广泛应用于人类信息活动各环节的基础上发展起来的新兴学科领域。它主要研究信息的生存、传播、分布、获取、加工、利用的特征、规律及其控制和管理的理论、原理、原则、技术方法与社会机制。由于参与信息管理活动的人们来自不同的领域，具有不同的学科专业背景，因而对信息管理具有不同的理解和阐释，使得信息管理的有关文献内容各异，给我们编写教材带来了较大难度。从什么样的角度考察信息管理活动便成为我们构建本教材体系结构的关键。

为了保证信息管理领域所包含的内容之间的逻辑联系，我们决定不从信息活动的范围出发，而从人类社会信息过程出发考察信息管理活动，确立教材的体系结构，选择相关内容。人类社会信息过程包括信息的生存、传递、获取、加工（组织、检索）、利用等一系列相互联系的环节，为了对信息进行管理，提供有效利用，除了这些基本环节之外，还需要研究信息的分布、信息管理的支持工具——信息系统及技术方法、信息管理的社会机制——信息政策法规和信息机构管理等方面的内容。本书就是围绕这一过程及相关内容的逻辑顺序展开来构建体系结构的。希望这一思路和尝试能对学科和专业发展起到积极作用。

本书在编写过程中，由我提出编写大纲，并撰写第 1 章、第 2 章、第 3 章、第 4 章和第 7 章，胡翠华撰写第 5 章、第 6 章和第 8 章，陈亮撰写第 9 章和第 10 章。最后由我统一修改定稿。卢晓宾同志为第 5 章和第 6 章提供了大量资料，谨此表示谢意。尤其需要感谢的是丰成君博士，他对信息交流传递的独特见解和研究使我萌发了邀请他撰写这部分内容的想法，但他近来无暇援笔，只能由我根据他提供的全部资料来撰写这部分内容。

本书的编写还参阅和引用了许多作者的研究成果，我们都以脚注的形式进行标注或以参考文献和引用文献的形式列于书末（也可能有因疏忽而遗漏的）。他们的研究成果为本书提供了丰富的素材，我们表示由衷的谢意。

武汉大学出版社副社长何皓同志作为本书的责任编辑，提出了许多很好的意见和建议，为本书的编辑出版付出了辛勤劳动，在此亦表示感谢。

当代信息技术高度发展和广泛应用，社会经济信息化的步伐不断加速，给信息管理的理论和实践提出了许多新课题，信息管理作为新兴的学科也还有许多待开拓和研究的领域。本书虽然提出了一些新的思想和观点，但我们对信息管理学内容的把握，乃至体系的确立，肯定是不成熟的，需要进一步探索和研究。书中还可能存在疏漏甚至错误，恳请读者批评指正。

马费成

2002 年 11 月 16 日于珞珈山

目　　录

1 信息与信息管理

随着当代信息技术的高度发展和广泛应用，人类真正进入了信息时代。在信息时代，人们大量生产信息，广泛使用信息。信息已渗透到人类社会生活的每一个领域和每一个方面，成为支配和影响社会进步、经济发展、科技创新、文化繁荣的重要因素。然而，信息量指数增长，形成爆炸之势，又反过来危及人类的生存和进步。这就需要我们进一步认识信息、研究信息、管理信息，为开发信息和利用信息提供理论方法，这也是我们学习信息管理这门课程的重要意义。

1.1 关于信息

1.1.1 信息的概念

信息可以说是当代社会使用最多、最广、最频繁的词汇之一，它不仅在人类社会生活的各个方面和各个领域被广泛使用，而且在自然界的生命现象与非生命现象研究中也被广泛采用。然而，对什么是信息迄今却尚未有公认的定义。这里，仅列举一些比较典型、比较有代表性的定义，以使读者对信息的概念有一个较为全面的认识：

信息就是信息，既不是物质也不是能量。

信息是事物之间的差异。

信息是系统的复杂性。

信息是事物相互作用的表现形式。

信息是物质的普遍属性，是事物联系的普遍形式。

信息是物质和能量在时间和空间中分布的不均匀性。

信息是收信者事先不知道的报道。

信息是消除不确定性的东西。

信息是使概率分布发生变动的东西。

信息是负熵。

信息是有序性的度量。

信息是被反映的差异。

信息是人与外界相互作用过程中所交换的内容的名称。

信息是作用于人类感觉器官的东西。

信息是选择的方式和自由度。

信息是通信传输的内容。

信息是加工知识的原材料。

信息是控制的指令。

信息是决策需要的智慧。

信息就是消息。

信息就是信号。

信息就是数据。

信息就是经验。

信息就是资料。

信息就是知识。①

这些对信息的理解，有的是从哲学角度出发，探讨信息的本质属性；有的侧重于信息在传递过程中的形态；有的反映了信息对于接受者而言所产生的效用。广义上的信息包括了自然界和人类社会中产生、传递、利用的各种信息，我们所研究的对象主要是人类社会中的信息。在早期，人们对信息的理解仅停留在字面上，把信息看做消息的同义语。这种认识甚至可以追溯到1000多年前，南唐诗人李中曾吟出了“梦断美人沉信息，目穿长路倚楼台”的名句。诗中的“信息”就是指音信、消息。随着人类的发展和社会分工的细化，在不同的领域，由于学科背景、行业差异等原因，人们对于信息的认识也开始出现不同。

最早把信息作为科学对象来加以研究的是在通信领域，因为通信的本质

① 钟义信．信息科学原理［M］．北京：北京邮电大学出版社，1996.

实际上就是传输信息，通信科技工作者为了解决通信中的种种问题，需要深入研究信息的本质及其度量的方法。这一领域的奠基之作当推哈特莱 1928 年在《贝尔系统电话杂志》上发表题为“信息传输”的论文。他在这篇文章中把信息理解为选择通信符号的方式，并用选择的自由度来计量这种信息的大小。他认为，发信者所发出的信息，就是他在通信符号表中选择符号的具体方式。20 年后（即 1948 年），通信专家香农在《贝尔系统电话杂志》上发表了一篇题为“通信的数学理论”的论文，他以概率论为工具，阐明了通信中的一系列基本理论问题，给出了计算信源信息量和信道容量的方法和一般公式，得到了一组表示信息传递重要关系的编码定理。香农在定量测度信息时，把信息定义为随机不确定性的减少，亦即信息是用来减少随机不确定性的东西①。基于这一思想，布里渊直接指出，信息就是负熵②。控制论的奠基人维纳则把信息看做广义通信的内容。他在《控制论与社会》（1950 年）一书中写道：“信息就是我们在适应外部世界，并把这种适应反作用于外部世界的过程中，同外部世界进行交换的内容的名称。”“接收信息和使用信息的过程，就是我们适应外界环境的偶然性的过程，也是我们在这个环境中有效地生活的过程。”③ 维纳显然把人与外部环境交换信息的过程看做一种广义的通信过程，即泛指人与人、机器与机器、机器与自然物、人与自然物之间的信息传递与交换。维纳同样也把信息解释为负熵。他指出，“正如熵是无组织（无序）程度的度量一样，消息集合所包含的信息就是组织（有序）程度的度量。事实上，完全可以将消息所包含的信息解释为负熵”。

由上可见，在通信领域所展开的对信息的研究取得了丰硕的成果。在这里，信息被看做有序程度（或组织程度）的度量和负熵，是用以减少不确定性的东西。这些也是香农、维纳、布里渊等人对信息的共同理解（哈特莱的信息定义仅仅是香农定义的特殊情形）。这些认识比仅仅把信息看做消息或通信的内容要丰富得多，深刻得多。

在生命科学领域，动物界与植物界的信号交换，甚至生命体由一个细胞传递给另一个细胞，由一个机体传递给另一个机体，也开始被看做信息的传

---

① Shannon C E. The Mathematical Theory of Communication [J]. BSTJ, 1948, Vol. 47.

② Brillouin L. Science and Information Theory [M]. New York: Academic Press Inc, 1956.

③ Wiener N. Cyberbetics and Society [M]. Houghton Mifflin Company, 1950.

递。例如生物体内的核酸分子（分为脱氧核糖核酸 DNA 和核糖核酸 RNA）就是通过自我复制，把遗传信息一代代传下去，这就是一种重要的信息传递。20 世纪 80 年代末，随着基因组测序数据迅猛增加而逐渐形成了一门新兴交叉学科——生物信息学（Bioinformatics），它应用信息科学研究生物体系和生物过程中信息的存储、信息的内涵和信息的传递，研究和分析生物体细胞、组织、器官的生理、病理、药理过程中的各种生物信息，通过对生物学实验数据的获取、加工、存储、检索与分析，进而达到揭示数据所蕴含的生物学意义的目的。

第二次世界大战后，科技信息工作成为科技工作的重要组成部分，科技领域的信息服务逐渐发展起来，成为社会经济生活中的重要产业。进入 21 世纪，科技创新的主导作用日益显著，科技信息被视为科学研究和科技创新的重要资源和基础条件。对于科技领域的人员来说，信息包括科学研究、技术创新、产业部门发展成果、行业研究报告、中外专利、标准等资源。科技信息服务机构向社会公众提供科技信息检索、查询服务，面向企业、科技人员、地方政府等提供科技查新、科技项目评估、科技宣传、科技战略与政策咨询等专题科技服务。

在经济领域中，人们关注的是企业、商品（价格）、顾客、市场等方面的信息。市场信息的不完全和非对称性使得市场信息具有了价值，也使得信息能够作为一种特殊的商品而存在。美国著名经济学家肯尼思·J. 阿罗在其著作《信息经济学》中提到：“人们可以花费人力及财力来改变经济领域以及社会生活的其他方面所面临的不确定性，这种改变恰好就是信息的获得。不确定性具有经济成本，因而，不确定性的减少就是一项收益。”信息通过对不确定性的减少，来降低成本，提高经济效率，并获得了自身的市场价值。对于电子商务来说，其信息流的层次更加丰富，除了有关于买方、卖方、商品的信息之外，还包括同类产品供应商的竞价排名、广告、电子商务的应用技巧、站内搜索引擎、交易量、IM（即时通信）交流信息、商务活动参与者的诚信信息等。

信息的普遍性和广泛性也引起了哲学家们的关注，他们发现，人类社会、自然界、思维，乃至宇宙中一切事物的存在方式及运动状态都有其固有的规律和特征，由相应的信息来表现这种运动的状态和方式。由于任何事物都有其内部结构和外部联系，正是这种内部结构和外部联系的综合作用，决定了事物的运动状态和方式，因此，信息可以说是事物的一种普遍属性。

在通常情况下，信息被看做经验、知识和资料。诸如：“信息是作为存储、传递和转换的对象的知识”“信息是人与人之间传播着的一切符号系列化的知识”“信息是决策、规划、行动所需要的经验、知识和智慧”“信息是组织好的、能传递的资料”，等等，都是有代表性的信息定义。随着互联网的普及和利用，网络世界把信息带到了人类社会生活的每一个领域、每一个方面和每一个角落，使人们实实在在感受到了信息的普遍性和不可或缺性。人们对信息的理解包括在网络上传输的一切数据、符号、信号、资料，是一个无所不包的庞大的集合体。

由前述信息概念的发展和演进可以看出，信息概念是十分复杂的，我们在讨论信息的定义时，必须注意定义的条件和范围。引入不同的约束条件，将会得到不同的信息定义。事实上，我们在前面列举的有关信息的定义正是人们从不同角度、在不同条件下对信息的认识和理解。如果我们根据不同条件区分不同的层次来讨论信息的定义，我们将会对信息有一个更为清晰的认识。

在最为一般的意义上，亦即没有任何约束条件，我们可以将信息定义为事物存在的方式和运动状态的表现形式。

这里的“事物”泛指存在于人类社会、思维活动和自然界中一切可能的对象。“存在方式”指事物的内部结构和外部联系。“运动”泛指一切意义上的变化，包括机械的、物理的、化学的、生物的、思维的和社会的运动。“运动状态”则是指事物在时间和空间上变化所展示的特征、态势和规律。由于宇宙间的一切事物都有其特定的存在方式和运动状态，因而一切事物都在不断地产生信息，而且是不同的信息。在这一层次上定义的信息是最普遍、最广义的信息，可与物质、能量并驾齐驱，我们称其为本体论层次的信息①。

如果考虑到信息的产生、认识、获取和利用离不开主体——人，并且必须从主体的立场来定义信息，那么，本体论层次的信息定义就转化为认识论层次的信息定义。在认识论层次上，我们可以将信息定义为：主体所感知或表述的事物存在的方式和运动状态。这里，主体所感知的是外部世界向主体输入的信息，主体所表述的则是主体向外部世界输出的信息。显然，在引入了“主体”这个约束条件后，信息定义的范围变窄了。

比较两个不同层次的信息定义可以发现，在本体论层次上，信息的存在不以主体的存在为前提，即使根本不存在主体，信息也仍然存在。完全可以认为，在人类出现以前，信息就已经客观存在了，只是没有人去感知、表述和利用而已。在认识论层次上则不同，没有主体，就不能认识信息，也就没

① 钟义信．信息科学原理［M］．北京：北京邮电大学出版社，1996.

有认识论层次上的信息。因此也可以说，在人类出现之前，根本就不存在信息。

应当指出的是，认识论层次的信息概念比本体论层次的信息概念具有更为丰富的内涵。这是因为：第一，作为主体的人具有感知能力，能够感知到事物的存在和运动状态；第二，人具有理解能力，能够理解事物的存在和运动状态的特定含义；第三，人具有目的性，能够判断事物的存在方式和运动状态对其目的而言的效用价值。而且这三个方面是相互依存不可分割的。事实上，人们只有在感知了事物存在的方式和运动状态的形式，理解了它的含义，明确了它的效用之后，才算真正掌握了这个事物的信息，才能做出正确的决策。我们把同时考虑到事物存在方式和运动状态的外在形式、内在含义和效用价值的认识论层次上的信息称为“全信息”，而把仅仅考虑其中形式因素的信息称为“语法信息”，把考虑其中内容（含义）因素的信息称为“语义信息”，把考虑其中效用因素的信息称为“语用信息”。认识论层次的信息乃是同时考虑语法信息、语义信息和语用信息的全信息。以香农为代表的信息论所研究的基本上不涉及信息的含义和效用，是纯粹的语法信息。

本体论层次的信息定义和认识论层次的信息定义是最基本的信息定义。如果在认识论层次信息定义基础上引入某种约束条件，认识论层次的信息定义就转化为更低层次的信息定义。我们在前面所列举的信息定义不过是人们从不同角度和不同侧面来认识和理解信息而引入了不同的约束条件而已。这就是为什么信息定义如此复杂纷纭、见仁见智、莫衷一是的原因。

根据本书的目的，我们主要研究社会信息，即为了特定的目的产生、传递、交流并应用于人类社会实践活动，包括一切由人类创造的语言、符号和其他物质载体表达和记录的数据、消息、经验、知识。显然，这类信息是一个庞大的体系，都属于认识论范围内的信息。自然界、生物界及机器系统的信息，只要有人类主体介入，并服从于人类社会的特定目的，都是我们所说的社会信息。本书要研究和解决这类信息的管理和开发利用问题。

1.1.2 信息的特征

根据我们对信息概念的分析，可以进一步归纳出信息的特征和性质。了解信息的这些特征和性质，又会反过来加强我们对信息定义的理解和认识。

（1）信息存在的普遍性和客观性

信息是事物存在方式和运动状态的表现，宇宙间的万事万物都有其独特的存在方式和运动状态，就必然存在着反映其存在方式和运动状态的信息。事物的存在和运动无时不有、无处不在，因而信息也就如影随形，无时不有、无处不在。这种普遍存在着的信息还具有绝对性和客观性。绝对性表现为，客观的物质世界先于人类主体而存在，因此信息的存在不依主体而转移；客观性表现为，信息不是虚无缥缈的东西，它的存在可以被人感知、获取、存储、处理、传递和利用。

（2）信息产生的广延性和无限性

宇宙时空中的一切事物都有其存在的方式和运动状态，都在不断地产生信息；而宇宙时空中的事物是无限丰富的，在空间上广阔无边，在时间上无限变化。因而信息的产生是无限的，分布也是无限的。即使在有限的空间和时间段中，事物也是无限多样的，信息自然也是无限的。

（3）信息在时间和空间上的传递性

信息产生于事物的存在和运动，但信息可以脱离其发生源而存在，可以由其他物质载体携载在时间或空间中传递。在时间上的传递即是信息的存储，在空间中的传递就是通信。其实，存储也是通信，只是面向未来的通信而已。当然，信息在空间上的传递也需要时间，但它在空间中传递的速度是一个有限值。尤其是在现代通信技术支持下，信息在空间上转移的时间越来越快，甚至可以忽略不计。信息在时间和空间中传递的性质十分重要，它不仅使人类社会能够进行有效的信息交流和沟通，而且能够进行知识和信息的积累与传播，如维纳所说，信息是人类社会的黏结剂。很难想象，如果没有信息的传递性，人类社会迄今会是什么状况。

（4）信息对物质载体的独立性

信息表征事物的存在和运动，但信息不是事物本身。这种“表征”可以通过人类创造的各种符号、代码和语言来表达，通过竹、帛、纸、磁盘、光盘等物质来记录和存储，通过光、声、电等能量来载荷和传递。离开这些物质载体，信息便无法存在。这说明，信息对物质载体具有依附性。但信息具体由哪种物质载体来表达、记录和载荷都并不会改变信息的性质和含义，这说明信息对物质载体具有独立性。例如“明天是否下雨”这则气象信息，我们可以用数字0和1来表示，也可以用电流正和负表示，还可以用硬币的正面和反面来表示；可以记录在纸张上，也可以记录在磁盘上，还可以记录在黑板上；可以用光来传递，也可以用声音来传递，还可以用电波来传递等，它们都毫不影响该信息的性质和内容。也就是说，载荷信息的物质载体的转换并不改变事物存在的方式和运动状态的表现形式。信息的这一性质使得人们有可能对信息进行各种加工处理和变换。

（5）信息对认识主体的相对性

由于人们的观察能力、认识能力、理解能力和目的不同，他们从同一事物中所获得的信息量也各不相同。即使他们的这些能力和目的完全相同，但他们在观察事物时，选择的视角不同，他们所获得的有关同一事物的信息肯定也不同。根据信息的客观性和绝对性，可以假定某一事物 X 的实在信息量 $I(X)$ 是常数，在这样的条件下，第 i 个观察者 R_i 的实得信息量 $I(X, R_i)$ 可表示为：

$$I(X, R_i) = I(X) - I_o(X, R_i)$$

既然各个观察者的先验信息 $I_o(X, R_i)$ 各不相同，他们从该事物实际得到的信息量当然也各不相同。信息的这一性质说明，实得信息量是因人而异的。信息的这一性质在我们的日常生活和工作中是屡见不鲜的。例如，对于 $E=mc^2$ 这个公式，具有物理学知识的人见到它立即会领会到它所代表的质能转换的深刻内涵，而没有物理学知识的人所得到的信息很可能就是一个普通的数学公式或英文字母、数字的组合。

(6) 信息对利用者的共享性

由于信息可以脱离其发生源或独立于其物质载体，并且在利用中不被消耗，因而可以在同一时间或不同时间被给众多用户利用，这就是信息的共享性。信息能够共享是信息不同于物质和能量的重要特征。物质和能量的利用表现为占有和消耗。当物质和能量一定时，利用者在利用上总是存在着明显的竞争关系，即“你多我就少”，或者说，在对某一数量的物质和能量加以利用时，一部分人利用多了，其他人就只得少利用甚至不利用。信息的利用不存在这样的竞争关系。例如，某人阅读一本书，他从这本书中获取的知识内容（或称信息量）并不会因为其他人的已经阅读而受到影响，也不会对将要阅读这本书的其他人产生影响。再如，当计算机的应用软件开发出来之后，生产者可以将其制成拷贝转让给其他利用者，而生产者并未因转让而失去原有软件信息，他可以在该软件信息寿命周期内不断转让。各利用者利用该软件的信息并不以其他利用者少利用或不利用为前提，他们在利用上不存在竞争关系，可以同时共享一份信息。

信息的共享性是信息的一种天然属性（本质特性）。它既有积极方面，也有消极方面。其积极方面是信息在时间和空间上可以实现最大限度的共享，提高信息利用效率，节约生产成本；其消极方面是共享给现代信息管理中信息产权的安排和控制带来了很大难度。这将在后续章节中专门讨论。

(7) 信息的不可变换性和不可组合性

信息一旦产生，就表达某种特定的含义，它不是包含在信息中的各种要素（如符号、数据、单词等）的简单算术和，因而不可能将这些要素以任意的顺序排列和以不同的组合加以归并而不损害信息的含义①。例如“明年的夏天比今年更热”这条信息，如果将“今年”与“明年”两个信息要素调换位置，则变为“今年的夏天比明年更热”，意思完全与原信息相反。将信息中的构成要素以任意的顺序排列和不同的组合加以归并而能够保持原有的含义仅仅是偶然现象。同样，构成信息的要素也是不能任意分割的。

（8）信息产生和利用的时效性

从信息产生的角度看，信息所表征的是特定时刻事物存在的方式和运动状态，由于所有的事物都在不断变化，过了这一时刻，事物的存在方式和运动状态必然会改变，表征这一“方式”和“状态”的信息也会随之改变，即所谓时过境迁。从信息利用的角度看，信息仅在特定的时刻才能发挥其效用。一条及时的信息可能价值连城，使濒临破产的企业扭亏为盈，成为行业巨头；一条过时的信息则可能分文不值，使企业丧失难得的发展机遇，酿成灾难性后果。

信息的时效性并不意味着生产出来的信息越早利用越好，这中间并没有必然的因果关系。早投入利用固然可能容易实现其效用价值，但相反的情况亦屡见不鲜。随着时间推移，某些信息可以像陈年老酒一样不断增值。这里主要强调“特定时刻”，利用者要善于把握时机，只有时机适宜，信息才能充分发挥效用。

我们在这里列举和讨论的仅仅是信息的基本性质，是不同种类的信息都具有的属性，实际上，不同类型的信息有不同的特性，我们就不一一讨论了，留待读者自己去分析。

1.1.3 信息的分类

为了进一步认识信息、理解信息和描述信息，我们需要对信息进行分类。同其他事物的分类一样，信息的分类也有许多不同的原则和方法。以下是常见的信息分类方式：

按信息描述的对象划分，可分为自然信息、生物信息、机器信息和社会信息。

按信息的性质划分，可分为语法信息、语义信息和语用信息。

从利用者观察的角度和过程划分，可分为实在信息、先验信息和实得信息。

① А. И. 米哈依洛夫著．科学交流与情报学［M］．徐新民，等译．北京：科学技术文献出版社，1980.

按信息的传递方向划分，可分为纵向信息、横向信息和网状信息。

按信息的内容划分，可分为经济信息、科技信息、政治信息、文化信息、政策法规信息、娱乐信息等。

按信息的作用来划分，可分为有用信息、无用信息和干扰信息。

按信息的运行状态划分，可分为连续性信息、间隔性信息、常规性信息和突发性信息等。

按信息的流通渠道划分，可分为正式信息和非正式信息。

按信息的记录方式划分，可分为语声信息、图像信息、文字信息、数字信息和计算信息等。

按信息的来源划分，可分为内部信息和外部信息（如组织内部、外部）等。

我们还可以列举许多其他划分方式，即使是同类信息，也可以从另外的角度和准则进行划分。划分的目的是认识信息的性质和特征，以便描述信息和处理信息。无论从什么样的角度进行划分，不同种类的信息之间并没有绝对的界限，彼此间互有交叉重叠。尤其是我们从内容角度对信息的划分更是如此。例如，一份政治信息或科技信息对一个国家或一个企业的海外市场开拓决策产生决定性影响时，它就是一份重要的经济信息。

信息的分类方式虽然很多，但有的分类方式并没有多少实际意义，仅有几种分类方式是最基本的。例如，按信息的性质对信息的划分（语法信息、语义信息和语用信息）对于信息的描述、测度以至整个信息科学的研究都是至关重要的。按信息的内容、渠道、记录方式的划分对于信息管理、信息服务和信息利用的研究又是十分基础的。

1.1.4 信息链中的数据、信息与知识

英语的 Information 是一个连续体的概念，由事实（Fact）—数据（Data）—信息（Information）—知识（Knowledge）—智能（Intelligence）五个要素构成“信息链”（Information Chain）。简单地说，“事实”是人类思想和社会活动的客观映射；“数据”是事实的数字化、编码化、序列化、结构化；“信息”是数据在信息媒介上的映射；“知识”是对信息的加工、吸收、提取和评价的结果；“智能”则是运用知识的能力。信息链的上游面向物理属性，信息链的下游面向认知属性①。

在信息链中，与信息紧密相关的是数据和知识。为了进一步认识和理解

① 梁战平．情报学若干问题辨析［J］．情报理论与实践，2003（3）：193-198.

信息的含义，我们将对这三者进行比较分析。

数据（Data）是载荷或记录信息的按照一定规则排列组合的物理符号。它可以是数字、文字、图像，也可以是声音或计算机代码。人们对信息的接收始于对数据的接收，对信息的获取只能通过对数据背景（Context）和规则的解读。背景是接收者针对特定数据的信息准备，即当接收者了解物理符号序列的规律，并知道每个符号或符号组合公认的指向性目标或含义时，便可获取一组数据载荷的信息，亦即数据转化为信息。可以用如下公式表示：

数据+背景=信息

信息是数据载荷的内容，对于同一信息，其数据表现形式可以多种多样。例如，你可以打电话告诉某人某件事（利用语言符号），也可以写信告诉某人同一件事（利用文字符号），或者干脆画一个图（利用图像符号）。信息告诉我们："这组符号表达什么。"

知识是信息接收者通过对信息的提炼和推理而获得的正确结论，是人通过信息对自然界、人类社会以及思维方式与运动规律的认识与掌握，是人的大脑通过思维重新组合的、系统化的信息集合。知识告诉我们："这组数据意味着什么。"

知识的传输一般遵循如下模式：

传输者的知识→数据→信息→接收者的知识

这一模式说明，要传输知识，传输者首先要将头脑中的知识转化为数据，即按一定的规则排列组合的物理符号，再通过一定渠道将数据传至接收者。接收者如果能够解读数据的背景与规则，则可接收到相关的信息，然而最终能否获取传输者意欲传递的知识，还取决于接收者个人对信息的提炼与推理。只有当信息接收者接收到并能够从中提取关于事物的正确理解和对现实世界的合理解释时，信息才能转化为知识。可见，信息能够转化为知识的关键在于信息接收者对信息的理解能力。

对信息的理解能力取决于接收者的信息与知识准备。如一份病人的病历对非医护人员仅仅是数据或信息，而对医生则能提供相关知识。信息转化为知识的机理虽然复杂，但有一点可以肯定：信息只有同接收者的个人经验、信息与知识准备结合，也就是同接收者的个人背景融合才能转化为知识。同样，我们可以表达为如下公式：

信息+经验=知识①

由此可见，知识的获取只能通过学习和体验（实践），而人的认识能力

---

① 陈锐．公司知识管理［M］．太原：山西经济出版社，2000：26-27.

和理解能力为数据转化为信息、信息转化为知识，以及知识的有效融合、新知识的创造提供了必不可少的条件。

在信息链中，智能是解决问题的一种能力和方略，是在一定的环境下针对特定的问题和目的而有效地获得信息、处理信息形成知识和策略、利用策略来解决问题，从而成功地达到目的的能力①。智能是被目的所激活的知识，是知识在一定条件下的运动方式。

从以上信息链中的相关概念出发，可以认为，数据是信息的原材料，而信息则是知识的原材料，知识的趋向是要成为人们决策的智能方法②。其中，数据的外延涵盖范围最广，信息次之，知识最小。数据、信息和知识的包含关系及相互转化关系可以用图 1-1 和图 1-2 表示。

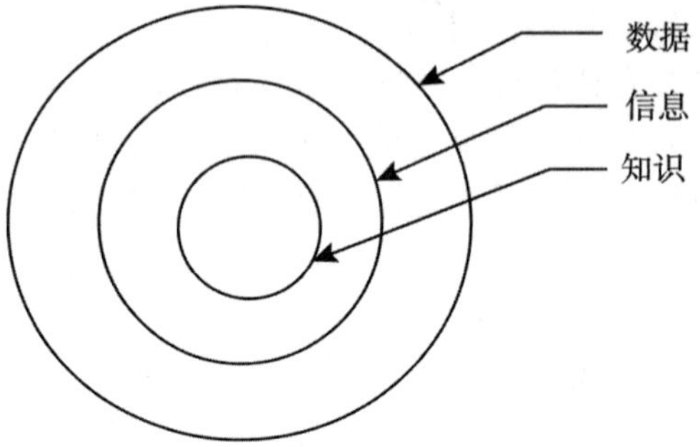

图 1-1　数据、信息和知识的范围

至于其他一些概念如信号、消息、资料等，不过是数据的不同单位和不同形式而已，它们同样也是载荷信息的物理符号或物质外壳。

在数智时代，云计算、物联网、大数据、人工智能、移动互联网等新技术的蓬勃发展，使信息链的结构发生了改变。传统信息链的结构是由事实和数据出发，到最终的知识和智能，是从低端环节升华到高端环节的过程。在全新技术环境下，信息链这种逐级提炼升华的模式被打破拆散，可以从信息链上任意节点入手，直接挖掘出决策需要的知识、智能和解决方案。这一结构的改变提高了效率，知识和智能不是沿着信息链逐级提炼而来，而是通过

① 钟义信．信息科学原理（第 3 版）［M］．北京：北京邮电大学出版社，2002：240.

② 张勤．信息链与我国情报学研究路径探析［J］．图书情报知识，2005（4）：23-27.

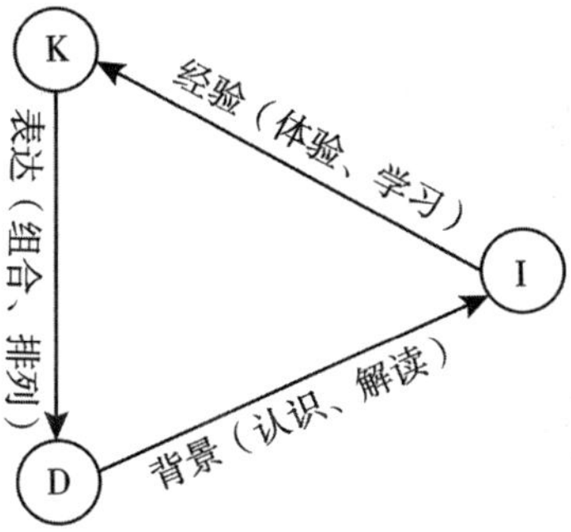

图 1-2　数据、信息和知识的相互转化

大数据技术深度挖掘分析生成①。

同时，作为信息化、数字化、智能化的基础，数据已经成为数字经济时代的关键生产要素，快速融入生产、分配、流通、消费和社会服务管理等各环节，深刻改变着生产方式、生活方式和社会治理方式，党的十九届四中全会首次将数据明确列入生产要素。“数据要素”一词是面向数字经济，在讨论生产力和生产关系的语境中对“数据”的指代，即数据要素是指根据特定生产需求汇聚、整理、加工而成的计算机数据及其衍生状态②。投入生产的原始数据集、标准化数据集、各类数据产品及以数据为基础产生的系统、信息和知识均可纳入数据要素讨论的范畴。数据要素具有主体多元性、形态重塑性、价值时变性、部分排他性、协同性、虚拟性、非竞争性、非均质性、外部性等特征③④⑤。作为信息链中事实、信息、知识、情报/智能的

① 马费成．在改变中探索和创新［J］．情报科学，2018（1）：3-4.

② 中国信息通信研究院．数据要素白皮书（2022 年）（2023-01-07）［R/OL］．［2023-11-13］．http：//www．caict．ac．cn/kxyj/qwfb/bps/202301/t20230107_413788．htm.

③ 谭洪波，耿志超．数据要素推动经济高质量发展路径研究——基于新生产要素特征视角的分析［J/OL］．价格理论与实践：1-6［2023-11-21］．http：//kns．cnki．net/kcms/detail/11．1010．F．20231101．1458．002．html.

④ 马费成，吴逸姝，卢慧质．数据要素价值实现路径研究［J］．信息资源管理学报，2023，13（2）：4-11.

⑤ 吴蔽余，黄丽华．数据定价的双重维度：从产品价格到资产价值［J］．价格理论与实践，2023，（7）：70-75.

价值转化媒介，数据的价值实现涉及数据生成、采集、存储、组织、分析、流通、利用等数据价值链的多个环节①，各个环节都会推动数据增值，并使数据的价值进一步显性化。

1.2 信息化与信息社会

1.2.1 信息与物质和能量

物质、能量和信息是支配人类社会发展的三大基本要素，并称当代社会的三大支柱性资源。在人类社会发展的不同时期和不同阶段，这三种要素分别具有不同的地位和作用。人类掌握了农耕技术，进入了有赖于物质的农业社会；瓦特发明了蒸汽机，推动了大工业发展，又进入了有赖于物质和能量的工业社会；随着计算机、通信技术等现代信息技术的出现、发展和广泛应用，人类进入了依赖于物质、能量和信息的信息社会。

可见，信息、物质和能量这三个概念之间的关系十分密切，作为基本的资源和要素它们在人类社会发展过程中起着举足轻重的作用。物质提供材料，能量提供动力，信息提供知识。如果没有物质，什么也不存在；如果没有能量，什么也不会发生；如果没有信息，任何事物都没有意义。同时，它们有着完全相似的生产、流通和分配过程。我们可以通过比较这一过程，进一步认识这三个要素之间的关系。表 1-1 列出了这三个范畴在社会生产领域中的关系。

在人类社会中，物质和能量不断从生产者“流”向使用者，这种客观存在的物质与能量流在人的认识中反映为关于这种物质和能量运动的信息。物质与能量流的运动，也表现为另外的各种形态的物质与能量的流动，即相应的文献、数据和信号的运动，其总汇构成信息流。可以认为，信息就是社会生产领域中物化的流②。信息流与物质能量流一样，在其运动过程中要经历相同的阶段和过程。

---

① Faroukhi A Z, El Alaoui I, Gahi Y, et al. Big data monetization throughout Big Data Value Chain: a comprehensive review [J]. Journal of Big Data, 2020, 7 (1): 1-22.

② 严怡民主编. 情报学概论 [M]. 武汉: 武汉大学出版社, 1983: 12-14.

表 1-1　　　　物质、能量、信息在社会生产中的关系

物质	能量	信息
物质产品的生产、加工和分配领域 • 机器制造 • 化工产品 • 电子产品 • 建筑 • 农业生产 :	能源的生产、加工和分配领域 • 电能 • 热能 • 光能 • 核能 • 其他能 :	信息的产生、加工收集、存储和分配领域 • 市场信息 • 计划信息 • 金融信息 • 原材料信息 • 科学技术信息 :
物质产品的生产、收集、存储、加工和分配	能源的生产、收集、加工、存储和分配	信息的产生、收集、加工、存储和分配
运输系统	能源系统	信息系统、通信系统

信息流反映物质能量流的运动，社会借助信息来控制物质能量流的运动，左右它们的运动方向，进行科学分配，实行有效管理。

物质、能源与反映它们存在和运动的信息是一一对应的，有多少种物质和能源及其在各不同方向的运动，就有多少种信息与之对应。而各种信息都有共同的加工（组织、整理）、存储、检索和传递方法。在不同的社会发展阶段，信息的积累和加工水平都会影响到物质和能源的生产、加工手段和发展水平。特别是在当代，整个社会生产对信息加工领域的状况具有极大的依赖性。只有最大限度地综合利用各种信息技术，才能大大提高信息加工和利用的效率。

1.2.2　信息化

由于信息、信息技术在当今社会经济发展中不可取代的巨大作用，无论政府还是各行各业都在最大限度地利用信息技术，充分开发信息资源，提高自身的效能和效率，人们把这种现象称为信息化。信息化是人类社会发展到一定阶段的必然产物，其兴起有着深刻的社会、经济和科技背景。信息科学技术的迅速发展和广泛应用、以信息资源作为生产资料和产品产出的信息经济的崛起和壮大、对于信息化现象理论研究的全面和深入等都加快了信息化的进程。

“信息化”的概念来源于日本。1963 年，梅棹忠夫在其所著的《信息产业论》一书中首先向人们描绘了“信息革命”和“信息化社会”的前景。

1967 年，日本政府的一个科学、技术、经济研究小组依照“工业化”概念，正式提出了“信息化”概念——信息化是向信息产业高度发达且在产业结构占优势地位的社会（即信息社会）前进的动态过程，它反映了由可触摸的物质产品起主导作用向难以捉摸的信息产品起主导作用的根本性转变。综合技术、经济、社会生活等角度，信息化概念的内涵包括以下几个要素：①信息资源，信息本身作为一种资源，在量的积累上必须要达到一定的高度，比较普遍地存在于人类社会的各个领域；②信息技术，现代信息技术与网络技术的普及、利用程度不断提高；③信息观念，人们对信息的重要性以及其价值认识得到加强，人们教育水平和信息素养提升；④资源共享，通过快速有效的信息交流实现信息资源在全社会范围内的充分共享，产生社会和经济效益①。

在全球信息化进程中，许多国家和地区都纷纷推出各自的信息化发展战略。作为国家信息化、数字化发展战略重要源起，美国在 1993 年正式宣布“国家信息基础设施”（National Information Infrastructure，NII）计划启动信息化革命。之后，美国先后提出了“全球信息基础设施”（GII）概念（1994 年）、下一代网络计划（NGI）（1996 年）、《数字经济 2000》、《开放政府备忘录》（2009 年）、《数字政府战略》（2012 年）等，旨在通过信息基础设施和电子商务框架的构建促进经济信息化、政务数字化。自 2015 年以来，美国相继出台《数字经济议程》《国家人工智能研发战略规划》《数字工程战略》《国家网络战略》《数字现代化战略》《设计美国的数字发展战略》《2023 年网络战略》等一系列战略规划推动数字化转型以适应数字化时代的发展需求。

2005 年，欧盟公布了未来 5 年欧盟信息通信政策框架“i2010：欧洲信息社会 2010”，指出为迎接数字融合（Digital Convergence）时代的来临，须整合不同的通信网络、内容服务、终端设备，以提供更一致性的管理架构应对全球化的数字经济。2010 年，欧盟发布了《欧洲 2020 战略》，实施“欧洲数字化议程”计划，为欧洲未来十年发展制定了一系列目标。在 2015 年之后，欧盟又先后出台了《欧洲工业数字化战略》《欧洲人工智能战略》《欧洲数据战略》《数字教育行动计划 2021—2027》《数字欧洲计划》《新数字战略》《2030 数字指南针：欧洲数字十年之路》《数据治理法案》等文件推进经济产业和教育数字化发展。2023 年，欧盟发布了《2030 数字十年政策方案》，为欧盟在数字技能、数字基础设施、商业和公共服务数字化领域

---

① 谢阳群．信息化的兴起与内涵［J］．图书情报工作，1996（2）：36-40.

确立了数字目标，为整体数字化转型提供了方向。

在美国政府率先提出“NII 计划”后，日本著名的野村综合研究所提出了《日本信息技术基础设施建设新政策》，主张将整个建设分为政府部门信息化、民众区域信息化和信息技术研究三大领域来实施。21 世纪伊始，日本政府分别通过了“IT 基本法”“E-Japan 战略”与“U-Japan 战略”，逐渐推动信息基础设施的完善和信息技术融入日本经济、社会与政务工作中。2013 年，日本提出《日本再兴战略》《创建世界最尖端 IT 国家宣言》等数字化发展政策，随后先后发布《智能日本 ICT 战略》《第五期（2016—2020 年度）科学技术基本计划》，提出在数字科技引领下建立以人工智能技术为基础的“超智能社会”，即“社会 5.0”。从 2018 年至今，日本政府相继推出《第二期战略性创新推进计划》《人工智能战略草案》规划、“数字新政”战略、《第六期（2021—2025 年度）科学技术基本计划》《人工智能战略 2022》等一系列战略规划，旨在通过科技创新深化企业、产业数字化转型，将信息与通信技术视为数字经济的核心，力求实现智能化和数字化协同发展。

韩国政府于 1996 年制定了《信息化促进基本法》，此后又陆续制定或修改了一系列相关的法律法规，如《电子签署法》《信息通信基础保护法》等。1999 年，韩国在《促进信息化基本计划》修改的基础上，发表了“网络韩国 21 世纪”的计划，知识经济日益成为新的经济发展模式。21 世纪初，韩国先后发布“e-Korea 战略”“u-Korea 战略”“国家信息化基本计划”、《IT 韩国未来战略》等，加快信息通信基础设施建设。2018 年以来，韩国相继推出《第四期科学技术基本计划（2018—2022）》“数字新政”“数字新政 2. 0”《2022 年教育信息化实施计划》《大韩民国数字战略》《第 5 次科学技术基本计划（2023—2027）》《数字化人才培养综合方案》等一系列战略规划，以推进数字化转型，实现数字经济社会的战略目标，推动韩国成为世界数字强国。

信息化概念于 20 世纪 80 年代开始引入我国，随着改革开放政策的确立和经济建设日益恢复发展，我国逐步开始了信息化建设的探索和尝试。1993 年年底，我国经济信息化建设的协调和决策机构“国民经济信息化联席会议”在北京正式成立，确定“三金”工程是我国国民经济信息化建设的主体工程，即“金桥”“金卡”“金关”三大基础工程。而随着信息基础设施的逐步完善和通信行业的快速发展，传统的电信网、计算机互联网与有线电视网的融合已经成为信息化进程中的发展趋势，即“三网融合”。所谓“三网融合”，是指电信网、计算机互联网和有线电视网的相互渗透、互相兼容，并逐步整合成为全世界统一的信息通信网络，能够提供包括语音、数据、图像等综合多媒体的通信业务，实现高层业务应用的融合。

新时期，信息技术的飞速发展对我国信息化建设提出了新的要求。党中央、国务院高度重视信息化工作。“十二五”时期，成立中央网络安全和信息化领导小组，推动建设网络强国。“十三五”期间，进一步实施网络强国战略、国家大数据战略、“互联网+”行动计划，并制定了《国家信息化发展战略纲要》和《“十三五”国家信息化规划》，推进我国信息化建设。随着新一代信息技术的蓬勃发展与应用，技术、数据等新生产要素与各种传统生产要素在质量、数量、时空上相结合，数字化转型成为信息化进程的全新阶段，为此，《“十四五”规划和2035远景目标纲要》从“打造数字经济新优势”“加快数字社会建设步伐”“提高数字政府建设水平”“营造良好数字生态”四大方面对“加快数字化发展，建设数字中国”进行了布局。此后，中共中央、国务院颁布《“十四五”数字经济发展规划》《关于推进实施国家文化数字化战略的意见》《数字中国建设整体布局规划》等一系列信息化、数字化建设规划和意见。2023年10月25日，国家数据局正式揭牌，负责协调推进数据基础制度建设，统筹数据资源整合共享和开发利用，统筹推进数字中国、数字经济、数字社会规划和建设等，为构建新发展格局、建设现代化经济体系、构筑国家竞争新优势提供有力支撑。

1.2.3 信息社会

信息社会是继农业社会、工业社会之后人类社会的新形态。在农业社会和工业社会中，物质和能源是主要资源，所从事的是大规模的物质生产。而在信息社会中，信息成为比物质和能源更为重要的资源，以开发和利用信息资源为目的的信息经济活动迅速扩大，逐渐取代工业生产活动而成为国民经济活动的主要内容。

信息社会概念源自美国社会学家丹尼尔·贝尔在20世纪50年代提出的“后工业社会”，这个概念基于社会产业结构变化的特征，描述了从产业生产的阶段过渡到服务性社会阶段的新变化。1979年，贝尔认为以前所讲的“后工业社会”其实就是“信息社会”。此外，1962年美国学者费里茨·马克卢普在其《美国的知识生产与分配》一书中提出了“知识产业”概念，虽然这个概念与其后的“信息产业”概念在边界范围上有所出入，但基本反映了“信息产业”的主要特征。日本学者梅棹忠夫于1963年在《论情报产业》一文中提出了“情报产业”概念，认为产业结构变动类似于动物进化过程，与信息流动、知识创造相联系的信息产业在农业、工业发展到一定水平后会迅速发展起来而成为社会的感觉器官、神经系统和大脑，推动社会前进。这与“信息产业”的概念也很相近。1977 年，另一位美国经济学家马克·波拉特在《信息经济》一书中，正式提出了“信息产业”的概念，并把“信息产业”划分为第一信息部门（直接向市场提供信息产品和服务的部门）和第二信息部门（把信息劳务和资本提供内部消耗，不进入市场的信息服务部门）；另外，波拉特还将信息产业纳入国民经济基本产业结构框架之中，并创造性地提出了农业、工业、服务业和信息业的“四次产业”划分方法，突出了信息活动在国民经济发展过程中举足轻重的作用。

除了经济学家之外，其他领域的学者也对信息社会进行了全方位的探讨。美国未来学家阿尔文·托夫勒在其著作《未来的冲击》（1970 年）、《第三次浪潮》（1980 年）中，深刻剖析了科学技术、人类文明、组织社会的演变，他认为，在未来几十年内，人类将由工业社会达到信息社会，产生现代文明①。另一位美国未来学家约翰·奈斯比特在其 1982 年出版的《大趋势》中，阐述了从工业社会向信息社会的过渡，并描述了信息社会来临的标志及其基本特征。

信息社会与以前的社会形态相比，发生了一系列突出的变化，主要表现在：①信息、知识和智能是社会发展的决定力量；②信息技术、信息产业、信息经济成为科技、经济和社会发展的主导因素；③信息劳动者、知识阶层将发挥更大的作用；④由于信息技术在资料生产、科研教育、医疗保健、企业和政府管理以及家庭中的广泛应用，从而对经济和社会发展产生了巨大而深刻的影响，从根本上改变了人们的生活方式、行为方式和价值观念。

进入 21 世纪以来，信息技术日新月异，从以网站到用户单向信息分享为主的 Web 1.0 阶段发展到以用户贡献内容为主、以协同创作为代表的 Web 2.0 阶段，再到如今以区块链、移动互联网、云计算、边缘计算等技术为基础架构，实现用户确权的 Web 3.0 阶段，信息社会的内涵不断丰富拓展。信息社会目前被认为是人类社会历史进程中最发达的、最新的技术社会形态，是以信息技术的广泛应用和持续创新为核心的现代化社会，同时也是以数据与知识为主导的知识经济社会。

数字社会就是在信息社会基础上，在以大数据、人工智能、云计算等为代表的新一代信息技术的赋能作用下，社会的生产方式、生活方式和传播方式发生质的变化，物理现实社会与数字虚拟社会高度融合的社会形态。在这

① 张文娟. 信息社会概念溯源——背景产生发展［J］. 情报科学，2007（7）：1006-1010.

一阶段，数字社会中的信息呈现与沟通表现出信息数字化、数字信息的可计算化、数字网络化、数字智能化等新特征①。依靠海量数据和丰富应用场景，人工智能、大数据、区块链、云计算、网络安全等新兴数字产业蓬勃发展，数字技术与实体经济深度融合，赋能传统产业数字化转型升级，催生了新产业、新业态、新模式、新应用、新治理，推动了绿色智慧的数字生态文明建设。数字技术应用于教育、医疗、交通、社会、城市管理等公共服务的各个领域，助推智慧城市和数字乡村建设，渗透到日常生活的每个角落，重塑了人们的社会交往方式与日常生活方式，逐渐构筑起全民畅享的美好数字生活新图景。

同时，在技术进步的驱动下，元宇宙的概念被提出。元宇宙是数字世界与物理世界融通作用的沉浸式互联空间，是新一代信息技术集成创新和应用的未来产业，是数字经济与实体经济融合的高级形态②。其基本特征包括虚实融合性、实时交互性、具身沉浸性、高度文明性与技术集成性等，需要依托网络通信及运算（5G、6G、物联网、云计算、雾计算及边缘计算）、元宇宙虚实对象连接、建模与管理（人联网、思维联网、身份建模、社会计算、去中心化管理）、虚实空间交互与融合（虚拟现实、增强现实、混合现实、数字孪生、脑机接口）、人工智能等新一代信息技术③。元宇宙不仅描绘了未来数智社会的人类生存图景，也反映了当前新一代数字智能技术的积累性应用与创新趋势。元宇宙具备巨大潜力与价值，将会对政治、经济、技术、文化和社会等各领域产生广泛的影响，彻底改变人类生产、生活、学习和创造方式，给人们获取、理解、分析、使用信息和知识带来革命性变革。但元宇宙也面临伦理道德问题、安全隐私问题、国家主权问题、技术成熟度问题等诸多挑战，亟待进一步完善监管治理规则体系，建立元宇宙技术标准规范体系，加强元宇宙行业自律。此外，也要继续开展公众数字素养和技能教育，提高公众对新技术的认知和应用能力，共同促进元宇宙领域健康有序发展。

---

① 王天夫. 数字时代的社会变迁与社会研究［J］. 中国社会科学，2021（12）：73-88，200-201.

② 工业和信息化部办公厅，教育部办公厅，文化和旅游部办公厅，等. 五部门关于印发《元宇宙产业创新发展三年行动计划（2023—2025 年）》的通知［EB/OL］.［2023-08-29］. https：//www. gov. cn/zhengce/zhengceku/202309/content_ 6903023. htm.

③ 王文喜，周芳，万月亮，等. 元宇宙技术综述［J］. 工程科学学报，2022，44（4）：744-756.

1.3 信息管理概述

1.3.1 信息管理的概念及对象

考察人类社会信息过程（见图1-3）①，当信息生产出来（产生）之后，便要流向特定的利用者，于是在信息生产者和利用者之间形成了源源不断的“流”，即信息流。信息流一般经由两条渠道从生产者流向利用者，一条渠道是信息由信息生产者直接流向信息利用者，另一条渠道是信息在信息系统的控制下流向信息利用者。前者称为信息传递的非正式渠道，后者称为信息传递的正式渠道。

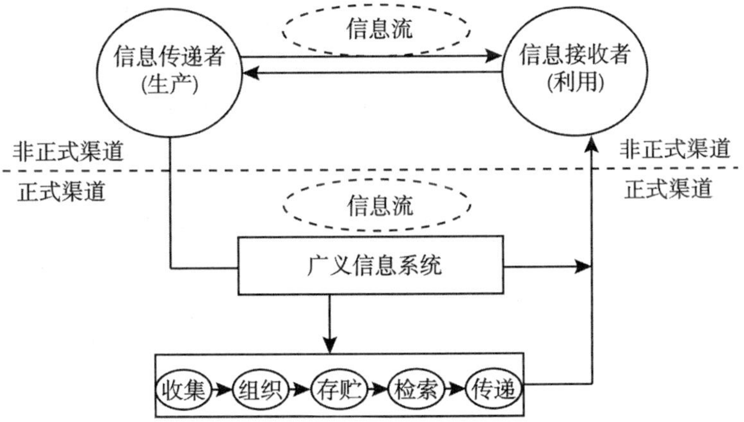

图1-3　人类社会信息过程

人类社会发展的早期阶段，经济比较落后，信息量相对较小，人们通过非正规渠道比较容易获得所需要的信息，对信息流的控制没有给予足够重视。随着社会经济的发展，信息量指数增长，人类积累的信息量空前增大，不对信息流进行控制不仅不能有效地利用信息，而且会危及人类的生存和发展，于是在社会组织中出现了专门的信息服务与管理行业。信息管理（Information Management，IM）引起了社会的普遍关注和广泛兴趣，并且越

① A. И. 米哈依洛夫著. 科学交流与情报学［M］. 徐新民，等译. 北京：科学技术文献出版社，1980.

来越成为一个具有很大覆盖面的重要概念。

那么，什么是信息管理呢？一般存在两种基本理解：一种认为，信息管理就是对信息本身的管理，即采用各种技术方法和手段（如分类、主题、代码、计算机处理等）对信息进行组织、控制、存储、检索和规划等，并将其引向预定目标；另一种认为，信息管理不单单是对信息的管理，而是对涉及信息活动的各种要素（信息、人、机器、机构等）进行合理的组织和控制，以实现信息及有关资源的合理配置，从而有效地满足社会的信息要求①。显然，前一种理解是狭义的，后一种理解是广义的。

本书对“信息管理”持广义的理解。我们认为，信息管理的实质就是人类综合采用技术的、经济的、政策的、法律的、人文的方法和手段对信息流（包括非正式渠道和正式渠道中的信息流）进行控制，以提高信息利用效率，最大限度地实现信息效用价值为目的的一种活动。

社会信息现象是普遍存在着的，人类信息管理活动的范围也是十分广泛的。并且，随着信息管理活动的发展，信息管理的规模不断扩大，信息管理的对象也日益复杂，信息管理的对象归纳起来主要包括信息资源和信息活动两大方面②。

（1）信息资源

对于信息资源这个概念有两种不同的理解，即狭义的信息资源概念和广义的信息资源概念。狭义的信息资源概念是把信息资源等同于知识、资料和消息，即只是指信息本身的集合，无论它是以声音、图形、图像等形式表达出来的，还是以文献、实物、数据库等载体记录下来的，其信息内容都是一样的，都是经过加工处理的、对决策者有用的数据。信息当然是构成信息资源的根本要素。人们开发利用信息资源的目的，就是为了充分发挥信息的效用，实现信息的价值。但信息并不等同于信息资源，而只是其中的一个要素。这是因为，信息效用的发挥和信息价值的实现都是有条件的。信息的收集、处理、存储、传递和应用等都必须采用特定的技术手段——信息技术——才能得以实施，信息的有效运动过程必须有特定的专业人员——信息人员——才能对其加以控制和协调。信息、信息技术和信息人员构成了完整的信息资源体系。这就形成了广义的信息资源概念。因此，广义的信息资源概念，就是指信息、信息技术和信息人员的有机集合。它是一个涉及信息生产、处理、传播、利用等整个信息劳动过程的多要素的概念。其中包括信息

① 卢泰宏，等．信息资源管理［M］．兰州：兰州大学出版社，1998：10.

② 岳剑波．论信息管理学的进化［J］．中国图书馆学报，1998（3）：20-28.

劳动的对象——信息（数据），信息劳动的工具——计算机和通信技术等信息技术手段，信息劳动者——信息专业人员，如信息生产人员、信息管理人员、信息服务人员等。所谓信息资源的开发利用，正是由信息人员运用专门的信息技术手段对各种原始数据进行搜集选择、加工处理和分析研究，形成信息产品，然后传递给需要者使用的。上述三个要素相互联系相互作用，共同构成了具有统一功能的有机整体——信息系统。

（2）信息活动

信息的生命表现在丰富多彩的信息运动过程之中。信息从产生、传播到收集、加工，再到吸收、利用的过程，就是一个完整的“信息生命周期”。我们把与信息的产生、记录、传播、收集、加工、处理、存储、检索、传递、吸收、分析、选择、评价、利用以及系统开发、技术更新、运行维护、管理决策等信息行为有关的全部社会活动统称为信息活动。换言之，信息活动就是信息资源的开发利用过程。

人类社会的信息活动包括三个基本层次：即个人的、组织的和社会的信息活动。个人的信息活动表现为个人对信息资源的开发利用，其效率与个人的信息意识和信息能力有关，并且受个体信息环境的影响；组织的信息活动常以各类信息系统的形式出现，信息系统的发达程度能够反映出各级组织的信息资源开发利用水平；随着信息活动的发展规模不断扩大，信息资源的开发利用对人类社会进步的影响日益显著，在社会整体上就体现为一种新兴产业——信息产业的形成和发展。

1.3.2 信息管理的目标和任务

任何管理都要有明确的目标，如果没有明确的目标，就不可能有正确的管理行动和管理效果。对于信息管理而言，情形也是一样。信息管理的目标不仅是信息管理活动的预期结果，而且也是指导信息管理活动的行动纲领。所以，我们需要确立信息管理的目标。

信息管理目标的确定需要从各国的实际情况出发，并且最终受到各国社会、经济、科技、文化发展水平的制约。信息管理目标一般可分为总目标和分目标两个方面。总目标是信息管理要达到的最终目的和最根本的行动纲领，也是信息管理的主体系统与被管理的客体系统相互作用的最后结果。信息管理体系中子系统的独立和具体的目标，是信息管理的分目标。分目标为保证总目标的实现服务，并受到总目标的制约。每一信息管理系统既有总目标又有分目标，总目标与分目标之间以及各分目标之间相互联系、相互制约，共同形成统一的信息管理目标体系。

基于上述原则，我们可以将信息管理的总目标确定为：保证社会信息流在不同渠道中有序流动，信息的开发和利用在有领导、有组织的统一规划和管理下，协调一致、有条不紊地进行，使各类信息以更高的效率、效能，更低的成本在国家社会进步、经济发展、人民物质文化生活水平提高中充分发挥作用。

为保证上述总目标的实现，可以进一步将其分解为一系列并行不悖且相互联系的分目标。这些分目标包括：

①信息的生产与开发分目标。主要是根据社会经济的发展来合理组织、规划信息的生产和开发，确保相关的潜在信息能及时地、经济地转化为现实的信息资源，供人们使用。

②信息利用分目标。主要是按照社会化、专业化和产业化的原则合理组织信息的流通和分配，确保信息能得到充分有效的利用。

③信息管理机制分目标。按照社会信息过程的特征和规律，建立科学、合理的信息管理机制，完善信息开发利用的保障体系。

明确了信息管理的目标，我们可以在宏观和微观两个不同层次上讨论信息管理的任务。

宏观层次的信息管理是一种战略管理，一般由国家有关部门运用经济、法律和必要的行政手段加以实施，主要是宏观层次上通过国家有关政策、法规、管理条例等来组织、协调信息的生产和开发利用活动，使信息按照国家宏观调控的目标，在不影响国家信息主权和信息安全的前提下得到最合理的开发和最有效的利用。具体来说，宏观层次的信息管理的任务包括：

①制定信息开发战略、策略、规划、方针和政策，使信息的开发活动在国家统一指导和管理下有条不紊地进行，使信息的开发不仅成本低、价格廉，而且能很好地满足国民经济和社会发展的总体需要。

②制定信息管理的法律、规章和条例，建立信息管理的监督和保障体系，使信息管理真正有法可依、有章可循，使生产和开发的信息能得到充分、及时和有效的利用。

③综合运用经济、法律和行政手段协调各部门、各地区和各企业之间的关系，明确各级信息开发利用机构的责、权、利界限，使信息的开发利用在平等互利的基础上最大限度实现资源共享。

④加强国家信息基础设施和网络建设，使信息的生产、开发利用和管理具有良好的硬件环境支持。

微观层次的信息管理是在最基层的组织一级上对信息的管理活动，一般由各级政府部门、信息机构和企业等基层组织负责实施。其主要任务是认清组织内各级各类人员对信息的需求，合理组织和开发信息，向他们提供实现信息的效用价值。具体来说，微观层次的信息管理的任务包括：

①调查和了解组织或机构内部各类人员信息需求，制定一个满足不同需求的折中方案（不能忽视任何一类人员的信息需求），以最大限度地满足不同的信息需求。

②搞清组织或机构内外信息来源和信息获取渠道，以便在需要时获取所需要的信息或向外输出信息。

③选择适用信息技术，建设组织或机构内部信息系统和网络，确定信息加工处理、存储、检索和传递方法，建立组织或机构内部的高效信息保障体系。

④对信息管理的绩效进行评价，为改善信息管理提供依据。

20 世纪 80 年代以后，微观层次的信息管理活动中出现了一个引人注目的高层管理职位，即“信息总监”（Chief Information Officer，CIO）。20 世纪 90 年代以来，随着知识管理概念的出现，CIO 逐步向 CKO（Chief Knowledge Officer，知识总监）演变，一些著名的大公司纷纷设立了 CKO 这一更引人注目的新职位。近年来，随着大数据的蓬勃发展，一些大型企业又相继设立了首席数据科学家或首席数据官（Chief Data Officer，CDO）的高级管理职位。CIO、CKO 和 CDO 的出现，使信息管理的行政地位提升到了最高决策层，标志着微观层次的信息管理的地位与作用日趋重要。而随着以 ChatGPT 大语言模型为代表的生成式人工智能的推出，一轮新的企业管理职位改革也正在发生。

1.3.3 信息管理的视角

信息管理是一个非常综合性的领域，其理论方法涉及计算机科学、信息科学、图书馆学、情报学、社会学、管理学、经济学、法学、心理学、伦理学等众多的学科。围绕信息管理的理论与实践已经形成了许多独立的学科领域，如信息组织、信息检索、信息系统、信息用户、信息经济、信息市场、信息法学等，它们从不同的侧面研究和解决社会信息流的控制问题，形成了各具特色、相互补充的多重视角。

从技术视角，信息管理主要研究用手工方式和计算机方式（当前主要是计算机网络方式）对信息进行收集、加工、处理，使之有序化存储、便于快速检索并传递给特定的利用者。这一直是信息管理研究的重点和目标。无论是手工方式还是计算机自动化方式，人们都创造了许多卓有成效的方法，如分类、主题、代码、数据库、元数据、搜索引擎和各类信息系统、网络等，为信息管理提供了强有力的支持工具。直到今天，这一领域仍然是信息管理的重点，人们对其兴趣有增无减。但人们发现，仅仅从技术角度展开研究，不能有效地克服人类面临的信息危机，实现信息管理的预定目标。因为人类社会信息流除了受到内在的和技术因素的干扰外，还受到许多外在的和非技术因素的干扰，只能借助非技术手段和方法才能解决。于是人们采用经济的、行政的、法律的、人文的手段和方法研究社会信息流的控制问题。

从经济视角，主要研究以信息的生产、流通和利用为基础的信息市场，信息产业、信息经济的形成、发展、特征和运行模式，信息资源的优化配置，信息技术的评价选择以及信息经济效益评价等方面的问题。信息经济学是该视角下信息管理与经济学相互交叉的研究领域。

从行政和法律视角，立足于政府职能，运用行政手段（政策、计划、规划）和法律手段，对信息活动进行调节和控制，着眼于协调和解决社会信息化过程中出现的新矛盾、新冲突、新的利害关系，促进社会更充分的利用信息，更好的发挥信息的社会功能，为实现某种发展目标服务。信息政策与信息法律是该视角下的典型研究领域。

从人文角度，立足于研究信息流控制中的道德、伦理、文化因素的影响和建设。尤其是在网络环境下，人们的信息行为仅仅依靠行政和法律手段是难以有效约束的，必须通过人文精神的培养来规范人们的行为，对信息活动进行管理。在此视角下，信息伦理、网络伦理的研究正日益受到人们关注。

随着人们对信息技术、信息管理的迅猛发展及其与人类社会相关性的认识不断深入，一个动态的跨学科的研究正逐渐兴起——社会信息学（Social Informatics）。社会信息学是从信息技术与组织机构和文化背景相互影响的角度对其设计、使用和共用进行的跨学科研究，是一个以计算机化的社会方面为研究对象的新领域，包括信息技术在社会和组织变化中的作用以及社会的组织和实践对信息技术发展的影响。在信息技术取得惊人发展和日益显示出巨大应用潜力的同时，人们力求通过研究与信息技术发展和应用有关的各种社会问题，来进一步探讨如何确保这些技术未来的发展与人类社会的需要有更密切的联系①。

本书作为信息管理的基础性、概论性教材，不可能面面俱到地介绍上述各个领域，而是根据人类社会信息过程的特点，从信息的产生、分布、获取

① 郑海燕．社会信息学：一个新兴的跨学科研究领域［J］．国外社会科学，2000（3）：13-18.

(收集)、加工(组织)、检索、传递、利用这一主线展开，从微观、宏观两个层面分析影响社会信息流控制的技术、经济、行政、法规及人文等方面的问题，形成具有严谨的内在逻辑结构的内容体系。作为概论，我们对问题的讨论和对所选择的内容的讲授带有概述性和抽象性，更专深或具体的内容留待后续课程讲授。

1.3.4 信息管理流程：信息生命周期管理（ILM）

信息是一种具有生命周期的资源，会随着在生命周期中所处的阶段的不同而起起落落，而“信息生命周期”（Information Life Cycle）则是信息运动的自然规律。在信息生命周期基础上衍生出来的信息生命周期管理（Information Life Cycle Management，ILM）不仅是某种或几种软硬件产品，而是一种结合了人员、流程和技术，旨在有效管理数据和信息的战略。确切地说，信息生命周期管理是一种信息管理模型，对信息进行贯穿其整个生命周期的管理，从创建到使用到归档和处理，它是一种针对信息主动管理的过程策略，其宗旨在于保证信息传播的连续性①。

美国著名的信息资源管理学家霍顿（F. W. Horton）在 1985 年提出，信息是一种具有生命周期的资源，其生命周期由一系列逻辑上相关联的阶段或步骤组成，体现了信息运动的自然规律。他定义了两种不同形态的信息生命周期：（1）基于人类信息利用和管理需求的信息生命周期，由需求定义、收集、传递、处理、储存、传播、利用等 7 个阶段所组成；（2）基于信息载体的信息生命周期，由创造、交流、利用、维护、恢复、再利用、再包装、再交流、降低使用等级、处置等 10 个阶段组成②。

1986 年，霍顿（F. W. Horton）与另一位信息资源管理学家马尔香（D. A. Marchand）在二人合著出版的“Infortrends：Profiting from Your Information Resources”中提出“信息生命周期管理”概念，把信息管理视为与制造一种产品或开发一种武器系统一样，存在一种逻辑上相关联的若干阶段或步骤，每一步都是依赖于上一步。根据信息运动的特点，信息生命周期管理在横向的管理阶段包括信息创建（产生/发布）、采集、组织、开发、利用、清理（销毁/回收）六个部分（如图 1-4 所示），每个阶段都可能使

① Christine Taylor Chudnow. Information Lifecycle Management and the Government [J]. Computer Technology Review，2004，24（8）：144-159.

② 万里鹏．信息生命周期研究范式及理论缺失［J］．中国图书馆学报，2009（5）：36-41.

信息得到增值①。

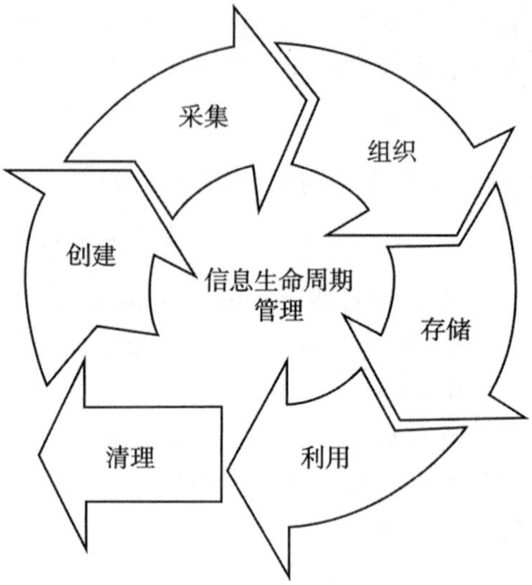

图 1-4　信息生命周期管理的六个阶段

（1）信息创建（产生/发布）阶段

创建阶段是信息生命周期的初始阶段，是进行信息生命周期管理的起点。除了原先规范的信息机构等信息生产者之外，目前有相当一部分的信息在网络环境下由用户而产生，因此，信息的发布具有很大的自由度和随意性。这就对信息创建阶段的规范性提出了更高的要求，即要求在信息产品的创建阶段对信息资源的后续利用进行充分考虑，使得最终该信息能够被轻松的开发、利用和保存，因而在信息创建阶段需要保持文档格式、规范以及元数据描述的一致性。

（2）信息采集阶段

采集是信息资源得以开发和利用的基础和起点。没有这个环节，开发利用就成了“无米之炊”。面对增长速度快、多载体、多格式、多渠道的信息内容，首先需要制定信息的采集政策，明确信息采集的内容和范围；之后采用相应的采集方法。关于信息采集的方法通常有两种：手工收集和自动获取。手工采集的优点在于信息在采集前要接受手工的一致性检查，可以避免

① Marchand D A，Horton F W. Infotrends：Profiting from Your Information Resources [M]. New York：John Wiley & Sons，1986.

机器无法识别的错误。自动获取方式则可以利用相应的网络程序来抓取捕获网络上的信息资源，特别对于动态更新的信息，这种方式的效率更高，但其也存在信息价值无法判断的缺陷。

（3）信息组织阶段

这一阶段的任务是为信息集合提供有序化的结构，使之形成一个有机化的整体，以便于对信息的存取和利用。具体来说就是采用一定的方法，将所采集到的大量的、分散的、杂乱的信息经过筛选、分析、标引、著录、整序、优化，形成一个便于用户有效利用的系统的过程。目前，信息组织的对象从各种类型的数据发展到具有丰富内容的知识，组织形式从数据结构发展到知识表示，组织方式从手工单一发展到网络群体，组织结果从静态的文本格式发展到动态的多模式链接等。

（4）信息存储阶段

信息存储是实现信息价值的基础，该阶段的主要任务是依托相关存储应用技术，将存储在相应载体和介质上的信息从不可得状态变为可得状态，可得状态变为可用状态，低水平的使用状态变为高水平的使用状态，使得信息的管理、共享、保护、备份、恢复、复制等功能用自动化的方式实现；在存储网络中建立服务等级层次，部署初始信息管理工具，按照信息运动或价值的变化，将信息转移到相应的服务等级层次中。

（5）信息利用阶段

信息利用是信息生命周期管理的宗旨，信息利用是用户对所提供的信息有效的运用的过程。信息生命周期管理的主要目标是确保信息可以支持业务决策，为企业和用户提供长期的价值。因此，信息必须便于访问和利用。信息利用阶段采用的主要方式包括：①建立专业的数据库，借助专业搜索引擎，形成特色数据库，满足特定用户的信息需求。②提供专业信息导航，选定特定领域的研究机构、实验室、电子书籍、电子刊物、学术论坛、专家等有关信息资料，形成有效的信息集合。③开展信息增值服务，通过网上信息服务、专题分析研究、专题检索代理以及针对特定用户的需要进行创造性的信息产品深度加工。

（6）信息清理（销毁/回收）阶段

随着信息老化失去价值，许多信息总会在一段时期后，没有再继续保存的价值。这时，需要制定相关政策，对没有保留或保存必要的信息进行清理或销毁。被清理或销毁的信息将从活动和非活动系统，以及数据仓库等系统中清除。对一些不能轻率地进行销毁操作的信息，需要对其进行迁移。因此，这一阶段的主要工作就是建立科学明确的数据回收（销毁、清理、迁移）的规则①。

从上面的介绍可以看出，信息生命周期管理的阶段与信息流通过程（如图 1-5 所示）是基本一致的，同时也与信息管理的流程相对应。需要指出的是，对于信息生命周期管理的研究，除了当前研究和应用较多地从管理视角来展开之外，基于价值视角的信息生命周期管理的研究和实践也日益受到关注。这两种视角的区别在于：第一，二者对信息生命周期阶段的划分方法不同。"管理视角"更多的是从管理角度出发，在跟踪一类信息产品实际加工的具体流程或者现有梳理的业务流程上予以提炼，将信息的生命周期过程予以分解；"价值视角"主要是通过或试图通过定量的方法根据一定的测度指标来客观地描述和模拟信息的生命演化进程，然后根据生命曲线来划分阶段，或者设定一些定量的识别指标来自动识别生命周期阶段。第二，两者描述的信息生命起点不一样。"价值视角"是以信息产生以后为研究起点，

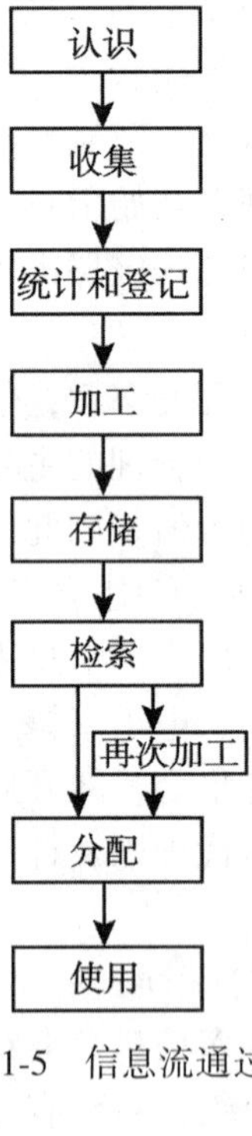

图 1-5　信息流通过程

① 粟湘，郑建明，吴沛．信息生命周期管理研究［J］．情报科学，2006（5）：691-696.

如文献发表、专著出版等；而“管理视角”则涉及信息生成之后是如何被采集、组织、存储和利用的。换言之，“价值视角”由于以价值测度为基础，因此是以价值产生为起点的，而对于信息的生成组织和后期的清理阶段，因为很难用定量的方式来测度，就没有纳入价值视角的研究范畴①。在信息的组织管理和利用当中，需要借助这两种视角整合的信息生命周期的完整的理论和方法，深入到不同环境、不同类型的信息内部，从本质上探讨信息的自身变化规律，进而在遵循信息本质规律的基础上实施具有可持续性发展的信息管理活动，进一步促进信息的有效管理和效用价值的充分发挥②。

1.4 信息管理的沿革及发展

虽然“信息管理”是20世纪60年代后才出现的新概念，但对信息的管理自古就有。古人“结绳记事”实质上就是在文字未产生前对信息存储和管理的一种原始形式。当代信息管理是在经济和科学技术高度发展条件下，对文献管理的延伸和拓展，是文献管理由古代到现代不断演变和发展的产物。追溯信息管理的历史沿革，我们可以将其划分为四个典型的阶段，即传统管理阶段、技术管理阶段、资源管理阶段和知识管理阶段。根据图1-3所示的人类社会信息过程，我们可以区分出信息管理不同阶段的侧重点以及它们所对应的不同的管理任务、内容和方法。了解信息管理的不同发展阶段可以进一步帮助我们了解信息管理的对象和内容。

1.4.1 传统管理阶段

这一阶段以信息源管理为核心，以图书馆为象征，同时也包含档案管理和其他文献资料管理。虽然人类对知识信息的保存与管理早已有之，但作为一项专门的工作和事业的信息管理则是在图书馆出现之后才兴起和发展起来的。图书馆是人类社会生活发展到一定阶段的产物。首先是文字的产生，在此之前，人们只能用口头语言来传递信息（即我们今天讲的零次信息），文字的产生使得人们可以用这种符号将信息和知识记录在一定的物质载体上，

① 马费成，望俊成．信息生命周期研究述评（I）——价值视角［J］．情报学报，2010（5）：939-947.

② 马费成，望俊成．信息生命周期研究述评（Ⅱ）——管理视角［J］．情报学报，2010（6）：1080-1086.

这就是最初的文献。人类社会正是“由于文字的发明及其应用于文献记录而过渡到文明时代”。随着人类社会的发展，这种记录人类经验、知识和信息的文献很快便达到了较大的量，并且内容越来越复杂，给人们找寻和利用带来了困难，图书馆便应运而生，收藏和整理文献记录成为早期图书馆的存在方式和活动内容。早期文献收藏内容基本上是社会生活中的各种文字记录，如宗教仪式记录、历代皇帝的法令和政令、政府法律文书、征收赋税和接纳贡物的各种记录等，大多为各类文书档案。因此，早期的图书和档案的社会机构是“同源”的。随着社会经济、科技和文化发展，文献记录的类型大量增加，图书馆作为最初的文献收藏机构，逐渐与档案馆分流，成为知识和文献收藏、整理和提供利用的社会信息交流中心机构，即形成了独立意义上的图书馆①。

图书馆对文献的收藏以文献的利用为目的。具体来说，就是为了以后多次反复的利用，或者变少数人的“藏”为多数人的“用”。图书馆自诞生之日起就十分重视文献的“藏”和“用”的统一，强调为“用”而“藏”。应当说要有效地解决“藏”和“用”之间的矛盾是相当困难的。图书馆在其漫长的发展历程中，一直致力于协调这一对矛盾，尽量使二者和谐统一，于是图书馆引入了管理的概念，并创造了许多卓有成效的文献整理和管理技术方法。它除了包括对文献本身的管理外，还包括对机构、人、文献整理和提供过程的管理，因而已具有相当的综合性和现代信息资源管理的意识。“图书馆学”在早期曾经使用的名称便是“图书馆管理学”（Library Economy）②，美国哥伦比亚大学于 1887 年创办的第一所图书馆学院用的名称也是“图书馆管理学院”（School of Library Economy at Columbia University）。

尽管引入了管理的概念和方法，图书馆在解决文献收藏和利用之间的矛盾方面仍然不是十分成功。文献信息的利用在时间和空间上的分布都非常复杂。在空间上，即使是一个很小的区域，图书馆所面对的也是无穷无尽的需求，而且这种需求在不断变化；在时间上，更是一个漫长的分布，入藏图书馆的文献信息源可能是在遥远的未来才会被阅读。换言之，图书馆并不知此时此地之“藏”何时何地才能被“用”。这使得许多图书馆不得不着眼于文献信息源的收全藏全，以备日后难以预料之“用”因为收藏总比利用容易

① 宓浩．图书馆学原理［M］．上海：华东师范大学出版社，1988.

② 袁咏秋，李家乔主编．外国图书馆学名著选读［M］．北京：北京大学出版社，1988.

把握得多，目标也明确得多。这就是图书馆重视“源”的管理的根本原因。再则，图书馆本身就具有文化遗产的保存功能。

这种状况引起了人们的批评，许多人对图书馆没有明确的当前服务目标的文献信息源收藏和管理模式表示怀疑。尤其是在20世纪40年代后，当大科学时代的“情报危机”开始出现，知识信息量指数增长，并进一步威胁着人类再创造的时候，在科技领域出现了一类新兴的专职信息服务机构——科技信息机构。这类机构的任务就是对科技信息进行搜集、加工、存储、检索和提供利用。由于科技信息主要以文献为载体，所以这类信息机构所从事的实质上仍然是文献管理工作，只不过偏重于图书之外的文献（如期刊、专利、会议文献等）而已。我国在20世纪50年代建立的这类机构，称为科技情报研究所，从事科技情报服务（日本称为“情报管理”）工作。这类机构主要进行二次文献加工，旨在克服传统图书馆提供文献信息利用方面的滞后现象以及过分重“藏”的缺点，在文献加工方面，既重视文献的外部特征，更重视内容特征，提供服务的方式主要是文献信息的多向主动传递。但由于多方面的原因，这些科技信息机构同样面临着与传统图书馆类似的困境和问题。

从本质上看，科技信息机构与图书馆之间并无特殊差别。它们都是或主要是社会公益性事业机构，在国家财政拨款或公民税收支持下，从事以文献为载体的信息的搜集、加工、存储、检索和提供，着眼于“文献信息源”的管理。尤其是在大量采用现代信息技术使得图书馆从书籍世界进入信息世界的背景之下，图书情报服务更趋于一体化。20世纪60年代之后，两者都更重视“管理”并向“信息管理”发展过渡，这从有关的名称更改可以反映出来。例如，国际著名的“专业图书馆协会”（Aslib）在1983年更名为“信息管理协会”（The Association for Information Management）。不少专业期刊的名称也纷纷改为或加入“管理”一词。比如1963年创刊的《信息存储与检索》（Information Storage and Retrieval）从1975年第11卷起更名为“信息处理与管理”（Information Processing and Management）；1976年创刊的《图书馆连续出版物》（Serials Librarian）特意加了副标题“连续出版物管理季刊”（The Quarterly of Serials Management）；《社会科学情报研究》（Social Science Information Studies）在1986年易名为“国际信息管理杂志”（International Journal of Information Management）①。这些都反映了以“信息源”为核心、以文献为主要载体、以公益性服务为主要目标的传统管理阶段正在向

① 卢泰宏，等．信息资源管理［M］．兰州：兰州大学出版社，1998.

信息管理阶段发展，从注重“源”的管理向注重“流”的控制过渡。

在传统的文献管理中，特别值得提到的是政府部门和机构中的文件管理，或记录管理（records management）。自20世纪50年代以后，除各类书籍和专业领域中的文献呈爆炸性增长外，政府部门和其他机构的行政和管理活动中产生的各类文件也大量增加。据美国文书协会统计，仅文件生产所用的纸板总量而言，1960年是4.3万吨，1980年增长了2.5倍，即11.4万吨，1990年达到24万吨。这一巨大数量的文件档案和文献几乎无处不有，成为机构的沉重负担。文献记录管理成为信息源管理（IRM）关注的重要领域。人们普遍认为，IRM实际上是美国文书工作委员会的成果，与1980年简化文书工作有关的准备性工作直接相联系，该委员会提出了20篇文献和简化文书工作法案，正式提出了信息源管理实施的框架。该法案包括信息源管理的7个方面：简化文书工作、数据处理和通信、统计、记录管理、信息共享和公开、信息政策和监督、组织发展和管理①。

1.4.2 技术管理阶段

这一阶段以信息流的控制为核心，以计算机为工具，以自动化信息处理和信息系统建造为主要工作内容。显然，这是在计算机技术及相关信息技术高度发展和广泛应用背景之下发展起来的新兴信息管理模式。

计算机具有科学计算功能和信息（数据）处理功能。自20世纪40年代成功研制出第一台计算机以来，计算机的应用在上述两个方面都显示出强大的生命力，而在后一方面更显示出广阔的应用前景，取得了一系列重要成果和突破性进展。

计算机发明研制不到10年就被应用于图书馆的文献信息加工和管理，目的是要提高文献信息加工处理和查找效率，实现对文献信息流的控制。1954年，美国海军兵器中心把文献号和少量索引词输入计算机，这可以说是世界上第一个计算机信息检索系统，但它仅仅是试验性的。计算机大批量处理和管理文献信息则是由美国化学文献社（CAS）开创的。1961年，化学文献社用计算机成功地编制了《化学题录》（Chemical Titles）。它包括多种重要的化学化工期刊的字顺主题索引，由此萌发了上下文关键词索引（KWIC），用计算机对文献中的题名自动抽取关键词并进行排序，从而节省了概念标引中的人工智力负担，大大提高了文献处理效率。这种方法实际上代表了自然语言和全文检索的原始形式，此后在计算机文献信息检索系统中

① 刘丹，卢泰宏．信息资源管理的演进［J］．国外情报科学，1994（2）：4.

得到了广泛应用①。KWIC 由于可以迅速、廉价生产，很快被其他二次文献信息加工所采用，成为相当长时期内通过对二次文献信息（文献线索）的管理来达到对所有原始文献信息进行管理的有效途径。

这实际上是文献信息管理的一场革命。在这种计算机系统中，只要把原始文献的信息进行一次分析，输入计算机系统，就能从中选取和编制出二次文献索引的信息。这种文献信息加工和管理的计算机化，不仅大大缩短了二次文献出版分发的时差，而且文献收录的范围更加广泛，能适应多样化的需求，给用户带来了方便，推动了数据库业的发展。随着计算机技术的发展，计算机信息处理功能越来越强，使人们对文献的加工有可能从宏观层次向微观层次深入，从文献的局部信息扩展到全文信息，极大地提高了人类对文献信息的处理和管理能力，提高了图书情报中心对文献信息流的自动化控制程度。

计算机在被用于图书馆情报中心文献信息管理的同时，也被广泛用于公司、企业和其他各类机构的行政记录处理、财务数据处理、经营活动数据处理。最初这种数据处理仅仅是在操作层次上，主要目的是用机器代替手工操作，提高数据处理速度和效率。随着机构的记录数据处理量不断增大，不仅需要解决大量数据的处理、组织和存储问题，而且还需要对数据进行保护并在需要时有效取出。这就需要以系统思想为指导，全面考虑组织机构各类数据（信息）的采集、加工、存储、检索、传输和利用等，由此促成了管理信息系统（MIS）的诞生和发展。

进入 20 世纪 60 年代以后，MIS 被广泛应用于各个领域并产生了很大的影响，成为计算机信息系统非常有代表性的、经常使用的工具。以 MIS 为题研究信息系统和信息管理的论著大量涌现，产生了一整套行之有效的信息系统分析，设计、实施的理论和方法。随着信息系统技术的发展，人们在信息检索系统、办公室自动化系统和 MIS 基础上，又研制出了不同功能的决策支持系统（DSS）和专家系统（ES）。

随着分时多用户计算机网络和分布式计算机网络的出现，国际大型联机信息检索系统迅速发展起来。例如，美国系统发展公司在 1965 年开始研制交互式联机检索系统，这种系统能够使用户直接同所检索的数据库通信，进行会话式交流。第二年，洛克希德空间与导弹公司便在此基础上建立了著名的 DIALOG 系统，使联机信息系统在世界上尤其是美国和欧洲得到广泛利用，这就使得人们可以使用远距离的数据库，信息管理和利用的空间也大大

---

① 陈光祚．计算机情报检索系统导论［M］. 北京：书目文献出版社，1993.

拓展了。20 世纪 80 年代以来，微型计算机性能的迅速提高，特别是在性能价格比上的巨大优势，为信息管理提供了新的工具和途径，加上 CD-ROM 普及利用，使得信息系统管理出现了结构性变化，从追求覆盖面越来越大的、功能越来越综合的大型系统演变到集中式和分散式同时并存和相互竞争的新型信息系统。此时不仅有为特定目标而建造的机构专用信息系统，甚至还出现个人专用信息系统，信息系统开始向多样化方向发展。

显然，技术管理阶段着眼于用计算机技术处理信息并对信息流进行控制，技术因素占主导地位，技术专家唱主角。这一阶段围绕计算机应用创造了许多信息加工处理方法、系统设计开发理论。人们希望在高度发展的信息技术的支持下克服由“信息爆炸”带来的利用方面的困难，以实现对信息的有效管理和开发利用。当信息技术无能为力，达不到预定目标时，他们误以为是技术还不够先进，于是拼命追求最先进技术的应用，完全忽视了信息管理中其他因素的作用。这种思路在部分人中一直持续到网络时代。

1.4.3 资源管理阶段

信息资源管理这一新概念的提出基于两个背景：一方面，是技术管理阶段纯粹的技术手段不能实现对信息的有效控制和利用；另一方面，也是更重要的原因，是当代社会经济发展使得信息成为一种重要的资源，迫切需要从经济的角度思考问题，并对这种资源进行优化配置和管理。

在第一种背景下，信息资源管理是信息管理从古代到当代的必然延伸，是对信息管理单纯依赖技术的否定。如前所述，20 世纪 60 年代以后，信息技术被迅速地运用于信息管理，建立了各类现代化的信息系统和网络，人们以为这样便可以一劳永逸地解决信息的有效管理和利用问题。但是信息技术的高度发展和广泛应用带来了许多新的、复杂的难题，新的信息媒介和信息传播方式，在社会的广泛应用中产生了许多始料未及的、传统的管理无法应付的问题。在顾及信息的高效处理、传播、利用和共享的同时，信息安全（包括计算机安全、系统安全、数据安全、国家主权、个人隐私等）和信息利益（包括知识产权、跨国数据流、信息收费、信息成本等）这两大问题已变得非常棘手①。

计算机化信息系统的建立虽然能够高效地解决信息管理中的许多问题，但它仅仅是在微观层次上着眼于个别的机构和组织。随着技术的进一步发展，这种模式必然导致信息系统的分散和向小型化发展的趋势，使得信息的

① 卢泰宏，等．信息资源管理［M］．兰州：兰州大学出版社，1998.

管理和控制反而变得更加困难，宏观层次的信息共享和信息效益无法实现。这种纯技术的信息管理逐渐暴露出许多问题和缺陷，人们不得不重新思考信息管理的方向。日本学者山田进指出：“今天，信息系统的成熟化和高度化正产生着各种各样的内部矛盾，组织的信息系统正面临着前所未有的困难局面。问题绝不是表面的，而是根深蒂固的。人们只着眼于技术问题，然而管理上的问题，特别是与人相关的问题是最难处理的。”① 对于组织来说，真正的竞争力来源不再是信息技术本身，而是信息的获取和有效利用。于是，进入 20 世纪 70 年代以后，人们开始关心人对于技术引起的变化作何反应，以及人对于技术应用的影响，并着手利用行政的、法律的、经济的手段，从微观与宏观结合上协调社会信息化进程中的各种矛盾、冲突和利益关系，妥善处理信息管理中人与物的复合关系，这样就逐步形成了信息资源管理的思想和观念。

信息政策和信息法律都属于信息管理的人文范畴，其主要功能是规范信息活动中的人的行为和规定各方面的利益关系。相比之下，信息法律作为管理手段具有更长的历史。根据大多数专家的意见，1624 年英国颁布的《垄断法》可作为现代专利法产生的标志，而专利思想则早在 13 世纪就开始萌发了。1709 年英国颁布《安娜女王法》，该法被认为是世界上最早的版权法。这些法律体现了利用法律手段来解决知识生产和利用中矛盾冲突的一种管理上的努力。信息政策则是在 20 世纪 70 年代为适应信息活动的宏观调节和管理需要而兴起的，很快就成为一个新的受到各国关注的重要领域。今天，信息政策和信息法律已经形成一个比较完备的庞大的体系。一般来说，信息法律和信息政策都具有明显的地域性，不同的国家和不同的地区有各自的信息政策和法律，采取不同的行政手段进行管理。信息政策和信息法律必然受文化背景、社会经济发展水平、意识形态等社会人文因素的影响和制约。

经济手段的引入主要基于这样几个方面的原因：①用于信息活动和信息管理的预算有限，需要合理分配各项开支；②信息系统所采用的各种技术设施越来越昂贵，信息服务的耗费越来越大，需要对成本效益进行认真分析；③信息和信息服务中的有偿成分增多，这些都需要用经济手段对信息和信息活动进行研究和管理。如美国著名信息学家 D. 金格（D. W. King）所说：过去 10 年间，信息经济学对于理解和评价信息传输系统（information transfer system）起着重要作用，经济学也成为研究信息传输系统开发的各阶

① ［日］山田进．情报资源管理概论［M］．オーム社，1987.

段（调研、评价、设计、实施、操作和计划）不可分割的部分①。这里所说的信息传输系统实质上是指微观管理的全过程。

在第二种背景下，信息作为一种重要的经济资源，是当代社会经济发展的必然结果。既然是经济资源，它的管理模式就与在公益性信息活动基础上形成的信息管理模式有很大差别。也不仅仅是如前文所说的在公益性信息管理中局部引进一些经济手段和方法，而是要全面考察信息作为经济资源的性质、利用状况、效用实现的特征和规律，从经济角度对其进行管理和优化配置，使其效益达到最大化。

卢泰宏曾用“概念框架”的方法来研究和比较信息管理不同阶段的特征，将信息管理划分为传统框架、网络框架、微观框架、系统框架、政策框架、资源框架，并从相近的主题概念、发源领域、管理特征、基本功能与目标等4个方面进行了比较（如表1-2所示）。

表1-2　**信息管理不同框架的比较**

认识框架	相近的主题概念	发源领域	管理特征	基本功能与目标
传统框架	图书馆管理、文献工作	图书馆	文献管理、手工管理	信息保存
网络框架	图书馆网络、信息基础结构标准化	图书馆、通信	基础设施管理	信息社会传播
微观框架	数据处理（DP，EDP、ADP）、信息处理、数据库	办公事务、统计	操作、事务管理	信息有序
系统框架	信息系统、MIS	计算机	技术管理	信息社会服务应用系统
政策框架	信息政策、信息法律	知识产权法律、技术政策	人文管理	协调、控制
资源框架	信息经济、信息资源管理（IRM）	工商行政管理	集成管理、经济管理	信息战略利用

在这种认识框架中，信息资源管理一方面被看做人类对信息管理的一种

① King D W. Key Papers in the Economics of Information [J]. American Society for Information Science, 1983: 1-3.

延伸和发展，是用技术、经济、人文对信息进行管理的产物，另一方面，也是从经济学资源配置和管理中高层战略需求的角度对信息活动进行资源性质的管理。这里特别突出信息作为资源的经济性质，这与我们前面所说的在第二种背景下，把信息看做一种重要的经济资源是一致的。

进入20世纪90年代以后，以互联网为基础的全球信息高速公路建设彻底改变了人类信息活动的方式。高速信息网将成为信息资源存储和传播的主要场所。高速信息网上信息资源种类繁多，分布在不同的网络节点上，而且都是以数字化信息及其他信息媒介为基础的电子信息资源，它可以利用现代信息技术进行制作、加工、传播、转换和二次开发。

高速信息网把方便的信息服务带进了家庭和办公室，使人们可以像使用自来水和煤气一样方便地使用全球信息资源。但是，高速信息网并没有通过高度的技术发展带来一个真正高效有序的信息空间，相反，网络的迅速扩张带来的信息污染、信息混乱、信息犯罪、信息侵权远远超出了传统意义上的“情报危机”，同时也比前文述及的信息技术应用带来的问题严重得多。第一是信息量急剧增长，网络无序扩大，网上信息陷入严重混乱导致人们难以通过网络获取所需要的信息。第二是信息污染。由于没有质量控制标准，致使一些质量低劣、粗制滥造的网络联入，使得互联网通信混乱，加之淫秽信息泛滥和病毒感染，网上信息污染日趋严重。第三是信息侵权和安全问题。由于高速信息网存在着巨大开放性，进出方便，存取自由，任何个人或团体均可以把自己的计算机和局域网联入，同时也可以通过网络的任一节点获取网上信息，这使得网络信息安全系数大大下降，信息产权保护变得十分困难。第四是根据需求和效率配置网上信息资源的难度更大。有鉴于此，把技术、经济、人文三种手段有机结合起来，对网络信息资源进行管理就显得十分急迫，它也是信息资源管理需要研究解决的核心课题。

目前网络数字信息资源管理方面的研究，主要可分为以下几个方面：

（1）网络资源

伴随着网络的日益普及，特别是博客、RSS等Web 2.0思想的兴起和流行，网络数字信息资源的数量、传播速度、范围及影响力都非常值得关注。这方面的研究内容主要涉及网络信息资源的组织结构、基本格式、网络资源开发与服务中的权益保障等。

（2）图书馆

图书馆一直是数字资源以及信息资源收集组织和利用的中心。从传统图书馆到现代图书馆，馆藏资源从传统的纸质收藏逐步向数字化和数字信息资源过渡。2022年，习近平总书记在中国人民大学考察时强调加强图书馆的学术资源库建设，更好发挥学术文献信息传播、搜集、整合、编辑、拓展、共享功能，打造中国特色、世界一流的学术资源信息平台，提升国家文化软实力。这方面的研究分为3个层次：最开始的研究重点是图书馆自动化和馆藏资源数字化，主要侧重于技术研究。第二层次由纯粹技术研究向综合研究转变，主要研究和解决现代图书馆的经济、法律、社会、政策的整体框架，建立发展模型，制定信息共享格式，国家标准，网站的安全性和稳定性等问题。这个层次更多地侧重于现代图书馆建设的整体规划和基础搭建。第三层次不再仅着眼于全局，而是更多地结合数字图书馆具体的应用，涉及数字资源的生产、保存、服务与管理，图书馆的联盟与合作以及具体应用的相关标准等。

（3）信息网络

信息网络无论是对网络信息资源还是馆藏信息资源的开发利用，都起到了很好的推动作用。内容涉及学科门户、行业网站和深网的研究以及网络生态等交叉话题的探讨。

（4）信息检索

信息检索一直是信息管理领域的前沿课题，是信息资源应用和服务中不可或缺的重要环节。内容涉及检索的原理、方法、语言以及检索工具、技术、系统和检索性能评估等方面的研究。

（5）信息组织

数字网络信息资源无论是在网络环境还是在图书馆中的应用，都是建立在完善可靠的信息组织上的。信息组织的研究是网络信息资源研究的核心，也是一个基础性工作，其内容涉及资源描述、知识重组、索引标识、信息导航、主题词表以及标准化研究。

（6）元数据

元数据是信息组织的基础，也是网络信息资源建设的前提。有关元数据的研究从传统的MARC到现代的DC元数据，以及数字信息资源、网络信息资源对DC的扩展。同时其内容涉及元数据标准、评价元数据、语义元数据以及本体论研究。

（7）用户服务

用户服务类别反映了网络信息资源的应用层面。宏观层面涉及服务手段、服务机制、创新服务以及用户研究；微观层面涉及服务手段、服务特征、服务模式、信息营销、个性化服务等研究。

（8）评价

信息爆炸引起了网络信息资源的急剧增多，大量的信息给网络信息资源的开发建设以及用户利用带来不便，因此对资源本身以及资源开发过程中的绩效评价适时而生。这为优化信息检索和提供优质的用户服务提供了参考依据，同时新兴学科“网络计量学”也为信息资源相关的评价工作提供了很好的科学依据。这方面的研究内容包括评价指标体系的建立、评价方法的不断完善和创新以及评价实证分析。

(9) 信息资源共享

信息资源的共享，是网络信息资源得以充分利用前提和关键所在。研究从传统的文献资源共享，到馆际互借，再到如今互联网上的网络信息共享。内容涉及资源的数字化、资源的配置和整合、信息集成、信息交流模式、信息运动，信息资源共享效率和共享保障体系，网络合作以及馆藏共建共享过程中涉及的策略和知识产权问题等方面的研究。

(10) 信息资源开发利用

信息资源的开发利用研究了网络信息资源的开发、管理等建设过程。内容涉及信息资源的管理，信息技术、网络技术在资源开发利用中的应用以及馆员在其中的职能和信息素养方面的研究。

(11) 信息环境

按照 J. Rowley 的信息管理学框架，从社会的层次上将信息理解为一种商品和基本社会力量时，信息环境就是一个由人、信息及其活动构成的总体。可以说信息环境是整个网络信息资源研究的出发点，研究主要集中在传统馆藏环境、高校环境以及网络化环境、数字化环境和信息环境上①。

1.4.4 知识管理阶段

信息资源管理克服了信息的技术管理阶段只重技术因素作用而忽视经济、社会、人文因素的缺陷，使得信息管理活动取得了长足进步，发挥了巨大作用，但信息资源管理与前两个阶段一样仍然存在较大的局限性。表现在：①仅关注显在知识尤其是记录型信息的管理而忽略了对另一类十分重要的知识—隐性知识的管理，从而大大限制了其管理范围和信息管理效能的发挥。②仅仅关注人类智力劳动的最终成果——记录型信息，对获得这一成果的学习与创新过程却视而不见，因而无法将信息的吸收与创造（生产）过程纳入管理范畴，不能实现全方位的信息管理。③仅仅关注将信息提供给利用者，而对利用者需求信息的根本原因重视不够，致使它难以将信息升华为

---

① 马费成，望俊成，陈金霞，胡超．我国数字信息资源研究的热点领域：共词分析透视［J］. 情报理论与实践，2007（4）：438-443.

知识，从而限制了信息效用价值的实现。④仅仅关注信息在组织内部的免费流动，未能将信息看做一种资产，以资产管理的方式来管理和运作信息，从而忽视了信息的增值问题，影响了组织对信息的评价。

知识管理正是在克服信息管理固有的缺陷基础上发展起来的，是一种重视与人打交道的信息管理活动，其实质是将结构化与非结构化的信息与人们利用这些信息的规则联系起来。知识管理重视学习、知识资产、竞争优势和创新，知识管理意味着独创性、创新能力、灵活性、适应性，重视智力的作用，并试图增强组织在这些方面的能力。它关注重要的思想、创新、关系及对新思想新观点的开放态度、行为模式、能力以及员工之间的交流与协作，支持群体、团队和个人的学习。知识管理重视团队成员的联合并鼓励经验和知识的共享，尽管知识管理也大量采用现代信息技术支持员工之间的交流，但其核心是知识的创造、应用、学习、理解和协商。

知识管理的前提是信息及信息系统的准确性、及时性、可用性，并能够以易于利用的方式提供信息。以一种典型的知识产品——. ERP 软件为例，它实际上是一个信息系统，体现了某种特殊的业务流程顺序与处理方法，但其价值却是人的联合、信念、关系及共识。知识管理的主要目标是改善组织或机构获取、共享和利用知识的能力。在所有的知识管理实践中，信息系统（IS）都发挥了关键作用，提供了必不可少的支持。

知识管理的实现必须以相应的信息技术为条件，其成果最容易以技术成果的形式表现出来，所以，最早的知识管理实践便起始于对知识管理系统的开发，但其初衷还是解决信息过载问题。例如 20 世纪 70 年代末由 D. 英格尔巴特研制的超文本/群件系统，R. 阿克森和 D. 麦克拉肯开发的知识管理系统都属于这种类型，后者是一个开放的、分布式多媒体工具，能够与其他系统进行信息交流。20 世纪 80 年代后，人工智能、专家系统技术的发展对知识管理的产生发挥了较大作用，由于这些技术的发展和应用，提出了知识获取、知识表达、知识库系统、知识工程这样一些在知识管理中广为应用的基础性概念。

知识作为组织资产的重要性在 20 世纪 80 年代中期逐渐被人们认识到，但当时还未开展真正的知识管理活动。“知识管理”（Knowledge Management）一词出现于 1989 年。为了给知识的管理提供相应的技术框架，美国一家公司进行了一项管理知识资产的试验项目，与知识管理相关的文章开始见诸一些著名的学术刊物，知识管理的著作也相继出版，知识管理的概念开始受到关注。

20世纪90年代中期，随着互联网的普及和应用，知识管理迅速推广。1989年成立于欧洲的国际知识管理网络（The International Knowledge Management Network，IKMN）于1994年在网上建立主页。之后，美国的知识管理论坛（Knowledge Management Forum）和其他一些组织与出版机构也纷纷加盟该网络，使该组织一度成为知识管理界的旗手。与此同时，许多大公司意识到管理和利用知识资源对增强公司竞争优势的重要性，纷纷实施知识管理，有关知识管理的各种研讨会及其他学术活动十分活跃，推进了知识管理理论和方法的发展和完善。

目前，知识管理系统、知识管理策略、知识共享、隐性知识、知识转移、知识创新和组织学习等是知识管理的重点主题。从知识管理的研究对象来看，组织知识的研究较为丰富，其中对企业特别是中小企业的研究表现突出。在知识管理应用研究方面，主要集中在产品开发、ERP、工程设计以及电子商务领域①。从技术上看，知识管理发展可分为三个阶段：以知识库为中心的知识管理阶段；以小范围知识社区为中心的发展阶段；以社会计算、动态知识及其表现为代表的新的知识管理阶段。Web2.0技术在知识管理、社会网络和语义学之间建立的联系促进了基于语义网的知识管理的发展②。

1.4.5 新一代信息技术环境下的信息管理

数智时代，以云计算、大数据、人工智能、区块链、5G（5th-Generation，第五代移动通信技术）等为代表的新一代信息技术正在不断改变经济社会形态，重塑知识体系与研究范式，社会信息化和智能化程度有了前所未有的提升。数据驱动的数字经济为传统的科技信息资源研究与开发利用注入了新的活力。

云计算是利用虚拟化技术，将各种硬件资源虚拟化，以按需使用、按使用量付费的方式向用户提供高度可拓展性的弹性计算服务的一种新型计算模型③。云计算技术降低了基础设施维护成本，提供了无缝的扩展性，促进了用户间信息共享与协作，为大数据的存储与处理提供了新的能力，进而推动

---

① 刘志辉，苏娜，张志强．国外知识管理研究进展分析［J］．图书情报工作，2009（10）：91-94.

② Davies J，Lytras Miltiadis，Sheth A P．Semantic-web-based Knowledge Management［J］．IEEE Internet Computer，2007，11（5）：14-16.

③ 段文雪，胡铭，周琼，等．云计算系统可靠性研究综述［J］．计算机研究与发展，2020，57（1）：102-123.

了物联网、大数据、人工智能等相关技术的发展。随后，雾计算和边缘计算等近端云计算模式相继被提出并日益受到关注，这些计算模式旨在拓展云计算的能力，以克服其技术和应用瓶颈，它们所带来的强大的信息资源服务能力与低传输时延等特性，能够满足人工智能庞大的算力需求。

大数据拓展了信息管理的问题域，推动了理论与方法创新，增加了数据获取的渠道、方式和规模，并提供了全新的研究工具，为满足用户信息服务需求提供了新模式①。与之相伴，人工智能技术快速发展且对经济发展、社会生活产生了巨大的影响。作为一种新的生产力工具，人工智能技术越来越多地参与到信息管理研究之中。借助于大数据、人工智能等数智技术，数据与知识、数据与智能、信息与智能之间的跨越式转换成为可能，传统的信息链链条正逐渐被重构。随着 OpenAI 发布的新一代对话型语言模型 ChatGPT（Chat Generative Pre-trained Transformer）在人机对话、文本生成等方面展现出令人惊艳的性能，生成式人工智能技术引发了数据智能的再次加速，推动了科技、经济、文化等社会要素以信息资源为载体的合作与协同。以 ChatGPT 为代表的人工智能大模型作为一种高效的“知识转换器”和“智能助理”，可以为用户提供比传统的搜索引擎、推荐系统更加自然的交互方式，实现由“检索+推荐”到“感知+检索+推荐+生成”的技术范式转变，它所具备的强大的信息加工、荟萃、整合和生成能力，极大地加快了信息空间中信息资源的流动和循环速率，对信息资源管理研究和实践带来了挑战与机遇，在信息资源管理支撑算法与技术、信息资源建设、信息组织与信息检索、信息治理、内容安全与评价、人机智能交互与协同等方面都具有深远的影响②。

Web 1.0 到 Web 2.0 再到如今的 Web 3.0，网络技术的迭代升级实现了单向信息传递到双向信息互动，再到信息汇聚与价值共享的过程。在 Web 3.0 时代，区块链、NFT（Nonfungible Token，非同质化代币）等技术赋予了数据资源不同于以往的意义，它们具备的去中心化、开放性、独立性和安全性特征，使其构成了 Web 3.0 底层基础设施的重要组成部分③。Web 3.0

① 马费成，张瑞，李志元. 大数据对情报学研究的影响 [J]. 图书情报知识，2018（5）：4-9.

② 陆伟，刘家伟，马永强，等. ChatGPT 为代表的大模型对信息资源管理的影响 [J]. 图书情报知识，2023，40（2）：6-9，70.

③ 喻国明学术工作室. 元宇宙视域下 Web3.0 重塑媒介发展新生态 [J]. 江淮论坛，2022（5）：128-133.

下的信息资源管理领域正在发生重大变革，包括数据要素化、数据资产化、数据关联化、数据价值化、数据智能化，而这也会引起数据存储、共享、检索、开发、交易的发展变化①。

面向未来，信息管理应进一步研究信息、系统、任务三大模型，剖析“数据—信息—知识—智慧”体系的内涵及其与社会经济错综复杂的关系，直面系统模型复杂化、智能化带来的机遇与挑战，明确学科的核心任务并形成任务模型②，推动信息资源开发利用更好地服务于经济社会发展。

本章内容提要

第 1 章为本教材的导论章节，介绍了信息的概念、特征、分类，并从信息链的角度分析了数据、信息和知识等相关概念及其之间的关系；将信息化和信息社会作为信息管理的社会背景，对相关问题进行了讨论；阐述了信息管理的概念、对象、目标和任务，分析了信息管理的多重视角，结合信息生命周期管理的阶段对信息管理流程作了简要介绍；最后讨论了信息管理的沿革及发展阶段，对不同阶段的产生、阶段特征、管理任务、内容和方法，以及阶段之间的关系进行了详细考察，并介绍了新一代信息技术对信息管理产生的影响。

本章重点

1. 结合实际的应用领域，认识和理解信息、信息管理等基本概念；
2. 信息管理研究及实践的多重视角及不同视角的特点；
3. 信息生命周期管理的思想及方法；
4. 信息管理的发展历程及阶段划分。

本章参考文献

[1] 陈耀盛. 试论信息管理的本质与范围 [J]. 图书情报工作，1998 (1).

---

① 张新新，夏翠娟，肖鹏，等. 共创元宇宙：理论与应用的学科场景 [J]. 信息资源管理学报，2022，12 (5)：139-148.

② 胡志伟，李阳，康乐乐，等. 新时代信息资源管理学科的高质量发展——2023 年中国信息资源管理学科发展论坛纪要 [J]. 图书情报知识，2023，40 (5)：6-15.

[2] 党跃武．简论信息管理和信息管理学［J］．情报资料工作，1995（5）：11-13.
[3] 胡志伟，李阳，康乐乐，等．新时代信息资源管理学科的高质量发展——2023 年中国信息资源管理学科发展论坛纪要［J］．图书情报知识，2023，40（5）：6−15.
[4] 陆伟，刘家伟，马永强，等．ChatGPT 为代表的大模型对信息资源管理的影响［J］．图书情报知识，2023，40（2）：6−9，70.
[5] 马费成，陈锐．面向高速信息网络的信息资源管理（一）——从技术角度的分析［J］．中国图书馆学报，1998（1）：12-17，45.
[6] 马费成，陈锐．面向高速信息网络的信息资源管理（二）——从经济角度的分析［J］．中国图书馆学报，1998（2）：3-8，57.
[7] 马费成，陈锐．面向高速信息网络的信息资源管理（三）——从人文角度的分析［J］．中国图书馆学报，1998（3）：14-19.
[8] 马费成．信息资源管理的历史沿革——从信息源管理到信息资源管理［J］．情报科学，1998（3）：251-256.
[9] 马费成，张瑞，李志元．大数据对情报学研究的影响［J］．图书情报知识，2018（5）：4−9.
[10] 马费成．图书情报学与元宇宙：共识 共创 共进［J］．中国图书馆学报，2022，48（6）：4-5.
[11] 马费成，吴逸姝，卢慧质．数据要素价值实现路径研究［J］．信息资源管理学报，2023，13（2）：4-11.
[12] 孟广均，等．信息资源管理导论（第 3 版）［M］．北京：科学出版社，2008.
[13] 王崇德．情报科学原理［M］．台北：农业科学资料服务中心，1991.
[14] 王天夫．数字时代的社会变迁与社会研究［J］．中国社会科学，2021（12）：73-88，200-201.
[15] 王万宗．信息管理概论［M］．北京：书目文献出版社，1996.
[16] 王文喜，周芳，万月亮，等．元宇宙技术综述［J］．工程科学学报，2022，44（4）：744-756.
[17] 吴蔽余，黄丽华．数据定价的双重维度：从产品价格到资产价值［J］．价格理论与实践，2023，（7）：70-75.
[18] 谢阳群．信息化的兴起与内涵［J］．图书情报工作，1996（2）：36-40.
[19] 喻国明学术工作室．元宇宙视域下 Web3. 0 重塑媒介发展新生态［J］．江淮论坛，2022（5）：128-133.

[20] 岳剑波. 信息管理基础 [M]. 北京：清华大学出版社，1999.

[21] 岳剑波. 论信息管理学的进化 [J]. 中国图书馆学报，1998 (3)：20-28.

[22] 中国信息通信研究院. 数据要素白皮书 (2022 年) [R/OL]. (2023-01-07) [2023-11-13]. http：//www. caict. ac. cn/kxyj/qwfb/bps/202301/t20230107_ 413788. htm.

[23] 周晓燕，孙青. 国内外信息管理研究的流派与研究框架 [J]. 大学图书馆学报，2004 (6)：14-18.

[24] Braganza. Rethinking the Data-information-knowledge Hierarchy：Towards a Case-based Model [J]. International Journal of Information Management, 2004, 24 (4)：347-356.

[25] Dwivedi Y K, Kshetri N, Hughes L, et al. "So what if ChatGPT wrote it?" Multidisciplinary perspectives on opportunities, challenges and implications of generative conversational AI for research, practice and policy [J]. International Journal of Information Management, 2023, 71：102642.

[26] Faroukhi A Z, El Alaoui I, Gahi Y, et al. Big data monetization throughout Big Data Value Chain：a comprehensive review [J]. Journal of Big Data, 2020, 7 (1)：1-22.

2 信息交流

人类社会的基础在于通信交流，作为人类社会的一项重要活动，信息交流一直是人们所关注的研究领域，而信息管理活动也是在人类社会信息过程中展开的。信息交流是信息管理领域研究的核心内容，其研究主要集中在信息交流的模式与特征、信息交流用户行为与心理分析等方面，并对作为信息交流对象的信息内容本身有着深切的关注。

现代通信技术与网络技术从根本上改变了人类社会的形态结构，也对信息交流活动产生了深刻的影响。信息交流的每一次革新，都为社会带来了巨大的变革，也给信息管理活动带来了新的研究课题和研究空间。

2.1 信息交流的基本概念

2.1.1 信息交流的分类

信息一旦产生，就会在宇宙空间和时间上无限地传播和交流。可以认为，信息交流与传播是人类社会和自然界中最普遍的现象，只要宇宙间有事物的存在和运动，就有相应的信息产生，就会伴随着信息的交流与传播。我们可以将信息交流划分为下列几种形式①：

① 丰成君．论信息交流（二）[J]. 情报科学，1989（4）．1 10，43.

- 信息交流
  - 自然信息交流
    - 非生物—非生物的信息交流
    - 生物—非生物的信息交流
  - 人—自然的信息交流
    - 人—非生物的信息交流
    - 人—生物的信息交流
  - 人—人的信息交流

在上述信息交流形式中，自然信息交流完全是自然物，包括非生物之间、生物之间以及人与非生物及生物之间的信息交流与作用（影响）。这种作用或影响过程完全因循自然规律和法则，与人类的主观意识不相关联。如雷电风雨与岩土泥石的作用，鸟类的信息交换，动物与非生物的信息交换，人体病毒的感染等，完全因循自然法则，是纯自然的信息交流，亦即本体论层次的信息交流。人与自然的信息交流是一种半自然、半社会的信息交流，是一种半意识化的信息交流。这种交流方式除了遵循自然的规则外，也随人的认识而发生改变。如认识自然规律的科学研究是一种以自然规律为主的信息交流，是自然界信息通过人类认识进行归纳和反映的过程。而人的劳动则是在人脑主观意识支配下，人的认识作用于自然物，输入并留下信息的过程。可以说，科学研究是自然物信息到人类主观意识的一种流动，是一种认识过程，而人类劳动则是人的主观信息向自然的流动，是一种改造世界的过程。最后是人与人（进而可扩大到组织乃至国家）的社会信息交流过程，是人的主观意识的相互作用。这种交流方式也是最复杂、最高级的信息交流形式，它依赖于交流者双方的意识及双方的行为，而交流行为既受心理因素的影响，又因循一定的社会规则，同时与社会的其他方面相联系，构成整个社会运行的一个大系统。

2.1.2 信息交流的含义与特征

信息交流是人类社会的一种基本现象，是人与人相互作用与联系的一种方式。这种方式在宇宙众多的信息交流中，是最先进、最高等又是最复杂的信息交流方式。从严格意义上讲，它应该被称为“社会信息交流”，为论述方便，我们直接将这种社会信息过程称为“信息交流”。

传统上理解的信息交流是在同一时间平面上实现的，是一种横向交流或共时交流，亦即此时此地或此时彼地的交流。如图书馆、信息中心为用户提供文献信息服务，大众媒介向读者或受众传递信息的过程或是同事、朋友之间的直接交流，或利用电话、电报、信函、互联网等手段来完成的信息交换。我们可以说，图书馆员正在和读者进行信息交流，信息工作者正在与用户进行信息交流，也可以说罗斯福、丘吉尔与斯大林进行过信息交流，但我们很少或根本不会认为某个读者会与巴尔扎克、托尔斯泰发生信息联系，尽管他可能正在阅读《人间喜剧》或《战争与和平》。我们更不会认为图书馆员或信息工作者在为读者或用户提供文献信息时（与信息使用者交流）还同时在与著者或信息生产者进行交流。

根据我们前面对信息特征的描述，仅仅在同一时间平面即横向去理解信息交流是不够的，还必须在不同的时间平面上，从纵向去考察人类社会的信息联系即历时信息交流，才能全面理解人类社会信息过程，科学地实施信息管理。于是我们可以将信息交流定义为不同时间或不同空间上的认知主体（人或由人组成的机构、组织）之间借助于相应的符号系统所进行的知识、消息、数据和事实等信息的传递与交流的过程。

共时信息交流或横向信息交流的主要功能是克服交流的空间障碍，达到及时的信息共享；而历时信息交流或纵向信息交流的主要功能在于消除交流的时间障碍，填补过去和现在的鸿沟，将古代与现代联系起来，为继承和发展提供条件。

共时信息交流和历时信息交流的功能及手段可用图 2-1 表示：

项目	信息交流	
	共时交流（消除空间障碍）	历时交流（消除时间障碍）
交流手段	互联网、传真、电话、电报、广播、电视、邮政、身势、旗语、钟、鼓、灯、烽火、口语、实物等	刻制光盘、拷贝磁盘、录音、录像、照相、绘画、文献、档案、古迹、文物、口语等

图 2-1 信息交流的手段和媒介

对于某一个体的人，他必然地要参与共时交流与历时交流。他既要和同时代的人进行共时交流获取和共享信息，也要和前人实现历时交流以继承人类的知识。从本质上来说，共时交流与历时交流并无严格的区别，任何交流过程都是时间与空间为正的过程，因此，共时交流与历时交流的划分也只具有相对的意义。电话可算是共时交流的重要手段，档案、文物保护、考古可看做历时交流的手段，但对于口头语，如果两人之间算是共时交流，那么几代人之间的传说就该算做历时交流了。

当代信息技术不仅迅速地消除了信息交流的空间障碍，而且也在有效地克服其时间障碍，使得共时交流与历时交流更是难分彼此。例如，互联网、电话使人们完全感觉不到信息传递的空间距离，变环球为一村；基于人工智能、虚拟现实等技术的虚拟信息空间又能实现今人与前人的面对面交流，没有任何时间的阻隔。

从时间和空间两方面来考虑，共时信息交流与历时信息交流的关系可以表示如图 2-2 所示：

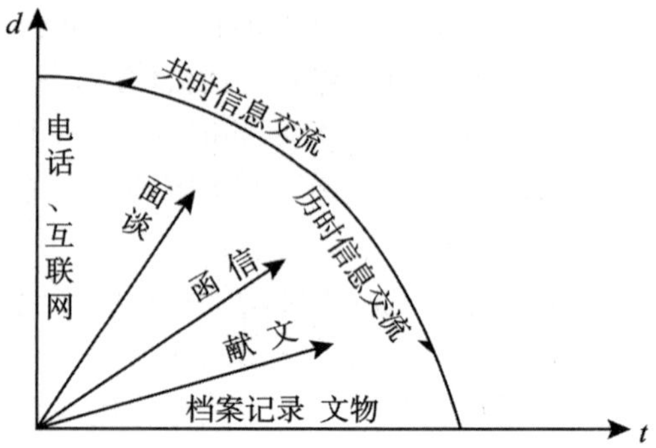

图 2-2 共时交流与历时交流的关系

无论是哪种形式的信息交流过程，必须有一个信息传递者（Sender，简称 S），他是信息的初始来源，实际上是信息生产者；一个信息接收者（Receiver，简称 R），他实际上是信息的最终利用者。他们可以是同时代且不同空间点上的认知主体，如罗斯福、丘吉尔、斯大林之间的信息交流，也可以是不同时代且不同空间点上的认知主体，如巴尔扎克、托尔斯泰的思想通过文献的存储被后人吸收，或爱因斯坦的相对论被后代科学家接受。无论在哪种条件下，交流的对象都是认知主体所拥有的信息。

信息交流过程可以是直接的，如同时对面交流，也可以是间接的，如非同时、非对面交流。对于间接交流，至少应该有一个“人参与”的环节，我们将这种信息传递称为信息链。信息链的节点可以是人，也可以是由人生成、传递的文献或其他形式，还可以是几种形式的混合，如爱因斯坦或牛顿的思想可以先通过文献（出版商、销售商、图书馆）途径传递给一些学者，这些学者又以讲课方式向外传播，于是构成了信息链。

信息交流实质上是一种单向传递。当我们分析交流过程时会发现，信息的流动永远是 S 流向 R，是一种时间不可逆过程。例如 A 与 B 之间的信息交流，首先 A 为 B 提供信息，然后 B 又为 A 提供信息，它们是两个相反的信息流过程，即 A→B 和 B→A 两种流向。

信息交流既然规定交流双方都是具有认知能力的人，那么，信息的来源（对于信息接受者而言）必须是他人头脑（S）所提供的信息，而不是直接从自然或社会观察而获得信息。如果我们将本体论层次的信息称为客观信息，那么信息交流的信息就全部都是从客观信息转换生成而来，生成转换器就是大脑，它是S认识的结果，属认识论层次的信息，我们称其为主观信息，它是一种间接信息。信息交流与认识过程可以用图2-3表示：

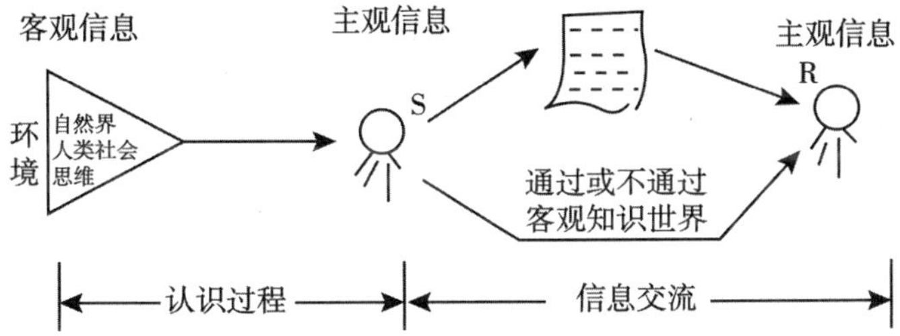

图2-3　信息交流与认识过程

信息交流还必须是交流双方的目的行为，即S与R均是故意要传递与接收信息。若仅有一方故意，则不属于信息交流行为。也就是说，R有信息需求，S有目的地提供。

2.1.3　信息交流行为

由上述分析可知，信息交流实质上涉及两个最基本的概念：“信息”与“交流”。这两个概念联系密切、不可分割，信息是交流的信息，交流是信息的交流。信息交流是人类社会的一种普遍现象，信息交流行为又是人的一种最基本的行为。

信息交流过程涉及的都是人的主观信息，对于信息发送者S和接受者R而言，都有一个主观信息客观化、客观信息主观化的过程。如，对S而言，首先是认知过程，这是信息获取和生成的前提，任何人都是通过客观信息来认识世界的，其主观信息是客观信息的映射或反映。其次，任何人都存在着信息输出过程，即人脑内部的信息通过人的行为转化为外部信息。根据人的行为目的性的特点，我们可以将人的行为分为目的行为和非目的行为，目的行为又可依其与信息交流的相关性分为信息行为和非信息行为。信息行为包括言语、书写、姿势等，非信息行为包括体力劳动、机器操作等。我们可以对人的行为划分如下：

- 人的行为
  - 目的行为
    - 信息行为
    - 非信息行为
  - 非目的行为：潜意识状态下的行为

信息交流的实现依赖于交流双方的信息行为。一方面，S 必须是为传递信息而传递信息，是一种目的行为。另一方面，R 也必须是为获取信息而产生的信息行为。对 R 而言，其行为同样也包括目的行为和非目的行为两种。目的行为也可分为信息行为和非信息行为，如听、读、触、味、嗅等过程均和信息吸收密切相关，是信息行为；体力劳动、机器操作等虽然与信息有关，但不是以吸收信息为目的，所以称为非信息行为。

综合 S、R 的信息交流行为，可以得出下列关系：

- 信息交流行为
  - 输出行为：书写、言语、实物样品绘画、符号特征等（S行为）
  - 接收行为：阅读、艺术品欣赏、电话电视收听收视等（R行为）

2.1.4 信息交流的条件和要素

信息交流是一种社会性过程，它的实现需要一定的条件和要素，这些条件和要素可以概括如下：

（1）信息发送者

也称信息传递者或信息生产者。它是信息的初始来源，是信息传递链上的初始环节，一般不是指信息机构、图书馆、文献中心等信息传递的中继站。

（2）信息接收者

或称受信者。它是信息的最后接受者或利用者。

（3）交流通道

即信息达到受信者所经过的渠道。无论是何种渠道，也无论这些渠道所采用的技术如何先进和发达，对于 S 和 R 而言，他们发送和接受信息的基本通道仍是交流双方的感官系统，包括视觉、听觉、味觉、嗅觉、触觉等。其他通道或技术系统仅仅是这些感官通道的扩展、延伸或变换。

（4）符号体系

它是信息传递交流时依附的载体。它包括语言、文字、手势、表情、信物、烽火狼烟、旗语、计算机语言等，同时还包括这些符号体系内部各符号元素之间互相联系与组织的方式及规则。

（5）知识信息库

它是人脑知识信息的总称，包括人所创造的各种知识或信息，是信息交流的最根本来源和最终极的归宿。

（6）支持条件

它是信息交流得以实现的保障。它包括：①自然条件，如光、声、电、空气在传导信息时的作用；②技术条件，包括各种通信技术、存储、处理技术等；③社会条件，即信息交流的社会保障体系，如法律、政策、经济条件、信息机构及相关组织的建立。

2.2 信息交流的模式

信息交流模式就是用简洁的语言、图形或程式描述信息交流现象，以揭示信息交流本质和规律的一种方法，这种方法对于充分发挥信息的效用和价值、有效促进信息的传播和交流具有重要的作用。本节我们将介绍几种主要的信息交流模式。

2.2.1 香农-维弗的通信模型

1949 年，信息论创始人、美国数学家香农（C. E. Shannon）与维弗（W. Weave）为解决机器间信息互换在当年的《通信的数学理论》（The Mathematical Theory of Communication）中提出了著名的通信模型（如图 2-4 所示）。该模型把信息交流描述成一种单向的线性过程，整个过程由五个环节构成。信源负责发出要传递的信息，此信息会经编码器编码而采用与所经渠道相适应的信号形式到达解码器，解码器的功能与编码器相反，它将接收到的信号还原为信息并发送到交流的目的地，即信宿。噪音指一切传播者意图以外的、对正常信息传递的干扰。构成噪音的原因既可能是机器本身的障碍，也可能是来自外界的干扰，由此会造成信息失真。如何有效排除干扰、控制信息失真随之成为交流中必须注意的问题。

通信模型所面向的是机器之间的信号传递，它反映出了一种原始朴素的信息传播思想，为后来的许多交流传播过程模式奠定了基础，并引起人们对从技术角度进行信息交流研究的重视。但同时该模型也存在一些局限性，例如模型本身具有较好的抽象性，但其关注主要侧重于语法层面的信息，对于

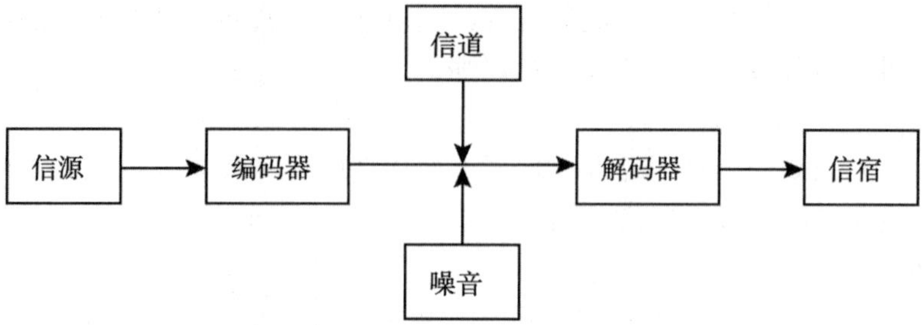

图 2-4　Shannon-Weave 的通信模型

语义和语用层面的信息关注较少；另外，模型是一个单向线性的模型，没有考虑“反馈”的环节。因而，通信模型对于人类社会传播行为的解释能力比较有限，其并不完全适用于人类社会的信息交流传播过程。

2.2.2　拉斯韦尔的“5W”模式

1948 年，美国政治学家哈罗德·拉斯韦尔（Harold Lasswell）在其发表的《传播在社会中的结构与功能》一文中，最早以建立模式的方法对人类社会的传播活动进行了分析，提出了著名的“5W”模式，即用 5 个问题的回答来描述传播行为，分别是谁（Who），说了什么（says What），通过什么渠道（in Which channel），对谁（to Whom），取得了什么效果（with What effect）。“5W”模式界定了传播学的研究范围和基本内容，影响极为深远（见图 2-5）。

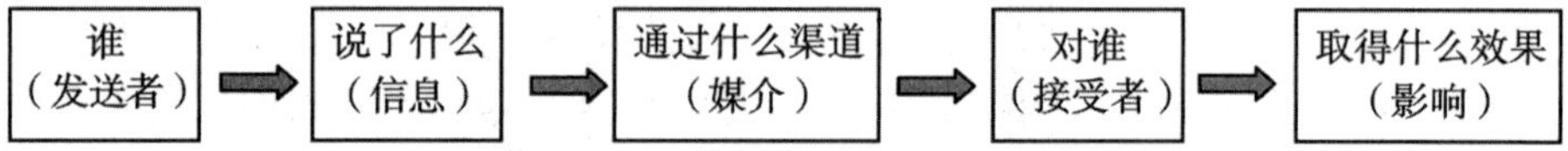

图 2-5　拉斯韦尔“5W”模式

该模式在强调信息发送方、接收方和交流渠道的同时，开始注重信息本身的内容，以及交流和传播的效果，特别是对分析政治性传播与宣传十分适用。此后，布拉多克（Braddock）于 1958 年将拉斯韦尔模式补充为“7W”模式：Who　says What　through Which channel　to Whom under What circumstance　for What purpose　with What effect，即“谁，说了什么，通过哪种渠道，对谁，在什么情况下，为了什么目的，有什么效果”。

2.2.3 施拉姆模型

美国著名传播学家威尔伯·施拉姆（Wilbur Schramm）在 1955 年发表的论文《传播如何得以有效进行》中提出了信息交流的三个模式。第一个模式与 Shannon-Weave 的通信模型十分相似，如图 2-6（a）所示。第二个模式中，施拉姆把交流的简单模式推进为一个比较复杂的模式。他指出，两个试图交流的个人必须积累有相当的共同经验，即在信源和信宿之间，只有在其共同的经验范围之内才真正有所谓的交流，因为只有这个范围内的信号才能为信源和信宿所共享，如图 2-6（b）所示。第三个模式中，施拉姆模式又进一步发展成一个表明人类交流的两个个体之间有相互作用的模式。按照施拉姆的观点，信息交流双方都必须将想要表达的意义制成代码，传递给对方，同时须将对方传送来的信息译码并作出解释以产生意义。通过信息的传送与反馈，个体之间形成了信息互动。从这个意义上说，信息交流过程就是一个循环往复、不断反馈的过程。该模式更注重信息交流的过程，而不是交流效果，它能够体现人际传播特别是面对面传播的特点，不能适用于大众传播的过程。这个模式也被称为施拉姆“循环模式”，如图 2-6（c）所示。

此外，施拉姆还提出了能充分体现大众传播特点的“大众传播过程模式”，认为构成传播过程的双方分别是大众传播与受众，二者之间存在着传递与反馈关系；其中，作为传播者的大众传媒与一定的信源相连接，又通过大量复制的信息与作为传播对象的受众相联系；受众是个人的集合，这些个人又分属各自的社会群体；个人与个人、个人与群体之间都保持着特定的传播关系。受众接收到信息，连同从其他方面收到的信息进行选择，做出反应，即产生反馈作用，如图 2-6（d）所示。

早期的信息交流模式大多是直线模式，即是由信息发出者单向地向接收者传递信息。但实际上大多数信息交流是互动的双向过程。施拉姆模式的特点，在于引进了反馈的概念，将反馈的过程与交流者的互动过程联系起来，把信息交流理解成为一种互动的循环过程。这种模式更符合人类信息交流的实际状况。

2.2.4 维克利的 S-C-R 模式

S-C-R 模式是英国信息学家 Brain C. Vickery 和 Alina Vickery 提出的关于信息交流和传递的模式。其中，S 代表信息源（Source），C 代表交流渠道（Channel），R 代表信息接收方（Recipient）。信息交流就是信息从信息源出发，经由各种渠道和媒介，而后传递到信息接收方的过程，如图 2-7 所示。

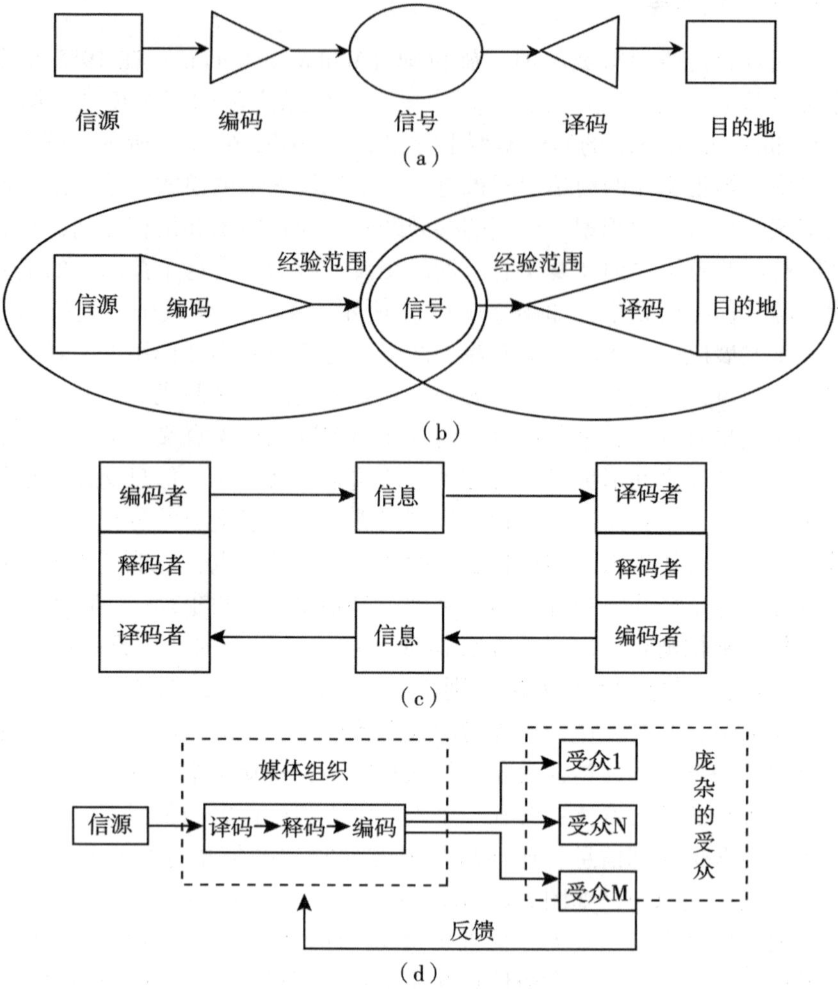

图 2-6　施拉姆模型

作为信息来源，包含有相关的信息内容，所指的既可以是人，也可以是文献。信息接收方由于决策制定、解决问题或者降低不确定性的需要，会产生相应的信息需求，从而引发信息搜寻行为。在信息源和信息接收方之间，交流渠道充当了连接二者的重要角色。除了自然媒介以外，信息系统是信息交流和传递的主要工具。

从形式上看，S-C-R 模式的三个要素分别对应于通信模型中的信源-信道-信宿。而与通信模型的机器信号传递相比，S-C-R 模式强调的是人本社

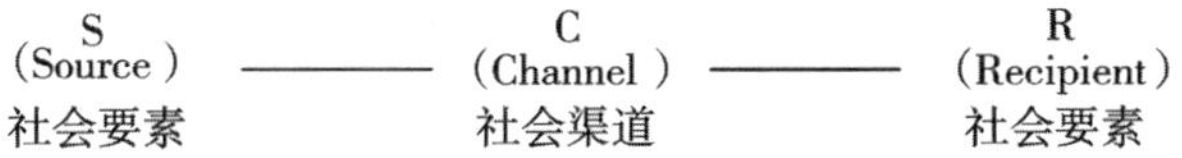

图 2-7 维克利的 S-C-R 模式

会传播，与信息源和信息接收方一样，信息渠道也受到社会的影响，因而对信息交流和传递的考察是放置在社会背景下来进行的，其间涉及许多人文因素，如社会地位和认知对个人吸收信息的影响等。Vickery 认为，信息交流和传递本身往往是交互、双向的，因而 S-C-R 模式中的各个要素之间的联系应是双向性的。

2.2.5 A. И. 米哈依洛夫广义的科学交流系统模式

20 世纪中叶，美国社会学家 H. 门泽尔（Menzel）从载体角度对信息交流过程进行了系统的研究，提出了著名的“正式过程”和“非正式过程”交流模型。在这种模型下，社会中的信息交流被分为正式交流（依法组织、具有正规合法渠道、受法律保护，是社会组织机构运行的必要条件）和非正式交流（社会成员之间或非正式组织成员之间自由自愿的信息交换与沟通）两种基本形式。这一理论经苏联情报学家、教育家 A. И. 米哈依洛夫整理，得到了广义的科学交流系统模式。这种模式将科学交流分为正式交流和非正式交流（如图 2-8 所示）。

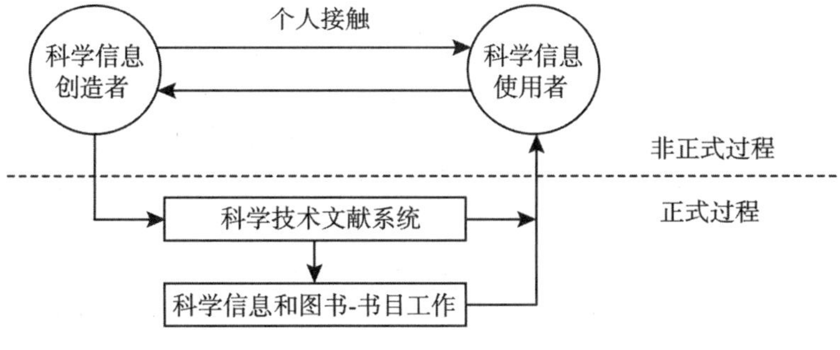

图 2-8 广义的科学交流系统

正式交流是通过科学文献信息系统或“第三方”的控制而进行的信息交流，这种交流方式的优点是：获得的信息可靠程度高；能够从大量的文献当中找到有关某一课题详细、全面的科学信息；不需要与信息生产者本人见面。这种交流方式的缺点是：信息传递不及时；通过文献查找科学信息需要一定的方法和技巧。非正式交流是指科学家、研究人员之间通过个人接触进行的信息交流，如彼此之间关于所做研究的直接对话，参观同行的和科学技术展览，对各类听众作口头讲演，交换信件、出版物预印本和单行本，研究成果在发表前的准备工作等。这种交流方式由于没有中间环节而具有以下优点：信息间隔时间短；信息选择性和针对性强；传递信息时反馈迅速；对所得到的信息易于理解，并能给出恰当的评价。非正式交流渠道局限性表现在：信息的可靠性和准确性难以检验；往往只有少数人有参与直接交流的机会；不可能为以后的加工进行情报积累。

2.3 信息交流机制

2.3.1 社会信息流的形成

信息需求是人类的基本需求，信息交流是人类有目的的行为。因此信息一旦生产出来，便要流向特定的利用者或接收者，在信息生产者和利用者之间形成源源不断的“流”，即信息流（第 1 章中图 1-3 所示）。根据 S 和 R 的时空位置，信息的流动会有不同的过程和方式。有的简短如对面交流，有的长远如跨国交流和古今交流。有的是信息直接从 S 流向 R，有的则需通过报纸、电台、图书馆、书店、信息机构等（广义信息系统）中间环节从 S 流向 R。不论其间过程多么复杂，在 S 与 R 之间总有一条信息的纽带联系着。我们把这种信息纽带称为信息链或社会信息流。

社会信息流是一种普遍存在的社会信息现象，是信息从生产者 S，经过或不经过其他社会环节，最终转移到利用者 R 的流动过程。S 与 R 是通过社会信息流来联系的。这种信息流可以简单如两人的对话，也可以复杂到如科技人员利用某项专利技术，首先由发明者（信息生产者）向专利机构申请专利，专利说明书印刷成文，分发至全国专利中心，最后再传递给需要的用户。它可以短暂如“你去哪里”“我去书店买书”这样几秒钟的对话，也可以漫长如孔子的思想经他的学生整理成文，再印刷成书，再由学者阅读，然后再重新印刷，由书商出版，书店发行，图书馆采购收藏，再由读者借阅，然后又再向学生讲授，这样上千年的历程。

社会信息流的形成经历了一个由简单到复杂的过程。在文字产生之前的口语时代，人类只能在看得着、听得见的有限范围内面对面地交流，信息流只能是某一时刻从 S 直接流向 R。随着文字和各类符号的出现，信息存储技术和传输技术的发展，信息的传播突破了时空的限制。人类的信息需求和利用不断趋向社会化、综合化、多样化，信息如果不经过其他社会中介环节的处理和转换就难以从 S 流向 R。社会信息流变得越来越复杂，对控制手段的要求也越来越高了。

2.3.2 信息交流与传播中的栈

在社会信息流中，除了 S 和 R 之外，在 S 和 R 之间还有数量不等的中介环节的介入，如编辑部、出版社、书店、图书馆、信息中心、电视台、广播电台等对知识信息的传播，或是其他社会组织、行政机构对信息指令的上传下达，这些中介环节构成了信息交流和传播必不可少的条件。从信息链来说，这些环节好比是信息链上的节点，如著者（信息生产者S）到读者（信息利用者 R）的信息流就可以描述如下（见图 2-9）：

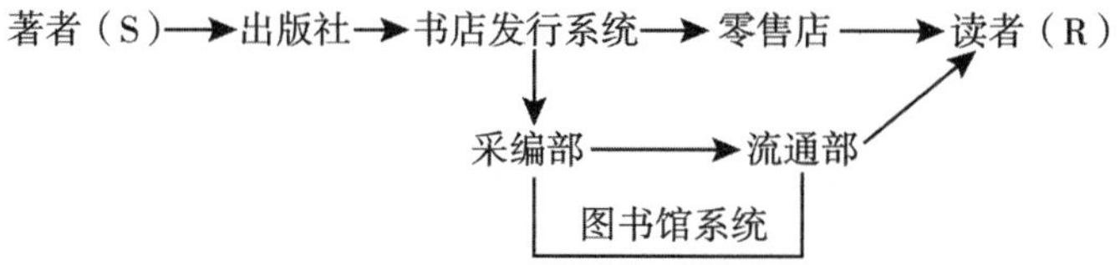

图 2-9　著者到读者信息流

如果略去具体环节的名称，图 2-9 可以简单表示如下（见图 2-10）：

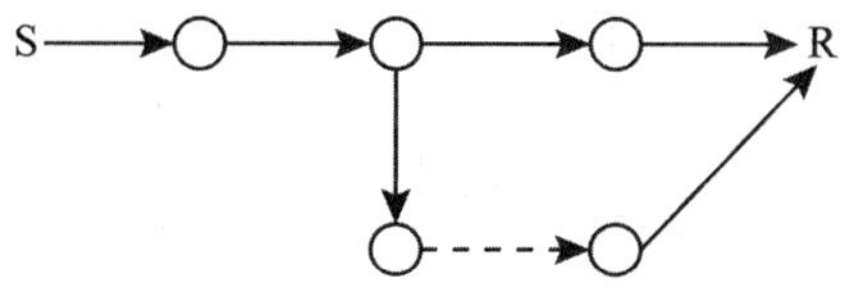

图 2-10　著者到读者信息链

图 2-10 中，→表示信息流，○表示信息链的节点。由于这些节点可以进行信息的存储、转换、处理、传递，如同商品流通中的货栈一样，我们就将这些节点称为“信息栈”。更具体地说，信息栈（以 W 表示），是信息从 S 向 R 流动过程中所经过的环节。它必须是人或人工系统，如出版机构、信息机构、广播系统、图书馆等，其功能是接收、处理、存储和传递信息。

由上述定义可知，信息的传播除了 S 和 R 的直接交流外，其余均需有信息栈的参与，对于这种有信息栈参与的社会信息传播过程，我们可以称为“栈交流”，而 S 与 R 的直接交流则可称之为“零栈交流”。于是 S 与 R 之间的信息交流如图 2-11 所示：

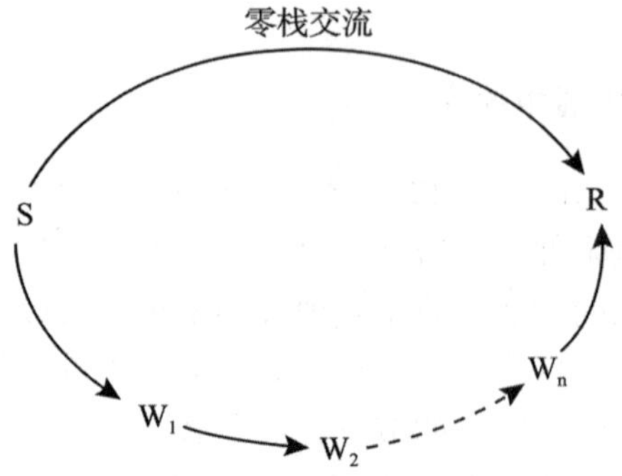

图 2-11　信息传播的栈模式

由于信息交流具有时间和空间两个方面，而信息传递又是靠信息栈 W 来实现的，因此，我们可以根据信息栈 W 的功能特征将其分为时间栈和空间栈。时间栈主要实现信息的时间传递，它们有：档案馆、博物馆、图书馆、美术馆、文献中心等；空间栈主要实现信息的远距离传递，它们有：新闻、报纸、互联网、邮政系统、广播电视等。不论是时间栈还是空间栈，它们都具有两方面的职能：从 S 或前栈获取信息，并加以处理、转换、存储、积累和选择；对 R 或后栈传递信息。

信息栈虽然经常被 R 当成直接信息源，但实质上像图书馆、信息中心这样的信息栈，它们仅仅是信息交流中的一个节点，其真正的信息来源是分散于各个时代、各个地区的信息生产者 S，他们是社会信息的初始来源。信息中心、图书馆、数据中心等的职能就同古代军事上的烽火台或驿站相似，是信息传递的社会机制。

一般来说，信息栈是信息交流的中介，但对某些信息栈而言，它们一方面传递信息另一方面又使用这些信息，它们不同于邮局及其信使对信中的信息一无所知，而是一边吸收利用，一边进行传播。如 A 获知某公司股票将涨的信息，立即由原来的空头转入多头，同时又将这一信息传递给其好友 B，B 也如法炮制，传递给 C。这样，A、B 既是信息接收者，也是信息传递的“信息栈”。

“信息栈”理论的特点之一是将常义上的用户所认为的信息源追溯到信息生产者，有利于我们了解信息系统和信息机构的功能；特点之二是有助于我们突破不同学科（有众多的学科从不同侧面研究信息交流与传播）的界限，在一般意义上理解信息交流传播的基本机制，为信息管理提供理论方法支持。

2.3.3 直接交流与社会代理交流

如前所述，按照交流过程中有无信息栈参与，信息交流可以分为直接交流（零栈交流）与间接交流（栈交流），直接交流是由 S、R 直接完成信息传递，其过程比较简单。而间接交流由于交流者双方（S，R）存在种种阻碍，很多交流过程无法直接实现，或者是 R 无法找到 S，或者是 S 无法直接找到 R，而信息交流需要在人与人之间完成，于是出现了信息栈的社会代理现象。

信息交流中的社会代理（或中介）是指信息交流双方（S 或 R）在信息交流过程中由于无法直接将信息传递给另一方（R 或 S），于是将信息交流行为转移到社会中的信息栈，由信息栈代理 S 或 R 来传递交流信息，从而完成信息交流。信息栈被称为代理者（A），栈交流被称为社会代理交流。A 既可代理 S 也可代理 R 来完成信息交流。代理信息生产者 S 如书商、技术交易商接受著者或技术发明人委托，协助他们传播信息，达成交易；代理信息利用者 R 如图书馆、信息机构接受用户（R）委托代为检索文献或数据。

直接交流与社会代理交流（间接交流、栈交流）是两种不同形式的信息交换形式，其特征也完全不同。下面我们分析直接交流与社会代理交流的区别：

①直接交流是 S-R 的直接联系，它的媒介系统是纯自然的和客观的，没有社会因素的介入。如 S-R 的直接谈话、参观实验室、产品展示、实验数据或实验报告的提供等，而社会代理交流则是借助于社会系统的介入才完成的交流，如图书馆、信息中心等。直接交流生动、直观、反馈迅速、时间间隔短，而社会代理交流则没有这些特征。

②直接交流中，源信息（即 S 提供的信息）或需求信息（R 提出的信息）是直接沟通的，是 S 或 R 的直接联系，其信息内容不会受到社会系统的干预和控制，如面谈等。而社会代理交流的源信息和需求信息均需由 A 代理，由于表述与转换因而常常发生变化，如表达语言、表述方式、重点都受 A 的影响。另一方面，许多专职的社会代理信息机构（如出版社、编辑

部、文摘杂志社、信息系统）对信息的传播具有监督和评价功能，比较严谨，直接交流则具有较大的随意性。

③S-R 直接交流时，都是共时交流，而社会代理交流中，既有共时交流，又有历时交流，历时交流又有回溯式和未来式两种，其信息传递的时间范围及空间范围都比较大，且能有效地对 S、R 进行匹配，提高信息传递的效率。

④直接交流是 S-R 关系，社会代理是 S-A-R 关系，但 S-A-R 关系可以转换成为 S-R 关系，因为 A 是代理者。对 R 而言，它代理 S，所以有 S-A-R = A（S）-R；而对 S 而言，它又代理 R，所以有 S-A-R = S-A（R）。S-A（R）、A（S）-R 关系与 S-R 关系一样，是一种直接联系。

⑤当 A 出现多级代理时，根据其传递性特点，可以将与其直接联系的一次代理视为全部代理。例如，S 的信息首先传递给出版商，由出版商代理，而出版商的书籍又由书店系统代理，书店的书又由图书馆代理，因此，对 R 而言，图书馆可以作为社会代理的整体代理，即对 R 而言，他可以将信息流视为：A（S）→R。同样，对 S 而言，他可以将出版商作为其信息传递的整体代理，即：S→A（R）。

2.3.4 信息传递模式

无论是直接交流（零栈交流）还是间接交流（栈交流），信息的传递模式一般有以下四种方式：

（1）多向主动传递

这种方式是 S 或 A 针对整个社会的需要将自己生产或收集到的信息主动传递给事先未确定的接收者（R），如书商关于新书新刊目录的传播与分发，信息中心对二次文献（或信息）的选择报道，网站对信息的选择发送等。多向主动传递已经发展成为专业信息服务的基本形式，面对浩如烟海的一次信息，用户（R）不仅难于获得自己所需要的部分，即使获得后也没有足够的时间和精力去进行阅读、选择、评价、分析和吸收，专业信息服务机构（A）通过对大量一次信息的加工整理，以“浓缩”后的二次信息向 R 提供，大大提高了信息交流的效率。

在网络环境下，网上的信息资源纷繁复杂，并呈几何级数不断增长，如何快速有效地查询所需信息成为一项艰巨的任务。网上提供的各种目录、索引、文摘等工具就属于多向主动传递模式。传统的多向传递大多是一个信息单位服务于某一区域，与之相比，网络环境下的多向主动传递的范围拓展到全世界，并且具有时间间隔短、选择性高、针对性强、信息交流迅速、直接、生动、反馈快等优点①。

（2）单向主动传递

这种方式是S或A在调查了解用户需求的基础上，将信息传递给事先确定的接收者（R），它的主要形式是定题服务。这是专业信息服务中的高级阶段，所传递的信息具有针对性和及时性，能充分发挥其效用。这种方式一般是S或A与R之间有固定的和较为密切的合作关系，S，A了解R的信息需求，从而能够准确、及时地提供信息。

由于网络环境中拥有众多根据用户需求建立的各种专题数据库，因此网络环境下的单向主动传递进一步增强了其功能。这些专题数据库通过多种途径搜集了国内外有关专题的各类信息资源（包括光盘数据库、网络数据库、网络动态资源、印刷型资源等），并进行合理的整序和组织。用户只要进入专题数据库就可较全面地获得其所需的信息资源。网络环境下的单向主动传递方式还可对用户开展跟踪服务，通过建立用户文档，根据用户的检索需求，随着专题数据库的更新定期更新用户文档，把符合用户检索要求的命中信息定期发送到用户的E-mail邮箱。这种服务比传统方式功能更强，效率更高。

（3）多向被动传递

这种方式事先也没有确定的接收者，是A面向整个社会开展的信息服务，如图书馆、信息中心的书刊资料阅览和借阅服务，网站信息服务等。在这里，来到信息中心或图书馆的用户、点击网站信息的用户是主动的，而信息传递本身是被动的，故也称为无向被动传递。

网络信息服务实质上是网站通过对大量信息进行选择、评价、整理之后存储于相应的网站主页或栏目中，给用户提供导航、搜索服务；阅览、借阅同样是对大量信息进行收集、加工、整理、存储之后，按照检索语言的要求，上架存放，或输入到计算机信息系统中，供R前来借阅和查询。这已经成为信息传递的一种固定模式。

（4）单向被动传递

这种方式主要指由S或A开展的信息咨询服务。S或A往往不了解R是谁，他们需要什么样的信息，而是根据自己掌握的知识、经验和信息资源接受R的咨询。咨询的问题可能涉及各个方面，如获得某一信息的线索，

① 张琳．网络环境下的信息交流模式［J］．图书馆学研究，2002（1）：7-8，11

某一具体数据或事实，要求能得到圆满的解答。咨询是由 R 提出问题，对 S 或 A 来说是被动的，而信息传递的对象又是特定的咨询者（R），所以这种信息传递称为单向被动传递，也称为有向被动传递。

信息咨询服务的深入和发展，实质上就是信息分析研究与预测。对于重大问题，例如关于某一学科领域的水平、动向和趋势，关于某一类产品的水平、市场占有情况、动态和趋势，都不是通过简单的查询能够回答的，需要经过查阅大量的一次信息和二次信息，有的还要进现场调查，写出有分析、有对比、有结论、有建议的调研报告，才能做出全面的评价和回答。

在专业信息服务中，上述四种信息传递模式是相互补充、互不取代、协调一致的关系。多向传递的目的是进行单向传递，只有这样才能达到信息交流的最后目的；单向传递的基础是多向传递，有了多向传递，才能使单向传递成为有源之流。

我们还可以对上述几种信息传递模式的特点作进一步比较。

多向主动传递是专业信息服务开展的各种信息传递中最基本、最重要的信息传递，它构成信息服务和信息管理工作诸环节的核心，以它为中心环节，形成信息管理的工作流程。要进行多向主动传递，必然要同时完成信息的收集、加工整理和检索等各个环节的工作。以此为基础，其他几种类型的信息传递才得以进行。此外对于用户来说，有了信息机构的多向主动传递，才具有了解和获得各类信息的基础。

多向传递一般较单向传递容易，因为单向传递具有特定的目标，需要 A 花许多精力和时间去了解特定用户的需求，难度自然增加。与被动传递比较，主动传递较为容易，因为有较为充裕的时间进行准备。

有向传递是信息服务的理想目标，只有定向，才能将信息传递给特定的利用者，从而最大限度地发挥信息的效用。其中有向主动传递是信息服务的高级形式，但不易做到。有向传递中最大量的是有向被动传递，有向被动传递开展以多向主动传递为基础，反过来，又可发现多向主动传递中存在的问题和缺点，从而加以改进，使信息传递过程中各个环节不断地改进和完善。

最后需要指出，无论是哪一种信息传递模式，在信息服务和信息管理中都具有自己特有的作用和功能，我们不应当片面地夸大某些方面而否定另一些方面，人为地使某些模式处于特别优越的地位，使信息交流系统的平衡被破坏。

2.4 网络信息交流

2.4.1 网络信息交流的兴起

自人类产生开始，就有了交流活动，这种交流是以载体为依托的。人类历史上，信息交流载体的演进大致经历了从“零载体”（口头传授）、天然载体、人工载体、纸型载体、缩微载体、音像载体、封装型电子载体和网络载体8个循序渐进的发展阶段。在这一过程中，载体演进表现出的规律主要有：载体存储容量扩大；信息载入方式优化、存取速率和传递速度加快；载体便携性及其与用户亲和力提升；载体成本下降①。与此相对应，交流活动的形式和特征也随之发生着变化。

网络作为一种新兴的信息载体，与传统的载体相比，具有许多不可比拟的优势，主要表现在：①网络的传播与更新速度快，提供了最快捷、最便利的传播方式；②信息量大，内容丰富，在信息数量和信息类型上，对于传统印刷型出版物，是无法想象的；③检索方便，人们通过搜索引擎、E-mail、论坛等获得所需信息，容易获取并便于保存；④超文本和多媒体的结合，数据中包含与其他多媒体形式信息的链接，丰富了网络信息内容，增加了网络亲和度；⑤交互性强，这是网络媒体最独有的特征之一，用户通过网络的交互性，可以及时获取信息以及其他用户的回应和反馈，形成双向交流。

原先的信息交流模式是以纸质载体为基础建立，网络的出现使得信息交流的载体由纸质文献向网络媒介转变。除了载体形式以外，网络对于信息交流更为深层次的影响在于，它改变了信息交流的方式，E-mail、电子论坛（Digital discussion forum）、即时通信（Instant Message）、博客（Blog）、维基（Wiki）、社会网络（Social Network）等都成为网络中日益普遍的交流手段。

网络技术的发展，突破了时空限制，拓展了传播范围，创新了传播手段，引发了传播格局信息交流的根本性变革。当今世界，网络深度融入人们的学习、生活、工作等方方面面，网络教育、创业、医疗、购物、金融等日益普及。此外，网络空间中组织或国际交流也日益广泛。习近平向2023年世界互联网大会乌镇峰会开幕式致辞时强调，互联网日益成为文明互鉴的新平台。《数字中国建设整体布局规划》也指出要建立多层面协同、多平台支撑、多主体参与的数字领域国际交流合作体系。

① 方卿．论信息载体演进的基本规律［J］．图书情报工作，2002（1）：17-21，28.

根据中国互联网络信息中心（CNNIC）发布的《第41次中国互联网络发展状况调查统计报告》，截至2017年12月，我国网民主要网络应用使用行为主要包括信息获取、交流沟通、网络娱乐、商务交易四大类（如表2-1所示）。可以看出，以网络工具为媒介的信息交流呈高速增长，除了电子邮件、论坛等传统方式外，以博客、社交网站为代表的新型交流方式正日益受到人们的青睐；除此之外，以网上银行、网上支付、网约车、旅行预订等为代表的商务交易增长较快。

表2-1　各类网络应用使用状况及用户增长

类型	应用	2016.12 使用率	2017.12 使用率	2016.12 排名	2017.12 排名	排名变化
交流沟通	即时通信	91.1%	93.3%	1	1	→
信息获取	网络新闻	84.0%	83.8%	2	2	→
信息获取	搜索引擎	82.4%	82.8%	3	3	→
网络娱乐	网络视频	74.5%	75.0%	4	4	→
网络娱乐	网络音乐	68.8%	71.0%	5	5	→
商务交易	网络购物	63.8%	69.1%	7	6	↓
商务交易	网上支付	64.9%	68.8%	6	7	↑
信息获取	地图查询	63.1%	63.8%	8	8	→
网络娱乐	网络游戏	57.0%	57.2%	9	9	→
网络娱乐	网络直播	47.1%	54.7%	11	10	↓
商务交易	网上银行	50.0%	51.7%	10	11	↑
网络娱乐	网络文学	45.6%	48.9%	12	12	→
商务交易	旅行预订	40.9%	48.7%	13	13	→
商务交易	网上订外卖	28.5%	44.5%	17	14	↓
交流沟通	微博	37.1%	40.9%	14	15	↑
交流沟通	电子邮件	33.9%	36.8%	15	16	↑
商务交易	网约出租车	30.7%	37.1%	16	17	↑
商务交易	网约专车或快车	23.0%	30.6%	18	18	→
信息获取	在线教育	18.8%	20.1%	19	19	→

续表

类型	应用	2016.12 使用率	2017.12 使用率	2016.12 排名	2017.12 排名	排名变化
商务交易	互联网理财	13.5%	16.7%	20	20	→
商务交易	网上炒股或炒基金	8.6%	8.7%	21	21	→
商务交易	共享单车	-	28.6%		19	-

2.4.2 网络信息交流的模式及特点

(1) 网络信息交流模式

基于网络信息环境的特点，结合信息交流的网络工具应用，网络环境下信息交流的模式如图 2-12 所示①。该模式中，粗箭头是网络环境下的主要方式，细箭头是传统的信息交流方式。最左边的直达箭头，表述了没有经过任何中介的“直接面对面”信息交流；最右边的经过“其他渠道”的信息交流表示通过信息代理的信息交流；“其他渠道”概括了目前除网络之外的所有渠道。

该模式中，信息用户分为四种，分别为：①网络信息的生产者，主要指原始信息的生产者，它既可以是个人，也可以是群体，如政府、企业等。随着网络技术的发展和普及，网络信息生产者队伍日趋壮大。②网络信息发布者，将原始信息通过信息技术手段发布在网络上，使用户通过浏览页面通过信息执行者得到所需信息。③网络信息执行者，作为某个中间环节，执行信息使用者的信息请求，然后将执行后的信息传给请求信息的用户。④网络信息使用者，网络信息使用者是指接受并利用信息的个人或群体，如政府、各类企业、管理决策部门等。在粗箭头表示的主要交流渠道中，信息生产者生产的信息经信息发布者发布到互联网上，互联网不仅包括专用网络、公用网络，还包括各种其他的网络，信息使用者可以通过各种渠道利用信息。由于信息交流是一个双向的过程，信息生产者也可以是信息使用者，信息发布者也可以是信息执行者。同一用户在网络条件下可以扮演多种角色。网络信息的生产者与使用者可以重合。如果上网只是浏览或下载信息，那么他只是一个信息使用者；如果信息使用者本身也在网络上发布信息，便成为信息生产者。

① 郝金星．网络环境下的信息交流模式初探［J］．情报科学，2003（1）：57-59.

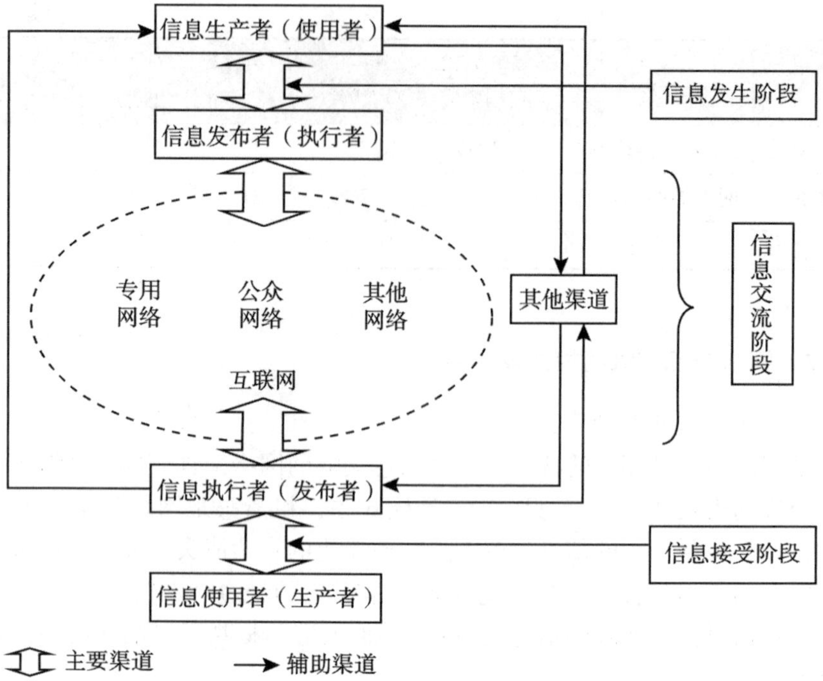

图 2-12　网络信息交流模式

根据图中的网络信息交流模式，可以将网络信息交流过程分为三个阶段：信息产生阶段、信息交流阶段、信息接收阶段。

①信息产生阶段。信息生产者的信息通过信息发布者发布到互联网上。原始信息的来源很广泛，一方面是出版者全面建立和提供数字化期刊，向网站提供远程、虚拟的数字化馆藏，以及检索、传递和长期保存服务，形成可广泛利用的数字化信息资源体系。最后由信息发布者利用自己与出版者和图书馆的广泛联系，建立同出版者和图书馆的站点的服务器连接，向用户提供集成化数字信息服务。另一方面信息生产者可以直接在网络上生产信息，如各种新闻网页、留言板、社交媒体等。这样信息生产者也行使了信息发布者的职责。

②信息交流阶段。信息生产者和信息使用者借助于计算机或终端，通过 Internet 或 Web 站点进行的网络信息交流活动。在网络环境下，各种网站将吸收其他网站的优点，发挥自身的优势，它们的功能也会相互渗透、相互融合。从信息流的角度看，该模式信息交流过程隐含有以下几种最基本的信息

流动过程。a）信息生产者—网站—信息生产者，表示信息生产者与网站进行信息的沟通与反馈。b）信息生产者—网站—信息使用者，表示信息生产者将自己生产的信息通过网站传递给某个或多个信息使用者。c）信息使用者—网站—信息使用者，表示信息使用者与网站进行信息沟通与反馈。d）信息使用者—网站—信息生产者，表示信息使用者将自己的需求信息通过网站传递给某个或多个信息生产者。这四种最基本的信息流动过程还可以复合成不同的交流过程。

③信息获取过程。信息使用者直接浏览网页或通过搜索引擎向网络发出请求，通过信息执行者得到所需信息的过程。对信息使用者来说，关键的问题是及时接收并选择对自己有用的信息加以利用，使信息为个人、政府或企业的活动服务。从信息使用者需求本身的特点来看，其信息需求并不是恒定的，其需求具有多变性。同时，不同信息使用者的需求具有一定的差异，同一信息用户需求也并不完全集中于一定的学科或专业领域中。这些因素必然会影响到信息用户快速、准确、有效地把自己的需求与信息资源连接起来。用户的信息获取行为由于受多种因素的影响而具有差异性，主要表现在获取信息利用途径有差异、获取信息选择方式有差异、获取信息认同结构有差异等方面。

（2）网络环境下的正式交流与非正式交流

前面在介绍信息交流模式的时候曾经提到，美国社会学家门泽尔根据信息交流的载体类型不同，把科学交流分为“正式”和“非正式”过程，从而强调了科技期刊在正式情报交流中的作用。苏联的米哈依洛夫对科学交流过程也作如下表述：“基本上由科学家和专家自己来完成的那些过程属于科学交流的非正式范畴。”非正式信息交流是指信息在信息源和信息用户间的直接传递，诸如座谈、谈论、报告、展览、演示、参观等，具有明显的个体性。正式信息交流是指信息部门借助于文献信息系统，以文献为媒介，向信息用户进行信息的间接传递，如文献的搜集、整理、储存、检索、综合、研究、分析、提供等，其基本表现是已经正式出版发行的文献的交流，具有明显的社会性。二者的主要区别是信息源和信息用户是否通过文献信息系统并以文献为媒介进行信息的传递。

在以纸质印刷型文献为主要交流媒介的环境下，对正式信息交流和非正式信息交流可以从载体中得到明显的划分，二者的定义与分别基本上比较明确，但非正式交流在科学交流体系中所处的地位处于一个相对低潮的时期。

网络技术的兴起和发展，给非正式信息交流带来了复兴的机会①。网络环境下，传统的纸质载体暴露出很多问题，如成本高、出版时滞长、报道不及时、检索不方便等弱点；同样，传统面对面的交流受时间和空间的限制，受交流使用媒介的限制等，使得传统的非正式交流也暴露出很多缺陷。网络载体的出现，在很大程度上缓解了这些问题，无论是正式交流还是非正式交流，其效率都得到较大的提高。特别是非正式信息交流从传统科学交流体系中几乎被忽视的地位，得到了提升。

和传统信息交流不同，网络环境下无论是正式信息交流还是非正式信息交流，都是以网络载体为媒介，信息的存在和传输形式都是基于网络，他们之间载体的界限被模糊化，因而对二者的定义和类别划分需要进行新的分析，可以从以下两个方面来展开。

第一，从信息源角度来看，网络交流信息大致有两个来源：①来自于传统正式信息交流渠道的信息。这些信息大多来自传统信息机构和信息系统，经过专门信息人员的加工整理，隶属网络环境下的正式交流信息的范畴，如电子期刊、电子图书、数据库等。②网络原创信息，包括新闻、论坛、社交媒体上发布的信息、电子邮件、实时交互信息等。根据是否有专职人员加工整理，可分为正式信息和非正式信息两种。网络原创中的正式信息主要以正规网站 Web 发布的信息为主，包括新闻、文学原创、科学原创等，均有专职信息人员对其内容进行加工整理，可类比于传统信息渠道中的正式期刊；网络原创中的非正式信息主要包括电子邮件、BBS 论坛、实时交互信息等，其内容一般无专职信息人员的加工整理，带有明显的个体性，其内容的真实性和准确性也存在差异。

通过信息源角度的分析，网络环境下的信息交流，抛开技术层面的差异，可以根据信息是否经过专职信息人员对其内容进行加工整理，进行正式交流信息和非正式交流信息的区分。

第二，从信息交流渠道来看，网络信息交流主要通过以下途径实现：①Web 发布类，可类比于传统信息交流模式下的纸质载体。其交流模式包括正式交流和非正式交流两种，区别在于其交流是否有专职人员进行管理。如前面提到的来自于传统正式交流的 Web 发布信息和正规网站 Web 发布的网络原创信息等，其内容经过了专职人员的加工整理，属于正式交流范围；而

① 方卿．论网络环境下非正式交流的复兴［J］．情报理论与实践，2002（4）：258-261.

一些个人主页等，带有明显的个体性，则属于非正式交流范畴。②网络搜索引擎，其反馈信息是经过了专职信息人员的加工整理，属于正式交流范畴，尽管其信息内容既可能是正式信息也可能是非正式信息。③电子邮件类，相当于传统信息交流中的信件，属于非正式交流范畴。④BBS论坛类，可类比于传统非正式交流中的会议交流，属于网络非正式交流。⑤实时交互类，基本上由网络上的实时交互系统来交流的信息，如即时通信软件、网络电话、网络视频会议等。这类信息没有经过专职信息人员的加工整理，大部分相关信息没有得到存储，属于非正式交流信息的范畴。

通过信息交流渠道的分析，网络信息交流因其载体和传输渠道的单一性，没有办法完全从信息交流的实现方式上对正式交流和非正式交流进行区分，但可以以该过程是否有专职人员参与进行区分。

综上，网络环境下的信息交流可以根据是否有专职信息人员的参与分为正式信息交流和非正式信息交流。在信息由信息源到信息用户的信息存储和传递过程中，有专职信息人员参与的交流为正式交流；反之，没有专职信息人员参与的，自发性的个体交流属于非正式信息交流。但这种划分只是针对信息交流的过程，而非信息交流的内容本身。非正式交流过程中所交流的信息并非完全是非正式信息，而正式交流过程中所交流的信息也并非完全是正式信息。但这并不妨碍以是否经过专职信息人员加工整理来区别正式信息交流和非正式信息交流①。这种划分方法的实质是以交流信息有无过滤和控制为标准的，对交流信息进行严格审查控制，并将其通过信息系统传递出去就是正式交流过程，反之就是非正式交流过程。

网络环境下非正式交流相对于传统非正式交流，具有一些明显的优势：

第一，网络非正式交流可以不受时间和空间的限制，更加方便，大大提高了交流的效率。只要登录网络，任何人在任何时间、任何地点都可以与不同时间、不同地方的人通过E-mail、BBS、即时通信软件等非正式交流方式进行跨时空的交流。网络克服了传统非正式交流不能记录信息内容的缺点，在网络上，同样可以对非正式交流信息进行回溯检索。

第二，网络非正式交流的间隔时间更短，交流更迅速、更快捷，可非常方便地以实时方式与同行进行切磋交流。

---

① 黄水清，王超．网络环境下非正式信息交流的概念、类别与特点［J］．图书馆杂志，2004（6）：8-11．

第三，网络非正式交流的成本更低。E-mail 提供了快速方便的邮件递送方式，网络视频和网络会议，只需在网上安装上相关视频软件，便可以进行各种会议讨论等，传统的会议还需要约定时间，支付相应差旅费用。

与此同时，网络信息的可信度、网络安全问题、网络非正式交流方式使用的普及度等也是网络非正式交流需要解决的问题。

（3）网络信息交流中的栈

信息栈是信息从生产者向使用者流动过程中所经过的环节，它必须是人或人工系统，其功能是接收、处理和传递信息。网络环境下的信息交流（如简单的 E-mail、QQ、微信，复杂的数字图书馆、数据库等），都需要借助网络通信平台、网络交流工具来完成交流活动，而网络载体无疑属于人工系统的范畴。因而，关于网络环境下的信息栈，不能单纯依靠信息生产者和使用者之间的载体类型来进行分析，而需要进一步从网络这种交流载体介入信息交流的程度来考察。

我们把网络信息交流所需要的载体、使用工具和平台，统称为网络信息交流的中介。根据中介对信息交流内容控制程度的不同，可以将其划分为纯技术型中介、内容选择控制型中介和内容完全控制型中介①。与之相对应，可将网络信息交流分为零栈交流、准栈交流和有栈交流（如图 2-13 所示）。

纯技术型中介是指仅提供网络信息交流的技术支持系统，不参与对交流内容的控制。其作用是：a）对网络信息交流技术系统提供支持和维护；b）对网络信息交流的效率进行控制（包括传递的速度、范围等）；c）对网络信息交流的安全进行控制。零栈交流是指在网络信息交流过程中，仅有纯技术型中介的参与，只是提供物理技术层面的支持，对交流内容不作干预和控制，而用户基本上感觉不到这种中介的存在，如发送 E-mail、QQ 交流、微信交流、手机短信等。发送方是以一种直接的方式将信息传递给接收方，只不过这个活动是借助于网络技术手段来实现完成的。

内容选择控制型中介是指可对交流内容进行过滤控制，但仅作删除或屏蔽，而不对内容进行组织整理，例如 BBS、个人网站、Blog、新闻组等。准栈交流即是指内容选择控制型中介参与的交流，如果中介没有对交流内容进行过滤操作，则对用户来说相当于零栈交流，比如科研人员将研究动态、最新研究成果发布在个人网页或电子公告栏上，供其他用户直接浏览使用，或

① 胡振华，吴志荣．论数字信息的交流模式［J］．图书情报工作，2008（5）：48-50，148.

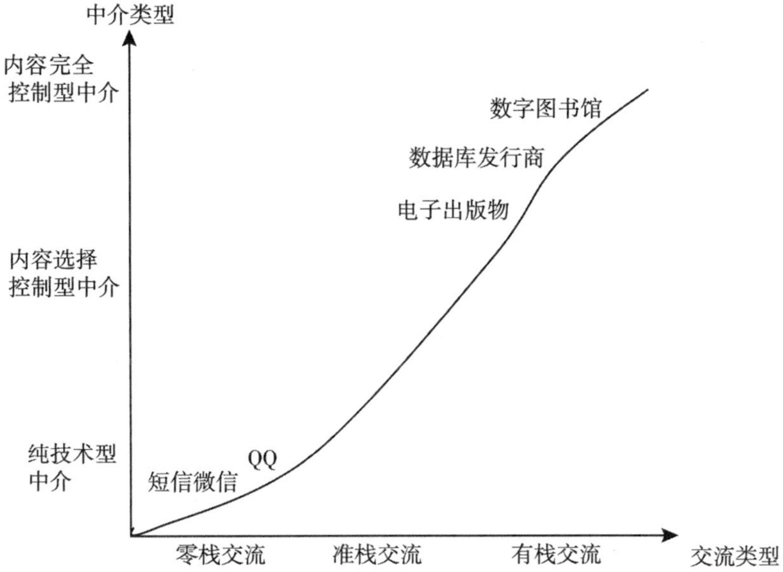

图 2-13　网络信息交流中的中介与栈

者某个博主在自己的博客上自由发表博文等，就属于这种情况；如果中介对于交流内容作出了删除或屏蔽的操作，对用户来说则相当于有栈交流，该中介在信息传递过程中对信息进行了处理，如 BBS、新闻组上的发文被版主删除。

内容完全控制型中介是指对网络信息进行采集、控制、组织、存储、发布和管理的中介。其作用是：a）信息的采集者、组织者、发布者和管理者，所做的工作包括对信息内容的筛选、整理和保存等；b）审核并控制网络信息资源，优化网络信息资源质量；c）根据网络信息资源的不同类型或不同对象采取不同的审核和控制方式，提高网络信息交流的有效性。有栈交流就是指由内容完全控制型中介参与的网络信息交流，如各大期刊数据库商、各大网站、数字图书馆等机构，它们具有一整套严谨的信息接收处理和传递的操作规范，对信息进行质量控制、序化等处理①，对信息内容的控制程度最强，在信息交流过程中担当了非常充分的信息栈角色。

① 王琳．网络环境下科学信息交流模式的栈理论研究［J］．图书情报知识，2004（1）：19-21.

2.4.3 移动信息交流

信息交流活动与网络及通信技术的发展具有极其密切的关系。移动信息交流是在移动网络兴起和发展下的一种新兴的信息交流方式。移动网络是指从可连接到无线网络的移动设备（如智能手机、平板电脑等）上使用互联网连接的应用程序或基于浏览器访问互联网。通常访问互联网是通过固定的网络设备，而现在网络的移动化正在成为趋势。2008 年通过移动网络访问互联网的数量首次超过了桌面计算机的网络访问量，这成为从固定网络转向移动网络的一个重要里程碑事件。移动网络使用正随着多点触控智能手机和平板电脑等高级移动终端的出现和升级而加速增长①。

移动网络的特点主要表现在：①持续的网络连接性。网络功能的移动设备为用户提供了不受地域限制的全天候的互联网接入功能，用户可以随时随地接入网络获取相关信息。②位置感知。目前许多智能手机和掌上电脑都具有全球定位系统（Global Positioning System，GPS）功能，能够让人们获知自己所处的地理位置。手机用户可以搜寻他们附近的商户信息，查找前往目的地的路线，创建基于位置的信息内容，或者发现正处于自己附近的朋友并与他们取得联系。③交互功能。移动网络为用户提供可读可写的网络参与体验。用户能够创建自己的内容（如照片、视频等），对媒体资源进行分享和打分、提出评论，书写博客、添加标签，在社交网站上组建人际关系等。

通过移动网络，用户可实现的具体的信息交流应用包括：E-mail、短信、微信、语音通话、下载或在线体验音乐/视频、在线游戏、下载软件、即时通信、移动社交网络、移动搜索（包括多媒体搜索、本地搜索、购物搜索、二维码搜索）、移动博客、有道云笔记协作等②。

在移动终端设备当中，手机是目前最为主要的一类。中国互联网络信息中心 CNNIC 发布的《2017 年中国移动互联网与 3G 用户调查报告》显示，截至 2017 年 12 月底，中国手机上网用户为 7.53 亿，较 2016 年年底增加 5734 万人，手机上网用户整体占比由 2016 年的 95.1%提升至 97.5%。手机上网应用的用户规模如图 2-14 所示，其中应用排前 3 位的分别是即时通信（92.2%）、手机搜索（82.9%）和网络新闻（82.3%）③。

---

① Mobile Web[EB/OL].[2010-08-20].http://en.wikipedia.org/wiki/Mobile_internet#cite_note-0.

② Kroski E. On the Move with the Mobile Web: Libraries and Mobile Technologies [J]. Library Technology Reports, 2008, 44 (5): 1-48.

③ 第 41 次中国互联网络发展状况统计报告 [EB/OL]. http://cnnic.cn/hlwfzyj/hlwxzbg/hlwtjbg/201803/P020180305409870339136.pdf.

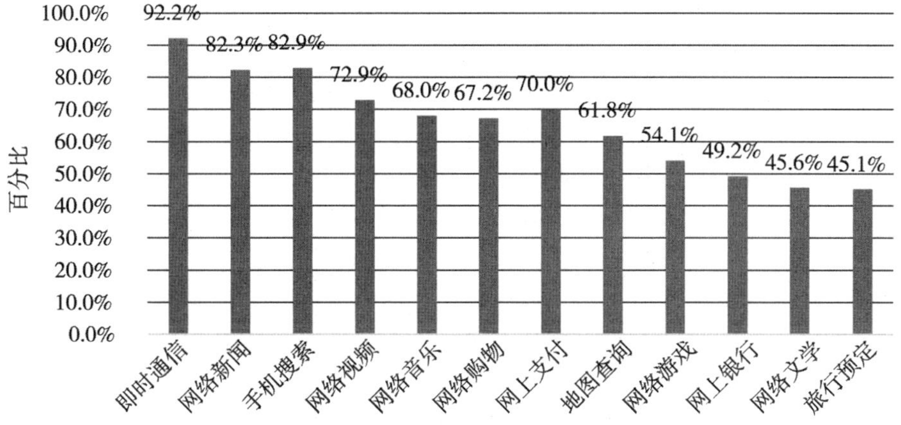

图 2-14 手机上网应用的用户规模

在社会学的视角下，移动技术和移动网络不仅仅被看做一种技术或者网络系统，而是人们交流的一种语境和社会模式。人们通过移动网络所达成的交流并不意味着距离的终结，而是一种在被分布式节点所围绕的信息流空间中进行交互的方式①。这种新型的交流方式有待我们去进一步地研究和探讨。

2.4.4 网络环境下的科学信息交流

（1）科学信息交流的含义及特点

科学信息交流过程是指从科学信息的发布者到信息用户之间各个环节的信息工作流程，是专门针对科学信息的一种信息交流过程。一般可分为科学信息的发布、传递、组织、存储、检索和服务等几个基本环节②。

同信息交流过程一样，科学信息交流也可以按照载体形式划分为正式交流和非正式交流。通过科学文献系统，利用科学文献载体（例如图书、期刊、会议论文、索引文摘等出版物）进行交流的过程被视为正式交流，又称间接交流过程；主要依靠科学家、专家之间的个人接触来进行，例如直接对话、讨论会、参观交流等被称为非正式交流，又被称为直接交流过程。是

① Castells M, Fernández-Ardèvol, Qiu J L, Sey Araba. Mobile Communication and Society: A Global Perspective [M]. Cambridge: MIT Press, 2007.

② 方卿. 论网络载体环境下科学信息交流过程的基本特征 [J]. 情报理论与实践, 2002, 25 (2): 95-98

否依托于科学文献这种载体，成为区分正式过程与非正式过程的标志。

20 世纪 70 年代，美国社会学家 William Garvey 和 Belver Griffith 通过对心理学家所组成的科学团体的分析研究，提出了科学交流系统的模型——Garvey-Griffith 模型，描述了科学交流从原始的研究到研究成果发布的详细过程①。这些经典理论成为当时人们在科学交流研究方面的共识，这些科学交流模式的背景是纸质印刷和纸质载体环境②。

20 世纪 70 年代之后，随着个人计算机和万维网的发展，科学信息交流方式和载体形式发生改变，E-mail、论坛、在线期刊、合作实验室等都成为网络中日益普遍的交流手段。载体也由纸质载体转化为电子载体，如科学交流网站网上知识库、电子出版物、数字图书馆、网络服务商等新型网络交流系统。

网络载体的兴起和发展对科学信息交流的影响主要体现在四个方面：它打破了科学信息载体系统内部不同载体之间的结构平衡；冲击了传统纸型载体的主流地位；促进了科学信息交流过程的重构；改变了传统信息机构的发展格局和传统信息工作的运营方式③。考虑到网络环境对科学交流带来的变化，20 世纪 90 年代美国学者 Julie M . Hurd 重新对 Garvey-Griffith 模型提出的科学交流过程进行数字化改进，并于 2004 年把互联网上出现的自存档和机构库也纳入思考范围，提出了 2020 的学术交流模型，称为 Hurd 模型，此模型从信息链的角度描述了学术文章生命周期的多层次信息链的集成④。除此之外，还出现了其他一些网络环境下的科学信息交流模型，如基于互联网、传统和数字结合以及学科三个角度建立的 Sndergaard 模型；基于经济学角度考虑科学交流整个过程中的成本和利益的 SCLC 及其扩展模型；基于微观价值链的角度建立的基于开放获取路径的 arXiv 模型等。这些模型均不同程度地考虑了网络环境对科学信息交流带来的影响，很大程度上体现了载体形式转变对科学信息交流的重要影响。

21 世纪以来，Web 2.0 环境催生出各种新型社会化媒体，在此基础上

---

① Garvey, W D, Belver, C . Communication and Information Processing within Scientific Disciplines: Empirical Findings for Psychology [J] . Information Storage and Retrieval , 1972, 8 (3): 123-136.

② 宋恩梅 . 基于信息共享的网络科学交流 [J]. 图书情报知识, 2006 (1): 16-19.

③ 方卿 . 论网络载体的发展对科学信息交流的影响 [J]. 图书情报知识, 2002 (1): 13-17.

④ Hurd, J M. The Transformation of Scientific Communication: A Model for 2020 [J]. Journal of the American Society for Information Science, 2000 , 51 (14): 1279-1283.

形成的社会关系网络加速了非正式信息交流的拓展和扩张。博客、微信、虚拟社区等社会化媒体具有用户参与、多向交互、非即时互动、平等开放、共享协作等特点，这大大改变了建立在纸质载体及传统网络环境基础上的科学信息交流的流程和运作方式，使科学信息交流过程具有明显的社交属性①。

网络环境下的科学信息交流逐渐由依托纸质载体和印刷文本的科学文献系统，向由科学交流网站、网上知识库、电子出版物、数字图书馆、网络服务商等新型的网络交流系统转化。这使得网络环境下的科学信息交流在信息流程、角色职能、信息机构、交流渠道等多方面都表现出新的特点。

①信息流程浓缩和融合，职能角色要素淡化，整个交流活动以信息流动为主。传统环境中，科学信息交流过程中的各种角色分工明确、各个环节泾渭分明又彼此衔接。但在网络环境下，一方面，网络信息交流系统集科学信息的发布、组织、传递和服务为一体，大大简化了信息的交流过程，使信息的生产者和接受者在虚拟的网络系统中直接沟通，进行双向互动式的信息交流。尤其是用户生成内容的模式，进一步淡化了信息生产者和接受者的角色划分。另一方面，科学信息交流的科学研究和成果发布过程被整合。不同的信息环节之间出现某些重叠与融合，有的环节被强化，也有一些环节被弱化，交流过程流动性增强。②信息流速加快，流量加大。在传统环境下，由于受到信息载体技术发展滞后的制约，以期刊和图书为主体的科学信息交流系统远远不能满足科学信息的“爆炸”性增长。科学信息具有较强的时效性，而传统的纸质载体出版环节复杂，难以满足科学信息在流量和流速上的需求，而网络载体的出现在很大程度上解决了这个问题。从流量角度来看，网络载体没有载文量的限制；从流速角度来看，网络载体条件下科技成果发布方式灵活多样，既有网络版电子期刊、图书，也有电子公告板、网络新闻组和电子邮件作者可以根据其研究成果对时效的需要进行自由选择。

③信息机构的虚拟化。图书馆、情报中心等信息机构要尽可能地搜集、贮存大量信息，履行社会化信息组织和中介机构的职能。网络载体出现后，信息载体的虚拟化和网络信息的分布式存储使得信息机构的虚拟化成为可能且已经有了很大进展，很多信息机构都已经建立了虚拟电子文献馆藏，原本馆藏也在逐步数字化。

④信息交流方式增多，非正式信息交流地位提升。网络载体出现之前，科学信息交流中，正式过程大多以科技文献为载体开展，非正式过程则通过

---

① 巴志超，李纲，谢新洲．网络环境下非正式社会信息交流过程的理论思考［J］．图书情报知识，2018（2）：86-94.

科研工作者之间面对面对话、共同参加会议、做口头演讲、交换书信等方式进行，这些交流方式受时间、空间限制很大。但在网络环境下，信息技术的发展带来了网络的互通性和共享性，尤其是近年来各种电子期刊、OA网站以及新型社会化媒体形式如博客社区、微信、大众标签等出现，使科学信息交流渠道大大增加。尤其是非正式信息交流，凭借其自身具有的便利性、开放性、共享性、交互性深受科研工作者欢迎，被广泛应用于科学信息交流活动，成为不可或缺的交流手段。

（2）科学信息交流的工具及应用

网络技术的发展带动了多种社交工具出现，这些工具提供了科学信息交流新的交流途径，使得研究机构间的合作、科研人员之间的沟通交流更加便捷，因此受到越来越多的重视与应用，推动传统的半封闭式的交流模式向开放型的交流空间转变。目前，科学信息交流使用较为频繁的工具主要有社交媒体、学术网站、微信公众号等，本节选取 ResearchGate、Mendeley、科学网和学术公众号等典例进行介绍。

①ResearchGate

德国的 ResearchGate（简称 RG）于 2008 年 5 月上线，是目前在全世界范围内使用较为频繁的科研社交网络服务网站之一，是专门为科研人员设计，用于学术交流、传播和交换信息的学术社区。通过该平台科研人员可以免费地获取世界各领域顶尖科学专家、学者和科研小组最新研究成果、学术著作，并且还能在线参与讨论有关研究话题。截至撰写之际，已有来自全球 190 多个国家、超过 1400 万人在上面分享他们的成果，已收集到多达 1 亿篇幅以上的成果和 100 万的问答。网站旨在推动全球范围内的科学合作，让所有的研究都开放。

相比于传统的科学信息交流模式及其他社交社区，以 ResearchGate 为代表的学术社区具有独特的特点。首先，用户群体针对性强。ResearchGate 是垂直型社交平台，其主要用户是来自世界各地的科研工作者。为控制用户群体、方便科研工作者交流沟通，ResearchGate 要求用户填写准确真实的用户信息，包括性别、年龄、学历、工作单位、国籍等内容，并按国家、机构等将用户归类。其次，服务与功能针对性强。由于主要用户是科研工作者，社区所提供的服务和功能也以方便科研工作者交流和促进科研工作为主。例如，社区按照科研机构、研究领域甚至具体项目划分组织用户，帮助用户找到感兴趣的用户和研究；科研成果类型多样且更新及时，包括期刊论文、图书、手稿、预印本、专利、项目、原始数据等；且会根据用户历史数据进行出版物、研究机构、科研工作者的个性化推荐。

②Mendeley

英国的 Mendeley 不仅是一个在线的学术社交网络平台，也是一款免费的跨平台文献管理软件。它具有 ResearchGate 的类似属性，支持在个人资料里上传自己发表的文章，并且可以看到有多少人在读你的研究结果，这些人的研究领域是什么，分别来自哪些国家等，方便实现与全球同行合作。值得一提的是，与 ResearchGate 不同，Mendeley 的文献管理功能更为突出，它支持多平台使用，提供一定的免费存储空间，用户可以一键抓取网页上的文献信息添加到个人的 library 中，并且可以借助插件阅读、标注、组织这些信息；同时支持分组设置，可以设置不同用户群组，根据不同权限，用户可阅读、修改组内的所有文献。

③Academia. edu

美国的 Academia. edu（简称 Academia）于 2008 年上线，是学术分享研究论文的平台，旨在加速全球科研工作。截至 2018 年 4 月，已有超过 6100 万的科研工作者注册，他们将自己的研究成果上传，并浏览、分析、追踪感兴趣的研究成果和科研动态。网站除提供个人主页、个人动态推送、工作、通信、好友关注、添加成果等基本服务之外，还提供分析统计和专题讨论服务；分享文件的类型不仅包括文献、数据，还可以是源代码和外部链接，但不支持全文求助；网站支持个性化设置，用户可以针对个人情况，对个人主页的开放程度进行分组设置。

④科学网

科学网是由中国科学院、中国工程院和国家自然科学基金委员会主管，科学时报社主办的综合性科学网站，主要为网民提供快捷权威的科学新闻报道、丰富实用的科学信息服务以及交流互动的网络平台，致力于建成最具影响力的全球华人科学社区。社区实施实名制，博主身份主要是科研人员、高校教师、技术人员等高级知识分子，定期地在博客首页推荐关注较多的话题，是典型的跨学科学术共同体。

不同于 ResearchGate 等专门用以科研工作者交流的学术社区，科学网同时兼具学术社区和学术博客的双重属性。首先，用户群体更广泛，服务和功能更综合。科学网的用户不局限于科研工作者，网站会将科学新闻、科学信息等以公告的形式公布，任何有兴趣、想了解有关信息的网民都可以通过科学网获取信息。其次，更注重传播知识。ResearchGate 此类的学术社区更注重科研工作者之间的交流和共享，相比之下，科学网中的博客内容主要是博主针对自己的专业领域，将已有的学术成果、研究心得等相关学科内容以博文的方式发布，让更多人了解。再次，博文内容具有明显的学科分类属性，语言更自由。

⑤学术公众号

微信是张小龙团队在 2011 年 1 月研发并开始试用的及时通信软件。微信公众号是微信的重要组成部分，被划分为订阅号和服务号。微信公众号的主要任务是推送以文字、图片、语音及视频等形式为载体的信息以达到宣传、推广、互动等效果。除了推送信息这种单向交流以外，微信公众平台还设置了自动回复、一对一交流等功能加强运营者与用户之间的互动。用户回复运营者设置好的关键字便可获得相应内容；公众号也可以根据用户的具体问题进行针对性的解答。

微信公众号作为一种新媒体信息发布平台发展势头良好，也涌现了大量优秀的学术微信公众号。运营者通过微信公众号宣传、推广某领域、某类型的学术信息。它具有参与门槛低、互动性强、持续更新、紧跟时事等优势，有利于扩大学术信息传播范围，提升新媒体传播对象的学术关注，完善学术传播的媒介生态链条等。目前，学术公众号中较有代表性的有：壹学者（ID：my1xuezhe）和募格学术（mugexueshu）等。

“壹学者”是依托中国人民大学书报资料中心建立的移动端官方阅读平台，现有 75 万学者加入，被称为“口袋里的学术圈”。它具有专业、规模化的编辑和顾问团队，新型学术评价体系等优质学术资源，通过资源集成和数据挖掘为科研工作者、学术机构提供文献检索、学术传播、科研工具等服务。“壹学者”平台有 137 种优质学术期刊、60 余万篇精选学术论文可供阅读；提供个性化服务，科研工作者、期刊编辑可依据个人情况定制个人电子学术名片，这个名片可用于传播学术成果、拓展学术人脉，与知名学者、编辑一对一在线交流；除此之外，平台还提供学术资讯频道、选题分析工具、论文共读计划等服务。

“募格学术”由西安募格网络科技有限公司建立，为科研工作者提供各类学术与生活相关资讯与信息，帮助科研工作者更好地发表英文学术文章。公众号特色是提供免费的微信公开课服务，包括英文科技论文写作、SPSS 教程、Python 课程、国际学术交流攻略等视频课程。另外，还提供求职招聘、专业翻译、科研社区等特色服务，整体较为深入且有针对性。

此外，还有一些定位于具体的专业和领域的学术公众号，例如化学领域的“化学加”，经济管理领域的“经管之家”，生物医学领域的“生物学霸”等。

（3）构建国家科研论文和科技信息高端交流平台

《中共中央关于制定国民经济和社会发展第十四个五年规划和二〇三五

年远景目标的建议》明确，要强化国家战略科技力量，建设重大科技创新平台，提出了构建国家科研论文和科技信息高端交流平台（以下简称“高端交流平台”）的重要任务①。

科技信息交流平台作为科技创新的重要信息基础设施，不仅为国家科技人才、科研基地、重点实验室、科学中心等组成要素提供创新源泉和思想火花，而且为国家科技自立自强提供战略支撑；不仅为科技规划、科技政策和科技战略提供决策支撑，而且为我国“卡脖子”关键技术研发提供高质量信息供给；不仅成为开放科学的基础设施，而且促进数字智能科研范式的形成。科技信息高端交流平台日益成为国家创新体系建设中的重要组成部分，成为推动国家科技创新高质量发展的重要手段，是保障我国科技信息安全的重要屏障，是强化国家科技信息治理体系和治理能力现代化的重要举措。

科技信息交流贯穿于知识生产、传播、利用的全过程，承载了知识管理、知识流动、知识扩散、知识转移和知识评价等重要功能。在科研全生命周期中，不同学科、领域，不同层次、类型的科技信息，其交流方式和方法不一样，决定了科技信息交流平台是多层级交流平台的开放融合、多类型交流平台的互联互通和跨系统交流平台的协同共享。

高端交流平台建设要体现在“高端”上，寻求高起点、高质量、高效率、高水平、高层次、高影响力、可信赖、开放型、可持续的科技信息发展目标和任务。新时期的科技情报工作总体业务范围可分为三大层次，由此决定了高端交流平台的总体框架，如图 2-15 所示②。

第一是报道传播层，建设自主可控的高端论文和科技信息的发布平台，从服务模式、融合技术、典型示范三个层次入手，打造我国高质量科技期刊、高凝聚力会议平台和高水平预印本、高层次知识仓储，搭建跨学科的集预印本、开放期刊、科研论文仓储、学术会议于一体的高质量科研论文发布（发表）体系，培育与论文发表、学术交流、科研评估相结合的开放共享生态环境。

第二是检索保障层，建设完整系统的科技文献信息资源保障体系，促进科技信息资源从数字化到信息化再到知识化的迈进；形成完整的国家科技文献信息元数据库和资源调度知识库，构建统一完整的科技情报资源发现服务

---

① 赵志耘. 深刻理解和诠释“高端交流平台”的内涵与战略意义［J］. 数字图书馆论坛，2021（3）：1-2.

② 曾建勋. 基于高端交流平台的科技情报事业发展思考［J］. 中国图书馆学报，2022，48（3）：15-24.

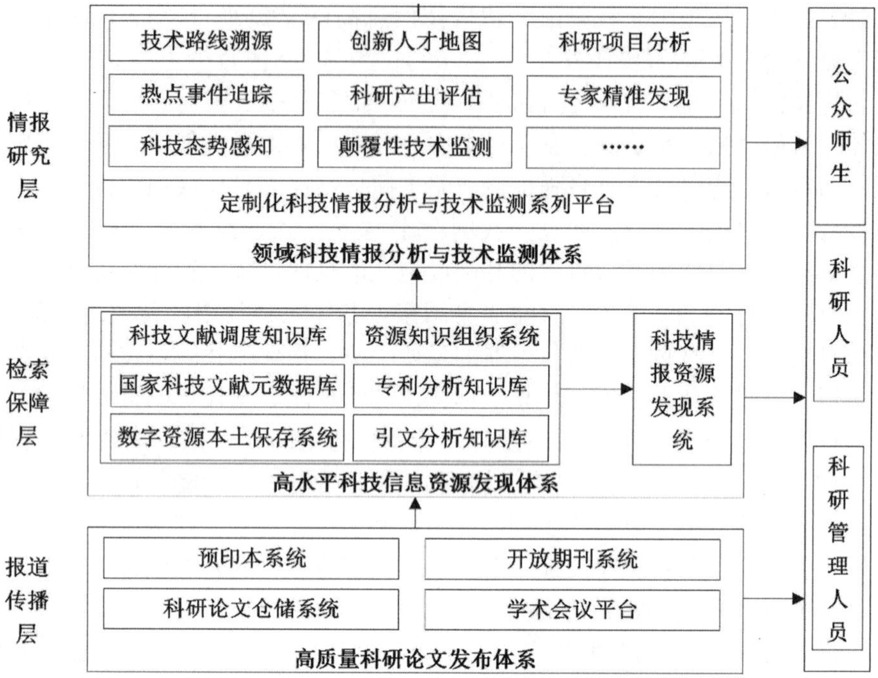

图 2-15　国家科研论文与科技信息高端交流平台框架

体系，集中与分布式相结合的数字资源本土保存体系；建设基于资源调度的科技文献协同服务体系，打造基于知识组织体系的语义场景，提供从发现到获取、从信息搜索到知识发现的一站式服务。与此同时，强化文本大数据的清洗、规范和归一，加强科学引文索引数据库建设，支持多源异构引文数据的采集、集成与融合，推进专利数据的深度加工，强化文献元数据与各类实体如项目、机构、作者、基金以及主题、类别、领域的耦合关联和语义计算，提供语义检索、知识导航、文献计量分析、科研网络构建等服务。

第三是情报研究层，基于大数据研发支撑新型数据管理与分析服务的工具，实现科技信息数据挖掘与情报分析等关键技术取得整体突破，构建定量与定性相结合、逻辑推理与智能计算相匹配的计算型情报研究体系。不同学科、领域、层次、类型的科技信息的交流方式和方法不一样，由此会衍生出不同领域、类型的信息分析平台或工具。鉴于情报研究需求的多样性，需要发挥各需求主体的积极性，定制科技情报分析与技术监测的系列服务平台，发展技术预警响应、科技战略情报服务、颠覆性技术监测、技术扫描综述和科研流程方案等功能，实现创新人才地图分布、专家精准发现、科技态势感知、热点事件追踪、科研主题分析、科研产出评估、科研机构分析、技术路线溯源、科研项目分析等知识服务。

本章内容提要

本书是从人类社会信息过程出发来考察信息管理活动，在第 1 章导论章节之后，第 2 章对人类社会信息交流活动进行了概观性的介绍，包括信息交流的含义、分类、信息交流需要具备的条件和要素；通信、政治学、传播学、信息学、社会学等不同领域视角下的信息交流模式；重点分析了信息交流中的栈、直接交流和社会代理交流等信息交流机制方面的问题；最后专门对网络环境下信息交流进行了讨论，包括网络信息交流的模式及特点，以及移动信息交流、科学信息交流、构建国家科研论文和科技信息高端交流平台规划等新动向。

本章重点

1. 信息交流需要具备的条件和要素；
2. 信息栈的含义及功能；
3. 有信息栈参与的社会代理交流的特点，及其与直接交流（无信息栈参与）的比较；
4. 网络信息交流的特点，及其与传统信息交流的比较。
5. 构建国家科研论文和科技信息高端交流平台的内涵、战略意义、框架。

本章参考文献

[1] 陈远，陈红梅．信息交流的障碍分析［J］. 情报杂志，2003（10）.
[2] 程妮．论自然信息交换与社会信息交流［J］. 现代情报，2002（8）.
[3] 党跃武．信息交流及其基本模式初探［J］. 情报科学，2000（2）.
[4] 方卿，钱建国．论信息载体演进的替代与兼容［J］，图书情报工作，2002（7）.
[5] 方卿．论网络载体主流地位的确立［J］. 中国图书馆学报，2002（1）.
[6] 方卿，徐丽芳．科学信息交流研究：载体整合与过程重构［M］. 武汉：

武汉大学出版社，2005.
[7] 丰成君．信息交流原理［M］．武汉：武汉大学出版社，1997.
[8] 胡振华．数字信息交流模式的要素分析［J］．图书情报工作，2009（16）.
[9] 贾晓彦，徐跃权．当代信息交流的模型及特点［J］．情报资料工作，2003（3）.
[10] 柯青，沈惠敏．网络非正式出版信息交流的栈理论研究［J］．情报资料工作，2006（2）.
[11] 李国红．科学交流的基本规律［J］．情报杂志，2003（4）.
[12] 刘青端．谈信息交流过程中的扁平化分析［J］．现代情报，2005（4）.
[13] 钱建国，方卿．简论“兰氏理论”对科学信息交流的影响［J］．情报科学，2002（6）.
[14] 秦鸿霞．信息交流模式述评［J］．情报杂志，2007（11）.
[15] 徐丽芳．数字科学信息交流研究［M］．武汉：武汉大学出版社，2008.
[16] 岳泉．网络环境下信息交流的新变化［J］．情报科学，2000（4）.
[17] ［法］帕特里斯·费里奇著．现代信息交流史［M］．刘大明，译．北京：中国人民大学出版社，2008.
[18] ［美］威尔伯·施拉姆，威廉·波特著．传播学概论［M］．陈亮，等译．北京：新华出版社，1984.
[19] A. И. 米哈依洛夫，等著．科学交流与情报学［M］．徐新民，等译．北京：科学技术文献出版社，1980.
[20] 韩文，刘畅，雷秋雨．分析学术社交网络对科研活动的辅助作用——以 ResearchGate 和 Academia. edu 为例［J］．情报理论与实践，2017，40（8）：105-111.
[21] 徐丽芳．科学交流系统的要素、结构、功能及其演进［J］．图书情报知识，2008（6）：114-117.

3 信息分布

研究信息分布的规律和特征不仅对实际的信息管理工作具有重要的指导意义，而且可以通过揭示信息管理学奠基性的定律，促进完善学校管理和教育评价体系、深化科技评价改革。由于信息生产的多目的性和无序性，使得信息的分布十分复杂，研究信息分布具有较大难度。文献是信息的主要载体，具有较好的稳定性和可计量性，因而有关信息的分布及其相关规律的研究是以文献为载体的信息开始的，并取得了较突出的成果。随着网络数字信息的激增，信息的载体形态、分布特征和规律等都发生了变化，网络信息资源的分布日益成为近年来研究的热点问题。

本章以文献信息为对象，从纵向（随时间变化的分布动态）和横向（在不同载体和领域的分布状态）来研究信息分布的特征和规律，介绍一些文献信息分布的主要经典定律。同时，对网络信息资源的分布进行初步的探讨。

3.1 信息产生与分布中的马太效应

3.1.1 马太效应的表现和作用形式

在社会信息流的产生、传递和利用过程中，我们发现信息及相关因素常常表现出明显的核心趋势和集中取向，如少数出版社会成为某类图书的权威（核心）出版机构，为数不多的科学期刊因刊载了某学科领域的大量论文而成为该领域的核心期刊，少数作者（即信息生产者）因写得最多、被引率最高而成为某一领域的核心作者，少数网站集中了大量用户，传递功能强的词汇被经常选用，SCI 中 80%的引文集中在 15%～20%的期刊中，等等。这就是信息产生和分布中的“马太效应”（Matthew Effect）。

马太效应是美国学者 R. 默顿引用圣经《新约全书·马太福音》中的一段话：“……谁若有，就给他，并不断增加；而谁没有，则连已有的都要被夺走”，用以论述科学社会中的评价与奖励机制。人们发现，马太效应在人类社会生活中普遍存在，因而被广泛地引申和应用。马太效应真实地概括了人类社会生活中的惯性，描述了优势和劣势的积累过程：一经存在有优势，这种优势局面就会不断加强，反之若处于劣势，则这种不利条件也会继续加剧。社会信息流无疑是宏观的社会活动过程，必然受马太效应的支配，这种支配已表现得习以为常①。

为什么会出现这种信息分布的“富集”与“贫集”现象呢？这实际上是人类社会特有的选择机制支配的结果。在这种选择作用下，当一系列同类对象被选择时，有的经常被选择，有的不常被选择，这种频度不均匀的选择结果，实际上表征着对象之间个体特性方面的差异，其本身又可以反过来作为再次选择的依据。如果我们把对象受到一次选择看成一次成功，那么，这种成功的累积必然使得该对象具有突出的优势，从而引致新的成功。以科学论文而言，两篇同样水平的文章，一篇是新作者，另一篇是知名度较高的老作者。由于新作者缺乏“成功”的积累，其论文入选可能性很低，甚至决然没有，而反之老作者具有较多的“成功”积累，名气较大，论文发表可能性很大，“还要给他，并不断增加”，这样高产作者就逐渐出现，并形成一个核心群体。于是在信息生产的社会实践中，“强者”与“弱者”愈渐分明，乃至悬殊。论文（信息）的数量上便出现严重倾斜。

如前所述，由马太效应引起的信息富集分布表现为核心趋势和集中取向②。核心趋势如高产作者群体的形成、期刊信息密度增大、高频词汇的确立等都是信息生产主体（行为者）的主动期望与采取实际步骤的结果。尽管高产作者有编辑出版部门的支持，期刊信息密度增大是编辑部的选择与追求的结果，但一般都是信息生产者努力造成的核心趋势，行为者的实践是主导因素。集中取向则不同，如一篇论文多次被引，一个网站被众多用户点击，某些图书频繁地被借阅，这种富集是社会选择和影响的结果。虽然与信

① 王崇德．情报科学原理［M］．台北：农业科学资料服务中心，1991：93.

② 王崇德．情报科学原理［M］．台北：农业科学资料服务中心，1991：98-100.

息生产主体不能说无关，但大多数情况下，都不是信息生产者主动造成的，信息生产者基本上处于被动状态。核心趋势和集中取向的效果是一致的，仅仅是累积的程度不一样。前者可能是相乘的累积，后者是相加的累积；前者是主动的选择，后者是被动的接受；前者称为自增生过程，后者倾向大变量分布过程①。

3.1.2 马太效应的负面影响

马太效应所导致的信息分布的富集现象其积极意义显而易见，在实际的信息管理工作中，它可以帮助我们突出重点、摒弃平均，为信息源的选择、获取、评价和利用提供依据，为降低信息管理成本，提高信息利用效益提供指导和方法。在理论上，马太效应描述的优劣可以帮助我们认识信息集中和分散的特征、趋势和规律，发现信息管理学的基础性定律。但是马太效应的负面影响也是显而易见的，需要在应用中加以约束和限制。

马太效应描述信息对象的优势和劣势过度积累，容易使信息工作者按简单的优劣进行信息的选择、评价、传播和利用，走入极端，使信息工作者因循守旧、不思进取，不求变革创新，按经验和简单的规则从事复杂多变的信息管理工作。

马太效应所形成的信息分布富集有时仅仅是表面的、外在的。例如一篇论文被引次数多并不一定表明它有较高的价值，一些有错误观点或有争议的论文也可能有较高的被引率（人们出于对它的批评或商榷）。有的优势积累过程带有突发性和受统计学因素的影响，使得信息价值失真。例如，加菲尔德利用《科学引文索引》1961—1975 年的 15 年共计 3 000 万条被引数据，按被引次数排序，评选出 250 名科学家（平均被引频次为 3 811 次）。其中诺贝尔奖获得者 44 人，他们的被引频次在得奖前后有重要变化，有的在获奖前被引次数并不高，获奖后由于名声大振，被引次数剧增。这有可能掩盖了事实真相，因为并不能保证诺贝尔奖获得者的每篇论文都具有较高价值。

核心信息源是马太效应优势积累的结果，由于其所含相关信息密度大，一直是信息服务机构选择和管理的重点对象。但如果过分注重核心信息源，就会忽略分布在其他信息源中有价值的信息。而核心信息源（如核心期刊）本身有一个发育过程，如果不加以控制，任其在某一方面的优势过度积累，高度专门化，其所含的信息就会越来越单一，这对部分用户可能有利，但它却会失去更多的用户。这也是信息管理和信息服务之大忌。

① 王崇德．情报科学原理［M］．台北：农业科学资料服务中心，1991：106.

信息生产者的成长和数量无疑对信息的产生和分布具有较大影响，马太效应青睐名人、拒绝新人的习惯势力不利于新人成长，限制了新思想、新知识和新信息的产生及传播。以科技领域为例，所谓杰出新人的出现和成长由于受马太效应的影响是很困难的，除非做出划时代的成果一鸣惊人（这是十分罕见的），要想一步一个脚印、一级一级台阶地进步和成长，其道路是十分艰难的。然而循序渐进又是人才成长的普遍规律，一鸣惊人也需长期积累、社会扶植、不断突破。业已证明，人类的最佳创造年龄段在 25 岁至 45 岁之间，但由于马太效应的视差，使得这一年龄段的新人和他们取得的成果被忽略，未能有效汇入社会信息流。

由以上分析可知，马太效应的积累要适度，不能任其发展，为保证信息的产生和分布比较科学合理，适当的干预是必需的。因此，我国提倡加快推进国家科技成果评价改革，以全面准确评价科技成果的科学、技术、经济、社会、文化五元价值，坚决破解科技成果评价中的“五唯”问题。

3.1.3 马太效应的数学模拟①

马太效应描述的实质上是成功和失败机会的累积过程及效果，这一过程及效果可以用数学语言进行描述和模拟。这一研究引起了许多学者的兴趣，目前已建立多个数学模型。这里仅介绍有代表性的两个。

（1）普利亚分布

普利亚（Polya）分布亦称单缸模型，它基于下述实验：

设某一缸中装有若干红色球和黑色球，按一定的规则从缸中取球，取到红球表示成功，取到黑球表示失败。假定缸中现有 a 个红球、b 个黑球，取出某个球后（例如红球），则将取出球与红球一起放回缸中，取到黑球亦同样处理。如果实验重复 n 次并且假定 X 表示取出红球的总次数，则 X 的分布可表示为：

$$\begin{aligned} P(x) &= P(X=x) \\ &= \binom{n}{x}\frac{a(a+c)(a+2c)\cdots[a+(x-1)c]\cdots[b+n-(x-1)c]}{(a+b)(a+b+c)\cdots[a+b+(n-1)c]} \end{aligned}$$

容易证明：

①若 $c=0$，

$$P(x)=\binom{n}{x}\left(\frac{a}{a+b}\right)^{x}\left(\frac{b}{a+b}\right)^{n-x}$$

① 对低年级学生，可暂不讲授这部分内容。

$p(x)$是带有参数 n 和 $a/(a+b)$的二项分布。

②如果 $c=-1$，

$$P(x)=\frac{\binom{n}{x}\binom{a+b-n}{a-x}}{\binom{a+b}{a}}$$

$p(x)$是带有参数 n，$a+b$ 和 a 的超几何分布。

③如果 $a=b=c$，

$$P(x)=\frac{1}{n+1}$$

$p(x)$是带有 n 和 $X=0, 1, 2, \cdots, n$ 的正交(均匀)分布。

④如果 $n\to$，$a(a+b)^{-1}\to 0$ 以及 $c(a+b)^{-1}\to 0$，这样，当 $p(x)$被认为是负二项分布时，$na(a+b)^{-1}$和 $nc(a+b)^{-1}$分别趋向于有限的非零值 0 和 P，那么 $p(x)$为负二项分布。$p(X=x)$由下式给出：

$$P(X=x)=\frac{(\theta\rho^{-1})^{(x)}}{x!}e^{-\theta}(1-e^{-\rho})^{x}$$

$$a^{x}=a(a+1)(a+2)\cdots[a+(x-1)]$$

$$e^{-\rho}=\exp\left(-\frac{nc}{a+b}\right)e^{-\theta}=\exp\left(-\frac{na}{a+b}\right)$$

$$=\left(\exp\left(-\frac{nc}{a+b}\right)\right)^{-\theta\rho^{-1}}$$

亦即：

$$e^{-\theta}=(e^{-\rho})^{k}，式中\ k=\theta\rho^{-1}$$

所以有：

$$P(X=x)=\frac{k^{(x)}}{x!}(e^{-\rho})^{k}(1-e^{-\rho})^{x}$$

令 $e^{-p}=P$，我们有：

$$P(X=x)=\frac{(k+x-1)!}{(k-1)!\ x!}p^{k}(1-p)^{x}$$

$$x=0, 1, 2, 3, \cdots$$

$p(x)$是负的二项分布，它表示当成功的概率是 P 时，k 次成功之前 x 失败的概率。这种分布表明，在单缸模型中，红球和黑球的每一次出现，都将进一步增加这种出现的概率，成功的结果增大了进一步成功的机会，同样，失败也增加了再次失败的机会。

(2)塔格分布

塔格(Tague)分布又称多缸模型，是对单缸模型的补充和修正。实验程序如下：

①设有一系列的缸，每个缸中装有 a 个红球和 b 个黑球；

②如果一个红球被取出，则在该缸中另外加进 c 个红球；

③如果黑球被取出，则不另外加进黑球；

④依次从第一个缸开始取球，一直持续到取出 k 个球为止；

⑤接着再从第二个缸取球，重复①~④的程序；

⑥程序①~⑤无限地延续。

在单缸模型中，x 次成功的概率是在第 k 只黑球取出之前获得 x 个红球的概率。这里的概率由下式给出：

$$P(X=x)=\frac{a(a+c)(a+2c)\cdots[a+(x-1)c]b}{(a+b)(a+b+c)\cdots(a+b+xc)}\cdot\sum\prod_{i=0}^{x}\left(\frac{b}{a+b+ic}\right)^{a_i}$$

式中，全部 $a_i>0$，因此有：

$$\sum_{i=0}^{x}a_i=k-1$$

令 $\gamma=\frac{a}{c}$。$a=\frac{b}{c}$，我们有

$$P(x)=\frac{\gamma^{(x)}\alpha}{(\alpha+\gamma)^{(x+1)}}\sum\prod_{i=0}^{x}\left(\frac{\alpha}{\alpha+\gamma+i}\right)^{a_i}$$

可简化为：

$$P(x)=\gamma^{(x)}\alpha^{k}\sum_{i=0}^{x}\frac{(-1)^{i}}{i!\ (x-1)!\ (\alpha+\gamma+i)^{k}}$$

对于上式：①如果 $k=1$

$$P(x)=\frac{\alpha\gamma^{(x)}}{(\alpha+\gamma)^{(x+1)}}$$

这就是概率论中的弗林分布，其平均数是 $\gamma'(a-1)$。

②如果 $\gamma=1$，弗林分布对应于瑞利分布或累积优势分布：

$$P(X=x)=\frac{\alpha x!}{(\alpha+1)(\alpha+2)\cdots(\alpha+x+1)}$$

$$=\alpha\frac{x!\ \alpha!}{(\alpha+x+1)!}$$

$$P(x)=\alpha B(x+1,\ \alpha+1)$$

式中，$B(x+1,\ \alpha+1)$为贝塔函数。

③在累积优势分布中，如果 $a=1$

$$P(x)=\frac{1}{(x+1)(x+2)}$$

拉维昌德拉·劳在1987年提出了累积优势分布的替代形式。他指出，几何分布和单参数分布的组合分布就是累积优势分布。

即：设 u 和 v 为两个随机变量（$u=1，2，3，\cdots，0\leqslant u\leqslant 1$）。

设 $p(u/v)=(1-v)^{u-1}$

$$P(v)=(\alpha+1)(1-v)^{\alpha},\ \alpha>0$$

容易证明：

$$P(v)=P(u/v)vP(v)$$
$$=(\alpha+1)\beta(u,\ \alpha+2)$$
$$u=1,\ 2,\ 3,\ \cdots$$

上述模型中，以弗林分布最有普遍意义，累积优势分布可视为其特例。塔格的多缸模型能很好地模拟核心信息源的形成过程。

(3)威布尔分布

日本的中川和大崎在1975年讨论了威布尔(Weibull)分布。由于在对失败的研究中，失败的次数常用失败的周期数来测量，所以一般用连续分布作失败分析。而随机变量具有离散性，故又称为离散的威布尔分布。中川和大崎提出了如下描述失败的概率函数：

$$P(x)=qx^{\beta}-q(x+1)^{\beta}$$
$$x=0,\ 1,\ 2,\ 3,\ \cdots$$
$$\beta>0,\ 0<q<1$$

在实际应用中，人们常常感到计算 $P(x)$ 而需要进行 q 和 β 的计算是很困难的。拉维昌德拉·劳将其改进为如下形式：

$$P(x)=\mathrm{e}^{-x\beta}-\mathrm{e}^{-(x+1)\beta}$$
$$x=0,\ 1,\ 2,\ 3,\ \beta>0$$

平均数为 $\sum_{x=0}^{\infty}\mathrm{e}^{-x\beta}$。

3.2 信息内容的离散分布规律

信息的离散分布是信息的重要属性，它表现为信息的内容单元以不同方式从不同角度分布于各种载体中，信息的离散分布具有复杂的机理，本质上是由信息的生产和利用决定的。

信息的离散分布是人类所有信息活动的基石，也是对信息进行有效管理的基础。因而研究和揭示信息的离散分布规律是信息管理学及相关学科的重要课题，受到各国学者的普遍关注，并进行了大量研究，取得了许多成果，这些成果主要以科学文献信息为对象。

3.2.1 布拉德福定律

布拉德福定律揭示论文在科学期刊中的分布，实质上简化了信息离散分布这一过于宽泛而十分复杂的课题的研究。

英国著名文献信息学家布拉德福发现，某一学科领域中的相关论文在期刊中的分布是不均匀的，而且具有明显的集中与分散规律。他在长期的观察和统计基础之上，提出了有名的“布拉德福分散定律”(Bradford's Law of Scattering)，简称为布拉德福定律或布氏定律：“如果将科学期刊按其刊载某个学科主题的论文数量，以递减顺序排列起来，就可以在所有这些期刊中区分出载文率最高的‘核心’部分和包含着与核心部分同等数量论文的随后几区，这时核心区和后继各区中所含的期刊数呈 $1:a:a^2$ 的关系($a>1$)。”这就是布拉德福定律的区域表述形式。对于布拉德福当时统计的应用地球物理学的数据，a 约等于 5。如表 3-1 所示，将所有的期刊划分为 3 个区，使每区论文数大致相等，则期刊数服从布拉德福定律，即：

$$9:59:258\approx1:5:5^2$$

表 3-1　　应用地球物理学论文的布氏分布

分区	期刊载文量(篇/年)	期刊数量	论文数量
1	>4	9	429
2	1~4	59	499
3	1	258	408

布拉德福定律还可用图形表示。如果横坐标取期刊按载文量递减排列时的顺序号 n 的对数，纵坐标取 $1\sim n$ 号期刊所载论文的累积数，我们将绘制出的曲线称为布拉德福分散曲线。

布拉德福分散曲线由三部分构成，先是一段上升的曲线 AC，然后是一段直线 CB，最后是下垂的曲线 BD(如图 3-1 所示)。B. C · 布鲁克斯用下述模式来表示布拉德福定律：

$$R(n)=\alpha n^{\beta}\qquad(1\leqslant n\leqslant C)\tag{3-1}$$

$$R(n)=k\log(n/s)\qquad(C\leqslant n\leqslant N)\tag{3-2}$$

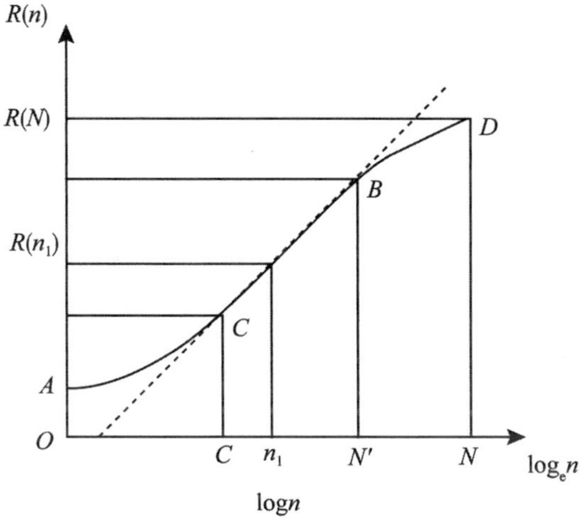

图 3-1　布拉德福分散曲线

曲线上 BD 部分只是近似地满足(3-2)式。
式中：$R(n)$——相关论文累积数。

n——期刊等级排列的序号(级)。

a——第一级期刊中的相关文章数 $R(1)$。也就是载文章最高的期刊中的相关文章数。

C——“核心区”中的期刊数量。

N——等级排列的期刊总数。

k，s——待定参数，k 等于分布曲线中直线部分的斜率，可用实验方法求得。当 N 足够大时，$k \approx N$。

β——参数，与收藏的期刊(核心中期刊)数量有关，大小等于分布图中曲线部分的曲率，β 总小于 1。

(3-1)式和(3-2)式就是布拉德福定律的图形表述形式。

弯曲下垂部分 BD，我们称为格鲁斯下降，这说明，布拉德福曲线在进入直线部分后，并非无休止地延伸下去，后来总要下垂，关于下垂的原因，目前已经从数学上得到解释。

显然，布拉德福定律的区域描述与图形描述是矛盾的。布拉德福回避了图形描述，对他得到的经验数据作了数学解释：

令 m_1、m_2、m_3 为一、二、三各区中的论文数量，p_1、p_2、p_3 为对应区的期刊数量，r_1、r_2、r_3 为各区每种期刊的平均论文数量，则有：

$$r_1=\frac{m_1}{P_1},\ r_2=\frac{m_2}{P_2},\ r_3=\frac{m_3}{P_3}$$

显见

$$P_1<P_2<P_3,\ 而\ r_1>r_2>r_3$$

划分区域使得：

$$r_1P_1=r_2P_2=r_3P_3=m_1$$

于是：

$$\frac{P_2}{P_1}=\frac{r_1}{r_2}=a_1$$

$$\frac{P_3}{P_2}=\frac{r_2}{r_3}=a_2$$

式中，a_1 和 a_2 均为大于 1 的常数，根据布拉德福假设，令 $a_1=a_2=a$，便得到：

$$P_2=a_1P_1=ap_1$$

$$P_3=a_2P_2=a_1a_2P_1=a_1^2P_1=a^2P_1$$

于是有：

$$p_1:p_2:p_3=1:a:a^2 \tag{3-3}$$

布拉德福认为，上式与前面的区域描述形式是一致的。

B. 维克利(B. C. Vickery)修正了布拉德福模式，他将期刊分区的数目推广到 $n>3$ 的普遍情形。设将载有某一学科相关论文的杂志划分为 m 个区，使每一区的论文数量相等，则各区中期刊的数量 n_1，n_2，n_3，…，n_m 有如下关系：

$$T_1:T_2:T_3:\cdots:T_m=1:b:b^2:\cdots:b^{m-1} \tag{3-4}$$

（b 为维氏分布系数）

式中：$T_i(i=1,\ 2,\ \cdots,\ m)$——前 i 个区的期刊数量。即：

$$T_1=n_1,\ T_2=n_1+n_2,\ T_3=n_1+n_2+n_3$$

$$T_m=n_1+n_2+\cdots+n_m=N,\ N\ 为期刊总数$$

式(3-4)和(3-3)是不同的，我们把式(3-4)称为布氏定律的维克利解释。

文献为什么会分散呢？我们可以这样设想，在某一新的学科中，写第一批论文时，人们首先把它寄给最合适的期刊发表。这些期刊伴随着该学科的发展，刊载越来越多的这类文章。于是许多著者都希望把他们的文章发表在本专业的，以前发表了大量高质量论文的这类期刊上。投稿数量大大增加，使期刊选择性增大，因而对文章的质量要求提高，期刊的威信也日益提高，这就产生了一些带“核心”性质的期刊，这种现象就是文献分布中的“堆加”效应。与此同时，有关这一学科的文章也在其他期刊上发表，这就产生了集中与分散的现象。

由上可见，布拉德福定律有两个基本要点：一是频次等级排序，形成主体来源(期刊)的有序目录；二是确定相关论文在主体来源中的分布规律。具体方法则包括区域分析和图形描述，虽然两者数值并不相等，但它所揭示的都是论文在期刊中的分散规律。

布拉德福虽然在1934年就发现了文献信息离散分布的规律，但未引起学术界的关注。直到1948年，维克利首次将布拉德福的表述称为“布拉德福定律”①之后，才引起学术界的普遍关注和广泛兴趣。20世纪60年代，曾一度形成研究布拉德福定律的热潮，人们从不同的角度和侧面提出了许多经验分布公式和理论模型，使布拉德福定律取得了很大发展，也得到学术界普遍承认。但也存在一些问题，如公式繁多、立论各异，至今尚无统一的结论，理论与实际脱节等。这些都说明该定律还不够成熟，经验色彩较浓。今后，首先需要运用大量的统计数据，以严密的数学方法，对布拉德福定律进行严格检验，比较各公式的优劣，寻找更为规范的精确的数学模型；其次要深入研究布氏分布的机理，寻找科学的统一的理论解释；再次，进一步分析和研究其适用条件及局限性，努力与实际结合，大力开展应用研究②。

布拉德福定律主要揭示的是宏观层次的信息(文献)离散分布，而对于微观层次的信息(内容单元)分布的研究则基本上是空白。为了探索信息在微观层次上的离散分布，我们曾选择电子学、物理学、生物学、工程技术等具有代表性的学科领域，利用BIOSIS、INSPEC、COMPENDEX光盘库输出记录，用计算机分析统计记录的集中、聚类和分散状态，并绘制出文献单元和内容单元(关键词或主题词)的分布曲线，对文献单元和知识单元离散分布的曲线进行了比较和模拟，发现它们都符合布拉德福定律，同时也符合齐夫定律③。这说明，布拉德福定律虽然研究的是论文在科学期刊中的分散规律，但它对于揭示信息的离散分布仍然具有普遍意义。

---

① Vickery B C. Bradford's Law of Scattering[J]. Journal of Documentation, 1948(3): 198-203.

② 邱均平. 文献计量学[M]. 北京：科学技术文献出版社，1988：141.

③ 马费成，陈锐. 科学信息离散分布规律的研究(I-VI)[J]. 情报学报，1999(1-6).

3.2.2 齐夫定律

词汇是表达和载荷信息的基本单元。词汇的选择、使用及出现频次必然地影响着信息的分布。那么，任何文集或文献中不同词汇的使用有什么特点？它们在文献中出现的频次有没有一定的规律？如果有规律，其表现形式应当是怎样的？齐夫定律正是要回答这个问题。

(1)齐夫定律的表述

如果将一篇较长文章(约5000字以上)中每个词按其出现频次递减排列起来(高频词在前，低频词在后)，并用自然数给这些词编上等级序号，出现频次最高的为1级，其次为2级……这样一直到D级，如果用f表示词在文章中出现的频次，用r表示词的等级序号，则有：

$$f_r = c \tag{3-5}$$

式中c为常数。上式称为齐夫定律。

表3-2列出了一组词汇的出现频次与递减排列的等级序号的统计数据。如果建立f与r的直角坐标系，用纵坐标表示词的等级序号，横坐标表示出现频次，就得到一条双曲线(见图3-2)。

表3-2　　词频分布

r	f	$\lg r$	$\lg f$
1	400	0	5.99
2	200	0.69	5.30
3	133	1.10	4.89
4	100	1.38	4.60
5	80	1.61	4.38
6	66	1.79	4.19
7	58	1.94	4.06
8	50	2.08	3.91
9	44	2.20	3.78
10	40	2.30	3.69
⋮	⋮	⋮	⋮

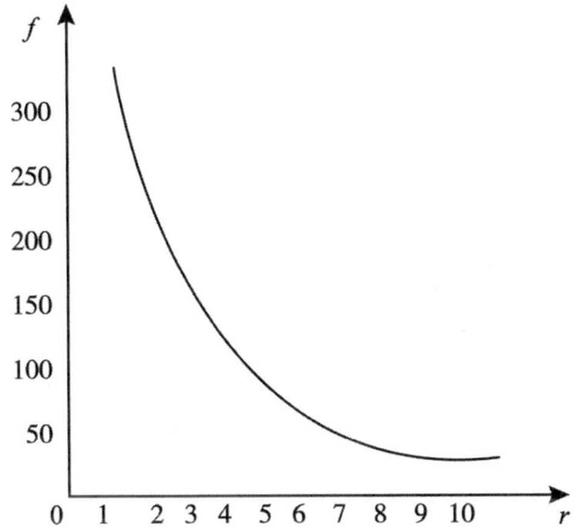

图 3-2 齐夫词频分布曲线

如果等级 r 与频次 f 都取对数，则图 3-2 中的双曲线变成一条直线(见图 3-3)。与之等价的数学表达式为：

$$\lg r+\lg f=\lg c$$

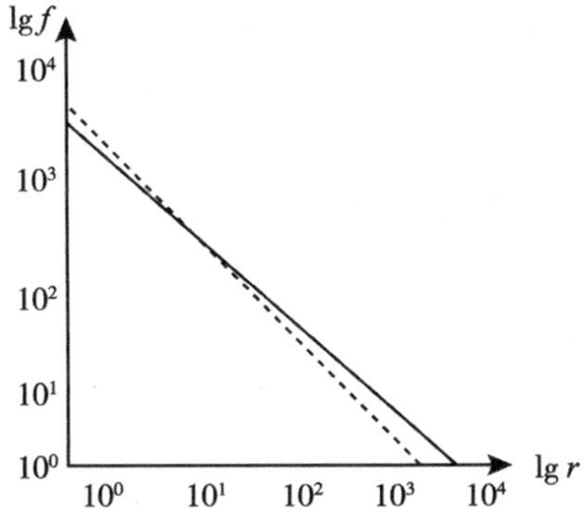

图 3-3 坐标轴为对数尺的齐夫分布曲线

图 3-2 齐夫词频分布曲线图 3-3 坐标轴为对数尺的齐夫分布曲线。

图 3-3 中的虚线表示理想化形式，一般地，斜率为 b 的任一直线可表示为：

$$k\lg r+\lg f=\lg c$$

这一直线由图 3-3 中的实线表示。如果将其改写成(3-5)式的形式就得：

$$fr^{b}=c \tag{3-6}$$

取 $b=1$，(3-6)式与(3-5)式相同，因此可以将(3-6)式看做对齐夫定律的修正。

(2)齐夫分布的其他形式

无论是(3-5)式还是(3-6)式，适应范围都有一定的局限性。因为齐夫定律是一个纯粹的经验定律，仅仅使用了一般的统计方法，其过于简单的形式和结论对于出现频次特别高的词和特别低的词都不能完全满足。于是有的学者尝试引入一般参数对齐夫定律进行修正。

在齐夫定律发表后不久，美国学者朱斯就指出，在(3-6)式中，不仅 c 应当是参数，而且 b 并不总是等于 1(即齐夫最初画出的直线的倾角不总是 45°)，也是一个参数，齐夫定律可更为一般的表示：

$$f(r)=cr^{-b} \tag{3-7}$$

式中，$b>0$，$c>0$，对于 $r=1, 2, \cdots, n$，有：

$$\sum_{r=1}^{n} f(r)=1$$

(3-7)式就是朱斯的双参数等级分布定律。$f(r)$表示 r 位词出现的频率(或概率)。

数学家曼德尔布罗运用信息论原理和概率论方法来研究词频分布，用三参数修正了齐夫定律，使齐夫定律更具有一般性和普遍意义。

曼德尔布罗将词(包括字母间的空格)看做有一定顺序的字母序列，并将语言和利用模拟或数学公式表达形式的编码加以比较；又把句子看成是用词表示的编了码的序列；把文章看成是由句子的增减过程而形成的句子系列。为了使语言的表达最佳化，根据信息论原理，要求语言中字母的最小可能的平均数或对于给定的字母平均值，具有最大的信息量。

设 r 为词的顺序，$f(r)$为第 r 个词的频率，$m(r)$为 r 个词的词长。这时平均词长为：

$$L=\sum_{r=1}^{N} f(r)m(r)$$

当给定的熵值 H 最小或当 L 最小时，应有：

$$H=-\sum_{r=1}^{N} f(r)\lg f(r)=\text{常数，以及}\sum_{r=1}^{N} f(r)=1\text{。}$$

根据这些条件，曼德尔布罗从理论上提出了三参数分布公式：

$$f(r)=c(r+a)^{-b} \tag{3-8}$$

式中，$0 \leqslant a<1$，$b>0$，$c>0$。

a，b，c 为参数，具有如下意义：

①参数 c 与出现概率最高的词的概率大小相关或者说与 $f(1)$ 有关。当 $a=0$，$b=1$ 时，$c=f(1)$。

②参数 b 与高频词数量的多少有关，对于 $r<50$ 的高频词，b 是 r 的非减函数，随着 r 的增大，参数 b 并不减少。

③参数 a 与词的数量 n 有关，由于 a 的选择自由较大，此公式更为灵活，更能够在各种条件下与测定的统计数据拟合。

齐夫定律和朱斯的修正式都可看做曼德尔布罗的特例。

齐夫定律是对自然语言词汇统计所得到的规律。研究表明，人工语言及人工语言语词构成的集合同样满足齐夫定律。

齐夫定律是通过研究英语语言词汇得出的结论，最适用于拉丁语系，它是否也适合于其他语言，尤其是像汉语语言这样的表意文字呢？自 20 世纪 80 年代中期以来，我国学者进行了卓有成效的研究，发现齐夫定律完全符合汉语语言词汇的分布。

齐夫定律具有广泛的应用，在信息系统建设、词表管理和控制、自动标引、信息存储与检索方面都取得了许多应用成果。通过词频分布来揭示信息的分布规律则是齐夫定律在理论上的重要开拓。

3.2.3 网络信息的内容分布

我们前面学习了布拉德福定律，它揭示的是科学文献信息分布的最普遍的规律——集中与分散的规律。建设全面准确的科技成果评价体系，网络环境下的信息分布规律也是不可忽略的重要内容。目前的研究成果表明，在网络条件下，信息资源的分布仍然满足集中与分散的规律，但是网络条件下的信息发布环境与传统期刊出版条件相比有很大不同，因而这种集中与分散的程度表现出了变化。

研究人员采用布拉德福的方法来处理和研究网络信息的分布，通过统计一些工具性网站上与某一主题相关的网页数量的集中与分散分布发现，其分布的近似曲线与布拉德福分布曲线比较接近①。这些网站相关网页的分布表现出如下特征：①在门户网站搜索引擎的信息搜集中，信息资源集中的网站比较集中，而且信息共享形成一些信息集中的网站群；②由于信息检全率有限，对于非核心网站的信息统计数量明显不足，表现出的格鲁斯下垂格外明

① 马费成，裴雷．网络信息资源的分布规律［J］．情报科学，2003（11）：1121-1124，1169.

显；③对这些网站的平均网页数和最大相关网页数均较小，网络信息分布更加分散。

在计量分析的过程中，虽然数据有限，而且许多门户网站使用同样的搜索引擎，搜索结果的形式也不太一样，但网络信息分布与文献分布的差异比较明显。首先，搜索引擎的共享使许多网站都具有相同的信息搜索能力，像百度搜索引擎被 100 多个地方网站和 30 多家专业网站采用，对网络信息的分布影响很大。其次，摆脱了版面与经费限制，也使网络信息离散程度加剧。再次，信息审查同科学期刊的差异也影响了网络信息的分布。科学期刊都有严格的审查制度，而且科技文献发表有一定的成本，其结果必然会有一个均衡。而信息一旦进入零成本，低限制的发布环境，无疑将造成信息激增，同时分布更加分散。

另外，用户对网络信息的浏览也是造成网络信息集中分散的重要原因，从浏览范围上看，大多数网络信息用户的浏览范围局限于少数几个核心网站。这种状况主要受搜索成本的影响。用户获取信息资源必须付出一定的搜索成本，而一旦得到，今后就可以在不付出任何搜索成本的条件下使用该信息资源。所以，今后用户不愿进行新的信息搜索，就形成了较高的用户忠诚度。另一方面，不管是资金、技术、人力资源还是市场机会，都集中在少数优秀的网络，导致马太效应特别突出，更使得网络信息用户的浏览范围局限于少数几个核心网站。核心网站具有良好的市场前景，许多的网站都愿意与这些网站链接，提高网站的信息网罗程度，提高网络信息资源的信息质量，更加吸引网络信息用户。

3.3 信息生产者分布规律

信息生产者在信息生产过程和生产结构中呈现何种规律，这种规律对信息分布有何影响，这是一个意义重大而又很难的课题。本节将以科学信息的生产为基础来研究和回答这一问题。

3.3.1 洛特卡定律

1926 年，在美国一家人寿保险公司供职的统计学家洛特卡经过大量统计和研究，在美国著名的学术刊物《华盛顿科学院学报》上发表了一篇题名为“科学生产率的频率分布”的论文，旨在通过对发表论著的统计来探明科技工作者的生产能力及对科技进步和社会发展所作的贡献。这篇论文发表后并未引起多大反响，直到 1949 年这一研究成果才引起学术界关注，并誉为“洛特卡定律”。

洛特卡选择美国《化学文摘》和德国奥尔巴赫《物理学史一览表》为数据源研究科技工作的论著数量分布。他统计分析了《化学文摘》1907—1916 年 10 年累积索引中的部分作者，即姓氏以字母 A 和 B 开头的 6 891 位作者。分别列出发表过 1 篇、2 篇，一直到 346 篇论文的人数。《物理学史一览表》包括了 1900 年前物理学领域内出现的 1 325 位物理学家及其论著，取其全部数据进行统计（数据表略）。

利用上述数据，洛特卡以论文数(x)和作者数(y_x)的对数为横坐标和纵坐标(即 $\log x$ 和 $\log y$)作图，两组数据都是直线(如图 3-4 所示)。图中虚线表示《化学文摘》数据，实线代表《物理学史一览表》的数据。用最小二乘法计算拟合直线的斜率，近似为-2。

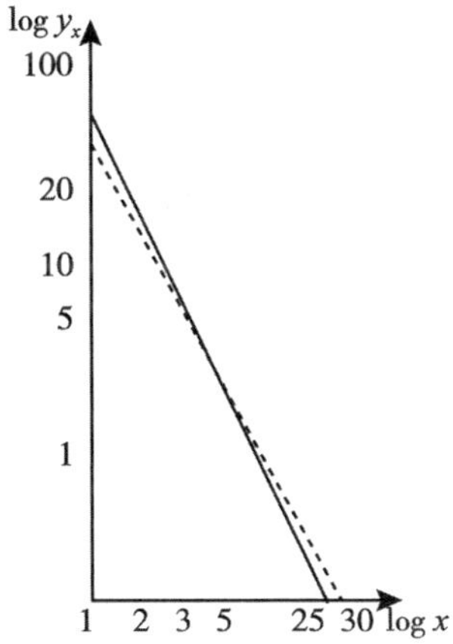

图 3-4　洛特卡分布曲线

据洛特卡分析，在论文数 x 和作者数 y_x 之间，存在着下列一种关系：

$$x^n y_x = c \tag{3-9}$$

式中，y_x 是发表了论文 x 篇的作者数，n 和 c 是对应于这一典型数据集合而估计出来的两个常数，n 的数值在 2 上下波动。具体到洛特卡统计的实例，指数 n 近似为 2.0。于是(3-9)式可改为：

$$y_x = \frac{c}{x^2} \tag{3-10}$$

上式两边同除以著者总和 $\sum y_x$ 得：

$$\frac{y_x}{\sum y_x} = \frac{c}{\sum y_x} \cdot \frac{1}{x^2} \tag{3-11}$$

令 $f(y_x) = \frac{y_x}{\sum y_x}$，$f(y_x)$ 实际表示写 x 篇论文的频率(即占作者总数的比例)。$C = \frac{c}{\sum y_x}$ 是新的常量，表示作者取样总数的比例，这样(3-11)式可写成：

$$f(y_x) = \frac{C}{x^2} \tag{3-12}$$

这就是著名的平方反比分布，现求常数 C。令 $x=1, 2, \cdots, n, \cdots$，则 $f(y_x)$ 分别为 $f(y_1)$，$f(y_2)$，…，$f(y_n)$…，我们有：

$$f(y_1) = \frac{C}{1^2}$$

$$f(y_2) = \frac{C}{2^2}$$

……

$$f(y_n) = \frac{C}{n^2}$$

……

两边取累积和：

$$\sum_{x=1}^{\infty} f(y_x) = C\left(1 + \frac{1}{2^2} + \frac{1}{3^2} + \cdots\right)$$

亦即：

$$\sum_{x=1}^{\infty} f(y_x) = C \cdot \sum_{x=1}^{\infty} \frac{1}{x^2}$$

由于 $f(y_x)$ 表示写 x 篇论文的作者出现的频率，显然有：

$$\sum_{x=1}^{\infty} f(y_x) = 1$$

亦即：

$$C \cdot \sum_{x=1}^{\infty} \frac{1}{x^2} = 1$$

$$C \cdot \frac{\pi^2}{6} = 1$$

$$C = \frac{6}{\pi^2} = \frac{6}{9.87} = 0.6079 = 60.79\%$$

按照平方反比分布，所有生产一篇论文的著者的比例刚刚超过60%。例如在《物理学史一览表》数据中，共有1 325位作者，写一篇论文的为784人，占总数的59.2%。《化学文摘》数据中，姓氏以A开头的作者共1 543人，写一篇论文者为890人，占57.7%；以B开头的作者共5 348人，写一篇论文者3 101人，占57.98%。二者合计平均后占作者总数的57.9%。如果取绝对数，则可表述为：生产2篇论文的作者大约是生产1篇论文作者数的$\frac{1}{4}\left(即\frac{1}{2^2}\right)$，生产3篇论文的作者数量大约是生产1篇论文作者数的$\frac{1}{9}\left(即\frac{1}{3^2}\right)$，生产$n$篇论文的作者数量大约是生产1篇论文作者数量的$\frac{1}{n^2}$。

洛特卡定律是对两组数据统计的推广，是对信息生产的一般理论估计，而不是一个精确的统计分布，因而有其局限性。在洛特卡之后，许多学者采用不同的数学工具对不同学科领域的数据进行研究，都获得了与洛特卡定律相同的结论，只是(3-9)式中的n和c是更为一般的参数而不是常数。经典的洛特卡表达式即平方反比分布可视为特例。

3.3.2 普赖斯定律

受洛特卡定律的启示，普赖斯提出了核心生产者分布的“平方根定律”，即在某一特定领域中，全部论文的半数系由该领域中全部作者的平方根的那些人撰写的。“那些人”无疑是核心或高产作者。该定律可表示为：

$$\sum_{m+1}^{I} n(x) = \sqrt{N} \tag{3-13}$$

式中，$n(x)$为撰写x篇论文的作者数；$I=n_{max}$为该学科规定时期内最高产的作者数；N为该学科领域全部作者总数。m可由下式确定：

$$\sum_{1}^{m} x \cdot n(x) = \sum_{m+1}^{I} x \cdot n(x) \tag{3-14}$$

如果规定发表了n篇论文的作者人数为$a(n)$，则发表$n–N<n'$篇论文的作者人数为：

$$\begin{aligned} A(n - n') &= a(n) + a(n + 1) + \cdots + a(n') \\ &= \sum_{i=n}^{n'} a(i) \end{aligned} \tag{3-15}$$

$a(n)$名作者　共发表的论文为$P(n)=n \cdot a(n)$。

同理，发表了 $n \leqslant N \leqslant n'$ 篇论文的作者总共发表的论文数为：

$$P(n) = P(n - n') = na(n) + (n + 1)a(n + 1) + \cdots n'a(n')$$
$$= \sum_{i=n}^{n'} P(i) \tag{3-16}$$

若 $\frac{1}{2}P(1 \rightarrow n_{\max}) = P(m \rightarrow n_{\max}) = P(1 \rightarrow m)$，则有：

$$A(1-n_{\max})^{\frac{1}{2}} = A(m-n_{\max}) \tag{3-17}$$

由洛特卡定律可知，$a(n) = \frac{c}{n^2}$，其中 $a(n)$ 是频数。

则有：

$$P(1 \rightarrow n) = \sum_{i=1}^{n} i \cdot \frac{c}{i^2} = \sum_{i=1}^{n} \frac{c}{i} = c\sum_{i=1}^{n} \frac{1}{i}$$

由调和级数和公式可得：

$$P(1 \rightarrow n) = c(\ln n + 0.577 + \cdots + \varepsilon n)$$

整理后可写成：

$$\ln \frac{(n_{\max})^{\frac{1}{2}}}{m} = 0.289 + \cdots + \frac{1}{2}\varepsilon m + \frac{1}{2}\varepsilon n_{\max}$$

由于 m 一般不会太小，所以假定 $\varepsilon m \leqslant 0.289$ 是合理的，而且一定存在 $\frac{1}{2}\varepsilon n_{\max} \leqslant \varepsilon m$

上式可化简为：

$$m = 0.749(n_{\max})^{\frac{1}{2}} \tag{3-18}$$

(3-18)式表明，写作 $0.749(n_{\max})^{\frac{1}{2}}$ 篇以上论文的作者所发表的论文数等于论文总数的一半。或者，高产作者中一位最低产的作者发表的论文数量，等于最高产作者所发表论文数的平方根的 0.749 倍。

再由式(3-15)可得：

$$A(1 \rightarrow n_{\max}) = \sum_{i=1}^{n_{\max}} a(i) = \sum_{i=1}^{n_{\max}} \frac{c}{i^2}$$
$$= c\left[\frac{\pi^2}{6} - \frac{1}{n_{\max}} + 0\left(\frac{1}{n_{\max}^2}\right)\right] \tag{3-19}$$

$$A(m \rightarrow n_{\max}) = \sum_{i=m}^{n_{\max}} \cdot \frac{c}{i^2}$$

$$= c\left[\frac{1}{m} - \frac{1}{n} + 0\left(\frac{1}{n^2}\right) + 0\left(\frac{1}{n^2}\right)\right] \tag{3-20}$$

将(3-18)式代入(3-20)式则有：

$$A(m \to n_{\max}) = c\left[\frac{1}{0.749(n_{\max})^{\frac{1}{2}}} - \left(\frac{1}{n_{\max}}\right) + 0\left(\frac{1}{n_{\max}^2}\right)\right]$$

同理我们设 $n_{\max} \gg (n_{\max})^{\frac{1}{2}}$，$n_{\max} \gg \frac{6}{\pi^2}$也是合理的。于是有：

$$k = \frac{A(m \to n_{\max})}{A(1 - n_{\max})} = \frac{6/\pi^2}{0.749(n_{\max})^{\frac{1}{2}}} = \frac{0.812}{(n_{\max})^{\frac{1}{2}}} \tag{3-21}$$

（3-21）式表示高产作者人数同全体作者人数之间的比例关系。(3-18)式和（3-21）式就是普赖斯定律的最后表达式。

需要指出的是，不能将普赖斯定律绝对化，它仅是在洛特卡定律基础上提出的一种假说构想，洛特卡定律 $n \neq 2$ 的情形同样影响着普赖斯定律。普赖斯定律对我们的价值在于，它简洁地描述了信息按生产者能力的分布。

除洛特卡定律和普赖斯定律外，还有一些学者提出描述文献信息生产者分布的规律，这里就不逐一介绍了。这些定律都揭示了少数信息生产者生产了大量信息的规律和特点，充分显示了马太效应的作用效果。

3.3.3 网络信息的生产者分布

这里的网络信息生产者主要指在网上生产和发布信息的个人。研究信息生产分布规律最有代表性的就是科学文献生产的普赖斯定律和洛特卡定律。普赖斯定律认为，全体科学工作者人数的平方根撰写了所有科学论文的一半；洛特卡定律被称为科学生产率的平方反比分布，即撰写 n 篇论文的作者数是写 l 篇论文作者数的 n^2分之一。网络信息生产完全不同于科学生产，大量的非科研人员参与信息的生产，成分复杂、目的多样，科学生产率已经丧失了它原来的评价意义。即便如此，是否可以采用普赖斯和洛特卡的方法来研究网络信息生产者的分布动态，是否也存在科学文献生产中所谓的“核心生产者”呢？

由于网络信息生产的复杂性，加之信息组织方面的滞后，很难通过整个网络来考察网络信息的生产者规律，因而研究人员选择了某一时段特定领域的网络信息数据，来考察信息的生产状态①。通过考察珞珈山水 BBS 网站的发文情况，发现全体发文作者人数的平方根的发文量占总发文量的比例不足 1/3，这表明 BBS 条件下的信息生产是不符合普赖斯定律的，也就是说，BBS 中信息生产者的分布比科学文献的生产者更加分散。

同样，按照洛特卡分布曲线绘制方法将原来的数据取对数坐标转化为分布曲线，发现它也近似一条直线，而且它的斜率约为-2.18（如图 3-5 所示）。通过各数据点的斜率分析也可以看出，斜率与科学文献生产分布的-2 相比，变动性更大，但基本维持在-2 上下浮动。

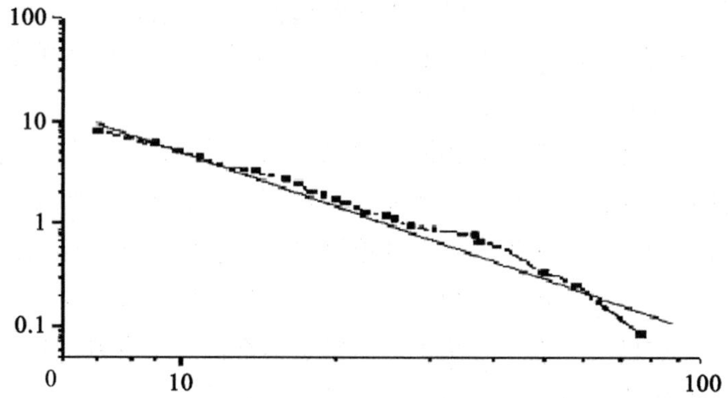

图 3-5　珞珈山水 BBS 生产者分布曲线

台湾学者蔡明月采用“数字图书馆”网页的数据样本，进一步利用洛特卡定律与普赖斯定律检验网页生产力分布②。根据普赖斯定律，全部“数字图书馆”的网页制作机构为 392 个，开根号得 19.8 个。换言之，最多产的 20 个单位所制作的网页应达全部网页的半数。实际上，前 20 个单位制作的网页总量占所有网页的 61%。此外，只生产一个网页的单位占全部单位的 44%。此数值与洛特卡原始定律中发表一篇文献的作者人数约占全部作者数之 60%有颇大的差异。利用最小平方差的方法求得洛特卡定律中的直线斜率值为-0.7，与洛特卡原始定律之 n 值（-2）差异亦相当大。因而蔡明月的研究中，“数字图书馆”网页制作单位的生产力分布与普赖斯定律和洛特卡定律都不相符。

---

① 马费成，裴雷．网络信息资源的分布规律［J］. 情报科学，2003（11）：1121-1124，1169.

② 蔡明月．资讯计量学与网路计量学［J］. 新世纪图书馆，2003（2）：8-16.

上面分析的 BBS 的情况可能并不能代表网络信息资源生产者的频率分布，而且所选数据也不够完整。但就此所得到的新的结论是：著者的集中程度比传统文献低，著者分布更加广泛而且相对均衡。而这一点却与蔡明月关于“数字图书馆”网页生产者分布的结论恰好相反。比较分析这两个研究，“数字图书馆”的主题更加专业化，对于生产者的要求较高，而 BBS 的发文要容易很多，生产者的门槛相对降低。由此我们可得到的推论是，网络条件下的信息生产表现出不同的规律，生产者的分布与信息内容的专业化程度密切相关，信息专业化程度越高，则生产者的集中程度就越明显；反之，生产者的分散程度就越明显。

3.4 信息对时间的分布规律

研究信息在时间轴上的动态分布规律可以揭示信息的增长与老化，用科学高效的理论模型来刻画信息随时间的推移所表现出来的趋势，把握信息量的变化，对信息实施动态管理。

3.4.1 指数增长律

随着社会经济和科学技术的高度发展，信息的爆炸式增长不断影响着人们对信息的利用和吸收，描述信息的增长规律成为学术界和实际工作者关注的重要课题。在所有关于信息增长的研究中，令人瞩目的成果是以文献为计量单位得到的指数增长律。

（1）普赖斯曲线

早在 1944 年，F·赖德就对美国大学图书馆藏书作了调查统计，他以丰富的数据证明，全美主要大学图书馆的藏书平均每 16 年递增 1 倍。例如，耶鲁大学图书馆在 18 世纪初的藏书量为 1 000 册，如果每 16 年递增 1 倍，到 1938 年其藏书量应该增加到 260 万册，经调查，这一理论估值与实际藏书量十分接近。

继 F·赖德之后，普赖斯对信息的爆炸式增长进行了深入研究。在《巴比伦以来的科学》一书中，他统计了期刊增长的情况：1665 年在法国创办了第一本期刊，随后，1750 年增加至 10 种，1800 年增至 100 种，1850 年为 1 000 种，1900 年为 10 000 种，目前已近 10 万种，几乎是每 50 年增加 10 倍。其次，根据《化学文摘》《生物学文摘》《科学文摘》近几十年的数据，也可发现同样的增长趋势。如果我们以文献量为纵轴，以历史年代为横轴，把各不同年代的文献量在坐标图上逐点描绘出来，然后以一光滑曲线连接各点，则可十分近似地表征文献随时间增长的规律。这就是著名的普赖斯曲线，如图 3-6 所示。

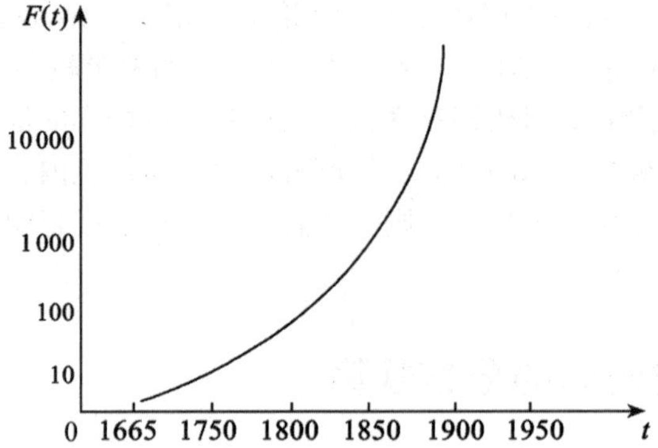

图 3-6　普赖斯曲线

通过对曲线分析，普赖斯最先注意到文献增长与时间成指数函数关系。如果用 $F(t)$ 表示时刻 t 的文献量，则指数定律可表为下式：

$$F(t)=ae^{bt} \tag{3-22}$$

式中，a 是统计的初始时刻（$t=0$）的文献量；

$e=2.718$；

b 表示持续增长率。

人们还常常用文献量翻一倍的时间来衡量文献的增长速度，即：

$$t'=\ln 2/b \tag{3-23}$$

式中，t' 为文献量翻倍时间，b 为持续增长率。

例如，在某一初始时刻，文献量 $a=10\ 000$ 件，增长率为 10%，那么 10 年后文献量将是：

$$F(10)=10\ 000e^{0.1(10)}=27\ 183(件)$$

100 年以后的文献量将是：

$$F(100)=10\ 000e^{0.1(100)}=220\ 264\ 660(件)$$

文献量翻一倍的时间是：

$$t'=\ln 2/0.1=0.693/0.1=6.93(年)$$

从统计实例来看，文献信息的指数增长规律在一定程度上正确反映了文献的实际增长情况。例如，对 1952—1982 年世界图书增长情况的统计分析表明，图书种数大约每 20 年翻一倍，指数增长模型与实际情况符合得较好。又如，对 1907—1977 年世界化学论文数量进行统计，由指数模型计算的值与实际情况大体一致，说明这一时期的化学论文数量也是按指数增长的，大约每10年翻一倍。因此，文献的指数增长定律具有一定程度的正确性和普遍性，并获得了学术界承认。

文献信息（或者信息）指数增长的内在原因是社会信息流的传播和影响的结果。在一个健全的社会信息交流系统中，那些业已掌握新思想、新信息的成员，必然主动或被动地影响其他社会成员。人们接受新思想、新信息的概率会随着时间的推移而增大。因为这与掌握新思想的累积人数有关。这些掌握新思想和新信息的人数本身是按指数增加的，他们必然要从事知识信息的生产和传播，这就必然引致信息量指数增长。如果一个人接受新思想、新信息的概率随时间按固定比例增大，则有：

$$\frac{\mathrm{d}N}{\mathrm{d}t}=bN$$

解此方程得：

$$\int\frac{\mathrm{d}N}{\mathrm{d}t}=\int b\mathrm{d}t$$

$$\ln N=bt+c$$

$$N=e^{c}\cdot e^{bt}$$

令 $e^{c}=a$，则 $N=ae^{bt}$，正好与(3-22)式相同。

需要指出，文献信息的指数增长规律是对每一年的文献累积数而言的，并不是相对于每一年新发表的文献数量。每年文献信息的累积数，就是该年与该年之前各年（至少是统计的各年）文献数量之和，即该年可以利用的文献总量。如果不考虑累积量，结论可能完全不一样。如果按每年发表的文献来判断文献信息的增长规律，它可能连几何性都不是，而仅仅是算术性的。

文献信息的增长律仅仅是一个理想模式，它没有考虑到许多复杂因素对文献增长的限制。如果不考虑这些因素，简单搬用（3-22）式来预测未来的文献量，可能会导致错误的结论。实际的统计发现，不同时期、不同级别、不同质量、不同学科领域的文献信息增长态势是不一样的。例如，勒希尔考察了不同质量级别的文献增长状况，发现它们的增长速度差别很大。

勒希尔认为，文献的数量与其质量有关。他定义 A（$0\leqslant\lambda\leqslant1$）为文献的质量级别，则不同级别上的文献量为 $[F(t)]^{\lambda}$。他给 A 的具体值如下：

$\lambda=1$：至少是一般文献（实际代表所有文献）；

$\lambda=3/4$：至少是有意义的文献；

$\lambda=1/2$：至少是重要的文献；

$\lambda=1/4$：至少是非常重要的文献；

$\lambda=0$：第一流的文献对于第一流的文献（即 $\lambda=0$），文献数量为 $\ln F(t)$。

如果文献总数为 100 万件，根据勒希尔定义的质量级别，则有：

1 000 000：至少是一般文献（即文献总数）；

31 623：至少是有意义的文献；

1 000：至少是重要的文献；

32：至少是非常重要的文献；

14：第一流的文献。

如果文献量翻倍时间为 t'，那么质量为 A 级的文献数量翻倍时间将是 $\frac{t'}{\lambda}$。于是当人们力图提高文献质量时，指数增长减慢，对于第一流的文献（$\lambda=0$），指数增长规律完全破坏，并且每一周期仅有一常数增量。在这种情况下，文献的增长函数是线性的，即：

$$F_0(t)=\ln ae^{bt}=\ln a+bt$$

在本节开始所举的例子中，$b=0.1$，文献总量翻一倍的时间为 6.93 年，那么对各个质量级别的文献而言，文献量对应的翻倍时间是：

9.84 年：至少是有意义的文献（$\lambda=3/4$）；

13.86 年：至少是重要的文献（$\lambda=1$）；

27.72 年：至少是非常重要的文献（$\lambda=1/4$）。

对于第一流的文献（$\lambda=0$）：

$$F_0(t)=\ln 10\,000+0.1t$$

可见，每 10 年才增加 1 份第一流的文献。这样的增长速度显然非常缓慢。

（2）生长曲线

普赖斯指出，考虑物质的、经济的、智力的及时间的影响和限制，文献信息的增长更趋近于生物的生长曲线（Logistic Curve），即最初生长或繁殖很快，随着时间推移，其生长速度越来越慢，以致几乎不增加了。其方程为：

$$F(t)=\frac{k}{1+ae^{-kbt}} \tag{3-24}$$

式中，$F(t)$ 代表时刻 t 的文献量，k 为文献增长的最大值。

生长曲线表明，在文献增长的初始阶段，它是符合指数增长规律的，但它不能始终保持指数增长的势头，当文献增至最大值的一半时，增长率开始变小，最后缓慢增长，并以 k 为其极限（见图 3-7）。

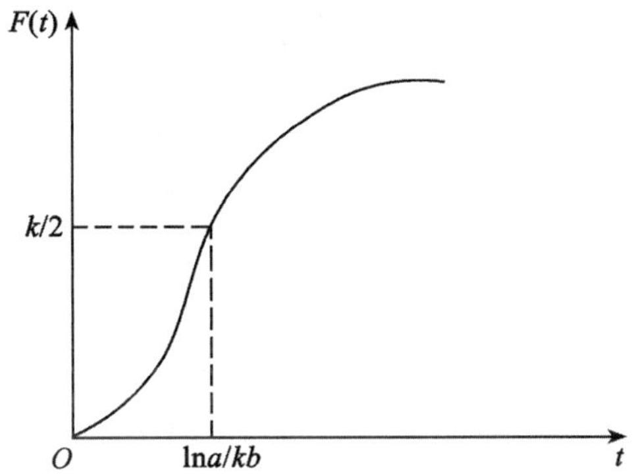

图 3-7　生长曲线

生长曲线在描述科学文献增长规律时，取得了一定成功。如果单独就某一具体学科领域内文献的增长而言，生长曲线极好地描述了它们的增长规律。例如，弗雷蒙等人对 1965—1975 年煤的气化法方面的文献增长进行了统计研究，表明能很好地符合生长曲线增长模型。有关肥大细胞研究方面的文献增长所出现的几个发展阶段更有力地证明了生长曲线增长规律的正确性。

在整个科学领域里，目前有 2 000 多门学科，每门学科又分别处于诞生、发展、相对成熟的历史阶段。一般来说，在不同的阶段科学文献增长的态势是不同的。统计研究表明：学科处于诞生和发展阶段，文献量指数增长，文献的寿命较短。随着研究深入，学科进入相对成熟阶段，文献增长就不能总保持原有的指数速率，增长率变小，曲线变得平缓，文献寿命相对变长。但是，这里文献增长率变小，绝不意味着科学发展停滞，而是某一知识领域的研究取得重大进展后进入相对成熟的阶段。同时，也可能意味着该知识领域正面临新的突破，将产生出更新的分支领域，而内容上更新的文献又将进入一个新的急剧增长时期（如指数增长）。然后又进入一个稳定时期。文献的增长往往会出现几个急剧增长时期和几个相对稳定时期，呈现出错综复杂的格局。

一般说来，对不同的领域，描述其文献增长的生长曲线中各个常数（a，b 和 k）是不相同的。如果能分别对各门具体学科文献增长状况作历史的、全面的统计分析，绘制出相应的生长曲线，则对于评价该门学科所处的阶段，预测其未来的发展，估计该学科不同时期的文献寿命，以指导信息搜集和提供，是很有意义的。

但生长曲线仍有其局限，由（3-24）式可知，当 $t \to +\infty$ 时，$F(t) \to k$ 这表明当科学发展到一定阶段时，文献的增长率为零，而文献总量达到了不可逾越的最大值。这意味着某个年代之后，再也没有新的文献产生，这显然是不符合实际的。

利用指数曲线和生长曲线来研究文献增长、预测未来文献总量必然会有局限。这是因为：①指数增长定律的产生，首先是普赖斯分析研究物理学文献数量的增长时提出的，然后把这一结果扩大到科学期刊和其他类型的出版物上，绘制了普赖斯曲线。把对文献某一方面、某一历史阶段的研究成果，推广到文献的全部领域，根据是不充分的。②利用上述二曲线对文献增长所作的预测，依据的是预测学中的趋势外推法。文献作为传播信息这一复杂系统中的子系统，其增长规律受到许多因素的影响和制约，只有利用系统论的观点对其作系统分析，才能得到比较符合实际的结果。

3.4.2 逐渐过时律

随着时间的推移，信息的价值会逐渐衰减乃至失效。

文献信息的老化一般指这样四种情形：文献中所含信息仍然有用，但现在已被包含在更新的其他论著中；文献中信息仍旧有用，但现在正处于一个人们对其兴趣下降的学科；文献中的信息仍旧有用，但为后来的著作所超越；信息不再有用。

为了衡量已经发表的文献的老化速度，我们可以沿用物理学“半衰期”这一概念。所谓文献的半衰期，是指某学科领域现时尚在利用的全部文献中的一半是在多长一段时间内发表的。例如，物理学文献的半衰期是 4.6 年，意思是说，现时仍在利用的物理学文献的 50%，其出版年龄不超过 4.6 年。“半衰期”大体上与某学科领域的文献中半数失效所经历的时间相同。换句话说，上述物理学文献一半失效的时间也是 4.6 年。

与半衰期有着密切联系的另一个衡量文献老化的指标是普赖斯指数，即某一学科领域内，对发表年限不超过 5 年的文献的引用次数与总的引用次数之比值。一般来说，普赖斯指数越大，半衰期就越小，文献老化的速度越快。

对文献按年代被引证的次数进行分析，可以得到某一门类或某一学科领域的文献老化速度最可靠的指标。但是，必须利用大量的文献摘录、计算书目引证次数，以便最大限度地补偿各种著作随意引证他人文献的特点。应当指出，文献老化速度的指标仅仅是概略性的，而且不是指个别的文献或某一组文献，指的是某一门类或某一学科领域文献的总和。

如果用纵坐标表示现在正被利用（引证）的文献的被引量，横坐标表示时间，我们可以绘制出文献的老化曲线（见图 3-8）。

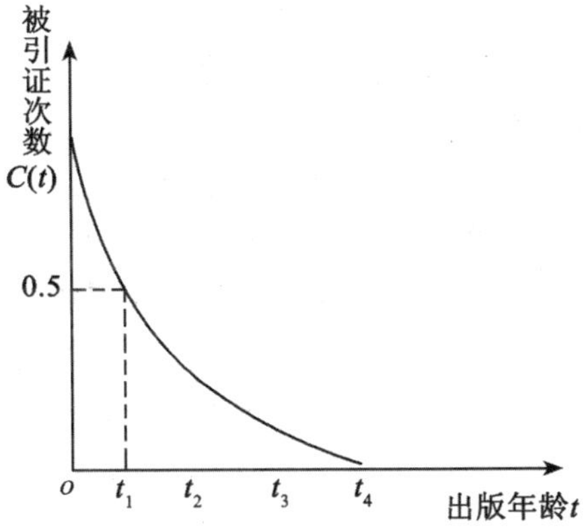

图 3-8　文献信息老化曲线

相应的方程可表示为：

$$C=(t)=ke^{-at}$$

式中，$c(t)$ 表示发表了 t 年的文献的被引次数，k 是常数，随学科不同而异，a 为老化率。

已发表文献的老化速度，不仅取决于这些文献所属的学科领域，而且还取决于其他一些因素，特别是文献的种类和性质。显然，专著、教科书、期刊论文、专利说明书、科学技术总结或者某一学科领域的各种文献都有着不同的老化速度。已发表的文献的半衰期，还与信息需求的特点有关。如果不按文献的被引次数，而按其在图书馆或信息中心被借阅的次数来衡量，所得到的半衰期是不同的。

文献信息的老化是一个很复杂的问题，目前对它的研究还很不够，还没有一个较为理想的模式来描述这一过程。文献信息老化受许多因素的影响，归纳起来主要有如下几点：

（1）文献增长

文献的增长和老化是一个事物的两个方面，它们从不同的侧面来描述科学的发展，阐明科学知识的修正率。因此，文献的老化，首先是与文献的增长联系在一起的。文献大量增加，表明科学知识增长速率加快，新理论、新方法、新设计不断产生，不断完善，原来知识内容不全面、不完善的旧文献逐渐被人们遗忘，引用频率降低。如果引用半衰期的概念，我们就会发现，文献增长得越快，文献的半衰期就越短。如果每篇文献被引用的概率相同，由于文献增加的结果，会使得新文献被引的次数较多，而旧文献被引的机会减少，这样就加速了文献的老化。

（2）学科差异

世界上 93%～98%的科学杂志引用寿命为 20 年左右，但并不是所有这些学科的文献老化速率都大体一致，相反，彼此之间差异甚大。有些学科，如电子、医学、化学化工等领域，由于研究工作活跃，不断需要新方法、新试验，投入的人力物力较多，知识更新快，文献的半衰期就短。而另一些学科，如动植物分类学、地理学等的发展主要是知识的积累而不是修正，所以相对来说稳定得多。例如，在动植物分类学中，当发现一个新品种时，必须首先与以前记录的知识一一对照，只有证实了该品种确系与以前品种不同之后，才能命名一个新的名称。普赖斯将文献分为两大类，一类是“档案性文献”，其半衰期大于 5 年，如地质学、动植物分类学等；另一类则是“有现时作用的文献”，其半衰期小于 5 年，如生物医学、电子学、化工等。从档案性文献和有现时作用的文献的关系，可以说明各学科的特点。

（3）学科发展阶段的差异

即使是同一学科，不同的时期或阶段，文献的半衰期不尽完全相同。严格说来，描述文献老化的曲线并非仅仅是负指数曲线。如前所述，每门学科发展过程中，都要经历诞生、发展和相对成熟等不同的历史阶段。学科处于诞生和发展初期，文献量指数增长，文献的老化符合负指数函数，对应的曲线表现为负指数曲线。随着学科研究的深入，进入相对成熟时期后，科学文献增长不再继续保持原有的指数速率递增，文献增长速率变小，其相应的老化曲线也变得平缓，半衰期加长。半衰期长，客观上反映了学科已进入相对成熟阶段，文献的科学价值达到了一定的深度，从而使文献利用寿命加长。此时科学活动的结果主要在于知识的累积而不是修正。一旦知识累积的数量达到一定量时，就会出现由量变到质变的飞跃，而使学科进入新的高度或新的层次也有可能同时派生出新学科，而使文献量指数增长，文献老化曲线恢复到负指数曲线。

（4）信息环境和需求

除以上三种原因外，还有一个不可忽略的因素——信息利用者的需求及所处的信息环境。不同信息用户对文献的需求是不同的，科研工作中的骨干要了解本学科领域的世界前沿，因而对新文献感兴趣，刚刚踏上工作岗位的人员则还需了解背景资料。此外，国家与国家，地区与地区之间对文献使用的年代也不完全相同。科学发达的国家对近期最新文献感兴趣，欠发达国家则需要借鉴别国已有的成果和经验。

逐渐过时律主要描述的是文献信息尤其是科学文献信息的老化模式，对于其他一些类型的信息则不一定符合。例如，许多经济信息、市场信息和金融信息的老化具有跳跃性，往往表现为突然失效，昨天一条信息可能价值连城，今天则分文不值，不像科学信息那样在利用中逐渐过时，具有较强的规律性。

3.4.3 网络信息的时间分布

（1）网络信息的增长规律

网络自从诞生以来，在随后的发展中迅速膨胀，信息量在海量的基数上一直处于持续的高速扩张之中，呈“信息爆炸”之势。国外学者较多从网络节点的层面来研究网络增长的规律，得出了网络节点链入数与链出数变换的指数增长规律、网页的链入（出）概率随网页中链接数的增长呈指数增长规律、网页内容增长同网页链接增长之间呈指数关系等研究结论。本节我们将主要以时间为维度，选择单一网站网页与特定学科/主题领域中的网页两种网络信息类型，来探讨网络信息随时间增长的规律。

①单一网站网页数量的增长规律。在众多类型的网站中，新闻类网站的数据更新较快，网页数量增长现象比较显著，在研究单一网站网页数量增长规律方面具有一定的代表性。阎劲松和沙勇忠选取了国内著名综合型门户网站搜狐的二级网站——搜狐新闻频道（http：//news. sohu. com）作为研究对象①。他们将观测到的网页随时间积累的数据进行拟合，发现网页积累数和时间服从二次曲线分布。在观测期内，新闻频道的网页累积数会随时间的推移，按照开口向上的二次曲线加速增加。根据研究，沙勇忠和阎劲松倾向于得出以下结论：仅存在正式交流过程的单一网站，其成熟期内的网页数量累积数按照二次曲线稳步增长，增长速度比线性增长快，而比指数增长慢。如果用 $F(t)$ 表示时刻 t 的网页累积数，则二次曲线定律可表示为：

$$F(t)=at^2+bt+c\ (a>0,\ b\geqslant 0,\ c\geqslant 0,\ t\in[0,+\infty))$$

其中，$F(t)$ 为网页累积数；t 为时间变量；c 为统计初始时刻（$t=0$）的网页累积数；a、b 为时间常数，网页累积数的增长速度服从 $F(t)'=2at+$

① 阎劲松，沙勇忠．单一网站网页数量增长规律的实证研究——以“搜狐新闻频道”为例［J］．图书情报工作，2008（11）：10-13，61.

b 的线性分布，加速度的大小为 $2a$。

为什么新闻频道的网页数量会呈现出二次曲线增长规律呢？王崇德认为，在文献计量学领域，正式交流只能导致直线增长，正式交流与非正式交流同时存在则会导致指数增长①。新闻频道数据库是由专职人员进行加工整理发布的，因而属于正式交流模式。而在网络环境中，处于成熟期的新闻类网站由于出版周期较短，内容更新较快，则可能出现比直线增长趋势更快速的增长趋势；同时，因为没有非正式交流的成分，所以增长速度会比指数曲线慢。因此，在处于成熟期的、仅存在正式交流过程的单一网站中，网页累积数存在二次曲线增长规律。与此同时，二次曲线规律具有一定的适用性，即仅适用于反映和回溯历史的网络信息增长情况，而无法用来预测网络未来的增长趋势。

②特定学科/主题领域中网页数量的增长规律②。特定学科和主题领域的网络信息日益成为重要的学习和科研资源，研究其增长规律对于该资源的有效利用具有重要的意义。苏金燕、周春雷、罗力选择 Altavista 搜索引擎作为数据采集工具，以"knowledge management"为单一检索词，对"知识管理主题领域"网络学术信息增长规律进行了分析。以"月"为尺度对网络学术信息增长规律进行曲线拟合后，发现观察期内的信息增长情况分阶段拟合三次曲线和指数增长曲线，该主题领域网络学术信息的增长十分迅速，分别对应于三个阶段的三次方模型与指数增长模型。通过后两个时期的指数增长模型可以看出，指数增长模型在网络环境下研究知识管理主题领域网络学术信息增长规律时具有很强的适用性。

（2）网络信息的老化规律

网络信息的老化是指网络信息中情报的有效价值随着时间的流逝逐渐衰减，利用率逐步降低。这与传统文献的老化一样，是一种普遍存在的现象。造成网络信息老化的因素很多，大致可以归纳为以下几个方面③：

①网络信息的增长。由于网络信息总量的快速增加，单位量的网络信息利用率降低，效用价值减少，呈现出老化的特征。信息的增长和老化是同一事物的两个方面，它们从不同的角度反映信息资源的动态变化。"文献增长得越快，文献的半衰期就越短。"信息既增长又老化，在老化中不

① 王崇德．文献计量学引论［M］．桂林：广西师范大学出版社，1997.

② 苏金燕，周春雷，罗力．网络学术信息增长模型分析——以知识管理主题领域为例［J］．情报杂志，2009（5）：103-106.

③ 段宇峰．网络信息资源老化规律研究［J］．图书情报知识，2005（4）：28-31.

断增长。

②网络信息的更新。网络信息的更新是指网络信息资源在载体形态、数据组织方式、网址等外在特征不变的情况下，所含知识和情报在内容上的变化。新的网络信息的出现导致旧的网络信息加速老化。国外学者 Wallace Koehler 的研究发现，97%的网站 6 个月内会发生变化，如观察时间为 1 年，则比例上升为 99%。对于网页而言，这组数据分别为 98. 3%和 99. 1%①。

③网络信息的消失。网络信息的消失是指网络信息被从系统中删除，不能再被访问和利用，这意味着网络信息生命周期的结束。

④网络信息的语用衰减。语用是指网络信息对于接收者的效用价值。对于接收者而言，只有需求的信息才值得传递。即使是需求的网络信息，也存在着“饱和定律或边界效用”问题，这就是说，随着接收者需求的实现，虽然网络信息的客观价值没有改变，但接收者的效用价值却因为他已接受了同类信息而降低。此外，网络信息的价值受时间的制约。科学理论、技术创造以及经济信息都有时间的范围，超出时间范围，其价值也就立即消失。

此外，网络信息的老化还受到另外一些因素的影响，就内因来说，比如网络信息的类型、性质和发展阶段等；就外因来说，如科技的进步，用户需求的变化和社会环境的变化等。

在网络信息老化研究中，网络信息老化指标是重要的研究内容之一，而半衰期则是评价网络信息老化程度的重要测度指标。关于网络信息半衰期的定义，按照不同的标准有以下两类：

①借鉴文献半衰期中的被引半衰期与引用半衰期的定义。a）网络信息被引半衰期是指：某一站点的全部信息在某一时间段内被引用或被链接的所有信息中较新的一半是在最近多长时间内发表的。b）网络信息引用半衰期是指：某一站点的全部信息在某一时间段内引用或链接的所有信息中较新的一半是在最近多长时间发表的②。

②以网络信息研究对象特征对网络信息半衰期定义。a）宏观网络信息资源半衰期是指：某主题领域网络信息资源所含链接的链宿所指资源中较新的一半是多长时间内产生的。b）微观网络信息资源半衰期是指：指向该网

① Wallace Koehler. An Analysis of Web Page and Web Site Constancy and Permanence [J]. Journal of the American Society for Information Science, 1999 , 50 (2).

② 邱均平，李江．链接分析与引文分析比较 [J]. 中国图书馆学报，2008 (1)：60-64.

络信息资源的全部其他网络信息资源的 1/2 是在其发布后的多长时间内出现的。

除此之外，有学者根据目前网络信息半衰期的测度现状，将网络信息半衰期分为历时半衰期测度和共时半衰期测度。对于历时半衰期来说，研究者要调查的是网络链接的不可访问性，网络信息历时半衰期就是网络链接有一半不可访问所需要的时间。对于共时半衰期来说，研究者关注的焦点是新的网络链接产生的情况，网络信息共时半衰期就是网络链接中较新的一半是在多长时间内产生的。

网络信息技术的飞速发展使得信息量剧增的同时，也使大量信息迅速被淹没。网络信息资源的信息价值随着信息内容的不同而具有差异性，朱梦娴、许鸿翔、高静以著名的社会标签网站 delicious 一天中更新的 80 622 条书签为研究对象，根据用户标注的标签进行内容分类，测度其被引半衰期并进行比较分析，测度了不同内容类型的网络信息资源的半衰期①。研究发现，各种类型的信息因其性质和用途不同，半衰期各不相同。但是与纸质文献信息相比，网络信息的半衰期普遍缩短，老化速度明显加快，对于网络信息老化程度的测度也更加复杂，还需要进行更多的实证研究来对这一问题进行深入探讨。

（3）网络信息的生命周期②

生命周期原为生物学术语，是指一个生物体从出生到死亡所经历的各个阶段和整个过程。经引申和扩展后，生命周期被广泛应用于物理学、工程管理、企业管理和信息计量学等诸多学科领域，成为一种重要的研究方法，即把研究对象从产生到消亡的整个过程，划分成一个个前后相继，甚至周而复始的阶段来加以研究的方法。

网络信息存在老化现象，也具有明显的生命周期特征。我们可以把网络信息的生命周期定义为：网络信息从产生到失去效用价值所经历的各个阶段和整个过程。马费成、夏永红通过实证的方法对网络信息生命周期进行了研究，选取中文学术资源网、外文学术资源网、论坛网站、新闻网站和大型网站为研究对象，采取引文分析法和链接分析法，对网络信息的生命周期现象进行了观察和记录，通过对数据的处理和分析，揭示了一般意义上网络信息

---

① 朱梦娴，许鸿翔，高静．不同内容网络信息资源的半衰期比较研究［J］．情报杂志，2010（9）：29-32，40.

② 马费成，夏永红．网络信息的生命周期实证研究［J］．情报理论与实践，2009（6）：1-7.

生命周期的基本规律和特性。

该实证研究基于这样一个假设：即网络信息被利用得越多，说明人们对它越感兴趣，其效用价值就越高；被利用得越少，说明人们对它失去了兴趣，其效用价值就越低。而网络信息被利用的形式是多种多样的，比如引用、阅读、评论、链接，等等。

这项研究分别考察了中文期刊电子文献被引用情况、外文期刊电子文献被引用情况、论坛信息被阅读情况、新闻信息被评论情况和大型网站链接更新情况。分别以特定年份发表的文献被引用的次数、特定年份的论文的参考文献在不同年代发表的总篇数、论坛帖子被阅读次数、新闻信息被评论次数、网站链接的更新次数作为度量网络信息效用价值的指标，绘制出上述5种情况下信息的价值曲线。发现这5条折线虽并不完全相同，但变化趋势具有较大的相似性，即网络信息发布后，其效用价值会在较短的时间内迅速达到最大值，然后在较长一段时间内逐渐衰减，趋近于零。对这些折线进行回归分析和曲线估计后，可定性绘制出网络信息生命周期曲线图，如图3-9所示。

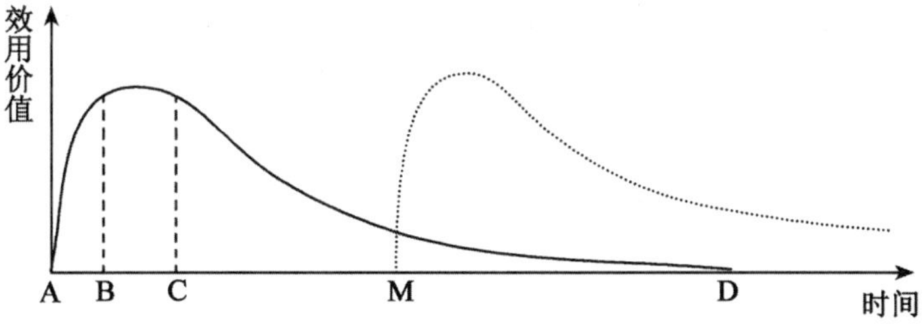

图3-9　网络信息的生命周期曲线图

图3-9中横轴表示时间，纵轴表示网络信息的效用价值，曲线定性地描述了网络信息从产生到消亡整个过程效用价值变化的大概趋势。马费成和夏永红将这一过程分为成长期（如A-B段所示）、成熟期（如B-C段所示）和衰退期（如C-D段所示）3个阶段。其中，A点表示网络信息的产生，D点表示网络信息的消亡。

图3-9中可以看出，网络信息产生之后很快进入成长期，其访问量迅速上升，其变化趋势呈现出二次曲线的规律。接着进入成熟期，网络信息的访问量达到最大值，这一阶段价值将被充分利用。然后进入衰退期，此时网络信息的访问量将逐渐降低，趋近于零，其变化趋势呈现出幂曲线的规律。一

般来说，A-B 段的长度会远远小于 C-D 段的长度，即成长期远远短于衰退期。M 点代表处于衰退期甚至已经消亡的网络信息的效用价值被重新激活的情形。它将开始一个新的生命周期，同样按照成长、成熟、衰退三阶段发展下去。激活的原因可能是网络信息的更新、外界环境的变化等。

在现实中，网络信息是非常复杂的，网络信息的整体生态环境在不断变化，不同类型的网络信息之间的差异很大。更进一步认识不同类型网络信息的生命周期特性，并将生命周期理论应用于对网络信息的有效管理和合理利用，是值得进一步研究的课题。

本章内容提要

了解和掌握信息分布的规律是开展信息管理活动、完善科技成果评价机制的条件。第 3 章首先介绍了信息产生与分布中存在的马太效应，揭示了五元价值评价体系的必要性，而后从信息内容的分布、信息生产者的分布和信息对时间的分布三个层面，介绍了文献信息分布的主要经典定律，揭示了信息分布的特征和规律；同时，结合网络信息资源的特点，通过相关实证研究论文的引入和借鉴，对网络环境下信息资源的分布进行了初步的探讨，指出网络环境下信息资源的分布已成为信息分布领域研究的新课题。

本章重点

1. 掌握信息产生和分布中的马太效应；
2. 掌握反映信息内容分布规律的两大定律：布拉德福定律和齐夫定律；
3. 掌握反映信息生产者分布规律的两大定律：洛特卡定律和普赖斯定律；
4. 掌握信息在时间上的分布规律，包括指数增长率和逐渐过时率（半衰期和普赖斯指数）；
5. 了解网络信息分布出现的新特征和新规律，并思考传统的信息分布规律在网络环境下的适用性。

本章参考文献

[1] 段宇峰. 网络信息存续状态研究 [J]. 情报科学，2008 (8).
[2] 李慧. 从文献信息老化到网络信息老化的研究分析 [J]. 情报科学，

2010（3）.
[3] 邱均平，殷之明．网络文献内容增长规律的实证研究——以 PC 显卡相关内容主题的增长为例［J］. 中国图书馆学报，2005（1）.
[4] 邱均平．信息计量学［M］. 武汉：武汉大学出版社，2007.
[5]. 沙勇忠，阎劲松．网络著者分布规律实证研究：以 Phthon. cn 论坛为例［J］. 图书情报知识，2006（6）.
[6] 王崇德．文献计量学引论［M］. 桂林：广西师范大学出版社，1997.
[7] 王宏鑫，邱均平．关于网络信息老化研究的若干问题［J］. 情报理论与实践，2004（4）.
[8] 张瑞．网络信息老化研究［J］. 情报杂志，2008（8）.
[9] 张洋．网络信息计量学理论与实证研究［M］. 北京：科学出版社，2009.
[10] 曾鸿．信息老化测度与评估［J］. 中国管理信息化，2006（11）.

4 信息获取

信息的获取和搜集是信息管理的首要环节，是开展信息服务的物质基础。然而，如前章所述，信息不仅离散分布，而且指数增长和老化，使得记录和传递信息的载体种类繁多、形式复杂、分布广泛，给信息管理工作带来了很大困难。为此信息管理学将信息源和信息的获取作为主要的研究对象之一。本章主要讨论信息源的种类、特点，信息的评价、获取和搜集方法，信息素养的概念、构成以及数字素养与技能的提升策略。

4.1 信息源的概念

“信息源”一词是由英文“Information Sources”一词翻译过来的。在定义信息源之前，必须先弄清“源”的意义。英国牛津大学出版社的《现代高级英语学习者字典》（*The Advanced Learnerps Dictionary of Curent English*）的解释：“Source”具有三种含义：一是“河之源头”；二是“来源或出处”；三是“原始文件”。汉语《辞海》中“源”本作“原”指的是水流所从出，因指水流起头的地方，故写成“源”。引申为“事物的来源”。这个引申义与英文“源”的第二种解释是相同的。故“信息源”从字面上可以解释为信息的来源。

人们在科研活动、生产经营活动、文化活动和其他一切活动中所产生的成果和各种原始记录，以及对这些成果和原始记录加工整理所得的成品（如数据库、文摘索引杂志等）都是借以获得信息的源泉，简称信息源。可见，信息源不仅包括从事科研、生产、经营和文化活动的人们生产的成果，同时也包括信息工作者生产的成果。

信息源就其广义而言，不仅应包括各种信息载体，也应包括各种信息机构；不仅应当包括各种印刷型信息载体，也应当包括各种非书资料；不仅应包括各种信息储存和信息传递机构，也应包括各种信息生产机构。所以联合国科教文组织出版的《文献术语》把其定义为：个人为满足其信息需要而获得信息的来源，称为“信息源”。

信息源的基本属性表现在：①客观性，信息源中所蕴含的信息是人类一切思维和社会活动的反映，信息源是人类知识和记忆的物质载体是客观的。第一，它是一种客观物体；第二，信息源中所包含的知识存在的反映。②可传递性，信息源是信息传播过程中的第一要素，只有通过传播到达接收者并得到利用，才能发挥其作用。③可激活性，信息源从某种意义上说可以视为静态的，但信息可被人感知、识别和利用，人脑对信息源的信息内涵进行感知、思维、分析、综合、联想的过程，就是激活信息源中的信息，使其总是处于不断传播与使用的循环中，在循环过程中，信息可以不断得到调整、补充、改编与重组，使其所含内容的针对性更强。

信息源的特征表现在：①信息源的积累性，由于信息是将人类的知识记载在物质的载体上，因此我们可以用物质的手段进行搜集、整理、积累，使得人类所创造的知识、文化、技术，可以不断地延续、继承和发展。②信息源的复杂性，由于信息是一切物质的普遍性，所以信息源的类型，载体的形态都具有复杂性。它数量巨大，内容丰富，形式多样，随着人类社会的发展，科学技术的进步而迅速增长。③信息源的再生性，信息源与其他物质财富不同。它使用后，不会消耗，反而会产生“增值现象”。同时，信息源本身也可以再生，从原始信息源产生出二、三次信息源。④信息源的共享性，信息源接收者并非是独占使用者，信息源可以传播至不同接收者同时使用，具有可共享性。

4.2 信息源的分类及其特征

信息源种类繁多、形式复杂，可以从不同的角度进行分类。这里主要从便于对信息进行管理的角度将信息源划分为记录型、智力型、实物型和零次型。下面分别加以讨论。

4.2.1 记录型信息源

记录型信息源包括由传统介质（纸张、竹、帛等）和各种现代介质（如磁盘、光盘、缩微胶卷、网络等）记录和存储的知识信息，如各种书籍、期刊、数据库、网站等。记录型信息源的特点是传播信息系统，便于保存，便于积累，便于利用。它是信息存在的基本形式，也是信息管理的主要对象。

记录型信息源可以按不同的角度进行划分。

按不同的物质载体，通常分为下面 4 种类型。

（1）印刷型

包括铅印、油印、胶印、木版印刷等。这是一种有着悠久历史的传统形式，由于阅读、利用方便，至今仍广为流传，成为传播信息的主要形式。其缺点是体积大，分量重，收藏要占很大空间，管理较为困难。

（2）缩微型

一般指以感光材料为载体，利用光学记录技术，使印刷型文献按比例缩小的文献资料，包括缩微胶卷、缩微胶片（平片）和缩微卡片等缩微品。

（3）计算机阅读型

它是将文字和图像转换成二进制数字代码，记录在磁带、磁盘或光盘等载体上。阅读时，再由计算机将它输出，转换成文字或图像。它能存储大量信息，并以极快的速度从中取出所需信息。

（4）网络型

网络信息源①是一种新型的数字化信息资源，是通过网络可以利用的各种信息资源的总和，指所有以电子数据形式把文字、图像、声音、动画等多种形式的信息存储在光、磁等非纸介质的载体中，并通过网络通信、计算机或终端等方式再现出来的资源。它直接在网上产生、发布、存储和传播，如各类网络书刊、网络新闻、网站信息等，可以下载存储在其他载体上。

近几年随着信息技术的不断发展更新，出现了不少新的网络型信息源，比如物联网。物联网是通过各种信息传感设备，实时采集任何需要监控、连接、互动的物体或过程等各种需要的信息，与互联网结合形成的一个巨大网络，以用户体验为核心。目的是实现物与物、物与人，所有的物品与网络的连接，方便识别、管理和控制。物联网通过智能感知、识别技术与普适计算

---

① 南京航空航天大学图书馆．网络信息采集与应用［M］．北京：清华大学出版社，2005.

等通信感知技术，广泛应用于网络的融合中，比如机场防入侵系统中的物联网传感器、ZigBee 路灯控制系统、将移动终端与电子商务相结合的手机物联网、无线物联网门禁、RFID 实时生产监控管理系统、网连网智能控制系统以及智能家居系统等。《中国制造 2025》战略强调推动信息技术和智能化制造的发展，促进了物联网技术在制造业中的广泛应用。习近平总书记在党的二十大报告亦明确指出需要“加快发展物联网，建设高效顺畅的流通体系，降低物流成本”，不断推进（移动）物联网全面发展与数字中国建设。

上述几种形态的记录型信息源虽各具特色，但从国内外许多图书馆、信息中心和企事业机构的收藏、使用情况来看，不仅在目前，而且在今后相当长时期内，印刷型仍然是最基本的信息源，在各类信息源中居于首位。增长最快的则是网络型信息源。

按不同内容、性质和加工情况，可以分为一次信息、二次信息和三次信息。

一次信息。凡是在科研、生产、经营、文化及其他各类活动中生产的原始信息，称为一次信息，如期刊论文、研究报告、市场调查报告、专利说明书及各种网络信息。

二次信息。是对一次信息进行加工整理后产生的一类信息，如书目、题录、简介、文摘等形式的检索工具。二次信息的重要作用，不仅在于报道，更重要的是为查找一次信息提供线索。

三次信息。是在一次、二次信息的基础上，经过分析、综合而产生的信息。人们常把这类信息称为信息分析研究的成果，如综述、述评、学科年度总结、文献指南、书目之书刊等。

按编辑出版形式的不同特点，可分为图书、期刊、会议资料、专门报告、专利资料、政府出版物、学位论文、产品样本、档案、标准、新闻报纸等。这些是目前最常用的记录型信息源。

记录型信息源主要分布于编辑出版发行系统、书刊贸易机构、政府机构、各级学会和协会、图书馆、档案馆、文献中心、信息中心、数据中心及企事业机构等部门。一般通过正式渠道流通，也通过新闻系统、邮电系统、书刊发行系统向信息利用者传递（亦即自然传递）。通过自然传递所流通的记录型信息源大多是一次信息。通过正式渠道，即各级各类信息中心、图书馆、文献中心流通的信息源则包括一次信息、二次信息和三次信息。前者没有对信息源进行任何加工整理和组织控制，后者都经过信息工作者的整理和组织控制。

4.2.2 实物信息源

实物信息源存在于自然界和人工制品中，是由实物携带和存储的知识信息，人们可通过实践、实验、采集、参观等方式交流传播，如某种生物的样品、产品样机、工艺品等。实物信息源直观生动，含有丰富的信息，易于理解和吸收。许多技术信息是通过实物来保存和传递的，在技术引进、技术开发和产品开发中发挥着重要作用，是反求工程的基础。例如通过对样机的材质、造型、规格、色彩、传动原理、运动规律等方面的分析研究，利用反求工程，人们可以猜度出研制、加工者原先的构思和加工制作方法，达到仿制或在其基础上进一步改进的目的。这类信息源不能直接进入信息系统，要对其进行管理，必须先将它转换成记录型信息。

4.2.3 智力型信息源

这类信息源主要指由人脑存储的知识信息，包括人们掌握的各类知识、诀窍、技能和经验，有的可以用语言和文字明确表达和记录，有的则难以明确表达和记录，故又被称为隐性知识（tacit knowledge）。这类信息由人的活动携带，根据社会需求提供各类咨询服务，帮助用户解决问题。随着现代咨询业的崛起和知识经济的出现，这类信息源变得越来越重要。对这类信息源主要通过政策、法规来进行组织、协调和管理。由于这类信息源主要由人脑携带，绝大多数内容难以捕捉，因此管理起来具有相当大的难度。在实际操作时，可借鉴和吸收人力资源管理的理论方法，知识管理对智力型信息特别关注。

4.2.4 零次信息源

零次信息是人们通过直接交流获得的信息，是信息客体的内容直接作用于人的感觉（包括听、视、嗅、味、触觉）的结果，而不像记录型信息和实物型信息那样通过某种物质载体的记录形式发生作用。因此，零次信息具有直接性、及时性、新颖性、随机性、非存储性等典型特征。

这类信息源是指各种渠道中由人的口头传播的信息。显然这是对应于记录型的一次信息、二次信息、三次信息而提出的新概念。零次信息的概念在日本企业信息活动中广泛使用，我国 10 多年来也十分关注零次信息，对其特征进行了深入研究。

零次信息对经济活动和科技活动具有不可忽视的作用。第一，科学技术日新月异，新知识、新概念、新术语、新数据层出不穷，而且常常通过非正式渠道以零次信息的形式传播，获取零次信息可以补充记录信息和正规渠道的不足。第二，如果组织机构信息系统不健全，信息工作者水平低，不能提供有价值的信息，或者信息渠道不畅，也可以通过捕捉零次信息加以弥补。第三，在市场环境中，零次信息占有较大比例，它反映市场供求、价格、竞争状态的变化，是市场调查和分析的重要依据。第四，在现代咨询服务中，零次信息具有特殊的意义，用户的需求通过零次信息反映出来，咨询人员所提供的知识经验正是他们携带的零次信息。第五，随着网络的兴起和普及，零次信息的传递超越了时空限制，传播量、速度和影响面越来越大。

零次信息的存在形式、传播渠道具有较大的随机性，难以存储和系统积累，给这类信息的管理带来了很大困难，需要采用特殊的方法搜集、记录、整理和存储。

以上四类不同的信息源，大体上涵盖了各种类型和各个层次的信息，它们各具有不同的特点，分布于不同部门，流通于不同的渠道。对信息的管理有赖于对信息源的管理，因此需要加强对信息源的研究和评价。

4.3 信息质量的评价

现代社会信息量急剧增大，信息载体多种多样，信息传播渠道十分复杂，信息源在时间和空间上的分布都极为广泛。新知识、新信息不断产生，无计划地搜集信息不仅不能满足用户需求、应对环境变化，而且还会浪费大量人力、物力和财力。因此，如何对信息进行评价，掌握和利用适合的信息源，搜集、选择对用户有价值的信息是信息管理活动急需解决的问题。

信息质量评价是以用户的需求和满意度为导向，从多角度、多层次对信息的质量进行评估，其目的是为人们提供高质量的信息资源，以更好地满足信息用户需求①，具有十分重要的理论意义与实践意义。

第一，信息质量评价有利于提高信息源的利用率。通过信息质量评价能够帮助用户及时发现高质量的信息源，提高信息检索的查准率和查全率，从而增强信息与用户信息需求的匹配程度，提高信息源的利用率。

第二，信息质量评价能够促进提高信息源的质量。通过信息质量评价能够改善信息资源质量参差不齐、信息污染严重的局面，以更好地满足用户的信息需求。这一点在网络信息质量评价方面表现尤为重要。

第三，信息质量评价能够客观地反映信息源的社会影响力或学术影响

---

① 马费成，赖茂生．信息资源管理［M］．北京：高等教育出版社，2014：315-316.

力。通过信息质量评价能够发现信息源在某领域、学科或事件中所发挥的作用和造成的影响，从而引导人们正确地认识和思考，并对信息源加以有效的利用。

第四，信息质量评价能够提高信息资源管理的效率。通过信息质量评价能够有效组织、规划、协调，合理配置各类信息源，以较小的成本获得较大的收益。

第五，信息质量评价能够净化信息环境。通过信息质量评价，能够帮助我们自动屏蔽不健康的、虚假的信息源，更好地发挥信息资源的经济功能、管理协调功能以及选择决策功能，促进整个信息产业的繁荣，提高整个社会的信息福利。

4.3.1 信息质量评价的一般维度与指标

信息质量是一个全面的概念①，包括四个维度即准确性、完整性、一致性和及时性。不同学者对信息质量评价的维度和指标进行了不同的归纳研究，比如信息质量包括内在质量、情景质量、表达质量和获取质量；信息具体化为信息产品和信息服务，分为健全性信息、可信赖性信息、有用性信息和可用性信息；有学者②构建了门户网站信息质量模型，包括 Web 信息质量维度、用户期望的信息质量和门户网站提供给用户的功能，为网络信息资源质量的评估与改进奠定了基础。

国内对于信息质量评价指标维度的研究在方法上大多借鉴已有国外研究的相关思路和方法。比如，将信息质量评价的指标体系划分为信息资源内容、信息资源表达方式、信息资源系统和信息资源效用四个方面，包含 16 个二级指标。同时相关学者从各自不同的角度采用不同的方法构建信息质量的评价指标，比如从分类的视角来分析页面信息质量；引入"信息差"对产品信息质量进行全面的评价；提出基于用户体验的信息质量评价指标体系。

综上所述，信息质量评价的一般维度与指标应包括基于信息内容的评价、基于信息表达形式的评价、基于信息资源系统的评价以及基于信息资源效用的评价③。

---

① Ballou D P, Pazer H L. Modelling Data and Process Quality in Multi-input, Multi-output Information Systems [J]. Management Science, 1985, 31 (2): 150-162.

② Angelica Caro, Coral Calero et al. Defining a Data Quality Model for Web Portals [C]. WISE 2006, LNCS 4255, 2006: 363-374.

③ 马费成，赖茂生．信息资源管理［M］．北京：高等教育出版社，2014：320.

（1）基于信息内容的评价维度与指标

信息内容的评价是对信息资源的内在质量进行判断和估算，是最根本、适用性最广的评价维度，主要涉及正确性、完整性、相关性、新颖性这四个指标。

（2）基于信息表达形式的评价维度与指标

信息主要通过符号来表达和传递，信息用户只能通过信息表达形式来理解和利用信息。因此，信息的表达形式是评估信息资源质量的重要维度，包括信息表达的准确性、可理解性、精简性以及标准化程度这四个基本评价指标。

（3）基于信息资源系统的评价维度与指标

信息资源系统由各类信息资源活动要素组成，该系统性能的优劣是信息质量高低的直接体现。基于信息资源系统的评价维度主要涉及信息的可获取性、快速响应性以及可靠性三个指标。

（4）基于信息资源效用的评价维度与指标

这是从信息用户的角度来评价信息质量。这种评价方式可以识别出目标用户，发现信息资源内容与用户期望之间的直接差距，主要包括信息的可用性、适量性以及价值增值性三个重要指标。

综上，信息质量评价的一般维度和指标内容详见表 4-1：

表 4-1　**信息质量评价的一般维度与指标**

评价对象	评价维度	评价指标	评价内容
信息质量	信息内容	正确性	正确反应客观事物的程度
		完整性	信息的范围、种类、时间等
		相关性	信息与用户信息需求之间的匹配程度
		新颖性	内容的独创性、发布时间、更新频率
	信息表达形式	准确性	信息符号值与真实信息值的符合程度
		可理解性	信息符号易于用户理解
		精简性	信息符号简单明了
		标准化程度	各种信息表达技术的统一程度
	信息资源系统	可获取性	稳定性和安全性
		快速响应性	系统反应灵敏程度
		可靠性	易得性和易操作性
	信息资源效用	可用性	信息产权状况
		适量性	信息资源的数量
		价值增值性	信息资源的经济效益和社会效益

同时，由于网络信息资源的特殊性属性，对其质量评价的维度和指标必须建立在信息利用的基础上。在这个问题上，国内外的学者进行了许多有益的理论和实践探索，提出了不同的评价体系和指标。下面我们将以国内学者陆宝益提出的评价指标体系为例，来对这一问题进行介绍。

陆宝益认为，在研究评价网络信息资源、建立评价指标体系时，既要有定性指标，也要有定量指标；既要全面考虑其外部特征，如网站/网页的稳定性、安全性、外观设计，网页信息的文本格式、文字表达、读者对象、作者及引文等，也要深入观察其内部特征，即信息内容特征。并据此提出了定性和定量相结合的评价指标体系，如表 4-2 所示①。

表 4-2 **网络信息评价指标体系**

指标名称		评价对象	
		网上具体信息	网站/页面
定性指标	信息内容涉及主题的深度和广度	✓	
	引用数据或事实的准确性	✓	
	表达观点的客观性	✓	
	创新性	✓	✓
	稳定性		✓
	安全性		✓
	导航系统		✓
	责任者	✓	✓
	信息来源或提供商	✓	✓
	注释或参考文献	✓	
	文字表达效果	✓	
	创作目的	✓	✓
	用户/读者对象	✓	✓
	文本格式	✓	
	用户界面友好性		✓

① 陆宝益．网络信息资源的评价［J］．情报学报，2002（1）：71-76.

续表

指标名称		评价对象	
		网上具体信息	网站/页面
定性指标	外观设计		✓
	对用户的技术要求		✓
	社会影响		✓
	信息媒体形式	✓	✓
定量指标	更新频率/最后更新或修改日期	✓	✓
	专业信息比例		✓
	信息组织层次		✓
	响应速度		✓
	价格		✓
	链接情况		✓
	被下载或引用次数	✓	
	被访问次数		✓

部分的指标解释如下：

信息内容的深度和广度是评价网上具体信息的最重要的指标，直接反映着信息的质量水平。深度主要指反映某主题信息的详细程度，广度则是指反映某主题涉及本领域及相关领域的范围。

引用数据或事实的准确性是评价信息内容的又一重要指标，主要是看这些数据或事实是否有前后矛盾之处，是否来自于权威机构或公开、合法文献，是否经得起推敲和验证等。

表达观点的客观性反映作者提供的信息是否科学、公正，主要是看作者对待事物的态度是否有偏见，观点是否得到充分的表达。

创新性包括两个方面：一是具体信息内容的独创性或新颖性；二是网站所提供的信息在学科范围、形式、手段等方面是否有独到创新之处。

稳定性指一个网站/页面的存在状态，是评价网站/页面的一项重要指标。一个网站/页面如果能够长期存在，并且各项性能均较为稳定，人们则从中得到较为系统、全面的信息，这样的网站所提供的信息就值得信赖。

安全性对于一个网站/网页来说也是很重要的评价因素，主要是看其防病毒、抗病毒能力如何，特殊信息是否使用专门的服务器，是否使用安全加密措施等。

导航系统是人们进入一个网站查找信息的指示性工具，它反映该网站是怎样组织和分类信息的。一个网站导航系统的优劣可以从它的分类情况、菜单功能等方面来衡量。

责任者指具体信息的作者或网站/页面的创办者。责任者的身份和学术地位可以从一定程度上反映其传播的信息的质量。考察信息作者情况主要是看其姓名、职称、科研成果、获奖情况、研究动向等；评价网站/页面的创办者主要是看机构、团体或个人，其在本领域的学术地位如何，组织方式和运行机制如何等。

信息来源或提供商同样可以反映信息可靠性。一般来说，来自于公开、合法的出版物、新闻媒介、政府机关、高等院校、科研院所或其他专业信息服务机构的信息比较准确、可靠。

注释或参考文献不仅可以提供额外的信息线索，也是检查文中数据或事实的依据。著录是否规范、统一、完整、准确，是评价的主要着眼点。

创作目的，主要是看网站/页面是商业性的还是学术性的，是研究性的还是普及性的。一般来说，学术性、研究性的信息质量水平较高。

用户界面友好性。简单易用的用户界面可以让用户轻松上网，无形中提高了网上信息的使用价值。一个友好的用户界面，应该能够让网上经验或计算机技术欠缺的人很容易获取到信息。

外观设计，较好的网站/页面外观能够使人们在查询信息时得到美的享受，减轻上网疲劳，同时又有指导实用性。外观设计主要包括页面布置、图案、色彩等方面。

对用户的技术要求。有些网站，需要用户运用特殊的技术或软件，或者具备较高性能的计算机，才能下载、获取所提供的信息，这就给不具备这些条件的用户造成了很大的困难。因而，技术门槛的高低也是评价网络信息资源需考虑的一个方面。

媒体形式包括两层含义，一是网上的具体信息是以什么媒体形式存在的，二是一个网站能够为人们提供哪些媒体形式的信息。

更新频率/最后更新或修改日期，直接体现网络信息的时效性，是评价网站/页面的最重要的指标。

专业信息比例是一个网站所发布的学术性、专业性信息在其所发布的全部信息中所占的比例。

信息组织层次是指网站组织具体信息的结构层次，即用户进入一个网站的主页后，需点击几次鼠标才能找到的具体的信息。组织层次多，信息的容量大，但用户检索起来就比较麻烦。一般来说，用户可以接受的层次数是2~3次。

近些年来，一些学者提出借鉴科技期刊评价中的“影响因子”（Impact Factors，IF），通过“网络影响因子”（Web Impact Factors，Web-IF））来评价网络信息的质量。影响因子反映的是一种期刊中论文的平均被引率，等于该种期刊论文被引量与可引论文总数之比。计算方法是：

某年度某期刊的影响因子=该刊前两年发表论文在统计当年被引用的总次数／该刊前两年发表论文总数

影响因子是一个国际上通行的期刊评价指标，是对期刊文献或文献集合获得客观响应，反映其重要性的宏观度量。通常影响因子越大，期刊的学术影响力也越大。借鉴此方法，如果一个网页被链接次数越多，从一个侧面证明该网页质量越高。同理，一个网站的网页被链接的次数越多，该网站质量就越高，影响力就越大。因而，通过网络影响因子，从网页被链接的情况反映其被利用与被推荐的总体情况，从而评价其质量，也成为目前网络信息评价研究的热点之一。

由于网络信息的多样性，以及其评价的复杂性，对于评价指标的科学性、合理性以及可操作性还需要做进一步的研究和探索。在对网络信息资源质量进行评价时，应当综合考虑到网络信息资源本身作为信息产品的质量标准，以及网络信息资源服务的质量标准；应当对网络信息资源用户在利用网络信息资源时的情感需求和体验做出及时的分析与评价，从用户的角度来评价网络信息资源质量。

4.3.2 信息质量评价的方法与实施

（1）信息源的评价与选择

对于通过一般的信息搜集活动得到的信息，首先必须确定它是通过哪种信息载体、从什么样的信息源获得的，其次还应评价信息发生的意图和可靠性。信息提供者有各种各样的意图，信息利用者在利用信息时要特别注意“广告气球”式的信息和诱惑信息。这种信息的意图就是要让信息利用者做出信息提供者所希望的行动。这种信息是信息提供者巧妙地利用或者说是滥用信息利用者的欲求心理，企图为实现其目的创造条件的一种手段。因为这种信息大量存在，所以评价信息的价值，要特别注意对信息发生源及其载体的评价。概括而言，信息源的评价要达到两个目标：①确定信息是通过哪种信息载体、从什么样的信息源获得的；②确定信息发生的意图和可靠性。

搜集到各种信息之后，首先将它们按信息源的类型分开整理。然后检查各类信息源所携带的信息是否正确、可靠，是不是附加了某种限定条件等。按信息源整理信息不仅能够很好地掌握其分类范畴，而且还可以系统地检验、评价信息的意义和价值。

此外，还可以根据利用信息源的目的来划分各类信息源。对于综合性利用的信息源，也应按其不同的目的将综合利用的形式按类分开，这样就能使信息源有序化，对其中使用率较高者进行经常性的信息跟踪和监视。

平时应注意认识这些信息源的分类及各类的特点，评价各类信息源的可靠性，为利用信息做好准备。信息管理人员要努力使信息利用者提高认识，使其掌握各类信息源的利用方法和获取途径。这是信息管理的重要任务。

（2）信息质量评价的基本方法

根据信息评价时所采用的分析途径，信息评价方法可分为定性评价法、定量评价法和综合评价法。

① 定性评价法。定性评价方法是根据信息评价目的和服务对象的需求，依据一定的准则，首先确立评价标准，建立相关指标体系，进而对评价对象实施评价。这一方法的优点是可对评价对象进行全面、深入和细致的分析，从多方面、多视角、多思路来考察信息资源质量；其局限性在于主观性较大，可操作性较差，合理性和可信性可能会引起争议，规范性、科学性和准确性有待提高，时效性不强等。常见的信息质量定性评价法包括：

a）问卷法；

b）访谈法；

c）观察法；

d）对比法，通过比较同类信息资源得出大概结果；

e）模拟法，采用人工或计算机做定性的模拟计算而估计出实际效果；

f）同行评议法，某一或若干领域的专家采用同一评价标准对涉及相关领域的信息质量进行评估。

② 定量评价法。定量评价法是将反映信息质量的指标用具体的数字、公式客观地表示出来，主要采用统计、数学或者经济模型的方法。常用的定量评价方法包括：

a）信息熵评价法。信息熵是度量信息不确定性和无知状态的尺度，其计算公式为：

$$H(X) = -\sum_{i=1}^{n} p(x_i)\log p(x_i)$$

其中 $P(x_i)$ 代表随机事件 X 为 x_i 的概率。信息熵越大，信息的不确定性就越大即信息不确定性的减小与信息熵成正比，而信息不确定性的消除正是信息价值和效用的直接体现。因此，信息熵评价法从消除不确定性的角度来描述信息质量，能够客观地测度信息量而不受评价主体的主观影响，但其仅仅从语法层次上统计信息量，难免有失偏颇。

b）信息计量学评价法。信息计量学评价法主要包括文献计量学和网络计量学评价法。

文献计量学评级法主要以布拉德福定律、洛特卡定律和齐普夫定律为理论基础，应用相关评价指标进行信息质量评价，其涉及评估文献信息源、评估学术成果的传播与影响程度（被转载情况、收录、引用、评论），主要有引文分析法和文摘法。

首先，引文分析法。它是最常用的信息质量评价法。其利用各种数学和统计学方法及比较、归纳、抽象与概括等逻辑方法对信息的引用情况进行研究，以揭示信息质量的高低。对应的量化评价指标有影响因子、被引频次、自引率和他引率等。常借助的检索及分析工具包括 SCI、SSCI 和 CSSCI 等工具。

其次，文摘法。是由著名的、权威的转录刊物及文摘、题录刊物对一次文献内容做简要而准确的摘录报道并提供用户检索的一种方法。其关注的是学科领域的新方法、新进展、新发现和新成就。因此，该方法可评价出有价值的、新颖的、能反映学科水平和动向的文献。对应的量化评价指标有载文量、摘引率和利用率。

网络计量学评价法是评价网络信息资源的新方法，它利用网络的动态性和交互性等特点，通过对网络资源利用的统计分析和用户的需求特征分析评价网络信息资源的质量。常用的评价方法为链接分析法，对应的量化指标有网络影响因子、访问量、点击率和下载率等。比如，Google 的页面排名就是根据网站内部和外部链接数来评价网站的质量，该方法能够较公正客观地反映网络信息资源的质量和内容。

c）统计类评价法。主要包括数据包络分析法、主成分分析法、聚类分析法以及人工神经网络分析法。

③ 综合评价法。综合评价方法是将定性与定量方法结合起来使用的一种评价方法。常用的综合评价方法包括层次分析法、模糊综合评价法、关联矩阵法、评价性元数据方法、信息构建方法等①，它们是开展信息评价尤其

① 毕强．数字信息资源开发与利用（第 2 版）［M］．北京：科学出版社，2009：132-134.

是网络信息资源评价的重要方法。这些方法可单独使用，也可结合使用，有效推动了网络信息资源评价研究。

a）层次分析法。利用层次分析法确定信息质量评价时各指标的权重。它把所要评价的信息视为一个大系统，通过对系统的多个因素分析，划分出各因素间相互联系的有序层次，再请专家对每一层次的各因素进行客观判断后，相应给出相对重要性的定量表示，进而建立数据模型计算出每一层次全部因素的相对重要性的权重并排序。

b）模糊综合评价法。模糊综合评价法是以模糊数学为基础，应用模糊关系合成原理，通过构造等级模糊子集，量化评价对象的模糊指标，将一些模糊因素定量化而进行综合评价的一种模糊数学方法。该方法能深刻刻画事物的客观属性。

c）关联矩阵法。关联矩阵法是一种基于矩阵模块的系统综合评价方法，从多个因素出发综合评价多目标系统的优劣程度。该方法是一种加权平均数法，它将评价的指标体系和权重体系以及单项评价值列为矩阵表的形式，计算出评估值的加权和，再通过分析比较确定加权和最大的方案为最优方案。

综上所述，信息质量评价的理论和实践表明，要使得评价结果科学、公正与合理，有必要采取多种评价方法对信息资源质量所涉及的各个方面进行全面而客观的评价。

（3）信息质量评价的实施

信息资源质量评价的具体实施就是根据人力、物力、财力和时间条件以及评价目标和评价对象的特点与要求合理配置各类资源以保证评价活动有条不紊地进行。实施过程中要充分利用现代信息技术。

① 明确评价目标。信息质量的评价涉及信息、信息服务以及信息用户等诸多方面，在评价之初应该明确评价的具体对象，确定评价的主要目标。

② 分析论证评价对象。根据评价目标从多种途径收集有关数据、资料，对评价对象的各个要素及性能特征进行全面分析，论证评价对象的必要性、可行性，建立评价指标体系，制定评价的准则。

③ 列举并评估方案。方案评估是信息资源质量评价活动的中心环节。每个待评估的方案都应该有明晰的评价要素、评价方法等。

④ 选择最佳方案。通常根据经济性、便捷性、有用性原则来选择最佳方案。

⑤ 进行评价。

4.4 信息获取途径

4.4.1 信息获取的效率指标

对于信息的获取和搜集过程，我们可以采用采全率、采准率、及时率、费用率和劳动耗费率等五个指标来衡量和评价其效率，这些指标一般通过信息内容与信息需求的相关程度，即切题性或相关性的概念来确定①。

（1）采全率

采全率用来衡量切题信息搜集的完整程度，指某一信息系统（信息库）所含的全部切题性信息（对该系统全体用户而言）在当时系统内外所有切题信息中所占的比例。如果用 P 表示采全率，r 表示该信息系统中切题的信息，R 表示当时系统内外全部切题的信息，信息采全率可表示为：

$$P=\frac{r}{R} \tag{4-5}$$

采全率取决于对本系统现有切题信息发展的预测数据、用户信息需求结构、相关信息源的分布和信息流的特征。系统的经济实力、物质条件、信息管理水平都是限制性条件。

在信息中心和信息系统评价一次和二次文档时，以及在编制索引、目录和咨询数据库时，都应事先确定一个采全率。在这一过程中，应当尽量吸收有代表性的用户参加或征询他们的意见，因为这直接影响到信息服务的质量。

这一指标可从搜集过程与社会信息流通的外部渠道相关的角度，也可用信息离散分布规律来评价搜集过程的功能和作用。

（2）采准率

采准率用来衡量信息搜集的针对性，指某一信息系统（信息库）所含的全部切题信息（对该系统全体用户而言）在当时该系统所有信息中所占的比例。如果用 E 表示采准率，r 表示该系统中切题的信息，Q 表示系统内所有的信息，信息采准率可表示为：

$$E=\frac{r}{Q} \tag{4-6}$$

① K. B. 塔拉卡诺夫主编．情报学［M］．何士彬，译．北京：书目文献出版社，1993：39-40.

采准率取决于用户的信息能力和知识水平、信息搜集工作者的业务水平，以及系统所采集到的信息源的质量等。

这一指标能够鉴定信息搜集过程的内部状况，即这一过程在何种程度上能够满足各种信息需求，而不依赖提问所花费的检索时间的多少。

(3) 及时率

及时率用来衡量信息搜集的速度，即在最短的时间内完成信息搜集过程的能力。它由搜集过程的每一环节（从信息的产生到其被输入到信息库）所花费的总时间来计算，表示为：

$$T = \sum_{i=1}^{n} t \qquad (4\text{-}7)$$

式中，$i=1, 2, \cdots, n$，表示搜集过程的环节数。为了提高该过程的及时率，人们不仅设法缩短二次信息的加工时间，而且设法缩短一次信息的时滞。在实践中常常将一次信息的手稿、预印本、工作报告等输入信息系统。

(4) 费用率

费用率用来衡量信息搜集的资金效率，指用于信息库中单位信息的费用的最低能力。它取决于搜集过程的组织、各环节的技术装备及其他因素。这里的困难在于单位信息很难确定，不同单位的信息不能任意分解，而且其价格不一样，如二次信息和一次信息的价格就有较大差别。我们可以用信息的件数来大致表示信息的单位，这样，如果 C 表示单位信息的费用率，F 表示年度搜集信息的总花费，G 表示年搜集到的信息量（总件数），费用率可表示为：

$$C = \frac{F}{G} \qquad (4\text{-}8)$$

(5) 劳动耗费率

信息搜集的劳动耗费率指信息系统搜集到的单位信息所耗费的最低劳动量，可用搜集过程所有环节的劳动消耗总数来计算。如果 L 表示搜集信息的工作量，l_j（$I=1, 2, \cdots, n$）表示单位（件）信息在每一环节中的劳动耗费（可用人、时等单位表示），劳动耗费率可表示为：

$$L = \sum_{i=1}^{n} l_i \qquad (4\text{-}9)$$

该指标取决于信息搜集过程的难度、条件、效率等方面的因素。在实践中，一般依照搜集过程每道工序的劳动耗费定额来确定劳动耗费率和工作量。

在信息搜集的上述效率指标中，当采全率和采准率达到一定程度之后，二者之间将呈现出一种反向互逆关系，即在及时率、费用率和劳动耗费率既定的情况下，采全率越高，采准率越低；反之，采准率越高，采全率就会越低。

在实践中，采全率通常不会达到最大可能值，实际值水平总是处于某一较低点（见图 4-2）。对任何信息系统而言，当按每一种需求明确显示出信息适用性时，就有可能达到最高的采全率，而采准率在此时接近于零。反之，当适用信息显示突出，即从信息库中获得的每一信息都能准确地符合提问或用户的需求时，采全率接近于零。

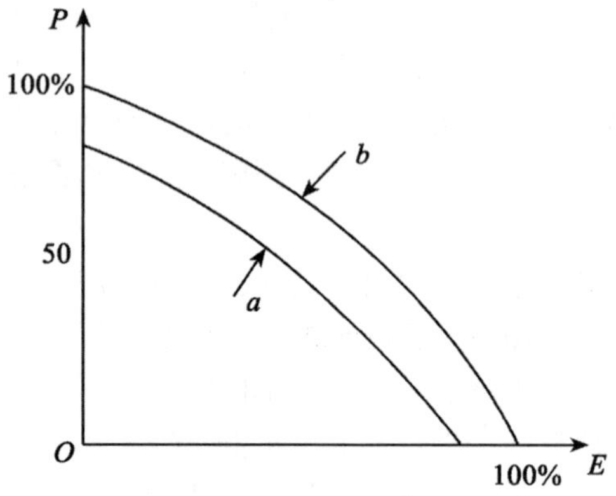

图 4-2　采全率和采准率的关系

E：采准率

P：采全率

a：实际值

b：最大可能值

采全率和采准率是随着信息搜集的及时率、费用率和劳动耗费率增长到一定的程度而增长的，随后，其增长速度减慢。因此，及时率、费用率和劳动耗费率的进一步提高对采全率的影响是不大的（见图 4-3）。

4.4.2　信息搜集的原则

为了避免人力、物力和时间上的浪费，提高信息搜集的效率，在搜集信息时，必须注意掌握以下几个原则。

（1）针对性

任何信息服务机构搜集信息的目的都是为了提供利用，因此，必须根据本机构的性质、任务和服务对象有针对性地确定信息搜集的范围和重点。

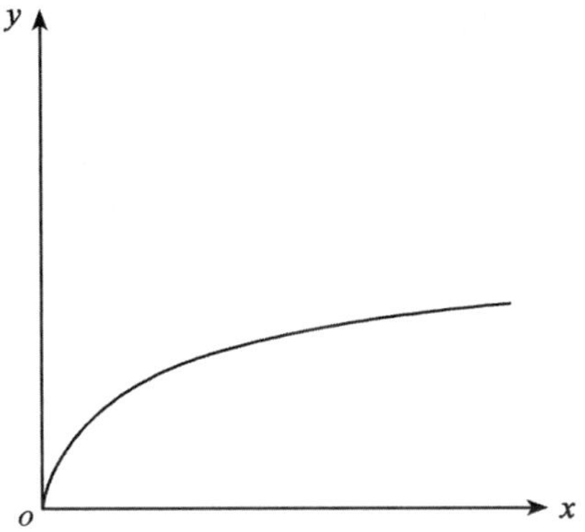

图 4-3　采全（准）率与及时率、费用率和劳动耗费率的关系
x：及时率、费用率、劳动耗费率
y：采全（准）率

为了准确地搜集信息，必须仔细调查信息需求和信息来源。首先要弄清楚信息机构服务对象的范围以及他们经济、科技、文化，和其他方面的历史、现状、趋向及其对信息的需求和利用状况；其次要弄清他们所需要的信息的分布状况；最后弄清楚通过什么渠道、何种载体去获得这些信息。这样就能在搜集信息时胸中有数，加强针对性，避免盲目性。

（2）系统性

信息服务系统要卓有成效地开展信息服务，满足用户的信息需求，需要追踪科学技术和国民经济发展进程，了解和掌握信息源的动态变化，系统地、连续地搜集和积累有关的信息。信息的连续性和系统性是信息发挥其效用的前提条件，可分为纵的系统和横的系统。纵的系统按产品、工艺、学科、专业或专题进行积累；横的系统可按信息的载体或类型（期刊、专利、样本等）进行积累。一般来说，专业性信息系统可偏重纵的系统，综合性信息系统可偏重横的系统，但两种系统并不互相排斥，可以结合采用。

只有连续地、系统地搜集和积累信息，才能充分发挥信息服务的效用。尤其是重点信息源的搜集，更应力求保持系统、连贯和完整，不可时断时续、支离破碎、不成系统。如果一个信息服务系统搜集和积累的信息缺乏连续性、系统性和完整性，就不能在需要时满足用户的需求，从而使信息服务丧失信誉。

（3）预见性

由于信息的增长和老化不断加速，在信息搜集中不仅要充分注意现存的信息源和信息渠道，还要着眼未来，预见可能产生的新的信息源和信息渠道。只有这样，才能既满足当前的信息需求，又适应未来发展所带来的信息需求。为此，应密切注视科学技术和经济的发展水平、动向和趋势，随时留意新信息源和信息渠道的产生及发展，预测信息源的集中与分散、增长与老化趋势，充分估计用户未来的信息需求，有预见性地搜集信息，提高信息服务的主动性。

（4）科学性

当代信息源数量庞大、形式多样、内容重复分散、品种繁杂，给信息的选择和搜集带来了极大的困难。因此，需要经常采用科学方法研究信息源的分布规律，选择和确定信息密度大，信息含量多的信息源。例如可以用前节介绍的方法从不同的角度评价信息源的价值，还可以采用布拉德福定律来选择核心信息源，检测信息搜集的完整程度。

（5）计划性

任何一个信息机构，要用有限的人力、物力和经费获取最有效的信息源，就必须事先制订比较周密详尽的信息搜集计划，以便按计划有目的、有步骤地搜集信息。

制订信息搜集计划是比较复杂的。因为信息搜集既要满足当前任务的需要，又要考虑今后的发展；既要广辟信息来源，扩大国内外搜集渠道，又要节约资金，用较少的钱办较多的事；既要突出重点信息源，又要照顾一般性资料；既要保证信息源的质量，又要注重数量。这些都是需要大量调查研究和反复斟酌才能确定的。

信息搜集计划从时间的角度可分为长期、中期和短期计划或年度和季度计划；从其内容角度可分为综合计划、专题计划、补配计划。搜集计划的项目一般包括：收藏信息的内容范围，重点信息和一般信息的划分及其比例，补缺配套的信息种类及起讫时间，采购标准，经费预算，完成计划的主要措施和保证等方面。

4.4.3 信息搜集的方法与途径

不同类型、不同载体、不同内容的信息往往具有不同的流通渠道和分布范围，应当根据前述信息搜集的效率指标加以评价和权衡，通过不同的途径、采用不同的方法获取。常用的搜集信息方法或途径主要有以下几种。

（1）采购

尽管在信息技术的支持下，人们可以利用多种现代化的方式获取信息，但是采购仍然是我们获取和积累有价值的信息的重要方式。特别是许多公开出版的书刊（包括一次文献、二次文献和三次文献等记录型信息）和发行的数据库，必须根据国内外公开发行的各种指南来购买。而且采购是一种经常性的、稳定的、系统的搜集和获取信息的有效方式，无论对团体还是个人都非常适用。采购包括订购、现购、邮购、委托代购等具体方式，可以根据采购规模和自己的需要进行选择。

（2）调查

用调查方式不仅可以获得记录型信息源，还可获得非记录型信息源，尤其是零次信息。调查既包括访谈，也包括对实物、现场的实地考察搜集，如现场调查、访问、发放问卷、样品搜集等。

现场调查可以直接获得第一手材料，这样获得的信息具有详细、可靠、及时、直观的特点。对有价值的新实验、新产品、新方法、新工艺，除用文字记录外，还可摄像或拍照，不仅方便获取而且生动形象。现场调查通常可以通过现场会、展览会、博览会、学术报告会、经验交流会和实地考察等途径来进行。

访问调查主要是通过直接面谈（访谈）和电话采访的方式向受访者询问以获取所需信息的方法。这两种访问调查方式各有特点，应根据实际情况和需要灵活选择。一般来说，如果需要的信息比较复杂，涉及面广，需要双方反复交流，甚至还需要提供相关的资料或实物，应当选择直接面谈。如果询问的信息简单明确，或者与受访者相距较远，则可以考虑电话采访。无论是哪种方式，都应当事先拟定调研提纲，选好采访对象，预约采访时间。为了提高采访效率，还应当掌握一定的采访技巧，使受访者愿意配合，主动提供有关信息。

问卷调查也是信息搜集的重要方法，信息工作者向被调查者发放事先设计好的调查表，并由被调查者填写，通过调查表的回收和处理来获取所需要的信息。问卷调查的质量和效果一方面取决于调查表的设计质量和效果，另一方面还要取决于被调查者的配合及响应程度。调查表回收率的高低直接影响到信息搜集的效果，为了提高被调查者的响应度，调查表应当尽量简明，便于回答，便于填写调查表的设计有许多技巧，在后续课程“信息分析与预测”“市场营销”“信息服务与用户研究”中都从不同角度专门讨论了这一问题，这里不再赘述。

实物信息源虽然不是信息管理的对象，但从实物中搜集信息仍然是获取信息十分重要的途径。样品调查就是搜集实物信息常用的方法，它通过对某件实物样品如机器、零部件、试剂、种子、标本、文物、乐器等的调查和分析获取所需要的信息。样品调查内容通常包括：①样品存放线索的调查；②样品获取方式，如购买、馈赠、租借、互换等的调查；③样品实物信息的提取，即通过拆卸、重装、测试、实验、观察和分析从实物样品中提取信息。不同的实物样品，其信息蕴含的深度是不同的。时装样品以显在信息为主体，主要以其花色、面料、款式和辅料来表现，可以通过直接观察获取；而设备、仪器、样品则以其隐含信息为主体，必须通过拆卸、测试和反复剖析才能获取其设计、结构、用材、成分和技术等信息。

调查搜集信息虽然不如其他方法搜集信息那样系统连续，数量也不够多，但其速度快、质量高、准确性好、针对性强，是获取信息的有效方法，尤其是获得非文献信息源的最有效的方法。

（3）交换

利用本系统所拥有的信息源（如出版物或网络信息、数据等）与其他单位或系统进行交换，互相调剂，互相补充，扩大信息来源，包括传统的文献信息交换和网络信息或数据交换。交换的信息源多属于内部资料、非卖品，不能通过采购或其他方式获得，只有通过交换取得。直接交换信息，不通过其他中间环节（如发行系统或书商），有利于信息的迅速及时获取。

（4）索取

对于尚未发表的信息或不通过正式渠道流通的信息源，以及已经发表或公开流通，但还不够详细、完备和全面的信息源，根据需要与可能，可以通过通信联系或直接派人联系取得，这种方法称为索取。

有些信息源不必通过购买或交换取得，而可以免费索取。例如，各国厂商为了推销自己的产品，常免费赠送产品样本、说明书、期刊、产品目录，有时赠送实物样品；有的机构，为了推广经验、扩大影响，有时赠送一些小册子、简略图和说明书；有些学术团体、信息机构、出版社、书店常开展免费赠阅；有的会议论文不出版，可以直接向会议主办机构或作者索取。

有的文献资料，提供对象有一定的范围，在此范围之外的单位或个人，一般无法取得。若是国内资料，可以通过建立联系索取；国外资料可以通过业务联系或学会、协会关系，或设法委托具有这些关系的第三者帮助，间接索取。通常注意各种期刊所刊载的消息和广告，是获得索取途径的有效办法。

有的机构因临时变动，如任务改变、机构合并、馆库限制或复本过多等方面的原因，定期或不定期地将全部或部分文献资料免费赠送给其他单位，这也是信息获取的一个途径。

（5）检索

即以手工方式或计算机方式从各类不同的数据库和信息系统中查寻所需要的信息。手工检索主要通过各类检索工具获得信息源的线索，如果需要原始信息，还要进行二次检索。计算机检索（包括脱机、联机、光盘和网络检索）不仅可以获得信息源线索，还能直接获得原始信息（如全文数据库检索）。

目前，以计算机为工具通过网络进行检索正在取代手工检索、脱机检索、联机检索而成为信息检索的主流。许多重要的数据库和大型信息系统都已连接上网。互联网上各种数据库、图书馆目录、参考工具书、全文资料、图形和影像信息、计算机软件及商用数据库等各种类型的信息源都存储、流通于网络系统中，形成了一个丰富多彩、潜力无限的高速信息网络世界。与传统的检索方式相比，网络检索有很多优越性，如对通信线路要求较低，检索成本低，可以快速取得脱机打印结果，代表了系统检索发展的方向。

（6）网络爬取

利用“网络机器人 Robot”或“网络蜘蛛 Spider”定期到指定的网站去自动抓取部分或全部网络信息。比如运用各种数据爬虫软件自定义获取信息；另外，通过 API 接口获取数据等。使用网络爬虫技术可以自动完成网络数据的挖掘与分析工作。通过爬虫爬取下来的信息可以作为数据仓库多维展现的数据源，也可作为数据挖掘的来源。网络爬虫架构主要包括网络爬虫调度端、网络爬虫主程序及价值数据。基于以上架构的网络爬取流程首先是调度端询问 URL 管理器，是否有待爬取的 URL，如有返回时，调度端会取得第一个待爬取 URL 地址，并将其传送给网页下载器进行网页下载，调度端接收到网页下载内容后立即将其传送给网页解析器，解析后返回价值数据和新的 URL 列表给调度端，一方面将价值数据传递给应用进行收集，另一方面将新 URL 列表增加到 URL 管理器中。只要 URL 管理器有待爬取 URL，以上过程会循环进行。最终调度端会将应用中的价值数据进行处理并输出为需要的格式①。

---

① 刘顺程，岳思颖．大数据时代下基于 Python 的网络信息爬取技术［J］．电子技术与软件工程，2017（21）：160.

上述信息的搜集和获取方法不仅适合于信息机构，而且也适合于个人用户。个人与团体不同的仅仅是信息搜集规模上的差别。个人在使用上述方法时更具有灵活性和针对性。可以通过调查和掌握现有的各种不同数据库、检索工具、网站、搜索引擎、各种征订目录、出版目录、书商广告、出版预报、新书周报等，随时掌握信息线索，以便跟踪搜集。还要定期或不定期地调查信息的需求和利用情况，将信息利用者的意见充分反映到信息搜集工作中。最后还要对本系统信息的构成和变化进行定期分析，以便适时进行调整和补充。

要顺利地进行信息搜集，还要合理地组织搜集流程。因为信息的调查、搜集包括大量的事务性工作，而各种搜集方法其流程是不同的。具体如何安排，还要根据信息机构的规模、设备状况、人员水平结构、工作传统等情况而定。

4.5 网络信息获取与利用

4.5.1 网络信息源及其特点

网络信息源是一种新型的数字化信息资源，指通过网络可以利用的各种信息资源的总和，具体地说，就是指所有以电子数据形式把文字、图像、声音、动画等多种形式的信息存储在光、磁等非纸介质的载体中，并通过网络通信、计算机或终端等方式再现出来的资源。与传统的信息源相比，网络信息源的特点主要表现在：

（1）信息数量大，内容丰富

互联网是一个开放的数据传输平台，上面的信息资源数量巨大，类型多样，如学术信息、商业信息、政府信息、个人信息、娱乐信息、新闻信息等。它一方面给用户提供了较大的信息选择空间，另一方面，大量无价值的冗余信息也给用户带来了很大的麻烦。

（2）信息更新及时，变化加快

由于网络信息技术的发展，与传统信息源相比，网络信息源变化更加快捷新颖，且数据量在不断增加。

（3）信息表现形式多样化

互联网有着表现形式丰富的信息资源，如声音、图像、文字、视频、动画等，在多媒体形式表现的同时，用户跟信息之间的交互性也得到极大的增强。

（4）信息非线性排列，无序性增强

网络信息源利用超链接，构成了立体网状信息链，把不同国家、不同地区、不同内容、不同格式的信息通过节点链接起来，使得信息之间的关联度增强。但同时，无序性的状态也日益突出。

网络信息源的类型众多，按加工和展现方式的不同，可以分为网络数据库、虚拟图书馆、图书馆藏目录、电子书刊、其他动态信息（如电子邮件、电子公告、新闻组等）等类型；按信息发布机构不同，可以分为企业站点信息、学校/科研院所站点信息、信息服务机构站点信息、行业机构站点信息、政府站点信息等；按照文件格式不同，可分为文本信息（包括 . doc 格式、. pdf 格式、. txt 格式、. wdl 格式等）、图像信息（包括 . bmp 格式、. jpge 格式、. gif 格式、. psd 格式、. tiff 格式等）、音频信息（包括 . wav 格式、. midi 格式、. mp3 格式等）和视频信息（包括 . avi 格式、. swf 格式、. rm 格式、. mpeg 格式等）。

4.5.2 网络信息的获取

网络已成为人们获取信息、学习交流的新渠道，成为人类知识传播的新载体。针对网络信息的特点，以及目前网络应用工具的发展现状，对于网络信息的获取，主要可通过以下几种方式来进行。

（1）搜索引擎

互联网提供了海量信息资源，搜索引擎技术可以帮助我们快速准确甚至个性化地从海量信息中挑选出需要的信息。作为网络信息组织的重要方式，同时也是网络信息检索的重要工具，搜索引擎通过在互联网上提取各个网站的信息来建立自己的数据库，并向用户提供查询服务，它一般由三部分组成：①信息搜索器，其功能是在互联网中漫游，对网页信息进行识别和筛选；②索引器，其功能是理解搜索器所搜索到的信息，从中抽取出索引项，用于表示文档以及生成文档库的索引表；③检索器，其功能是接纳用户查询请求，根据用户查询关键词在索引库中匹配检索相应文档，然后根据一定顺序（如字母顺序、时间、相关度等）将符合要求的结果排序输出，反馈给用户。

按收录资源的范围可将搜索引擎大致分为通用型搜索引擎和专业型搜索引擎（或垂直搜索引擎）。通用型搜索引擎以不同主题和类型的资源为搜索对象，组织信息覆盖范围广，使用用户广泛，如我们熟悉的 Google、百度等就是通用型搜索引擎的典型代表。由于通用型搜索引擎覆盖信息广泛，专指性差，一些专业型的搜索引擎开始出现，他们专门采集某一学科、某一主题、某一行业范围的信息资源，并用更为详细和专业的方法对信息资源进行标引和描述。这类引擎包括通用型搜索引擎推出的专业搜索频道，如百度的音乐搜索，Google 的图书搜索、学术搜索、购物搜索等；还包括专门的独立垂直型引擎，如学术搜索“读秀”（www. duxiu. com），旅游专业搜索引擎“去哪儿”（www. qunar. com），购物搜索引擎“淘宝”（www. taobao. com）等。这些专业型的垂直引擎对分门别类的信息各司其职，对于我们查找获取相关领域的特定信息具有重要作用。

关于搜索引擎性能的评价，通常需要考察搜索引擎的收录范围与数据库容量、数据更新频率、检索功能、检索效果（响应时间、查全率、查准率、链接可靠性等）、检索结果的显示、用户友好性、其他功能和服务等各个方面的指标。

（2）数字图书馆

随着计算机技术和网络技术的发展，网络互联使访问分散在各处的信息资源成为可能。从局部来看，如某个文件、利用超文本技术相链接的相关资源、某个网站、某个数据库或某个编目记录集合时有控制的、相对集中的、有序和规范的，但从总体上看，由于互联网上的信息没有统一的控制，信息的质量参差不齐，造成网上信息分散、无序和不规范；网络上的分布信息的异构性使得用户难以实现统一利用；用户所需要的除了信息之外，更注重的是专门领域的知识及解决方案。因而，人们在网络中需要一种统一的、高效的访问和利用信息的工具，以及高质量信息的获取途径，数字图书馆正好适应了人们的这种需求①。

数字图书馆（Digital Library）是一种馆藏以数字化格式存储可以利用电脑访问的图书馆，而传统图书馆的馆藏则以印刷、微缩胶片或其他媒体等相对格式为馆藏主体。数字化的内容可以被存在本地端或通过电脑网络由远程访问。数字图书馆可说是一种信息检索系统。

数字图书馆资源的内容和形式丰富多样，有的资源是从外部所购，有的是内部建设；有些资源可供任何用户自由访问，而有些仅供特定用户使用；有的只有电子版，有的则同时有印刷版本。概括而言，数字图书馆的资源类

① 黄如花. 网络信息组织：模式与评价［J］. 北京：北京图书馆出版社，2003：205.

型主要有：①全文资源，包括电子期刊、电子图书、电子报纸、开放式著作检索、发表及存档数据库、电子博硕士论文、电子档案等；②二次文献和书目信息，包括联机检索目录、文摘索引数据等；③多媒体资源，包括独立静态图像（照片、图片等）、动态图像（电影、录像等）、录音资料、动画等①。

随着计算机和网络技术的研究和发展，数字图书馆正在从基于信息的处理和简单的人机界面逐步向基于知识的处理和广泛的机器之间的理解发展，从而使人们能够利用计算机和网络更大范围地拓展智力活动的能力，在所有需要交流、传播、存储和利用知识的领域，包括电子商务、教育、远程医疗等，发挥极其重要的作用。

（3）学科信息门户

学科信息门户是用户访问某学科资源与服务的一个单一入口或通道。它是一种网络服务，用以完成本学科网络资源内容的高度组织集成和网络应用程序的聚集，并将这些资源与应用集成在一个可定制个性化的界面中来满足每个最终用户的需要。从用户角度来看，它是某学科用户访问该学科网络资源和服务的起始站点或入口。

学科信息门户的核心特征有：①信息和应用的集成整合，信息内容经过深层次组织加工，形成高质量的信息内容，这些信息与各种信息服务有机集成在一个统一的界面中。②跨系统一站式检索，用户在一个检索界面，将搜索请求一次性输入，就可实现对多种资源和数据库信息的查询，它将各个系统的界面浓缩结果汇集起来，以统一的界面展示给用户，使用户的搜索方便高效，而普通网站通常并未提供这种跨系统检索功能，用户不得不分别进入各个本地的或远程的检索系统来进行检索。③简单统一界面，通过共同的表达和一致的用户界面，使门户更易于使用，由于界面统一并遵循用户习惯，用户能够方便地发现和搜索到所需信息。④可定制，门户根据不同的角色预设了不同界面内容，可基于用户所属的角色来提供给用户相应的内容②。表4-3列举了目前主要的国内外学科信息门户。

---

① 李洪．国外数字图书馆资源的特点及发展状况［J］．图书馆工作与研究，2005（6）：29-31.

② 孔敬，李广建．学科信息门户：概念、结构与关键技术［J］．中国图书馆学报，2005（5）：50-53，90.

表 4-3　　　　国内外主要信息门户

国家	门户名称	网址	学科范围
美国	Sci Central	http：//www. scicentral. com/index. html	综合
	Academic Info	http：//www. academicinfo. net/index. html	
	Open Directory Project	http：//dmoz. org/	
	Internet Scout	https：//scout. wisc. edu/archives/index. php	
	citeseerx	http：//citeseer. ist. psu. edu/index	信息
	Open Archives	http：//www. openarchives. org	
	Love Languages	http：//www. ilovelanguages. com/	语言
	Psych Web	http：//www. psychwww. com/	心理学
	Ed Web	http：//www. edwebproject. org	信息技术与教育改革
	Bio Med Central	http：//beta. biomedcentral. com/	医学
	Bio Portal	http：//bioportal. bioontology. org/ontologies/MESH	生物
英国	SAPLING	http：//www. sapling. org. uk/	建筑
	National Building Specification	http：//www. thenbs. com/resources/	
	infolaw	http：//www. infolaw. co. uk/	
	aerospace and defence	http：//aerade. cranfield. ac. uk/	航空
	cain	http：//cain. ulst. ac. uk/	历史
	Eldis	http：//www. eldis. org/	
	The WWW Virtual Library	http：//www. vlib. org. uk/	综合
德国	数字图书馆	http：//aac. sub. uni-goettingen. de/literatur/guide	综合
	mathguide	http：//www. mathguide. de/	数学
澳大利亚	APO	http：//apo. org. au/	综合
印度	SIGIT	http：//www. itsubjectgateway. info/	信息学

续表

国家	门户名称	网址	学科范围
中国	方略知识管理系统	http：//www. firstlight. cn/	综合
	国家科学数字图书馆布式学科信息门户体系	http：//www. resip. ac. cn/	
	馆员天地	http：//lib. nwnu. edu. cn/librarian/	图书情报
	物理数学学科信息门户	http：//phymath. csdl. ac. cn/	物理数学

（4）开放数据平台

大数据背景下，政府机构、联盟纷纷制定应对大数据战略的对策，并以开放数据为重要组成部分甚至核心。在国家战略政策的推动下，开放数据的研究和实践达到前所未有的热度。在科学研究领域，开放数据正在成为推进数字学术交流和科学研究的关键角色。顺应开放数据的发展趋势在各方政策的共同推动下，越来越多的研究数据仓储平台被建立，并提供数据的公共访问获取。

如国外美国哈佛大学的 Data-verse、普渡大学的 PURR、国内复旦大学的社会科学数据共享与交换平台、中国科学院的科学数据云、商业性数据共享交易平台数据堂等。截至 2016 年 1 月 26 日，在国际研究数据仓储注册系统 re3data. org 中注册的仓储数量达 1 415 个，分布于全球 60 余个国家和地区。国内在研究数据的开放和共享平台建设和服务方面也做了许多积极探索。“国家科学数据共享工程”已在多个领域构建了 50 余个科学数据中心；中国科学院已经建成了具有分布式海量存储环境的科学数据云；武汉大学图书馆基于 DSpace 尝试建立科学数据管理平台；复旦大学基于 Dataverse 3. 3 开展社会科学数据的共享与交换服务①。以下以北京大学开放研究数据平台为例进行简要介绍：

北京大学开放研究数据平台（http：/ /opendata. Pku. Edu. cn）由北京大学图书馆与北京大学管理科学数据中心“联合主办、分工建设”，并与社会科学部、科学研究部密切合作，致力于成为发布高品质研究数据、传播学术影响力的开放式平台。该平台以“规范产权保护”为基础，以“倡导开放科学”为宗旨，鼓励研究数据的再利用和再生产，促进研究数据引用的

① 朱玲，聂华，等. 北京大学开放研究数据平台建设：探索与实践［J］. 图书情报工作，2016（4）：44.

实践和计量，并探索数据出版和长期保存，培育和实现跨学科的协同创新。从学科范围来看，该平台目前以社会科学和管理科学数据为主，兼顾信息科学、地球与空间、城市与环境、生物、化学、天体物理、考古学等其他学科数据。该平台既为研究者提供研究数据的管理、发布、存储和使用追踪服务，鼓励研究者开放和共享数据，也为数据用户提供研究数据的浏览、检索和下载等服务，促进研究数据的传播、重用和规范引用。目前，北京大学开放研究数据平台已经加入 Data-verse 仓储地图，并在 re3data. org 中注册，源代码也可在 github 获取，这些举措增强了平台的开放性，提升了平台的影响力。截至 2016 年 1 月 25 日，平台已创建数据空间 14 个，包含来自北京大学中国调查数据资料库、北京大学数据与信息管理研究组（Vis）、北京大学地理信息系统软件（Geosoft）实验室、北京大学可视化与可视分析研究组、北京大学生命科学学院生物信息学中心等科研团队的 73 个高质量数据集，共 252 个数据文件。

可以说，北大开放研究数据平台建设，是北京大学图书馆结合读者需求和利用项目合作契机，突破图书馆传统理念，拓展图书馆服务类型，促进研究数据开放、共享和再利用的一次大胆尝试。

（5）社会化问答平台

社会问答平台（Social Q&A Sites，SQA），又被称为问答社区（Community Q&A，Q&A Communities）或者问答平台（Question - answer Sites，Answer Sites）等，是一种基于社区的，鼓励用户参与以实现网上互动的平台，其本质是通过信息共享与传播以及问答过程和结果的公开来实现用户间的共同协作。

最早的社会问答平台是 2002 年韩国 NHN 建立的，Knowledge-iN，该平台是基于韩国最受欢迎的 Naver 搜索引擎创立的，Knowledge-iN 平均每天产生 44 000 个问题和 110 000 个答案。美国最早的社会问答平台是由 Google 公司 2002 年开发的 Google Answers，使用收费模式，即提问者需要为回答者付费，回答者由 Google 公司所聘请的专家所组成。2006 年，谷歌公司关闭该项业务，因其仅允许特定人员参与问题回答，无法满足用户的信息需求。此外，国外主流的参考平台还包括 Answerbag、WikiAnswers、Quora 等。

国内常见的社会问答平台包括百度公司 2005 年推出的百度知道、腾讯问问、搜狗问问等以及以知乎、Quora 为代表的第二代社会问答平台。

随着社会问答平台的蓬勃发展，社会问答平台的服务模式和理念也在悄然发生变化。对于信息资源质量的需求越来越高，开始着眼于通过社会网络的方式来增强服务的准确性和针对性。

当今，人类已经深入融入信息社会，网络信息和服务已逐步渗入经济、社会与生活的各个领域，成为全社会快捷高效运行的坚强支撑。党的十八大以来，以习近平同志为核心的党中央作出建设网络强国、数字中国战略决策，加快建设完善数字基础设施，不断提高数字经济、数字社会、数字政府发展水平，健全网络综合治理体系，推动形成良好网络生态，持续增强了人民群众获得感。

4.6 信息素养与数字素养

4.6.1 信息素养的概念与构成体系

“信息素养”（Information Literacy），最早是由美国信息产业协会主席 Paul Zurkowski 在 1974 年提出，并将其定义为：“人们利用大量的信息工具和主要信息源使问题得到解答的技能。”1989 年美国图书馆协会在《信息素养总统委员会报告》中进一步解释了信息素养的内涵：“作为具有信息素养能力的人，必须能够充分地认识到何时需要信息，并有能力去有效地发现、检索、评价和利用所需要的信息。”自此之后，国内外学者针对信息素养的概念内涵展开了广泛而深入的讨论。综合来看，信息素养就是具有信息需求意识，具备信息相关知识，能发现、检索、评价、利用和创造信息，并遵守信息道德的能力。具有敏锐的信息意识、丰富的信息知识、较高的信息能力和良好的信息道德的个体，就是拥有较高信息素养的人。

信息素养的构成体系包含信息意识、信息知识、信息能力、信息道德四个方面。信息意识是指个人对各种信息的自觉心理反应，包括对信息的感受力、注意力、判断力和洞察力等，即对信息的敏感程度，是人们对自然界和社会的各种现象、行为、理论观点等从信息的角度去理解、感受和评价。信息知识是关于信息的基本知识，是支撑一切信息活动的基础，包括信息基础知识和信息技术知识。信息能力是指理解、获取、利用信息及利用信息技术的能力，包括信息理解能力、信息发现能力、信息检索能力、信息获取能力、信息组织能力、信息分析能力、信息评价能力、信息利用能力、信息创造能力、信息交流能力等。信息道德，也称信息伦理，是指人们在信息活动中应遵循的道德规范，它是信息时代规范人们的社会信息行为的伦理准则。

4.6.2 数字素养与技能提升

以数字化、网络化、智能化为主要特征的新一代信息技术正全面融入人们生活的方方面面，进而重塑人们的生产、生活与学习方式。“数字素养”(Digital Literacy) 作为实现数字化转型的关键支撑，是信息素养在数字时代的典型体现和升级。全民数字素养与技能全面提升，中国数字化转型的脚步进一步加快。

美国新媒体联盟将“数字素养”定义为“人类获取和创建数字资源时，所需的解释、了解、理解和利用数字资源的能力”，具体包括通用素养、创造性素养和跨学科素养。欧盟认为“数字素养”是从其他素养中提取出的新概念，涵盖信息素养、媒介素养、网络素养以及计算机或信息通信技术素养的主要方面。2018 年，联合国教科文组织发布了《全球数字素养框架》报告来指导各国开展数字素养的培育和评估工作。《全球数字素养框架》将“数字素养”定义为“安全且合理地获取、管理、理解、融入、交流、评估、创建信息的能力”①，包括七个数字能力域和二十六个具体能力（表 4-4）。

表 4-4　全球数字素养框架（DLGF）概览②

能力域和具体能力	对能力的描述
0. 设备与软件操作	
0.1 操作数字设备实物	确认和使用硬件工具与技术的功能和特性。
0.2 操作数字设备软件	了解和理解操作软件工具与技术所需的数据、信息和（或）数字内容。
1. 信息与数据素养	
1.1 浏览、搜索和筛选数据、信息与数字内容	阐明信息需求，在数字环境中搜索和评估数据、信息与内容，并在其间导航；创建和更新个性化搜索策略。
1.2 评价数据、信息与数字内容	分析、比较和批判性地评价数据、信息与数字内容来源的可信度；分析、解释和批判性地评价数据、信息与数字内容。

① Law N, Woo D J, De La Torre J, et al. A global framework of reference on digital literacy skills for indicator 4.4.2 [R]. Montreal: UNESCO Institute for Statistics, 2018.

② 张恩铭，盛群力. 培育学习者的数字素养——联合国教科文组织《全球数字素养框架》及其评估建议报告的解读与启示 [J]. 开放教育研究，2019，25 (6)：58-65.

续表

能力域和具体能力	对能力的描述
1.3 管理数据、信息与数字内容	在数字环境中组织、存储和提取数据、信息与内容；在结构化环境中对其进行组织和加工。
2. 沟通与协作	
2.1 使用数字技术互动	使用数字技术互动，理解给定背景下恰当进行数字沟通的意义。
2.2 使用数字技术分享	使用数字技术与他人分享数据、信息与数字内容；像“中介”一样穿针引线，了解引用和注明出处的方式。
2.3 使用数字技术参与公民事务	使用公共与私人数字服务参与社会事务；合理使用数字技术，寻求自我赋权和参与公民事务的机会。
2.4 使用数字技术协作	使用数字工具与技术促进协作进程以及对资源与知识的重构和再创造。
2.5 网络礼仪	了解数字环境中使用数字技术与互动的行为规范和具体做法；制定与特定受众相匹配的沟通策略，了解数字环境中文化与代际多样性。
2.6 管理数字身份	创建和管理一个或多个数字身份，能够保护自己的声誉，处理通过数字工具、环境与服务产生的数据。
3. 数字内容创建	
3.1 创建数字内容	创建和编辑不同形式的数字内容，使用数字工具表达自己的想法。
3.2 整合和重构数字内容	修改、精炼、改进信息与内容并将其与现有的知识体系相整合，以创建相关的新内容和新知识。
3.3 版权与许可	理解版权与许可应用于数据、信息和数字内容的步骤。
3.4 编程	规划和创建计算机系统可理解的指令，以解决问题或完成任务。
4. 数字安全	
4.1 保护设备	保护设备与数字内容，理解数字环境中的险境与威胁；知道安全与安保措施，适当考虑可靠性与隐私。
4.2 保护个人数据与隐私	保护数字环境中的个人数据与隐私；理解使用和分享个人身份信息的方式，同时保护自己与他人利益不受损害；理解数字服务通过“隐私政策”告知用户，其个人数据将被如何使用。

续表

能力域和具体能力	对能力的描述
4.3 保护健康与福祉	能够在使用数字技术时，避免其对身心健康造成威胁；能够在数字环境中保护自己与他人利益不受损害（如网络霸凌）；了解数字技术对社会福祉与社会融入的作用。
4.4 保护环境	了解数字技术及其使用对环境的影响。
5. 问题解决	
5.1 解决技术问题	确认和解决操作设备与使用数字环境过程中的技术问题（从故障检测到解决复杂问题）。
5.2 确认需求与技术方案	评估需求，确认、评价、选择和使用数字工具与可能的技术方案以满足需求；调整和自定义数字环境以满足个人需求（如通达性）。
5.3 创造性地使用数字技术	使用数字工具与技术创造知识并创新流程与产品；独立和合作参与认知加工，以理解和解决数字环境的概念性问题及其情境。
5.4 明确数字素养差距	理解自己需要在哪些方面提升数字素养；能够支持他人提升数字素养；寻求自我发展的机会，紧跟数字化发展潮流。
5.5 计算思维	将可计算问题转化为一系列有逻辑顺序的步骤，为人机系统提供解决方案。
6. 职业相关能力	
6.1 使用特定专业领域的数字技术	确认和使用特定专业领域的数字工具与技术。
6.2 解释和运用特定领域的数据、信息与数字内容	在数字环境中理解、分析和评价特定专业领域的数据、信息与数字内容。

提升公民的数字素养与技能在国际社会的重大战略决策中占据至关重要的地位。联合国于 2020 年 6 月发布《数字合作路线图》（Road Map for Digital Cooperation），其八大关键行动领域和数字素养与技能息息相关。欧盟委员会提出“欧洲数字十年”愿景，持续加大对公民数字素养与技能提升的部署力度。美国、新加坡纷纷推出数字素养教育国家规划。英国、澳大利亚均将公民数字素养与技能提升纳入其数字战略。

我国也相继出台了一系列关于全民数字素养与技能提升的专项政策。2021 年 11 月，中共中央网络安全和信息化委员会办公室印发《提升全民数字素养与技能行动纲要》，对提升全民数字素养与技能进行了顶层设计和全面部署，明确了指导思想、基本原则、发展目标、主要任务、重点工程和保障措施。其发展目标为："到 2025 年，全民数字化适应力、胜任力、创造力显著提升，全民数字素养与技能达到发达国家水平。""展望 2035 年，基本建成数字人才强国，全民数字素养与技能等能力达到更高水平，高端数字人才引领作用凸显，数字创新创业繁荣活跃，为建成网络强国、数字中国、智慧社会提供有力支撑。"①

本章内容提要

信息的获取和搜集是信息管理流程的首要环节。第 4 章首先介绍了信息源的概念、分类及其特征，探讨了信息质量评价的指标和方法，以及信息获取途径；而后讨论了网络信息源的特点、网络信息的获取途径（搜索引擎、数字图书馆、学科信息门户、开放数据平台、社会化问答平台），最后探讨了信息素养的概念、构成以及数字素养与技能提升的国家战略。

本章重点

1. 信息源的分类及其各自的特征；并能根据特定的信息检索任务，对各类可利用的信息源的优缺点进行分析，为信息获取策略优化提供依据。

2. 信息质量评价的一般指标主要有哪些；结合这些指标怎样评价和选择有价值的信息。

3. 信息获取的效率指标主要有哪些；分析采全率和采准率及其二者之间的关系。

4. 网络信息源及其特点，了解网络信息评价的主要指标。

5. 掌握网络信息的主要获取方法。

6. 了解信息素养的概念与构成，数字素养的概念与技能提升。

---

① 中华人民共和国国家互联网信息办公室. 提升全民数字素养与技能行动纲要［EB/OL］.［2023-11-10］. http://www.cac.gov.cn/2021-11/05/c_1637708867754305.htm.

本章参考文献

[1] 艾华．浅谈博客作为竞争情报信息源的可靠性［J］．图书情报工作，2009（8）．
[2] 曹孟谊，吴建明，孟秀玲．国外信息质量评估指标体系研究［J］．军事运筹与系统工程，2004（4）．
[3] 戴维民．“网络为王”时代的媒体公信力认定——网络媒体评价指标与方法［J］．图书情报工作，2004（1）．
[4] 洪丽．零次信息价值及其价值理论探索［J］．中国图书馆学报，2006（1）．
[5] 梁平．网络参考信息源评价问题研究［J］．情报科学，2005（8）．
[6] 马小闳，龚国伟．信息质量评估研究［J］．情报杂志，2006（5）．
[7] 田菁．网络信息与网络信息的评价标准［J］．图书馆工作与研究，2001（3）．
[8] 颜丽君．Blog 信息源的信息组织与利用［J］．图书情报工作，2004（11）．
[9] 颜丽君，曹树金．个性因素对用户信息源选择偏好的影响——基于对高校学生的实证研究［J］．图书情报知识，2006（5）．
[10] 张冬梅，曾忠禄．竞争情报中的信息评价［J］．现代情报，2006（7）．
[11] 张芳．零次信息及其交流传递［J］．科技情报开发与经济，2006（16）．
[12] 赵宇翔，朱庆华．Web2.0 环境下用户生成视频内容质量测评框架研究［J］．图书馆杂志，2010（4）．

5 信息组织

人们从各种不同渠道收集到的信息，需要经过加工整理，使之有序化，存储到相应的系统或介质上，才能提供利用，这便是信息组织的任务。

现代社会信息的高度分散性和无序性与人们利用信息的高选择性和针对性形成了尖锐矛盾，信息组织通过人工和机器的干预，使信息有序增值，进而提供有效利用。从这一角度看，信息组织可以说是信息管理活动的基本环节，是信息资源开发利用的基础，同时也是信息管理学研究的核心内容。

“十四五”时期，我国信息化进入加快数字化发展、建设数字中国的新阶段。为有效应对新形势新挑战，把握数字化发展新机遇，更需要大力推进信息组织理论、实践研究的创新发展，充分开发、利用海量数据资源的潜在价值，为数字中国建设提供关键支撑。

5.1 信息组织的基本原理

5.1.1 信息组织的概念与内容

信息组织，亦称信息整序，是利用一定的规则、方法和技术对信息的外部特征和内容特征进行揭示和描述，并按给定的参数和序列公式排列，使信息从无序集合转换为有序集合的过程。信息的外部特征是指信息的物理载体直接反映的信息对象，构成信息的外在的、形式的特征，如信息载体的物理形态、题名、作者、出版或发表日期、流通或传播的标记等方面的特征；信息的内容特征就是信息包含的内容，它可以由关键词、主题词或者其他知识单元表达。信息组织的基本对象就是信息的外部特征和内容特征。

信息组织是信息检索与传播的准备，是信息收集之后的首项工作。信息组织是一个信息增值的过程。在这个过程中，杂乱无章的原始信息变成一个有序、可用的信息系统，一个“粗放型”的信息集合转化为一个“集约型”的信息结合，为信息的分析研究和服务奠定基础。信息组织的基本内容包括信息选择、信息分析、信息描述与揭示、信息存储。

（1）信息选择

信息组织是信息活动的必然要求，其源起在于信息本身的自然无序状态。序是事物的一种结构形式，是指事物或系统的各个结构要素之间的相互关系以及这种关系在时间和空间中的表现，即事物发展中的时间序列及排列组合、聚类状态、结构层次等空间序列。当事物结构要素具有某种约束性，且在时间序列和空间序列呈现某种规律性时，这一事物就处于有序状态。反之，则处于无序状态。信息选择的目的就是从采集到的、处于无序状态的信息流中甄别出有用的信息，剔除无用的信息，它是整个信息组织过程的第一步。

（2）信息分析

信息分析是按照一定的逻辑关系从语义、语用和语法上对选择过的信息内、外表特征进行细化、挖掘、加工整理并归类的信息活动。它是信息描述与揭示的前提和基础，直接影响着信息组织的质量。

（3）信息描述与揭示

信息描述，亦称信息资源描述，是指根据信息组织和检索的需要，对信息资源的主题内容、形式特征、物质形态等进行选择、分析与记录的活动。信息描述与揭示主要分为两种类型：一是著录，主要描述文献信息的形式特征；二是标引，主要揭示文献信息的内容特征。信息描述与揭示是信息资源组织的重要内容，在信息组织中起着至关重要的作用。

（4）信息存储

信息存储是将经过加工整理序化后的信息按照一定的格式与顺序存储在特定的载体中的一种信息活动。信息存储的目的是便于信息管理者和信息用户快速地、准确地识别、定位和检索信息。各种文献信息检索工具书如《全国总书目》《全国报刊索引》《中国专利分类文摘》《中国学术会议文献通报》等，各种光盘检索系统、联机检索系统、网络信息检索工具等都是信息存储的方式。信息存储于各种检索工具中意味着信息组织过程的终结，也即意味着信息检索的开始。

5.1.2 信息组织的类型

信息源是我们进行信息组织的对象，信息组织的类型基于信息或信息源的分类。下面，我们按照信息的表现形式、信息的加工程度和传播载体对信息组织进行分类。

（1）按信息的表现形式划分

①文字信息组织。文字是人们为了实现信息交流、通信联系所创造的一种约定的形象符号。广义的文字还包括各种编码，如 ASCII 码、汉字双字节代码、国际电报与单元代码以及计算机中的二进制数字编码等都是一些符号的约定。这些文字、符号、代码均是信息的表述形式，其内容再现于它们的结构属性中。如基本笔画的不同组合，字和字母的不同组合，二进制码“0”和“1”的不同排列等，分别代表不同的信息内容①。这些文字信息是通过文字所表达的信息内容的语义、语用和语法来组织的。

②图像信息组织。图像（形）是一种视觉信息，它比文本信息直接，易于理解。图像本身有形状、大小、颜色、光亮度、对比度以及存储的格式。通常情况下，我们通过表现图像的各种要素按照视觉的需要来组织图像信息，有时也按照对图像的存储格式的需要来组织。例如，目前，为了提高网速，Web 网页上的图像一般都使用图形文件交换格式（Graphics Interchange Format，简称 GIF）定义的 .gif 格式文件和联合图像专家组（Joint Photographic Experts Group，简称 JPEG）定义的 .jpg 格式文件，有时也使用可移植的网络图像文件格式（Portable Network Graphic，简称 PNG）定义的 .png 格式。使用 GIF 格式存储的图像是无损压缩的图像，PNG 格式是作为 GIF 的无专利替代品开发的，在 World Wide Web 上无损压缩和显示图像，使用 JPG 格式的图像是有损压缩的图像，不过某些 Web 浏览器不支持 PNG 图像，而大多数 Web 浏览器都不需要调用其他的图像处理程序就能直接显示用 GIF 和 JPG 这两种格式存储的图像。通常情况下，连续色调图像（如照片）应压缩为 JPEG 文件。具有单调颜色或锐化边缘及清晰细节的插图（如文字）应压缩为 GIF 或 PNG-8 文件。

③声音信息组织。声音和语言是人类交流中最普遍使用的方式，语音的基本参数包括基音周期、共振峰、语音谱、声强等，这些参数由声源、声道

① 焦玉英，符绍宏，何绍华．信息检索［M］．武汉：武汉大学出版社，2001：4.

和放射机构（嘴唇和鼻孔）导出①。声音可以进行编码和压缩，可以通过A/D 转换将声音数字化输入到计算机中处理，再通过 D/A 转换模拟输出。

④视频信息组织。视频信息可分解为图像信息加声音信息，可以看成无数张图像帧按照一定的流向（顺序）排列组合，外加音频组配而成，那么对于视频信息的组织，实际上就是对于图像和音频信息的组织。

可以发现，我们平时常用的搜索引擎中，其主要的搜索功能也正对应着上述四种信息表现形式，即网页搜索、图片搜索、音乐搜索、视频搜索。对于这四类不同形式的信息，所采取的组织方法和技术不同。与文字信息相比，图像信息、声音信息、视频信息的内容特征识别和提取难度更大，目前这三类信息的组织在一定程度上是转化为对其文字描述信息的组织，因而对信息本质特征的揭示效果并不是很理想。

（2）按信息加工的程度划分

①一次信息组织。一次信息是人们研究或创造性活动成果的直接记录，一般指公开出版的图书、期刊论文、研究报告、会议文献、学位论文、专利说明书、网上未经过再加工的数字化信息等。不管其信息存储于何种物质载体、数字化媒体及出版文献的版次，只要是原始资料就是一次信息。一次信息一般较零碎、分散、无序，有时很难获取，即使是在网上搜索，其查准率也非常低，逻辑相关性非常差。对于这些原始信息，往往以逻辑方法和汇编、编写、编辑、选择、编译方式组织成文本，还以数据统计分析、信息调查分析以及评选等方式来进行组织。

②二次信息组织。二次信息是对一次信息加工、整理后产生的一类信息，如目录、题录、简介、文摘、索引、书目数据库等。二次信息的形成是信息从分散、无序到集中、有序化的书目控制过程。它的重要作用不仅在于报道，更重要的是为查找一次信息提供线索。当然，这种信息可以以文献的形式出现，也可以出现在互联网上。

③三次信息组织。三次信息是在一、二次信息的基础上，经过分析、综合等深加工，以整序、筛选、浓缩、综合概括方式而成的综述、述评、学科年度总结、进度报告、文献指南、期刊书目、百科全书、年鉴等。这类信息包含文献著者、编辑者、信息加工者的创造性劳动，信息所含知识是经过鉴别、提纯和综合的，它们通常被称为情报研究的成果。

（3）按信息的传播载体划分

按照载体形式，可以把信息源分为文献信息源和网络信息源。

① 马华东．多媒体计算机技术原理［M］. 北京：清华大学出版社，1992：39.

文献信息源是信息组织的主要对象。文献信息源就是各种类型的文献，其特点是传播信息完整系统，便于积累，便于保管，便于利用。按照不同的角度，文献信息源也可分为不同的类型，如按照不同的物质载体，可分为印刷型、缩微型、计算机阅读型、视听资料等；按照不同内容、性质和加工情况，可分为一次文献、二次文献、三次文献；按照编辑出版形式的不同特点，可分为图书、期刊、会议资料、专门报告、专利资料、政府出版物、学位论文、产品样本、档案、标准、新闻报纸等。

5.1.3 信息组织的原则

信息组织的对象、方法和过程都不是简单划一的，这种复杂性和变易性要求我们：无论是对社会信息流的宏观信息组织，还是对社会信息流分支的微观信息组织，都必须在一定的科学原则的指导下，切实避免信息组织工作的随意性、无计划性和盲目性等现象的出现，从而使信息组织真正发挥整序信息、科学分流、促进选择、保证利用的功能和作用，形成健全完善的信息组织体系和顺畅通达的信息组织流程①。因此，在信息组织中，我们必须坚持以下四项基本原则。

（1）客观性原则

信息组织中进行描述和揭示的基本依据就是信息本身（the item obtained），因此，我们描述和揭示信息的外部特征和内容特征必须客观而准确，要根据信息本身所反映的各种特征加以科学地反映和序化，形成相应的信息组织的成果。客观性原则率先确定了信息描述和揭示的数据来源必须是客观存在的信息本身。同时，客观性原则也为我们具体进行信息组织工作提出了相应的要求。在信息组织中，我们不能损害信息的本来效用，不歪曲信息本身，也不肢解信息本身。我们不能毫无根据地、人为地添加一些不准确的思想和观点，要完整地、全面地、精确地反映信息的客观特征。另外，信息组织的客观性原则还要求我们不断跟踪信息源的发展变化和信息组织技术的发展变化，使信息组织与条件变化和环境变化保持客观一致。

（2）系统性原则

没有系统性的信息组织工作是不可能实现其整体目标的。为实现信息组织的系统性，我们必须把握四个关系：①宏观信息组织和微观信息组织的关系。信息组织机构不仅要立足自身的实际状况，而且要考虑更大范围内信息

① 党跃武．信息组织论［J］．图书情报工作，1997（3）：12-16．

组织的市场份额和分工协作，从而形成一个完善的宏观信息组织工作体系。②信息组织部门与其他部门的关系。要注意信息机构内部各个部门之间的协作关系，特别要注意与从事信息搜集和信息传播的两类部门以及进行机构日常管理的行政部门的关系，以便在信息机构良好运行的环境下保证“信息采集—信息组织—信息检索—信息传播”一条龙工作流程的畅通。③信息组织工作各个环节之间的关系。信息组织工作本身也具有多个环节，保持各个环节的正常联系有助于使信息组织工作能一环紧扣一环，其中特别要注意信息分析与描述的基础性地位，它是信息揭示和存储的必要准备。④不同信息处理方法之间的关系。由于信息本身的特殊性，在具体进行某一类信息的组织时必须充分满足于这种特殊性，但也必须全面把握各种信息处理方法的极大相似性，尽可能采用统一而规范的处理方法。用系统的观点和方法来进行信息组织工作的协调管理，有助于发挥信息组织的整体优势，也有助于实现信息组织的整体功能。

（3）目的性原则

信息组织具有鲜明的目的性，必须围绕用户的信息需求开展工作，注意信息机构的目标市场的需求状态及其变化特征，满足成本收益对称的原则。信息组织在一般情况下并不直接与用户联系，处于一般信息管理流程的中间位置，但信息管理的一切环节都必须以“用户第一”为宗旨，信息传播的效果在很大程度上由信息组织的水平决定。同时，从现代信息管理发展来看，信息组织、信息检索和信息传播具有趋于融合的发展态势。因此，信息组织工作也必须积极开展用户研究，充分了解用户需求，改进信息组织方式，使信息组织成果能极大地方便用户选择和利用。此外，为了实现信息组织的目标还必须注意信息工作的计划性和长期性，以及对信息机构本身性质、特点和能力的适应性。

（4）现代化原则

信息组织现代化原则包括思想观念现代化和技术手段现代化两个方面。信息组织的思想观念现代化集中体现在信息组织的标准化上。信息组织的标准化主要体现在信息组织工作的统一性、信息组织方法的规范性、信息组织系统的兼容性和信息组织成果的通用性方面。信息组织的标准化是整个信息交流和管理的标准化的重要组成部分，主要包括：①基本术语标准；②有关信息技术标准（如信息交换格式、程序设计与数据库语言、网络标准与协议等）；③信息组织技术标准（如信息描述规则、信息代码、信息标引规则、信息组织成果编排规则等）；④其他相关标准。为此，信息领域的若干国际性和国家性标准组织已经制定和实施了一系列有关信息组织工作的标准，为促进信息组织的整体化、科学化发展创造了良好的条件。信息组织的技术手段现代化已经充分证明，现代信息技术在信息组织中的广泛推广和应用形成了不可逆转的信息组织自动化方向，自动标引、二次信息自动生成和数据库建设成为目前已经比较成熟的信息组织自动化成果。信息组织的技术手段现代化改变了传统的手工方式，极大地提高了工作效率和工作质量，更好地满足了用户的多样化信息需求，与信息管理发展大趋势相契合。

5.1.4 信息组织的理论基础

信息组织在其漫长的发展过程中，不断从相关学科的理论和方法中汲取营养，使自身逐渐得到充实和完善。尽管随着信息技术的广泛应用，越来越多的理论方法被引入信息组织领域，而信息组织的理论基础主要包括语言学、逻辑学、知识分类学，还有系统论、耗散结构理论、协同论和自组织理论等。

（1）语言学

语言是人类最重要的交流符号系统，是信息的载体。语言是不依赖于其他任何交流工具独立存在的交流工具，它的服务领域非常广阔。非语言的表述通信一定要有相应的转换过程，人们才能得以交流。语言不但是交流工具，而且是思维工具。语言研究不仅是对信息及其相互沟通的研究，同时也是对思维及其对象的探索。每种语言都是一个符号系统，语言符号系统中的基本符号单位是词（包括固定词组），它是由固定的语音形式与固定的语义内容结合而成的，是语言按语法规则进行组合、造句表意的基本单位。要把庞杂分散的信息组织成有序优化的整体，就必须建立符号系统。有了这种符号系统，信息系统的有序特征才能体现，信息单元的个体特征才能被揭示出来，各种信息单元才能对号入座，纳入到这种符号系统的框架之中，形成一个便于检索的序化信息集合。尽管各种信息组织符号系统的形式不同，但都和自然语言一样，有着共同特征：有语词、有词汇、有语法。这就是信息组织的语言学基础。

（2）逻辑学

逻辑学是关于思维规律的科学。思维有形象思维和抽象思维两种形式。人们的认识发展过程是由形象思维到抽象思维，由感性认识到理性认识的过程。感觉、知觉和表象是形象思维形式，属于感性认识的阶段；概念、判断与推理是抽象思维形式，属于理性认识阶段。信息组织属于抽象思维的范围，是在各种概念的基础上进行的，因而，它必须遵循科学的思维方法。也就是说，进行信息组织工作必然用到形式逻辑的一些方法，如演绎推理和归纳推理、比较、分析与综合等。信息组织的行为只有符合逻辑思维规律，才能保证信息组织的优化、序化。

（3）知识分类学

任何有深度的信息资源组织系统都要求按主题内容之间的关系进行组织和揭示。这就要求以已有的知识分类的成果为基础。逻辑知识是进行信息组织应当依据的方法，但只依靠逻辑知识是不够的，还必须依据人类对知识关系的发现。知识分类体系是一门建立在人类对外部世界的探索和发现的基础之上的研究知识体系结构的学问，是根据对知识之间的关系的了解建立的系统，它是进行主题之间关系处理的重要依据。信息组织以知识分类为基础，可以较好地揭示各个领域知识之间的关系和规律性，及时反映知识领域的进展。

（4）系统论

系统论认为，系统内部各要素不是一种简单的结合，而是相互关联地有机结合在一起。正是由于系统要素之间这种有机的相互关联关系，系统的整体功能才产生了质的飞跃，远远超出各单个要素的功能之和。在信息组织中，人们要将大量的、分散的、杂乱的信息组织成一个系统，建立起内在的关联性，使得信息系统的整体功能大于各个信息单元的功能之总和。这将能充分发挥信息资源的价值与作用。

（5）耗散结构理论

信息系统是一个开放系统，系统不断与外界进行物质和能量的交换，熵趋于最小值，能量远离平衡，混乱度最小，从原来无序结构转为一种时间、空间和功能上的有序结构。这就是适于一切开放系统的耗散结构理论。耗散结构理论认为系统内部非平衡是有序之源，开放系统通过与外界交换物质、能量而增加、维持有序性。由于信息系统具有输入、输出、多次循环及反馈等开放性的、非平衡的基本特征，所以我们认为信息系统就是一种耗散结构系统，它与外界进行着信息的交换，既采集信息也输出信息，可以利用耗散结构理论来指导信息系统的开发、组织和利用。

（6）协同论

协同论以系统演化方程为中心内容，这一内容有：自然界事物是多因素体系，即复杂系统；系统的总状态取决于作用，至少非线性的驱动力和涨落力（即系统所产生的扰动）是不可缺少的；注重系统内要素的相互作用的同时，环境的影响也不能忽视，前者主要表现为涨落，后者主要表现为外控制参量；时空也是影响系统状态的要素。由于系统内各要素的协同作用，从定量的深度决定着开放系统的自组织程度。信息系统是由多个子系统构成的开放系统，如何建立各子系统之间的协同作用机制，使信息系统由无序向有序转化，是信息组织研究中的一个重要内容，因而协同论也是信息组织的理论基础之一。

（7）自组织理论

自组织是指系统无需外界指令而能够自行组织、自行创生、自行演化，即自主地从无序走向有序。凡是能够不再借助于外部控制而实现从无序到有序的转变，并维持稳定有序状态的系统，就称为自组织系统。任何自组织系统都是通过谐振、反馈和放大来完成信息增强，并保持其有序效应①。信息自组织是指作为信息系统组成要素的信息，由于人与人之间、人与系统其他要素之间存在的相关性、协同性或默契性而形成特定结构与功能的过程，也就是信息系统无需外界指令而能自行组织信息，自我走向有序化和优化的过程。从这个定义我们可以看出，信息自组织理论实际上也是基于系统论、耗散结构理论、协同论的，此外，突变理论、混沌理论等也在其中起了作用。突变理论是指系统的熵可以增加也可以减少，这种熵增、熵减可以在宏观无限小的时间内突然产生。突变熵减少产生的有序性，可以抵消、战胜自然界某些自发熵增趋势，有可能造成有序性的发展，突变是产生有序性的重要源泉。突变理论为信息组织理论与信息自组织理论的发展与完善提供了理论基础。

信息自组织与信息组织相比，虽然目的与结构一致，但是人在其中的地位和作用不同，信息组织在国外常被译为“organization of information”或“organizing information”，意思是如何按照一定的规则去描述信息资源或拥有信息的对象使它们能够被需要使用它们的人有效地利用。即信息组织一定需要人的能动性和目的性去干预和指挥。信息自组织过程中，个人或许带有私人目的，但作为总体的人们是在没有外部指令或者说处于受动状态（受动状态指人作为直接的、一般的存在物）下，而信息的演化、信息之间的相干与有序化是自主地进行的。1990 年以来，在信息总量持续增长的同时，信息技术也在飞速发展，这使得信息系统显著地具备了自组织的条件，特别是网络信息已经具有自组织系统的开放性、远离平衡和非线性相关等特征，因此研究信息自组织理论对于网络信息组织具有非常重要的理论与实践意义②。

① 李宏轩．信息自组织理论探讨［J］．情报科学，2000（2）：108-110，120.

② 尚克聪．信息组织论要［J］．图书情报工作，1998（11）：1-4.

5.2 信息组织的思想方法

5.2.1 分类法

所谓分类，是指依据事物的属性或特征进行区分和类聚，并将区分的结果按照一定的次序予以组织的活动。信息的分类组织是构建有序化信息系统的常用方法，是指根据信息资源的内容属性和其他特征，将资源分门别类地、系统地组织和揭示的方法。它用分类号来表达各种概念，将各种概念按学科性质进行分类和系统排列。信息资源分类一般具有以下特征：

第一，是按照信息内容特征的相互关系进行组织的。信息资源分类不仅根据信息的内容属性进行区分和类聚，同时还将各种门类的资源按照类目之间的关系加以组织，使得信息资源成为一个根据其远近亲疏组织而成的具有等级性的系统。在这个系统中，各种类目根据等级次第进行排列。

第二，是从一定角度出发组织和揭示信息资源。主题内容之间的联系是多方面的、多维的。分类法作为一种从内容角度揭示资源的方法，一般只能有选择地揭示其主要联系。为了适合用户从学科的角度查找文献的习惯，目前的学术性文献分类体系一般是将知识领域划分成传统学科，如哲学、历史、艺术以及各门科学，然后再在其下进一步展开，建立起以学科、专业为中心的分类体系。为了适合普通用户的使用需要，某些通用性的分类体系则往往以事物对象为中心展开类目体系，如网络分类体系一般是按对象、问题集中揭示信息资源的。

第三，采用一定的标记符号作为排序工具。现代文献分类体系一般均以一定的标记系统表示类目的相对位置或相互关系。标记系统通常由有序的符号如数字或字母组成，其特点是简短、明了，排序性好，利用它作为排检依据，可以按照类目体系方便地对文献和检索工具进行组织和揭示，从而充分发挥分类法在文献组织中的作用。此外，分类标记的成分一般为数字或字母，通用性比较好，不受语言、国别的影响，可以超越国界使用，标记符号的不足是直观性差，必须结合类名加以使用，从而在一定程度上影响了分类法的使用效果。

下面介绍几种国内外主要的分类法，它们是《杜威十进制分类法》、《国际十进制分类》、《中国图书馆分类法》。

（1）《杜威十进分类法》

《杜威十进制分类法》（Dewey Decimal Classification，简称 DDC）由美

国图书馆学专家麦维尔·杜威（Melvil Dewey，1851—1931）所创，于1876年问世，当时取名为《图书馆图书小册子排架和编目用分类法及主题索引》，收入近1000个类目。之后不断修订更新，到2011年已出版第23版。除了印刷版以外，其Web环境下的电子版也于同年推出。目前，DDC已被全球超过135个国家的图书馆使用，并且被翻译逾30种语言，包括阿拉伯文、中文、法文、希腊文、希伯来文、意大利文、波斯文、俄文、西班牙文及土耳其文等。在美国，大部分的公共图书馆及学校图书馆在使用这种分类法。

DDC的基本大类及其序列来源于美国圣路易市图书馆的哈利斯分类法，该分类法是依据17世纪英国哲学家培根的知识分类思想而建立的。培根认为人类心理活动从低级到高级有三种功能，即记忆、想象和理性，依次产生出历史、文艺、哲学三类知识，并在此基础上建立他的知识分类体系。哈利斯分类法采用了培根的划分原则，将这一次序倒转，根据当时的学科情况设置类目。DDC基本上采用了他的序列，只做了个别调整。下面是其10个基本大类：

000	Computer science, information & general works	计算机科学、信息科学及总论
100	Philosophy & psychology	哲学、心理学
200	Religion	宗教
300	Social sciences	社会科学
400	Language	语言学
500	Science	自然科学
600	Technology	技术
700	Arts & recreation	艺术
800	Literature	文学
900	History & geography	历史、地理

在每一大类下再细分为10个二级类。依次细分到需要的级别，形成一个层层展开的十进制分类体系。在标记符号上，DDC采用单纯的阿拉伯数字，所有数字作为小数理解。前三级类目一律用三位数字标示，三级以下用小圆点隔开，基本按层累制方式编号。例如：

600	Technology	技术科学
620	Engineering	工程学
621	Machine Engineering	机械工程
621.3	Electronic Engineering	电力工程
621.38	Electronic and Electric Engineering	电子与电力通信工程
621.384	Wireless Communication	无线电通信工程

（2）《国际十进分类法》

《国际十进制分类法》（Universal Decimal Classification，简称 UDC）也称《通用十进分类法》，由比利时的奥特勒（P. Otlet）和拉封丹（H. Lafontaine）在《杜威十进制分类》的基础上扩充而成，1905 年以法文出版 UDC 第 1 版，当时称为《世界图书总目手册》。此后，UDC 以 23 种语言出版了不同的版本。UDC 是一种文献分类表，其分类对象为各种类型文献，包括小册子、科技报告和期刊论文等。目前，UDC 主要用于欧洲各国的专业图书馆、文献中心和情报机构。

UDC 的主表是在 DDC 基本结构的基础发展起来的一个层层展开的十进系统，其基本大类序列如下：

0	总论、科学与知识	5	数学、自然科学
1	哲学、心理学	6	应用科学、医学、技术
2	宗教、神学	7	艺术、文娱、体育
3	社会科学	8	语言、语言学、文学
4	（暂空）	9	地理、传记、历史

UDC 的标记符号是小数制的阿拉伯数字，大类用一位数字标记，二级类用两位数字，三级类用三位数字，以此类推，大多数分类号的长短反映类目之间的从属关系。为了醒目，除有其他辅助符号间隔外，每达三位数字就用小圆点隔开。例如：

5	数学、自然科学
52	天文学、测量、大地测量学
523	天文学
523.1	宇宙及其结构、宇宙论
523.16	各种宇宙现象、尘土
523.164	无线电天文学、波

（3）《中国图书馆分类法》

《中国图书馆分类法》简称《中图法》，原名《中国图书馆图书分类法》，是我国中华人民共和国成立后编制出版的一部具有代表性的大型综合性分类法，是当今国内图书馆使用最广泛的分类法体系。《中图法》1971年着手编制，1975年出版第1版，1980年、1990年、1999年、2010年分别出版第2、3、4、5版。为快速检索类目，便利使用《中图法》，2001年6月出版了《中图法》（第四版）电子版1.0版。至第5版为止，《中图法》为五大部类，二十二个大类，51 881个类目（包括通用类目）。为了适应不同类型图书馆、不同类型和不同专业文献分类的需要，《中图法》编委会成立了相应的分编委会和专业分类法编辑组，编辑出版了《中图法》的不同版本和有关的辅助工具书。

在类目体系上，《中图法》是一个层层展开的分类系统，基本大类以科学分类为基础，结合文献分类的需要，划分为五大部类，分别是①马克思主义、列宁主义、毛泽东思想、邓小平理论；②哲学、宗教；③社会科学；④自然科学；⑤综合性图书。在这五个基本部类的基础上，形成22个大类的知识分类框架。序列为：

基本部类	基本大类
马克思主义、列宁主义、毛泽东思想、邓小平理论	A 马克思主义、列宁主义、毛泽东思想、邓小平理论
哲学、宗教	B 哲学、宗教
社会科学	C 社会科学总论
	D 政治、法律
	E 军事
	F 经济

续表

基本部类	基本大类
	G 文化、科学、教育、体育
	H 语言、文字
	I 文学
	J 艺术
	K 历史、地理
自然科学	N 自然科学总论
	O 数理科学和化学
	P 天文学、地球科学
	Q 生物科学
	R 医药、卫生
	S 农业科学
	T 工业技术
	U 交通运输
	V 航空、航天
	X 环境科学、安全科学
综合性图书	Z 综合性图书

《中图法》的标记符号采用拉丁字母与阿拉伯数字相结合的混合制标记符号，一般以一个大写字母标志一个大类。在工业技术大类中，为适应工业部门分类的需要，采用双字母方式标识其二级类。其余类目均采用数字标志，所有数字按小数对待。为使号码醒目，规定每三位一点。例如：

G	文化、科学、教育、体育
G2	信息与知识传播
G25	图书馆事业、信息事业
G254	信息组织
G254. 0	信息组织理论
G254. 1	分类法

G254. 11	分类理论与方法
G254. 12	分类表

为与知识发展保持同步，及时解决实际应用问题，《中图法》第5版于2010年出版，新版本中重点修订了“A马克思主义、列宁主义、毛泽东思想、邓小平理论”“F经济”“TP计算技术、计算机技术”“U交通运输”“D政治法律”“G文化、科学、教育、体育”“TS轻工业、手工业、生活服务业”等与交通运输业、通信业、商业、生产和生活服务业（包括金融、房地产、公共设施、娱乐业等）、提高科学文化水平和居民素质的服务业、社会福利业、社会公共需要、服务管理部门、计算机技术等方面内容相关类，新增类目1 600多个，修改类目5 200多个，停用删除了2 500多个类。补充了新主题、新概念，调整完善类目体系，增加复分标记等，将类表的科学性、实用性有机地统一起来，充分反映和体现了信息组织、知识组织、文献组织的工具性，更好地满足文献标引，信息、知识、文献的检索需求①。

除了以上介绍的这三种分类法外，还有美国《国会图书馆分类法》（Library of Congress Classification，简称LCC）、《冒号分类法》（Colon Classification，简称CC）等分类法，它们都具有各自的特点，并且在不同的领域有所应用。由于分类这种组织方法符合人类认识事物的逻辑思维方式，这些分类法成为印刷型文献的重要组织工具。在网络环境下，对于数字化的信息资源，分类方法的思想也有相应的应用，我们将在5.4.2节进行详细介绍。

5.2.2 主题法

主题一词，在不同的使用环境中可以有多种不同的解释。我们在这里主要指信息资源论述的主题对象，包括事物、问题、现象等。所谓主题法，是指直接以表示信息资源主题的语词作标识，提供字顺检索途径，并主要采用参照系统揭示词间关系的标引和检索信息的方法。它是分类法之外，另一种从内容角度标引和检索信息资源的方法。主题法的类型很多，一般都具有下述特征：

第一，以特定事物、问题、对象，即以主题为中心集中信息资源。分类法由于受学科体系的限制，从不同学科角度研究同一对象的信息资源是分散

① http://clc.nlc.gov.cn/ztfxxdt.jsp [EB/OL].

在各知识门类的，主题法则没有这一限制，而是直接从主题对象的角度揭示图书资料等信息对象的特征，这一特性是由语词标识和字顺排列决定的。以论述茶的文献为例，在分类法中，关于茶的种植、茶的焙制、茶的贸易等主题，一般应按学科分别归入农业科学、工业技术、经济等不同科学部门，而在主题法中，通过语词标识和字顺排列，可以直接在“茶”这一主题下集中予以揭示。

第二，直接以语词作为信息的组织和检索标识。分类法是以一种抽象的号码系统作为信息组织和检索的标识，而主题法直接选用自然语言中的语词来进行标引和检索。例如，“茶的焙制”这一主题，《中图法》的标引结果是 TS272.4，在主题法中，可直接标引为“茶叶加工”，比分类法直观。

第三，以字顺作为主要检索途径。虽然主题法往往也采用按范畴、词族等方式对主题词进行组织，但字顺方式始终是它的主要排检依据。我国的主题检索系统通常是根据汉字特点，按照拼音或笔画字顺进行排检的。因而在试用主题法检索时，只要知道检索对象的名称，就可以按相应的排检方式进行查找。在采用机检系统的情况下，一般可以直接输入语词，由计算机进行查找，不必像使用分类法那样，必须先了解主题词之间的关系。

主题法的类型可以有许多不同的分类，按照主题法的选词方式，表达主题概念的语词标识的构成原理和特征的不同，主题法一般分为标题法、单元词法、叙词法、关键词法。

（1）标题法

标题法是一种以标题词作为主题标识，以词表预先确定的组配方式标引和检索的主题法。所谓标题词，亦称标题（subject heading），指经过词汇控制，用来表达文献主题的标识，大多是对文献内容所论及事物名称及特征的规范表达。标题基本上是用事物的名称直接表达文献主题，按事物而不是按学科专业来集中文献，其字面形式是通常所用的受控的自然语言形式，提供先组式的主题标识。标题法所采用的工具是标题词表（简称标题表），是标题词的汇编，可看做一部标题词典，《美国国会图书馆标题表》是目前使用较广的标题表之一。

标题法有单级标题、带说明语的单级标题、多级标题（主标题和副标题）、倒置标题等几种形式。标题法用标题参照系统来显示它们表达的概念的相互关系。用“见”“见自”显示等同关系；用“参见”“参见自”来显示等级关系和相关关系。标题词的汇编称为标题表，它由编制说明、主表和副表三部分组成。

标题法的优点在于：a）因为标题之间的顺序关系是预先组配好的，先组配式的标题在标引和检索时直接使用，不易混乱；b）因为标题法以事物为中心来集中与该事物有关的文献，适合于从主题出发进行检索，易于查全一项事件的文献；c）直观、易掌握，检索速度快，对新事物、范围细小的问题容易反映出来，补充修改也比较容易。其缺陷在于：a）很难查全一门学科或具有某一属性事物的文献；b）使用不灵活，不能满足多途径检索。

（2）单元词法

单元词（uniterm）是指用来标引信息资源主题的、最基本的、字面上不能再分的语词。如“马克思”“铁路”“贸易”等就属于单元词，而“知识组织”“网络新闻”可进一步分解成“知识”、“组织”“网络”“新闻”这些单元词。单元词只是构成“标题”的构件，它们本身绝大部分不是具体的标题。若干单元词的相互组合或组配，才能构成一个专指标识，来精确表达文献主题或检索课题。如将“电子”“邮件”“广告”三个单元词进行组配，便可构成“电子邮件广告”这个更为专指的“标题”。单元词法是以单元词作为主题标识，通过字面组配的方式表达信息资源主题，后组式标识是这种方法的重要特点。

单元词法的构成原理是一种组配原理，即各种完整的复杂的概念都可以分解成更为一般的单元的概念，或者相反，即任何复杂的概念都可由单元词的组合（配）而成。这是主题法系统语言的一个突出优点。因此，单元词法具有极大的灵活性，能提供多途径检索。目前，它已进一步演变为叙词法。

（3）叙词法

叙词（descriptor），国内也称主题词，是经过规范化处理的，以基本概念为基础的表达文献主题的词和词组。叙词法，是以从自然语言中精选出来的，经过严格处理的语词作为文献主题标识，通过概念组配方式表达文献主题的主题法类型。与单元词法不同，叙词法以概念组配代替了单元词法的字面组配。概念组配本质上是在概念分析的基础上进行概念综合，其所表达的概念与参加组配的各方所表达的概念在逻辑上是有联系的。而字面组配是利用构词法进行词的分拆和组合，它符合构词规律，但不一定符合概念规律，有时对概念的表达不够准确。这些改进可以降低单元词法因单纯的字面组配造成的语义误差，可以使标引结果更加准确。叙词法所采用的工具是叙词表，我国目前使用最广泛的叙词表是《汉语主题词表》。

叙词法有以下特点：

a）直观性：叙词法直接以规范化了的自然语言—叙词作为标识符号，直观性强。

b）专指性：叙词法直接从文献论述和研究的具体对象和问题出发进行选词，并采用叙词组配来描述主题，所以不论文献主题如何专深，也不论其主题的学科性质如何相互交叉渗透和复杂，都可根据需要直接选作叙词或通过组配加以表达。

c）适应性强：对不断出现的新事物、新学科、新概念和新的研究课题，叙词法能随时加以增删和修改。

d）迅速准确：对叙词主要采取字顺排列方式，因此查找方便、迅速准确。

e）后组式：叙词法主要采用后组式概念组配的方法，具有较大的灵活性。

f）多维检索：又叫多途径检索，即对同一主题的文献，可从多种途径检索得到。

g）网络结构：叙词语义关系的网络结构主要体现于叙词表中的叙词字顺索引的参照系统、叙词范畴分类系统（即叙词的范畴索引）、叙词等级系统（即叙词的词族索引）、叙词的词族图等几个方面。这种网络结构的编制和建立，揭示了事物及其概念在各个学科领域、各个方面的内在联系，加强了叙词法的学科系统性和族性检索作用。

（4）关键词法

关键词（keyword）是指那些出现在文献的标题（篇名、章节名）以及摘要、正文中，对描述文献主题内容具有实质意义的语词。关键词法是随着计算机的出现，为适应索引编制自动化的需要而产生的主题法类型，这种方法将文献原来所用的，能描述其主题概念的具有实质意义的关键词抽出作为主题标识，不加规范或只作极少量的规范化处理，通过轮排等方式揭示文献主题。前面提到的标题法、单元词法、叙词法，这三种方法要对语词进行严格的规范化处理，而关键词法基本上不做规范化处理，或者只作极少量的规范化处理。

关键词法包括：

a）题外关键词索引（KWOC Index）：即只将关键词按原词序保留在文献题目原文中，使每个关键词轮流排在作为检索词的固定位置，并按字顺排列起来，每条款目附以文献编号。

b）题内关键词索引（KWIC Index）：也称上下文关键词索引，是将关键词连同非关键词都保留在文献题目原文中，使关键词与非关键词组成一条短语，轮流地将每个关键词抽出，置于前端，按字顺排列。每条款目附以文献编号。

c）单纯关键词索引：是将表征一篇文献主题内容的关键词全部抽出，组成一个复合标识，然后将其中的每一个关键词轮流移到前端作为检索词，并按字顺排列，每条后面附以文献编号。

关键词法由于对语词不加或少加规范，所以相当粗糙，漏检率和误检率极高。但正由于它不加规范，所以标引容易、迅速，能保证报道的及时性。

5.2.3 分类-主题一体化

作为两种不同的信息组织的思想方法，分类法和主题法都表现出各自鲜明的特征。分类法系统性强，从族性特征角度来对信息进行标引和组织，符合人们的思维与检索习惯；主题法比较直观，从特性特征角度对信息进行标引，提供了一种直接面向对象、事实和概念的信息组织方法。长期以来，人们一直设法发挥分类法和主题法各自的优势，力图使二者形成有机结合，互相取长补短，从而更好地满足信息组织和检索的不同需要。

在分类法系统和主题法系统中，存在着原理上的相互渗透现象，这种原理和方法上的趋同和相互渗透为分类主题一体化结构上的有机融合奠定了基础。在分类表和叙词表基础上建立起来的分类主题一体化词表，既包括将主题概念按学科体系或逻辑体系排列和组织的分类法系统，也包括将主题概念按字顺排列并用参照系统加以组织的主题法系统，他们是一个统一的系统中的相互配合、又相对独立的两个子系统。在一体化词表中，分类表不但能从学科分类的角度揭示主题概念的系统关系和等级关系，并且借助与之对应的叙词表部分可进一步揭示主题概念的相关关系，其功能优于单一分类法的功能；同理，叙词表不但能揭示主题概念的相互关系、同一关系及组配关系，并且借助与之对应的分类表部分可揭示主题概念之间的系统关系和等级关系，其功能也优于单一主题法的功能。

伴随着分类主题一体化方法的广泛应用，从20世纪下半叶开始，国内外编制了大量的分类主题一体化词表，大大提高了信息组织及检索工作的效率。其中较为著名的有美国巴希特（C. C. Barhgat）等于1969年编制的《教育检索词表》，英国米尔斯（J. Mills）于1971年编制的《建筑工业叙词表》，英国国家图书馆于1981年编制的《物理学叙词表》、美国国家医学图书馆于1986年开始研制的一体化医学语言系统（简称UMLS）的超级叙词表，等等。在我国，《常规武器工业分面主题词表》（1983）、《航空航天医学主题词表》（1993）、《人口主题词表》（1994）、《中国分类主题词表》（1994）、《社会科学检索词表》（1996）等也相继问世。其中，《中国分类主题词表》是在借鉴吸收国外先进的分类主题一体化理论和技术基础上，由我国自行编制的一部大型的、综合化的词表，第二版及其电子版于 2005 年出版发行，标志着我国信息资源组织工具的研制又达到了一个新的水平。

5.3 信息描述与揭示

为了确保信息组织的质量，提高信息检索的效率，我们要对信息进行描述和揭示，正确判断、表达信息的特征和内容，既不遗漏有价值的信息内容，又不将无价值的内容或信息对象中根本不存在的东西作为分析结果。一般来说，信息组织的深度和质量取决于对信息揭示的深度和水平，为此，人们创造了多种技术、方法、规则和标准对信息进行描述和揭示。

5.3.1 信息标引

（1）标引的基本概念

信息标引，是指分析信息对象的内容属性（特征）及相关外表属性，并用特定语言表达分析出的属性或特征，作为信息存储和检索依据的处理过程。它是在对文献信息对象分析基础上发展起来的，故又称为文献标引。

信息标引过程一般包括两个环节：一是主题分析，即在了解和确定文献的内容属性及帮助揭示内容的某些外表属性（如文献类型）之后，将这些属性概括为主题并用自然语言表述，同时分析主题概念之间或主题概念因素之间的结构关系；二是转换标识，即用专门的主题概念或概念因素，构成一定形式的检索标识。简言之，信息标引就是用特定检索标识揭示文献内容。信息标引是建立信息检索系统的基础和前提，文献或信息只有经过标引，获得检索标识之后，才能按检索标识加以组织，转化为有序的集合，使得从内容特征进行检索成为可能。

（2）标引语言

标引语言是表达文献主题概念和检索需求主题概念的简明性、单义性和关联性的概念标识系统，是根据标引和检索需要而编制的一种专用语言或标识系统。从用途来讲，当这种语言应用于标引和索引编制工作时，称为标引语言；当应用于信息检索工作时，又称检索语言、索引语言。它是标引者与检索者、人与检索系统之间交流信息的工具。

从语言学的角度来看，标引语言与自然语言或其他人工语言一样，有自己的词汇和语法。标引语言的词汇是指用于表达主题概念的全部标识，它往往由相应的分类表、词表、代码表登录或规定。标引语言的一个标识就是它的一个语词。登录和展示标识的分类表、词表、代码表则是标引语言的词典。例如，《中国图书馆分类法》《中国档案分类法》《汉语主题词表》《中国档案主题词表》等都是相应的标引语言词典。标引语言的语法是指构造和使用标识，以正确表达主题概念的一整套规则。标引语言的各种标识（语词）都有其特定的构造规则。

按照信息组织的思想方法，信息标引所用的标引语言主要可分为分类语言和主题语言。

分类语言，是用分类号表达主题概念，依据知识分类将主题概念组织、排列成类目体系，主要以类目体系的自身结构显示概念之间关系的标引语言。以学科、专业为中心的系统性是其主要特点。分类语言可细分为体系分类语言、组配分类语言、体系—组配分类语言。

主题语言，是一种由受控的自然语言语词直接表达主题概念，按语词字顺排列主题概念，主要用参照显示概念之间关系的标引语言。以事物为中心的直接性是其主要特点。主题语言可进一步划分为标题语言、单元词语言、叙词语言、关键词语言。

依标识组合时间的先后，标引语言还可分为先组式语言、后组式语言、散组式语言。先组式语言是指标识在编表时（标引前）就已组合好，标引和检索时不必或较少进行组配的标引语言，如主题法中的标题法就属于这种类型。后组式语言是指标识主要供组配使用，而且标引时不将标识组配在一起，到检索时才将标识组配起来的标引语言，如主题法中的单元词法、叙词法就属于这种类型。散组式语言是指标识主要供组配使用，而且标引时就要将表达主题概念的若干个标识组配在一起的标引语言。

依标识的规范和受控程度，标引语言可分为受控语言和自然语言。受控语言（controlled language）指信息组织的标识词汇以及信息检索的索引词汇在使用前经过优选和规范化处理，并且整个语言经常处于某权威机构或检索系统的管理之下。这种语言又称为规范化语言，与自然语言相对。如主题法中的标题语言、单元词语言、叙词语言、体系分类语言等均属于受控语言。自然语言（natural language）指标引词汇和索引词汇直接来自所处理的文献本身，使用前未经优选和规范化处理，与受控语言相对。如主题法中的关键词语言就属于这种类型。

（3）信息标引的类型

信息标引的类型取决于表达文献内容的标引语言的种类，因此信息标引主要分为分类标引和主题标引两种类型。

分类标引，是指对文献进行主题分析，用特定的分类语言表达分析出的主题，赋予文献分类检索标识（分类号）的过程。习惯上，分类标引被称为分类。这是因为，分类标引实质上就是对文献进行分类。

文献分类，是指根据文献内容及其他相关属性，以分类语言（分类法）为工具，分门别类地系统揭示和组织文献的过程和方法。对文献整体来说，经过分类，可将内容属性相同的文献用相同的分类检索标识予以聚集，将内容属性相关的文献通过分类检索标识予以反映，而内容属性不同的文献则用不同的分类号予以区分。这样就可以形成一个揭示和组织文献的严密系统。对文献个体而言，分类就是归类，即根据文献的内容属性将它归入特定分类体系的适当类目，赋予相应的分类号。

主题标引，是指对文献进行主题分析，用主题语言（主题法）表达分析出的主题，赋予文献主题检索标识（标题词、叙词等）的过程。由于主题标引是直接给文献主题概念命名，因此，无论是对不同类型的文献进行主题标引，还是用不同种类的主题语言进行主题标引，其原理和方法差异不大。

如按照标引标识组合时间的先后，信息标引还可分为先组式标引、后组式标引、散组式标引；按标引标识的受控程度，信息标引还可分为受控标引和自然语言标引。

5.3.2 信息著录规则

信息著录是按照一定的规则对信息实体的特征进行描述并著录下来的过程。以下介绍几类典型的信息著录规则或标准。

（1）机器可读目录（MARC）

MARC（Machine Readable Catalogue）是机器可读目录的简称，它是计算机能够识别和阅读的一种目录。MARC 起源于美国国会图书馆于 1965 年 1 月提出的“标准机器可读目录记录款式的建议”（即 MARC I）。在此基础上，1967 年 MARC II 格式问世。此后，世界各国和地区相继采用 MARC II 格式建立本国和地区的机读目录系统。各国和地区的 MARC 格式除了在字段名称、字段标识符和数据内容上有差别外，其总体结构与 MARC II 格式是相似的。1971 年美国标准局正式批准 MARCII 格式为美国国家标准。1973 年国际标注化组织将 MARC 格式作为国际标准正式颁布，即 USMARC 格式，现改名为 MARC21。

MARC 格式伸缩性强，适应面广，具有如下的主要特点：a）共包括 001~999 个字段，其中 999 字段为用户自定义的字段；b）字段内容著录详尽，字段下又设子字段以及重复字段；c）字段作用强化，可检索的字段多；d）每条 MARC 记录可分为头标区、目次区、数据区。

下面看看几种典型的 MARC 标准。

①USMARC（美国国会图书馆机读目录通信格式）。

USMARC 的前身为 MARC II 格式，它完全与 ISO2709 规定一致，只在其字段标识和内容项目上不同。每条 USMARC 记录由头标区、目录区、数据区三部分组成。USMARC 格式的主要字段有：目录控制区、主要款目（如个人作者、团体机关、会议或者集会、通用书名标目）、书名出版项、稽核项、丛书项、附注项、主题附加款目、其他附加款目（如个人姓名附加款目）、丛书附加等。

USMARC 格式因广泛用于书目记录数据而被人们所熟知。1995 年，随着美国国会图书馆负责的美国国家数字图书馆项目（National Digital Library Program，简称 NDLP）—“美利坚回忆”（American Memory）的启动，USMARC 格式被推荐为该项目所使用的几种元数据格式之一，并在该数字图书馆项目发展的过程中作了如下修改和规定：

a）增加“电子资源地址与存取”字段（Electronic Location and Access，即 856 字段），主要记录被著录的数字对象或与之相关的其他电子资源的存储地址和存取方式，为可重复字段（repeat-able），包含 27 个子字段。

b）增加部分“本馆用”字段以弥补不足。例如国会图书馆增加 985 字段作为记录每一数字对象的标识号的“本馆用”字段。

c）规定除头标、控制字段外，题名字段（245 字段）、电子资源地址与存取字段（856 字段）为必备字段。

d）建议尽可能使用责任者字段（1××）、主题字段（6××）、注释字段（5××）。

②UNIMARC（国际机读目录通信格式）。

该标准是国际图联 IFLA 于 1976 年为统一各国机读目录格式，在 US-MARC 基础上主持制定的。1994 年出版了《UNIMARC 手册》第二版。UNIMARC 实现了不同文种、不同载体的文献机读目录格式的一体化，为不同国家书目机构之间机读目录的交换创造了条件，推动了各国机读目录格式的研制的修订。UNIMARC 主要有如下特点：

a）UNIMARC 将内容标识符标准化，克服了以往各国使用本国 MARC 系统中标识符的专指性。

b）编排字段不是按卡片目录的著录顺序，而是按字段的内在联系组织数据，并把相同性质的字段编排在一起，组成字段的功能块。

c）重视书目文献库中相关文献之间的关系，如平行关系、层次关系、从属关系。

UNIMARC 是依据 ISO 2709-1973（E）和“英美编目条例”（AACRⅡ）等编目标准制定的，它将每条 MARC 记录分为 0××标识区、1××代码信息区、2××描述信息区、3××注释区、4××连接款目区、5××相关题名区、6××主题分析区、7××责任者说明区、8××为今后国际交流而设置的留用字段、9××各国国内使用的字段。

③CNMARC（中国机读目录格式）。

CNMARC 是我国国家书目机构依据 UNIMARC 制定的《中国机读目录通信格式》（China MARC Format），作为中华人民共和国文化行业标准 WH/T0503-96 推出，它与 IS02709 的规定相一致，以 UNIMARC 为依据，凡 UNIMARC 中定义的字段适合于中国出版物的有关规定都予以保留，并补充了中国出版物特有而 UNIMARC 中所没有的字段定义。例如它增加了以下字段和子字段：

091 统一书刊号；092 订购号；093 专利号；094 标准号；690 中国图书馆分类法；692 中国科学院图书分类法；905 馆藏信息。

一条 CNMARC 记录的结构如图 5-1 所示：

记录头标	地址目次区	数据字段	记录分隔符

图 5-1　CNMARC 记录结构

其中记录头标由 24 个字符构成，含有关于记录结构的数据和为特定的形式而定义的几项数据元素：如记录类型、目录级别、记录完整程度和是否完全或部分采用 ISBD 规则。

地址目次区的结构如图 5-2 所示：

字段号	字段长度	起始字符位置			字段分隔符

图 5-2　地址目次区结构

地址目次区由三位数字表示的字段号、四位数字表示的字段长度和五位数字表示的字段起始字符位置构成。

数据字段的长度可变，每个字段之间由字段分隔符隔开。数据字段的结构根据字段号的不同有不同的结构。

下面是《格林童话》（格林兄弟著；蔡昌卓译．长江文艺出版社，2007 年）这本图书在武汉大学图书馆书目检索系统中的 MARC 记录格式。

001	000663115
005	20091224112412. 0
010	ǀ a 978-7-5354-3093-9 ǀ d CNY14. 00
099	ǀ a CAL 012009189818
100	ǀ a 20091223d2007 ekmy0chiy50 ea
1011	ǀ a chi ǀ b eng ǀ c ger
102	ǀ a CN ǀ b 420000
105	ǀ a af z 000fy
106	ǀ a r
2001	ǀ a 格林童话 ǀ A ge lin tong hua ǀ f（丹麦）格林兄弟著 ǀ d = Grimm's fairy tales ǀ f Grimm Brothers ǀ g 蔡昌卓译 ǀ z eng
205	ǀ a 插图本
210	ǀ a 武汉 ǀ c 长江文艺出版社 ǀ d 2007
215	ǀ a [8]，270 页，[5] 页图版 ǀ c 图 ǀ d 21cm
2252	ǀ a 世界文学名著典藏 ǀ A shi jie wen xue ming zhu dian cang
330	ǀ a 本书收录格林兄弟童话作品《青蛙王子》《猫和老鼠交朋友》《忠实的约翰》《小母鸡之死》等
410 0	ǀ 1 2001 ǀ a 世界文学名典藏
5101	ǀ a Grimm's fairy tales ǀ z eng
6060	ǀ a 童话 ǀ A tong hua ǀ y 德国 ǀ z 近代 ǀ j 选集
690	ǀ a I516. 88 ǀ v 4
701 1	ǀ a 格林 ǀ A ge lin ǀ g（Grimm，Jakob），ǀ f 1785-1863 ǀ 4 著
701 1	ǀ a 格林 ǀ A ge lin ǀ g（Grimm，Wilhelm），ǀ f 1786-1859 ǀ 4 著
702 0	ǀ a 蔡昌卓 ǀ A cai chang zhuo ǀ 4 译
801 0	ǀ a CN ǀ b WUL ǀ c 20091223
905	ǀ a ZT ǀ d I516. 88 ǀ e G284 ǀ i 格林 ǀ s I516. 88/G284b

这里采用的是 CALIS 联合目录 CNMARC 格式，与上例中相对应的字段如表 5-1 所示。

表 5-1 **CNMARC 字段描述**

字段	指示符	子字段	描　述
001			记录控制号
005			最近一次作业的日期和时间
010			国际标准书号
		$a	ISBN
		$d	获得方式/定价
099			CALIS 联合目录控制号
		$a	联合目录控制号
100			一般处理数据
		$a	一般处理数据
101			文献语种
	1		译著
		$a	正文、声道等语种
		$b	中间语种
		$c	原著语种
102			出版/制作国别
		$a	出版/制作国代码
		$b	出版/制作地区代码
105			编码数据字段：专著性文字资料
		$a	专著编码数据
106			编码数据字段：文字资料—形态特征
		$a	文字资料代码—载体标识
200			题名与责任说明
	1		有检索意义
		$a	正题名
		$d	并列正题名
		$f	第一责任说明
		$g	其余责任说明

续表

字段	指示符	子字段	描　　述
		$z	并列正题名语种
		$A	正题名汉语拼音
205			版本说明
		$a	版本说明
210			出版发行等
		$a	出版、发行地
		$c	出版、发行者名称
		$d	出版、发行日期
215			载体形态项
		$a	特定资料标识和文献的数量
		$c	其他形态细节
		$d	尺寸
225			丛编项
	2		与检索点形式相同
		$a	丛编题名
		$A	丛编正题名汉语拼音
330			提要或文摘附注
		$a	附注内容
410			丛编
	0		不作附注
		$1	连接数据，包括字段标识符、指示符和子字段代码
510			并列正题名
	1		有检索意义
		$a	并列题名
		$z	并列题名语种
606			论题主题
	0		未指定级别

续表

字段	指示符	子字段	描　述
		$a	款目要素
		$j	形式复分
		$y	地理复分
		$z	年代复分
		$A	款目要素汉语拼音
690			中国图书馆分类法分类号
		$a	分类号
		$v	版次
701			个人名称—等同知识责任
	1		名称按姓氏著录
		$a	款目要素
		$f	年代（包括朝代）
		$4	关系词代码
		$A	款目要素汉语拼音
702			个人名称—次要知识责任
	0		名称按名著录或直录
		$a	款目要素
		$4	关系词代码
		$A	款目要素汉语拼音
801			记录来源
	0		原始编目机构
		$a	国家
		$b	机构
		$c	处理日期
905			馆藏信息
		$a	收藏馆代码
		$d	中图分类号

续表

字段	指示符	子字段	描　述
		$e	图书著者号（用字母加三位阿拉伯数字简化表示）
		$i	图书著者号对应的汉字（为著者姓名或丛书号等）
		$s	完整索书号

（2）书目记录的功能需求（FRBR）

书目记录的功能需求（Functional Requirements for Bibliographic Records，简称 FRBR）是国际图联（International Federation of Library Associations and Institutions，简称 IFLA）于 1998 年发表的一份研究报告①。FRBR 研究了书目记录的功能需求与多样化用户需求、多样化资料类型之间的关系，并利用“实体—关系”模型（entity-relationship model，简称 E-R Model）构建了一个揭示书目结构和关系的概念模型。

FRBR 的书目模型包括实体、属性、实体间的关系、实体及其属性与用户任务的映射关系，以及基于 FRBR 模型的国家级书目记录的基本需求。FRBR 将书目记录涉及的实体分成三组：第一组是通过智慧和艺术创作的产品，包括作品、内容表达、载体表现和单件；第二组是对智慧和艺术创作产品负责任的个人和团体，这些个人和团体与第一组中的实体间存在着各种角色关系；第三组实体是产品的主题内容，包括概念、实物、事件、地点、第一组和第二组实体本身等。

FRBR 的发布对其他编目标准产生了深远的影响，资源描述与检索（RDA）、国际标准书目著录（ISBD）以及英美编目规则（AACR）等编目标准都依据 FRBR 进行了修订或起草。读者若想了解更多关于 FRBR 的信息可以查阅其官方文档：http：//www. ifla. org/VII/s13/frbr/。

（3）资源描述与检索（RDA）

资源描述与检索（Resource Description and Access，简称 RDA）是一种描述编目的标准。RDA 基于国际图联（IFLA）发布的书目记录的功能需求（FRBR）和规范数据的功能需求（FRAD），作为英美编目规则（第二版）（AACR2）的继承者，RDA 提供了一组关于如何制定数据以支持资源发现的

① IFLA Study Group on the Functional Requirements for Bibliographic Records. Functional requirements for bibliographic records [EB/OL]. [2018-03-29]. https：//www. ifla. org/files/assets/cataloguing/frbr/frbr_ 2008. pdf.

指导方针和说明，涵盖了所有类型的内容和媒体①。

RDA 具有如下优点：RDA 是一个为数字世界设计的新的资源描述和检索的标准；RDA 的结构基于 FRBR 和 FRAD 概念模型，以帮助目录用户更容易地查找他们所需要的信息；RDA 提供了更灵活的数字资源内容描述框架，并且还满足图书馆组织传统资源的需要；RDA 更适合新兴的数据库技术，使得机构能在数据抓取和存储检索中提高效率；RDA 基于 AACR2 的优点，与 AACR2 记录兼容；作为联机的、基于互联网的编目工具，RDA 提高了编目效率②。

（4）书目框架（BIBFRAME）

BIBFRAME（Bibliographic Framework）是书目框架的简称，是美国国会图书馆（LC）为取代 MARC 格式，基于关联数据规则开发的书目描述数据模型③。LC 在 2012 年 11 月发布了 BIBFRAME 的模型草稿，提出四个核心类，即创作作品、实例、规范和注释。2013 年初，LC 在 BIBFRAME 模型的基础上发布了 BIBFRAME 词表。随后，LC 根据词表的测试结果以及专家建议，对 BIBFRAME 模型进行了修订，于 2016 年发布了 BIBFRAME 2.0 模型，如图 5-3 所示④。

BIBFRAME 2.0 模型包含创作作品、实例、单件三个核心类以及代理、主题、事件等关键概念。作品（Work）是最高层次的抽象概念。在 BIBFRAME 框架下，一个创作作品反映了编目资源的本质概念，如：作者、语言，以及作品的主题。一个作品可以有一个或多个单独的实例（Instance）。例如，一个特定出版形式就是一个实例。这个实例反映了作品的出版者、出版地点、出版时间以及版式等信息。单件（Item）是实例的物理的或者电子的具体副本。它反映了作品的物理的或者虚拟的位置、书架标记和条形码等信息。代理（Agents）可以是个人、组织、行政辖区等，通过作者、编辑、艺术家、摄影师、作曲家、插画家等角色与作品或实例相关

① Joint Steering Committee for Development of RDA. RDA: Resource Description and Access [EB/OL]. (2015-04-13) [2018-03-25]. http://www.rda-jsc.org/archivedsite/rda.html#background.

② Joint Steering Committee for Development of RDA. RDA——资源描述和检索：21 世纪的编目标准 [EB/OL]. [2018-03-25]. http://www.rda-jsc.org/archivedsite/docs/rdabrochure-chi.pdf.

③ 胡小菁. BIBFRAME 核心类演变分析 [J]. 中国图书馆学报，2016，42（3）：20-26.

④ Library of Congress. Overview of the BIBFRAME 2.0 Model [EB/OL]. [2018-03-25]. http://www.loc.gov/bibframe/docs/bibframe2-model.html (2016-04-21).

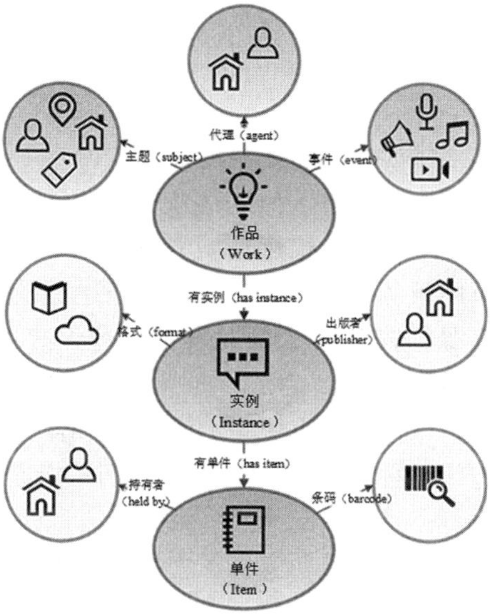

图 5-3 BIBFRAME 2.0 模型

联。一个作品可能涉及一个或多个概念，这些概念就是作品的主题（Subjects）。可能是主题的概念包括论题、位置、时间表达、事件、作品、实例、单件、代理等。事件（Events）指的是一些可能是作品的内容的记录。

BIBFRAME 词表由 RDF 类和属性组成，LC 在其官网上分别类别视图、清单视图和 RDF 视图对 BIBFRAME 词表进行了展示。类包括上面列出的三个核心类以及各种附加类，其中许多类是核心类的子类。属性描述资源的特征以及资源之间的关系。例如：一件作品翻译自另一件作品；一个实例可能是某一特定 BIBFRAME 作品的实例。其他属性描述了作品和实例的特征。例如：BIBFRAME 的属性“主题”表示作品的一个重要属性（工作是关于什么的），以及属性“范围”（例如编号）表示一个实例的属性。

5.3.3 元数据

（1）元数据的概念

元数据（Metadata）是关于数据的数据（data about data），关于信息的信息（information about information），或描述数据的数据（data that describe data）。它是专门用来描述数据的特征和属性，也是描述和组织信息资源、发现信息资源的语言和工具。元数据是组织数据、各种数据域以及它们之间的相互关系的信息。元数据的类型包括：元素名称（Element names）、元素描述（Element description）、元素表示（Element representation）、元素代码（Element coding）、元素语义（Element semantics）和元素分类（Element classification）。

元数据一词，早期主要指网络资源的描述数据，用于网络信息资源的组织；其后，逐步扩大到各种以电子形式存在的信息资源的描述数据。由于传统的书目数据与数字信息资源的描述数据本质上并无不同，因此，目前元数据这一术语实际上适用于各种类型信息资源的描述记录。在信息资源组织的实践中，网络信息资源的描述数据是元数据，电子文本的描述数据是元数据，传统出版形式的编目数据也是元数据（例如我们前面介绍的 MARC 格式，它包含了诸如题名、作者、出版者、主题和载体描述等标记信息）。元数据描述的对象，包括各种不同资源类型，它们可以是图书、期刊、磁带、录像带、缩微品，也可以是其中的论文、科技报告以及各种形式的网络信息资源等；描述的成分，通常是从信息资源中抽取出来的用于说明其特征、内容的数据，如题名、版本、出版数据、相关说明等。从目前使用的情况看，元数据的含义实际上与传统文献领域中的著录款目性质相同，是一种电子环境中使用的著录数据。因此本书将元数据与描述记录、文献记录作为同义词使用。信息描述的结果，是获得描述记录亦即元数据，用作信息资源的代替物组织检索系统。一个元数据款目构成一个信息资源的基本数据，是检索系统的基本构成单元，它可以代表信息资源用来组织目录、索引、数据库、搜索引擎等检索系统。信息描述的目的，就是以元数据为中介，对信息资源进行各种操作。其作用包括：

①描述。根据元数据的定义，它最基本的功能就在于对信息对象的内容、特征和位置进行描述，从而为信息对象的存取和利用奠定必要的基础。对信息对象描述的详简和深浅，随具体采用的元数据格式不同而不同。

②定位。由于网络信息资源没有具体的实体存在，因此，明确它的定位至关重要。元数据包含有关网络信息资源位置方面的信息，由此可确定资源的位置所在，促进网络环境中信息对象的发现和检索，可提高信息资源的查准率和查全率。

③搜寻。在著录过程中，将信息对象中重要内容抽取并加以组织，赋予语义，建立数据之间的联系，指出相关数据的地址和存取方法，从而有利于用户识别资源的价值，发现其真正需要的信息资源。

④评价。元数据提供有关信息对象的名称、年代、格式、制作者等基本属性，使用户在无需浏览信息对象本身的情况下，就能够对信息对象基本了解和认识，对信息资源的使用价值进行判断，作为存取与利用的参考。

⑤选择。根据元数据所提供的描述信息，参照相应的评估标准，结合使用环境，用户作出对信息对象取舍的决定，选择适合用户使用的资源。

作为信息资源描述规范，目前有很多元数据标准和方案，下面将介绍其中主要的几种。

（2）都柏林核心集

都柏林核心集（Dublin Core Element Set，简称 Dublin Core）是一种通用简单的元数据。1995 年 3 月，由 OCLC 和美国国家超级计算应用中心（NCSA）主持在美国俄亥俄州的都柏林（Dublin）召开了第一届元数据研讨会（简记为 DC-1）。大会最后确定了一个包含 13 个数据单元（element）的元素集，即都柏林核心元素集（Dublin Core，简称 DC）。在随后召开的多次研讨会上，来自图书馆界、档案界、计算机界、人文学界和地理学界的专家，以及 Z39.50 和通用标记语言标准（SGML）方面的专家学者对 DC 进行了不断的修正和完善，使得都柏林核心得到进一步的完善。迄今为止，DC 已经被翻译成汉语、阿拉伯语、德语、法语、希腊语、日语、朝鲜语、葡萄牙语、西班牙语、泰语、土耳其语、意大利语、匈牙利语等 20 多种语言。在 DC-3 上，又新增了 2 个数据单元：Description（描述）和 Rights（权限），使得 DC 由原来的 13 个单元增加到 15 个单元。这 15 个数据单元是可选择、可重复和可扩展的。下表为 Dublin Core 的 15 个数据单元及其描述①。

表 5-2　　**都柏林核心集数据单元**

序号	描述项目（Element）	定义	注释
1	题名（Title）	赋予资源的名称	资源对象的公开的正式名称
2	创作者（Creator）	创建资源内容的主要责任者	创作者包括个人、组织或服务。一般用创建者的名字来标识
3	主题（Subject）	有关资源内容的主题描述	通常采用描述资源内容的关键词、短语或分类号。推荐使用受控词汇和分类词表
4	描述（Description）	对资源内容的说明	包括但不限于以下部分：文摘、目录、自由文本说明

① Dublin Core Metadata Initiative. Using Dublin Core—The Elements（2005-11-07）[EB/OL].[2018 04 01]. http://www.dublincore.org/documents/usageguide/elements/.

续表

序号	描述项目（Element）	定义	注释
5	出版者（Publisher）	使资源成为可以获得的利用状态的责任者	出版者包括个人、组织或服务。一般用出版者的名字来标识
6	其他责任者（Contributors）	对资源内容创建作出贡献的其他责任者	其他责任者包括个人、组织或服务，如编者、转录者、说明者等。一般用出版者的名字来标识
7	日期（Date）	与资源的创建或可获得性相关的日期	建议采用 ISO8601（W3CDTF）格式规范，日期采用 YYYY-MM-DD 格式
8	类型（Type）	有关资源内容的种类或类型	包括描述资源内容的分类范畴、功能、特性或集合层次的术语。建议从受控词表中选值，例如都柏林核心的资源类型指导性草案［DCT1］中，将资源类型分为 9 种，即 Collection（集合）、Dataset（数据集）、Event（事件）、Image（图像）、Interactive Resource（交互式资源）、Service（服务）、Software（软件）、Sound（声音）、Text（文本）。如描述资源的物理或数字化表现形式，请使用格式（Format）元素
9	格式（Format）	资源的物理或数字表现形式	一般而言，格式可以包括资源的媒体类型或大小。格式元素可以用来决定显示或操作资源所需的软件、硬件及其他的相应设备。例如大小包括资源所占的存储空间及持续时间。建议采用来自于受控词表中的值（例如因特网媒体类型表［MIME］定义了计算机媒体格式）

续表

序号	描述项目（Element）	定义	注释
10	资源标识符（Identifier）	在给定的文本环境中对资源的参照引用	建议对资源的标识采用符合正式标识体系要求的字符串或数字组合。例如统一资源标识符（URI），资源定位符（URL），数字对象标识符（DOI）和国际标准书号（ISBN）
11	来源（Source）	对一个资源的参照，当前资源是来源于这一个参照资源	当前资源可能部分或全部源自于来源元素所标识的资源。建议对这一资源的标识采用一个符合正式标识体系的字符串或数字
12	语种（Language）	描述资源知识内容的语种	建议选值采用 RFC1766 标准中所定义的语种代码的规范，此标准定义由两个英文字母组成语种代码（取自于 ISO639 标准），作为一个可选项，也可以在其后加上由两个英文字母组成的国家代码（取自于 ISO3166 标准）。例如，“en”为英语，“fr”为法语，或者使用“en-uk”表示英国英语
13	关联（Relation）	对相关资源的参照	建议对关联的标识采用符合正式标识体系的字符串或数字
14	覆盖范围（Coverage）	资源内容所涉及的外延与覆盖范围	典型的覆盖范围包括空间位置（一个地名或地理坐标）、时间段（一个时间标识，日期或一个日期范围），或者权限描述（比如命名的授权实体）。建议选值取自于受控词表（例如地理名称词表［TGN］），并应尽可能地使用由数字表示的坐标或日期区间来描述地名与时间段

续表

序号	描述项目（Element）	定义	注释
15	权限管理（Rights）	有关资源本身所有的或被赋予的权限信息	应包括一个对资源的权限管理声明，或者是对可提供这一信息的服务机构的参照。一般包括知识产权（IPR），版权或其他各种各样的产权。如果没有权限元素的标注，不应对与此资源相关的上述权利或其他权利作出任何假定

以上的15个元素可分为三种类型：与资源内容有关的元素、与资源知识产权有关的元素和与资源外部属性有关的元素。

表5-3 **都柏林核心集元素类别**

资源内容描述类元素	资源知识产权描述类元素	资源外部属性描述类元素
题名(Title)	创作者(Creator)	日期(Date)
主题(Subject)	出版者(Publisher)	类型(Type)
描述(Description)	其他责任者(Contributors)	格式(Format)
来源(Source)	权限管理(Rights)	资源标识符(Identifier)
语种(Language)		
关联(Relation)		
覆盖范围(Coverage)		

Dublin Core 和目前互联网上使用的其他元数据相比，具有如下的主要优点：

①简单易懂：15个标记元素通俗易懂。

②运用灵活：它既可以用于规范的资源描述领域，也可以用于非专业领域。

③国际通用：已有德语、日语、葡语、西班牙语等20多种不同语种的版本。

④可修饰性：其所有元素都可重复使用，解决了多著者与多出版等重复元素的著录问题，对于需要详细著录的资料，引进了 DC 修饰词。

⑤可扩展性：不仅 15 个标记元素和子元素可扩展，Dublin Core 还可以与其他元数据元素连接使用。

自 1995 年第一届元数据研讨会举办以来，关于都柏林核心元数据的研讨会每年召开，截至 2018 年已经召开了 26 次（1996、1997 年分别召开了 2 次会议）。每次会议都取得了丰硕的研究成果，并不断把研究和相关应用引向深入。

（3）其他元数据规范

随着各行各业的数字化转型不断推进，数据赋能赋智的作用日益凸显，元数据的应用也已经广泛渗透到各个行业和领域，如书目组织、科学技术、人文艺术、医学、商业、教育等。这些描述规范一般由相应信息资源领域的专业人员制定，与电子环境下使用的需要结合，成为与传统文献描述规范共存的标准。不同的信息资源收藏，对元数据格式的要求不同。因此，现在用于网络数字资源组织的元数据标准有多种，尚没有可以为各方都接受的统一标准。目前，数字图书馆常用的元数据标准有：MARC（美国的 USMARC、国际标准 UNIMARC、中国的 CNMARC、日本的 JMARC、英国的 UKMARC、加拿大的 CANMARC、东南亚的 SEA-MARC）、都柏林核心数据（Dublin Core）、VRA 核心类目（VRA Core Category）、艺术作品著录类目（Categories for the Description of Works of Arts）、CDWA、REACH 著录单元集合（REACH element set）、PICS、Web Collections、CDF、MCF、RDF 等。另外，还有《政府信息定位服务》（Government Information Locator Service，简称 GILS）、《联合地理数据委员会的数字地球空间元数据》（Content Standard Digital Geospatial Metadata，简称 CSDGM）、《可视资源核心范畴》（Core Categories for -visual Resources，简称 CCVR）、《编码档案描述》（Encoded Archival Description，简称 EDA）、《博物馆信息的计算机交换》（Computer Interchange of Museum Information，简称 CIMI）等描述规范。

VRA 核心类目的全称为“VRA 视觉资料核心类目（VRA Core Categories for Visual Resources）”，简称 VRA Core，是由美国视觉资料协会（Visual Resource Association）1995 年制定的，最初是为在网络环境下对艺术、建筑、手工艺术、民间文化等艺术类视觉资料的著录而起草，以后逐渐扩大应用到非艺术类领域。VRA Core 格式的著录类目可以分为两类：一类是可用于任何一种作品实体或某种视觉文献所记载的原始作品（多为三维作品）著录的类目（Work Description Categories），包括 19 个数据单元；另一类是用于记载某一种作品实体的视觉文献特征的视觉文献著录类目（Visual Document Description Categories），它包括9个数据单元：视觉文献类型、视觉文献格式、视觉文献尺寸、视觉文献出版日期、视觉文献收藏者、视觉文献收藏号码、视觉文献视点描述、视觉文献主题、视觉文献来源。

PICS（The Platform for Internet "Content Selection"），是W3C（WWW Consortium）于1995年组织开发的一种元数据标准。PICS最大的特点是引入了内容分类定级机制。不同的组织可以根据它们的目的以及价值取向，对Internet上的资源进行分类定级。

Web Collections是较早利用XML应用环境建立起来的一个元数据框架。它采用了与HTML语言相似的样式风格，其数据可以紧紧地嵌入到HTML文档中，便于用户使用。它还引入了一种表示元数据的层次结构的方法，可用于Web页面、Web Map，E-mail，内容标引、分布式创作等多种应用场合。

CDF频道定义格式（Channel Definition Format），是Microsoft提出的一种元数据规范。CDF借助于HTML语法来对其频道内容进行描述，当浏览者接入到该频道后，这些元数据就会展现出来。

MCF元数据框架（Meta Content Framework），是1997年Netscape公司向W3C提交的一种元数据方案。MCF力求实现一种"单一的数据模式和相应的互换格式"的元数据框架。其兼容性和包容性好，并允许动态地扩展新的数据类型。

RDF资源描述框架（Resource Description Framework），是为解决现存的各种元数据之间的互操作性（interoperability）问题，由W3C主导、结合多个元数据团体（如Dublin Core等）发展而成的一个框架体系。RDF是一个能对结构化的元数据进行编码、交换、再利用的体系框架，它为元数据提供了一个可操作的载体，提供了在各种不同的元数据体系之间的互操作性。

5.3.4 标记语言及相关标准

5.3.4.1 标记语言

早在20世纪60年代，IBM就开始研究通用标记语言（Generalized Markup Language，简称GML）来描述文件及其格式。1978年，美国国家标准局（ANSI）将GML规范成SGML（Standard Generalized Markup Language）标准。1986年，国际标准化组织（ISO）发布了SGML的正式文本SGML IS08879：1986，使SGML成为通用的描述各种电子文件的结构及内容的国际标准，为创建结构化、可交换的电子文件提供了依据。随着Internet的广泛应用，一种比 SGML 简单易用的超文本标记语言 HTML（HyperText Markup Language）应运而生。由于 HTML 过于简单，只定义了唯一的文件类型，并且标记集不能改动，越来越显得不适应内容不断增多和形式多样化的 Web 文件。于是一种既简洁，功能又强大的 SGML 新子集——可扩展标记语言 XML（eXtensible Markup Language）诞生了。

（1）通用标记语言标准（SGML）

SGML 是一种元语言，是用来描述标记语言的语言，适用于电子文档交换、文档管理和文档发布。SGML 从结构和内容两个层次来描述文献，其核心是文档类型定义 DTD（Document Type Definition）。

利用 SGML 可以定义各种各样的标记语言，定义一种标记语言的方法是根据 SGML 的规则制定 DTD 文档，DTD 文档规定了这类文档可能出现的标记及其组合规则。具体来说，SGML 可以把来源不同的原始信息（如图形、文本、声音，动画、视频文件等各方面的资料）组装在同一文件中，DTD 可以自由地定义文件结构，给一个文件添加新的标记，以反映文件结构单元，并校验电子文件是否遵循在 DTD 中所定义的结构。这种标记不依赖于任何软件和硬件。

SGML 是一个庞大、复杂的系统，它的应用标准包括超媒体文档标记方面的超媒体语言 HyTime（Hypermedia/Time-based Document Structuring Language、文献样式语义和规范说明语言 DSSSL（Document Style Semantic and Specification Language）、可扩展的样式语言 XSL（eXtensible Style Language）、可扩展的链接语言 XLL（eXtensible Linking Language）等。

SGML 是一种通用的文档结构描述标记语言，为语法置标提供了异常强大的工具，同时具有极好的扩展性，因此在数据分类和索引中非常有用。但 SGML 复杂度太高，不适合网络的日常应用，加上开发成本高、不被主流浏览器所支持等原因，使得 SGML 在 Web 上的推广受到阻碍。

（2）超文本标记语言 HTML

HTML 是经过简化的 SGML 的 DTD 的具体应用实现。HTML 提供了一种文本结构和格式，使其能够在浏览器上呈现给访问它的用户。HTML 不同于一般的 ASCII 文件，是 ASCII 文件的一种增强版。它在文件中加入标签，使其可以显示各种各样的字体、图形及闪烁效果，还增加了结构的标记，如头元素、列表和段落等，并且提供了到其他文档的超级链接。HTML 是 Web 上的通用语言，可以方便地制作网页、建立链接，使数据信息由线性组织转化成网状组织。

HTML 为网络信息的出版和发布提供以下功能：

①出版在线的文档，其中包含了标题、文本、表格、列表以及照片等内容；

②通过超链接检索在线的信息；

③为获取远程服务而设计表单，可用于检索信息、订购产品等；

④在文档中直接包含电子表格、视频剪辑、声音剪辑以及其他的一些应用。

但随着网络的发展，HTML 暴露出一些缺点，如：

①扩展性差。HTML 是符合 SGML 语法的一种固定格式的超文本标记语言，因其格式固定，故难以扩展。

②交互性差。用户需要与应用系统进行交互，而使用 HTML 却不容易做到。

③语义性差。在 HTML 的设计中，主要包含了反映其结构（如 Title、H1、L1、P、Table 等）、显示其格式（如 B、I）的标记以及超链接，但没有考虑到语义性，使得 HTML 在信息资源的智能检索与对数据按照不同的需求进行多样化显示等个性化服务中受到限制。

针对上述缺点，W3C，以及此后由 Opera、Mozilla 基金会和苹果公司等互联网企业联合成立的网页超文本技术工作小组（Web Hypertext Application Technology Working Group，简称 WHATWG）对相关 Web 规范进行了探索。随后，W3C 接纳了 WHATWG 提出的 Web Applications 1.0，并成立了新的 HTML 工作组。工作组在 HTML4、XHTML1 和 DOM Level 2 HTML 的基础上开发 HTML5。最新的 HTML 规范是 W3C 于 2017 年 12 月 14 日发布的 HTML5.2①。

（3）可扩展标记语言 XML

XML 是由 W3C 于 1998 年 2 月发布的一种标准。它同样是 SGML 的一个简化子集，它将 SGML 的丰富功能与 HTML 的易用性结合到 Web 的应用中，以一种开放的自我描述方式定义了数据结构，在描述数据内容的同时能突出对结构的描述，从而体现出数据之间的关系。这样所组织的数据对于应用程序和用户都是友好的、可操作的。

作为 SGML 的应用模型或受限形式，XML 要比 HTML 强大得多。HTML 着重描述 Web 页面的显示格式，这是 Web 显示数据的通用方法，网页开发人员只能按预先定义的标签来描述网页中的元素；而 XML 着重描述的是

---

① W3C. HTML 5.2（2017-12-14）[EB/ON]. [2018-04-01]. https://www.w3.org/TR/html5/.

Web 页面的内容，提供了一个直接处理 Web 数据的通用方法，允许网页开发人员定义标签。XML 介于 HTML 和 SGML 之间。

XML 是一个元语言，根据不同的行业和语义，可以派生出许许多多的协议和规范。目前的基本协议有 XML 文档（由序言和文档实例两个部分组成）、DTD 文档类型定义（一般采用外部 DTD 或混合 DTD）、可扩展样式表语言 XSL（XSL 规范介于 Web 资源简单显示机制 CSS 和国际标准样式表语言 DSSSL 之间）、XML 路径语言 Xpath，XML 指针语言 XPointer 和 XML 链接语言 Xlink、XHT-ML、Schema 等，不同的行业和领域都可以制定自己的 XML 规范，用于横向和纵向的信息交流和数据传输。XML 规范有大有小，大的可以为全世界范围内的商务数据制定格式，像 ebXML、Biztalk，eco，小的有专门用于电子钱包的 ECML。有为数学制定的 MathML，还有为多媒体数据同步制定的 SMIL。

XML 已经发展成为一个比较独立完整的知识体系，在这个体系中包含了非常丰富的内容。如：XML 语法、XSL、可扩展链接语言（eXtensible Link Language，XLL）、XML 用户代理（XML User Agent，XUA）、XML-HTTP、DOM 和 SAX，还有 RDF，XTM、XP、XML 的行业应用等。详细内容参看相关文献。

XML 具有以下特点：

①XML 文档是纯文本，从文本编辑器到可视化开发环境的任何工具都可以对其进行创建和编辑，这使得程序可以更简单。

②基于内容的数据标识。

③可格式化。有了 XSL 以后，数据和显示是分离的，可以为同一数据指定不同的样式表进行输出。

④具有很强的链接能力，可以定义双向链接、多目标链接、扩展链接和两个文档间的链接。

⑤易于处理。XML 对格式的定义更为严格，并具有层次结构，处理起来更加容易。

总之，HTML 提供了查看数据的通用方法；XML 则提供了直接在数据上工作的通用方法。XML 的威力在于将用户界面和结构化数据相分离，允许不同来源的数据无缝集成以及对同一数据的多种处理。从数据描述语言的角度看，XML 灵活、可扩展，有良好的结构和约束；从数据处理的角度看，它足够简单且易于阅读。因此，XML 必将带来下一代网络应用技术的革命。

5.3.4.2 资源描述框架（RDF）

为了能够在网上有效的利用信息资源，使得各种新的、旧的、不同地区的针对不同数据对象而编制的各种目录规则或者数据格式能够长期共存，有必要建立一种能够允许不同的目录规则或元数据格式共存的描述方法。经过对现有的各种元数据格式的考查，W3C 在 1997 年 10 月正式发布了资源描述框架（Resource Description on Framework，简称 RDF）①。

RDF 采用通用标记语言标准（SGML）的子集——可扩展标记语言（XML），是一种人与机器都能理解的描述框架。它提供了一种强有力的表达、交换与利用元数据的机制，使得各种不同元数据体系之间具有互操作性。

RDF 的核心定义比较简单，用文字来表述的话就是：任何一个可被标识的"资源"（resource）都可以被一些可选择的"属性"（properties）描述，每一个属性的描述都有一个"值"（value）。在这里，资源指所描述的信息资源或数据对象，如一个网页、一本书、一张图片、一种计算机软件等。属性指信息资源所具有的一些特性，如题名、作者等。属性是可以选择的，可以是元数据制作者自己规定的某些特性，也可以是某个既定的信息资源描述格式中的某个项目（如都柏林核心集中的各个元素）。值指的是属性的具体内容。

RDF 定义了由 Resource、Properties 和 Statements 3 中对象组成的基本模型，其中 Resource 和 Properties 的关系类似于数据库建模理论中的 E-R 模型，而 Statements 则对该关系进行具体描述。RDF 通过这个抽象的数据模型，为定义和使用元数据建立了一个框架，其中的元数据元素可以看成其描述的资源的属性。

进一步地，RDF 定义了标准词表（Resource Description on Framework Schema，简称 RDFS），规定了声明资源类型、声明相关属性及其语义的机制，以及定义属性与其他资源间关系的方法。另外，RDF 还规定了利用 XML 命名空间（Namespace）方法调用已有定义规范的机制。

RDF 的应用很多，如资源描述与组织、资源发现、站点目录、超链接、数字图书馆、智能代理、对内容进行定级、数字签名、电子商务和网际合作等。

5.3.4.3 简单知识组织系统（SKOS）

RDF 是 Web 资源描述和携带元数据的理想语言，但是它仅提供初级的

① 马费成．信息资源开发与管理［M］．北京：电子工业出版社，2014.

语义关系表达，无法描述更精确的语义关系①。网络本体语言 OWL 虽然在 RDF 基础上扩展了语义的描述能力，能够定义复杂的概念结构，但其过于严苛的逻辑精确要求、需要专家参与和过高的成本，使得一般用户难以构架 OWL 本体。同时，由于人的认识不同，可能形成不同的描述模式，导致不同词表之间及其词表与本体之间产生映射难、互操作性差、共享性差等问题。所以，需要一种简单可行的标准描述方案用以描述知识组织系统。简单知识组织系统（Simple Knowledge Organization System，SKOS）因此产生，作为万维网联盟（W3C）公布的知识组织系统概念框架表示的推荐标准，其简单、通用、易扩展等特性引起了学界的广泛关注。

SKOS 是 W3C 在 2005 年制定的规范标准。SKOS 主要用于表示各种较为简单的网络知识组织系统，如叙词表、分类法、主题词表、术语表等其他类型的概念框架②。SKOS 主要由 SKOS Core、SKOS Mapping、SKOS Extensions 三个部分组成。SKOS Core 可以用于表示除 Ontology 之外的几乎所有其他网络知识组织系统；SKOS Mapping 用于表示概念框架之间的映射；SKOS Extensions 用于辅助 SKOS 的特定应用。其中比较成熟的是 SKOS Core，已经形成了相应的语法标准和应用标准。

5.4 网络信息组织

5.4.1 网络信息组织的特点

习近平总书记在 2023 年世界互联网大会乌镇峰会开幕式上发表视频致辞时指出，“互联网日益成为推动发展的新动能、维护安全的新疆域、文明互鉴的新平台。”互联网中信息量、信息种类、信息形态及其传播速度的爆发式发展，给信息的有序组织带来了前所未有的挑战。在此背景下，网络信息组织也表现出新的特点：

（1）海量网络信息及信息生产、传播速度的加快，对传统信息加工方式提出了挑战。网络信息指数式的增长使得以往的手工处理和加工方式不堪重负，同时，网络提供的大量实时信息、全文信息、多媒体信息等时效性信

① 刘磊．简单知识组织系统（SKOS）模型及其应用研究进展［J］．图书情报工作，2015，59（4）：137-145.

② 王一丁，王军．网络知识组织系统表示语言：SKOS［J］．大学图书馆学报，2007（4）：30-35.

息不允许过多的中间加工环节，因此，对信息组织的自动化提出了更高的要求，如自动分类、自动标引、自动索引、自动文摘等。信息组织的技术从手工单一发展到半自动化、自动化、智能化。

（2）信息种类增多，数据库成分复杂化，过去主要适用于文本信息的信息组织方法适用性降低。网络信息中，除文本信息外，还包含大量的如图片、声音、视频等非文本信息，全文信息的比重也在逐渐增大。对于非结构化的信息，如何对其进行加工组织，如何揭示和描述其内容特征，都对传统信息描述和组织方式提出了挑战。

（3）不同于以往信息用户，网络信息用户的信息行为对信息组织有专门需求，他们要求信息组织方式透明化、易用化，希望信息传播快速便捷，组织方式简便实用。在传统的高度专业化、规范化的信息组织方式之外，还需要有用户能够参与的非专业化、规范化程度降低的组织方式作为补充。

（4）网络信息形式上的非线性、交互性和动态性，需要信息组织方法及时而灵活。超文本技术的一大特征是信息的非线性编排，将信息组织成某种网状结构，依据信息单元之间的链接进行浏览。多媒体与超链接的方式使得网络信息从线性的静态资源发展到非线性的动态资源。需要新的信息组织方式来适应这种变化。

5.4.2 网络信息的分类组织

分类组织是一种比较成熟的信息组织方法，在网络信息组织中仍得到普遍的应用。目前，网络上的信息分类组织主要采用两种方式来进行：一是沿用传统的文献分类方法，主要以学术资源为主；二是采用自编的分类系统，在门户网站上较为常用。

5.4.2.1 传统文献分类法的应用

20世纪80年代，人们对文献分类法（主要是DDC、UDC等）应用于联机环境进行了大量的研究，为文献分类法在网络信息组织中的应用做了必要的准备。研究表明，DDC严格的等级体系具有很好的实用性，既可用于网络信息组织，还可以利用它的等级结构、概念体系以及类目关系进行网络信息的自动标引。由于分类法在组织网络信息时所具有的优势，它在网络信息组织实践中得到日益普遍的应用，尤其是国际上一些比较著名的分类法，如DDC、LCC、UDC等都不同程度地用于网络信息的分类组织。

Web上的分类目录利用杜威十进分类法（DDC）作为分类体系始于1995年，现在一些网站以DDC作为分类体系，这些站点以图书馆和大学为主。有些网站资源目录在各层次的类目前均标记了标准的十进制分类号，而大多数目录没有分类号，只是利用 DDC 体系建立了浏览结构。

国际十进分类法（UDC）由 6 万多个类目构成，并提供多种复分表，在满足文献资料细分方面有独特优势，它具有分面组配分类法的一些特点，通过符号组配可以获得概念的组合，因此这种分类法较适合于机检。根据 UDCC（UDC Consortium，UDC 目前的拥有者和管理机构）站点上的信息，欧洲超过 20 个、全世界超过 30 个国家将 UDC 用于其国家书目中。

应用传统文献分类法的主要是学术性资源和图书馆的各种信息资源，而对于其他领域和其他类型的网络信息资源，传统分类法还是不能够适应所有的需求，因而除了传统分类法之外，还出现了网络自编分类体系的分类方法。

5.4.2.2　自编分类系统的应用

由于网络信息类型、表现方式、传播模式、信息单元的复杂性，使得网络信息分类组织模式更具多样性。有些网站采用了多维的分类模式，以此满足网络信息组织与检索的需要，具体表现为网站分类目录（索引）和网页分类索引。以新浪网为例，其网站导航就是利用分类思想进行信息组织的。新浪网的导航页面主要包括“新闻·资讯”“微博·博客”“视频”“产品·工具”“手机·客户端”五个大的版块，这五个版块基本囊括了新浪网的所有功能和服务。“新闻·资讯”版块包含 19 个大类，以及 1 个地方站点导航目录。这 19 个大类包括了新闻娱乐、科技教育、财经体育、时尚健康等不同的主题领域。根据拥有的信息量及信息组织的需求，每一个大类下会细分出次一级类目，级别越低的类目中的网站主题越明确。“专栏”和“图片”两个特色大类与其他 17 个大类的组织方式有所不同，不是按照主题领域设置，而更侧重于特色功能。“专栏”主要通过人物、时间、博客等形式组织信息，“图片”则注重于聚合全站图片，按照不同的主题对其进行组织。除了两个特色大类，其他 17 个大类的次级目录也根据大类主题各有不同。“新闻”大类按照地区、主题、媒体形式产生次级目录，并提供了“滚动”、“排行”等功能类。与“新闻”大类略有不同，“体育”大类主要通过主题和媒体形式产生次级目录。新浪网的分类目录可参见 http：//news. sina. com. cn/guide/。

可以发现，新浪网（sina. com. cn）网站导航的分类体系并没有以传统的分类法为参照，而是采用网站自行设置的一套分类体系，采用了一个由类目、子类目等构成的可浏览的目录索引等级结构。由于这些网站的分类系统均为各自建立的标准，因而缺少统一规范。

网络自编分类体系作为一种新型的体系，与传统的文献分类法相比，具有以下特点：

①重视以事物为中心设置类目。与传统的文献分类体系不同，网络分类系统一方面保持从学科角度组织网络资源的做法，但更多的是从用户使用角度出发，直接以事物为中心设置类目，其分类体系是将信息内容特征、网民信息需求特征及信息载体特征混合构建而成。体系缺乏严密性，但在一定程度上具有实用性。

②类目收录范围宽泛。类目体系展开时，其下位类不仅收入该类的从属类目，而且收录各种相关类目，相当于独立编制的专业类表。

③多重列类、重复反映。为了方便用户查找信息，这类网络分类体系都十分重视结合网络显示特点，采用多重列类的方法，提供多重途径供用户检索和使用，

④直接以语词作为分类标识。传统分类法以人工的标识符号来表达信息的内容，自编分类体系直接以语词表达类目体系，采用超链接技术链接信息内容，比使用分类标识更加方便直观。

⑤更新迅速。由于网络分类体系是通过链接与网络文献建立联系的，类目的设置和调整可以根据网络资源的发展变化来进行，具有较大的动态性。

5.4.3 网络信息的主题组织

主题法是网络信息组织的另一种主要方式，主要可分为两种形式：一是采用现有的词表（如叙词表，即主题词表），主要应用于学科专业型数据库中；二是采用关键词法，在搜索引擎等网站中使用较普遍。

5.4.3.1 叙词表的应用

叙词表，又称主题词表，是叙词法的词汇管理工具，是为采用叙词法标引和检索信息的用户提供规范化的叙词及其语义关系信息的一种索引词汇表。网络化的叙词表联机显示是叙词表在网络环境下应用的主要形式之一，既包括原印刷型词表的数字化，也包括数字化环境下编制和生产的数字化词表。

随着因特网的发展，国际上一些主流的数据库不断改进和提高叙词表在网络数据库领域的信息组织和检索能力。例如世界三大农业数据库之一的联合国粮农组织所属的国际农业科技信息系统建立的书目型的国际农业数据库AGRIS，其网络版农业多语种叙词表AGROVOC，进行了不断的修订和维护，完全适应了网络数据库的信息标引和检索功能①。其他著名的叙词表，例如

① http：//aims.fao.org/website/AGROVOC-Thesaurus/sub［EB/OL］.

美国国立医学图书馆编制的《医学主题词表》（Medical Subject Headings, MeSH）①、LCSH 国会图书馆标题表（Library of Congress Subject Headings）等都在网络时代发挥着重要的作用。

按照功能和有用性，网络环境下的叙词表可分为两种类型：①独立叙词表，此类叙词表不附属于某个信息系统，如《ASIS 图书馆和信息科学叙词表》、《艺术与建筑叙词表》（Art & Architecture Thesaurus, AAT）等；②集成在数据库或信息检索系统中的叙词表，如美国教育资源信息数据库使用的《教育资源叙词表》（ERIC）、美国国立医学图书馆编制的《医学主题词表》等。

值得关注的是，随着图像、音频、视频等各种非文本信息的增多，各类多媒体数据库相应建立，一些国家开始实行一些项目来将叙词表引入对视觉化信息的标引过程，以提高其标引质量和检索效率。具有代表性的有美国国家航空航天局《NASA 图像集合视觉叙词表》（NASA Image Collection Visual Thesaurus）。得克萨斯奥斯汀学院的 ICON 图像扫描实验室项目致力于创建一种用于 NASA 图像数据库标引和检索的受控词表。项目使用自动叙词表构建技术，提出一种专门用于快速准确标引和检索视觉数据的新型叙词表，称为“视觉叙词表”（The Visual Thesaurus），词表将集合中的图像与语词类目对应起来，它也可以应用到航空领域以外的其他图像结合。此项目的目的包括两方面：一是使用适合于各种图像集合领域的“图像语言”来快速精确地描述图像，创建一个数据库生成子系统；二是在数据库生成子系统的基础上，创建用于检索的视觉界面。

5.4.3.2 关键词法的应用

叙词表具有较强的专业性，词表的参照系统和索引系统也比较完善，在学科专业型数据库中较为常用。但与此同时，在现有的网络环境下，难以单纯采用自动规范用词来组织信息资源以及实现自动扩检；并且检索语言的使用不再仅限于专业标引人员和检索人员，而是层次不同的广大终端用户。因此网络环境用户迫切需要采用自然语言，关键词法成为网络信息组织中的一种常见方法。

由于网络资源数量庞大，使用规范语言将会大大提高信息组织成本，降低文本处理效率，而网络信息的自动词语处理技术，是直接从文本标题或正文中抽取关键词作为信息组织标识。与叙词相比，关键词是一种不受控或者受控程度较低的标引语言。因而，关键词技术在网络搜索引擎和其他信息系

① http://www.ncbi.nlm.nih.gov/mesh [EB/OL].

统的信息组织中被广泛采用。网络搜索引擎中的自动索引软件，如 Robot、Spider、Crawler 等都采用了关键词技术，从网站、网页的题名、地址、摘要，甚至网页的正文中抽取关键词作为索引词，提供指向相关网络信息资源的超文本链接。这些搜索引擎由采集器、建库器、索引查询器、备份复制器、目标缓存器、目标管理器等功能模块组成，分别负责在网络上漫游和收集网页上的重要信息，抽取网页上的内容，生成目标格式文件，排序、归并、检索、更新及管理索引数据库内的文件。在搜索引擎的数据库内，收集起来的超文本格式的文件要进行筛选，把文件中的辅助部分去掉，把有检索意义的部分储存起来，形成查询数据库。关键词和其他一些特定词成为数据库中重要的组织标识或检索标识。我们所熟悉的 Google、Baidu、Bing 等搜索引擎都采用了关键词法来组织网络信息。此外，网络上的一些文献数据库(如中国知网 CNKI、重庆维普数据库等)，也广泛使用了词语标识系统，使得用户在进行文献分类浏览的同时，还能够从题名、作者、篇名等检索入口利用关键词作为检索标识进行查找。

5.4.4 网络信息组织方式

信息组织方式是利用各种信息技术和信息组织方法将信息组织起来的具体形式。根据网络的技术特点、网络信息资源的特征与构成以及对网络信息资源开发与利用的需求，目前应用较多的网络信息组织方式主要有文件方式、数据库方式、主题树方式、超媒体方式等。

(1) 文件方式

文件是有序组织的数据的集合，是计算机保存处理结果的基本单位。在计算机出现的早期，用户将信息按物理地址直接存储在媒体上，在使用时需要了解文件存放的物理位置和物理结构，非常不便。引入文件概念后，计算机有一整套文件处理的技术和方法，可以实现“按文件名进行存取”，文件管理程序可根据用户给出的文件名自动完成数据传输操作。我们所熟悉的文件传输协议（FTP）的作用就在于把各种类型的文本式和非文本式文件通过网络传送给用户，现在多已采用 WWW 作为用户界面，浏览和下载信息操作简便。

作为一种较为古老的信息组织方式，文件方式的优点是：①简单方便。计算机有一整套文件处理的技术和方法，在组织网络信息资源时可以非常容易地利用这些技术和方法；②它是存储非结构化信息的天然单位。计算机处理的所有最终结果都能以文件的形式保存下来，所以对于图形、图像、图表、声音、音频、视频等非结构化信息，可以方便地利用文件系统来进行管理。

但是以文件形式来组织网络信息资源也有其难以克服的弱点：①难以平衡网络负载与文件数量的关系。如果文件大小随着信息量的增加而同步增长，势必加大信息利用过程中的网络负载，而如果将文件规模限制在适合网络传输的限度内，又会增加文件的数量，加大文件管理的复杂度。②对结构化信息组织显得软弱无力。文件系统只涉及信息的简单逻辑结构，对各个信息项之间的内在关系涉及很少，这样当信息结构较为复杂时，难以实现有效的控制和管理。③随着以文件形式保存和管理的信息资源的迅速增多，文件本身可看做信息单元，也需要作为对象来管理。所以，文件方式常作为网络信息资源管理的辅助形式，作为其他信息组织方式的补充。

（2）数据库方式

数据库技术是从计算机系统中文件系统的基础上发展起来的对大量规范化数据进行管理的一种技术。数据库技术也随着计算机在信息工作中的不断普及而得到了最为广泛的应用。数据库技术发展过程经历了从层次式数据库与网络数据库，到关系数据库，再到面向对象数据库，以及现在讨论得较多的多媒体数据库、半结构化数据库系统等。数据库技术的不断向前推进，也大大地推进了信息组织与管理技术的发展。

所谓数据库组织方式，是将所有已获得的网络信息资源以固定的记录格式存储，用户通过关键词及其组配查询，就可以找到所需要的信息线索（即相关站点链接），并通过信息线索直接连接到相应的网络信息资源。在 Internet 中，这种组织方式的工作原理如图 5-4 所示。

这种组织方式利用数据模型对信息进行规范化处理，利用关系代数、布尔逻辑理论进行数据查询的优化，提供了一整套数据控制与操作的命令和方法，可以利用信息项之间的联系进行信息的重组和查询，从而大大提高了数据操作的灵活性，实现了数据管理与应用程序的完全分离，大大降低了网络传输的负载，特别是多媒体数据库和半结构化数据库的发展，为非结构化信息的组织提供了良方，便于 Internet 信息资源的充分共享和有效传播。

但是这种方法也有一些缺陷：①对非结构化信息的处理困难较大。对网络环境中日益增多的多媒体信息、表格、程序、大文本等非结构化信息的组织，该方式显得困难。②不能提供数据信息之间的知识关联。数据库组织方法是基于语用的组织，而数据库又有严格的数据模型规范，单个数据项缺乏行为能力，难以显示信息单元的知识内容之间的语义关联。③对用户和数据库服务端都提出了较高的要求。它要求用户掌握一定的检索技巧，包括关键词及其组配方法的选择等，同时，在数据库服务端，对于如何进行数据库的

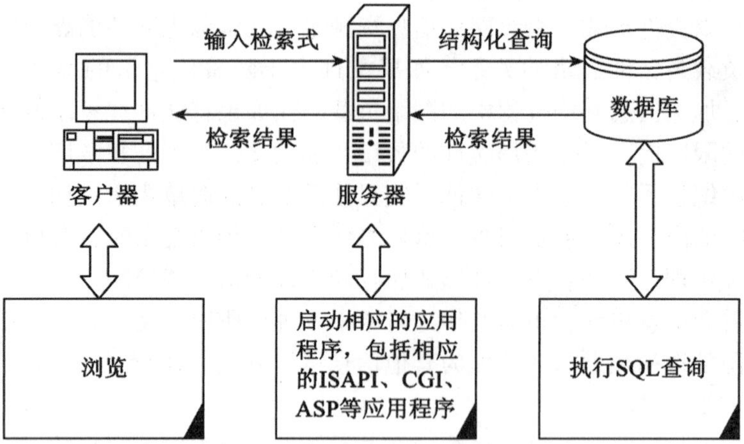

图 5-4　数据库组织方式原理图

自动扩充，如何提供良好的人机交互，也提出了较高的要求。

数据库处理海量信息的能力和优势，使之成为组织网络环境中堆积如山的信息资源的重要方式。此外，数据库中的数据类型也突破了传统意义上的数字和字符，发展到声音、图形、图像等多种类型。数据库本身也由关系数据库发展成多媒体数据库、空间和地理数据库、分布式数据库等。

（3）主题树方式

所谓主题树组织方式，就是将信息资源按照某种事先确定的概念体系结构，分门别类地逐层加以组织，用户通过浏览的方式逐层加以选择，层层遍历，直至找到所需要的信息线索（即相关站点链接），并通过信息线索直接找到相应的网络信息资源。一些比较著名的网络检索工具如 Yahoo!、InfoSeek 等，都是用这种方式组织信息资源的。

这种组织方式的优点在于：①简单易用，屏蔽了网络信息资源系统（包括网络连接技术和信息资源获取技术）对于用户的复杂性，提供了一种基于树型浏览方式、简单易用的网络信息检索和利用界面。②信息检索按照一定的范畴分类体系，逐次查看，按图索骥，因而对于用户而言，目的性强，查准率高。③采用树型目录结构组织信息资源，具有良好的可扩充性和严密的系统性。

其缺陷在于：①必须事先建立一套完整的范畴体系。但是这套体系结构很难包括所有的网络信息资源，用户为了准确迅速地获取信息，必须对相应的范畴体系有一个较全面的了解，这也人为地增加了用户的智力负担。②要保证主题树的结构清晰性和资源可用性，主题范畴体系的结构不能过于复杂，每一类目下的信息索引条目也不宜过多，这就降低了其所能容纳的网络信息资源的数量。因而，这种组织方式不宜于建立综合性的大型网络信息资源系统，但是适于建立专业性的或示范性的网络信息资源体系。③主题目录树是一种人工主导的资源组织方式，因而在管理、维护方面跟不上网络信息的增长速度，收录范围不够全面，新颖性和即时性相对较差。

（4）超媒体方式

超媒体技术是超文本技术与多媒体技术的结合，它将文字、图表、声音、图像、视频等多媒体信息以超文本方式组织起来，使人们可以通过高度链接的网络结构在各种信息库中自由航行，找到所需要的任何媒体的信息。超媒体与线性文本、超文本、多媒体的相互关系如图 5-5 所示：

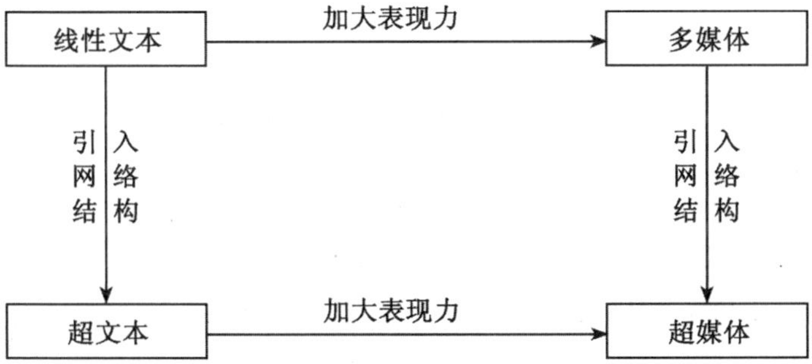

图 5-5　超媒体与线性文本、多媒体和超文本的关系

用超媒体方式来组织网络信息资源，就是将网上所能获得的各种媒体（文本、图像、声音、视频、文件、网页、超文本链接网、数据库等）的相关信息资源利用超文本技术有机地编织在一起。每一个媒体信息为一个节点（node）或基本单位（unit），节点间以链路（link）相连，将信息资源组织为某种网状结构，用户可以从任一节点开始，自由跳转，浏览和查询信息。

它可以说是网络信息组织未来的发展方向，它以符合人们跳跃性思维习惯的非线性的方式组织信息，具有良好的包容性和可扩充性，超越了媒体类型对信息组织与检索的限制，实现了链接浏览的搜寻方式，避免了检索语言的复杂性。不足之处是采用浏览的方式进行信息搜寻，当超媒体网络过于庞大时，很难迅速而准确地定位，且很难保存浏览过程中所有的历史记录，难以避免所谓的“迷航”现象。但我们相信随着技术的发展这些不足会随之消失。特别是数据库技术与超媒体技术的结合研究，我们相信这种“迷航”

现象不久就会解决。

5.4.5 基于众包的网络信息组织

信息技术的快速发展以及信息数量的飞速增长，给信息的组织，特别是网络信息的组织带来巨大的挑战。面对信息量巨大的网络信息，单纯的人工组织方式已经无法胜任这种变化，利用机器进行网络信息的自动化组织虽然提高了信息组织的效率，但是效果还有待提高。众包（Crowdsourcing）概念的提出为网络信息组织提供了一种新的思路。

众包这一概念是由美国《连线》杂志的记者杰夫·豪在 2006 年提出的。杰夫·豪对众包的定义是："一个公司或机构把过去由员工执行的工作任务，以自由自愿的形式外包给非特定的（而且通常是大型的）大众网络的做法。众包的任务通常由个人来承担，但如果涉及需要多人协作完成的任务，也有可能以依靠开源的个体生产的形式出现。①" 众包通过整合计算机和互联网上未知的大众来完成机器单独难以处理的任务。当前，Wiki 和 Tag 技术是基于众包思想进行网络信息组织的比较成熟的两种技术。

（1）Wiki

Wiki 是一种在网络上开放、可供多人协同创作的超文本系统，由"Wiki 之父"沃德·坎宁安（Ward Cunningham）于 1995 年所创。沃德·坎宁安将 Wiki 定义为"一种允许一群用户通过简单的标记语言来创建和连接一组网页的社会计算系统"。Wiki 信息内容的生成、组织和维护由全体用户共同参与。

Wiki 包含一套能简易制作、修改 HTML 网页的系统，再加上一套记录和编排所有改变的系统，并且提供还原改变的功能。使用 Wiki 系统的网站称为 Wiki 网站，Wiki 网站允许造访它的用户快速轻易地添加、删除、编辑所有的内容，这些操作的代价远比 HTML 文本小。与此同时，Wiki 系统还支持那些面向社群的协作式写作，为协作式写作提供了必要的帮助。Wiki 站点可以由所有用户（甚至任何访问者）共同维护，每个人都可以发表自己的意见，或者对共同的主题进行扩展和探讨。在此基础上，Wiki 的写作者自然构成了一个社群，Wiki 系统为这个社群提供了简单的交流工具。与其他超文本系统相比，Wiki 有使用简便且开放的特点，所以 Wiki 系统可以帮助我们在一个社群内共享某个领域的知识，维基百科（www.wikipedia.org）是其中较为有名的代表。

---

① 冯建红，等．众包技术研究综述［J］．计算机学报，2015，38（9）：1713-1726.

（2）Tag

Tag也称标签技术，是用来描述信息内容分类标识，一般一个标签就是一个自然语言词汇。每个标签由用户自主创建，自由选择自己认为能概括信息内容的词汇作为标识语，而不必遵从某一分类体系。Tag的特点表现为：每个标签可由用户自发进行创建和修改，而且标签具有共享性，用户可以访问标签所标注的信息；对于使用频率较高的标签，由于标注的用户较多，因而我们可以认为其较为相对准确地揭示和描述信息对象。标签的出现，使得网络用户的角色从信息生产者和使用者进一步向信息组织者延伸，用户不仅可以生产和利用信息，还可以组织别人生产的信息，并与他人分享。目前很多网站都提供Tag功能，如我们熟悉的美味书签（Delicious）、LibraryThing、豆瓣网等。

在标签等信息自组织技术的应用下，分众分类（Folksonomy）开始出现，并逐渐成为一种不容忽视的新型网络信息分类组织方法。与传统的分类体系不同，分众分类是一种众多用户参与的分布式的分类体系，它是由社群参与者运用自由定义标签的方式进行协作分类的活动，其原理是向社群参与者提供一种协同构建与共享各自网络资源标签的开放式平台。它并不采用严格的分类标准，分类全部由用户直接提交，分类形成过程完全自发。分类标注方便灵活，但同时也表现出分类模糊、随意、不够精确等不足，还需要进行深入研究。

5.5 知识组织

信息易找而知识难寻的现象几乎是每一个信息用户都会碰到的。信息是知识的原料或半成品，知识是经过整序和提炼的信息，是系统化的信息。从信息经济、知识经济到数字经济时代，我们对知识的需求越来越强烈，对信息组织的要求也越来越高。为加快建设数字中国、发展数字经济，需要从海量数据资源及其应用场景中充分挖掘信息的潜在价值。因此，知识组织的自动化、集成化和智能化愈发显示出它的优越性和时代性。知识组织是信息组织的高级形式，是信息组织的发展方向。

5.5.1 知识组织的含义及特征

早在1929年，英国著名的分类法专家H. E. 布利斯就曾使用过“知识组织”这个概念。近年来，知识组织的研究和实践活动有了进一步发展。1989年，在德国法兰克福成立了国际性学术机构“国际知识组织学会”（International Society for Knowledge Organization，ISKO）；1996 年，ISKO 华盛顿年会决定将 ISKO 秘书处移至哥本哈根皇家图书馆学院。此外，自 1993 年 1 月 1 日起，历史悠久、影响广泛的国际性学术刊物《国际分类法》（International Classification，IC）更名为《知识组织》（Knowledge Organization），由 ISKO 主办。从 1990 年开始，ISKO 每两年召开一次国际年会，每届年会都会围绕一个主题进行讨论，2018 年在葡萄牙召开的年会主题为“数字时代知识组织的挑战与机遇”。

关于知识组织的定义，还未形成统一认识。王知津等认为有广义和狭义之分。狭义的知识组织是指文献的分类、标引、编目、文摘、索引等一系列整序。广义的知识组织是针对知识的两要素进行的，是知识因子（节点）的有序化和知识关联（节点间的联系）的网络化①。蒋永福认为，“知识组织是指为促进或实现主观知识客观化和客观知识主观化而对知识客体所进行的诸如整理、加工、引导、揭示、控制等一系列组织化过程及其方法。”②

英国著名情报学家布鲁克斯把分析和组织知识视为情报学的逻辑起点。他认为，利用现在的各种分类法和索引法对文献的处理不是知识组织而是文献组织。布鲁克斯所指的知识组织，是对文献中所含内容进行分析，找到人们创造与思考的相互影响及联系的节点，像地图一样把它们标记出来（即“知识地图”），以展示知识的有机结构，为人们直接提供创造时所需要的知识。S. 塞恩则建议按所谓“思想基因进化图谱”进行知识组织，结果是构造知识基本单元联系及影响的图。这与布鲁克斯的“知识地图”本质上保持一致，即“找出知识生产和创造过程的关键数据（知识单元），然后用图来标示其联系与结构，实现知识的有序化”。③

总之，知识组织是揭示知识单元（包括显性知识因子和隐形知识因子），挖掘知识关联的过程或行为，最为快捷地为用户提供有效的知识或信息。

5.5.2 知识表示

知识组织的目标不仅在于对知识存储进行整序和提供知识，而且在于融

---

① 王知津，王乐．文献演化及其级别划分——从知识组织的角度进行探讨［J］．图书情报工作，1998（1）：4-7.

② 蒋永福．图书馆与知识组织——从知识组织的角度理解图书馆学［J］．中国图书馆学报，1999（5）：19-23.

③ 马费成．知识组织系统的演进与评价［J］．知识工程，1989（2）：39-43.

合分析、归纳、推理等方法来实现知识挖掘的知识表示过程。所谓知识表示，是指把知识客体中的知识因子和知识关联表示出来，以便人们识别和理解知识。知识表示是知识组织的基础与前提，任何知识组织方法都要建立在知识表示的基础上。知识表示有主观知识的表示和客观知识的表示两种①。

(1) 主观知识的表示

主观知识存储于人脑中，对它的表示表现为复杂的人脑神经生理与心理过程。目前的科学发展尚未完全探明人脑主观知识表示的内在机制。但是，在人工智能的专家系统研究领域，对人脑的知识表示机制进行模拟研究，取得了可喜成果。专家系统的核心是知识库系统，知识库中的知识存储方式及其推理输出规则，即为专家系统的知识表示方法。专家系统对专家知识的表示主要采取以下五种方式②：

①逻辑（Logic）表示法。这种方法运用命题演算、谓词演算等逻辑手段来描述一些事实的性质、状况、关系等知识。它利用命题逻辑中的联结词符号建立演绎逻辑系统，可进行事实推理、定理证明等运算。

②产生式规则（Production Rules）表示法。这是一种前因后果式的知识表示模型，它由两部分构成：前一部分称为条件，用来表示状况、前提、原因等；后一部分称为结果，用来表示结论、后果等。其规则是："IF（条件）THEN（结果）"，其意义是：如果 IF（条件）满足，则 THEN（结果）系统执行动作（或得出结论）。在一个专家系统中，专家知识、用户知识和背景知识，一般用产生式规则表示。如在文献检索专家系统中，用"IF... THEN..."规则能很方便地表达诸如标引规则、聚类规则、检索反馈策略等专家经验和思想。

③语义网络（Semantic Network）表示法。知识的语义网络表现为某一领域知识概念之间关系的网式图。它由节点和弧构成：节点表示知识的基本概念（知识因子），弧表示节点间的联系（知识关联）。语义网络表示法能够把知识因子和知识关联同时生成和表示，并以图的形式直观地显示出来。这种表示方法符合人类联想记忆的思维模式，因此在专家系统建设中得到广泛应用。在文献标引实践中，用语义网络来表示词表知识是一件比较容易的事情。

④框架（Frame）表示法。它的基本思想是根据人们以往的经验和背景知识，来推理当前事物的相关知识。一个框架由多个槽（Slot）组成，每个

---

① 蒋永福，李景正．论知识组织方法［J］．中国图书馆学报，2001（1）：3-7.

② 杨列勋．情报检索专家系统的知识表达［J］．情报科学，1991（2）：70-78.

槽又由一个或多个侧面（Facet）描述，若干个槽共同描述框架所代表的事物的属性及其各方面的表现。框架表示法能够深入全面地揭示事物的内部属性，适用于知识的深层表达。

⑤面向对象的知识表示。面向对象的知识库管理系统通过类、对象、方法和属性等面向对象的概念来描述各种复杂对象及其行为知识，解决传统的知识库管理系统无法解决的问题，从而很好地表示了各种复杂的具有动态和静态知识的对象。它不仅能把各种不同类型的知识用统一的对象形式加以表示，并且利用对象的数据封装机制、继承机制等特性，较好地实现知识的独立性、隐藏性以及重用性。

（2）客观知识的表示

客观知识存在于各种类型的文献之中，具有确定的知识因子和知识关联结构。客观知识表示的任务就是把文献中的知识因子和知识关联用一定方式表示出来即可。对文献知识的表示，目前普遍采用分类标引法和主题标引法。这两种方法都属于揭示文献主题内容的方法，两者的基本原理相同：先编制标引用词典（或称标引语言），然后把文献知识特征（形式特征与内容特征）与词典中的标引词汇进行相符性比较，最后把相符的词汇用其代号（分类号或主题词）表示出来。这个代号称为文献标识符。但两者的知识组织体例不同。分类标引法是语法组织和语义组织的综合，基本上属于族性组织体例。主题标引法是以语法组织为主、语义组织为辅的综合组织，基本上属于特性组织体例，其中词族索引和范畴索引由于展现了主题词之间的等级关系和学科关系，因而基本属于语义组织体例，而附表和语种对照索引则属于语法组织体例。

5.5.3 语义视角下的知识组织

5.5.3.1 语义网

本体是语义网中信息组织的核心概念，要认识本体在信息组织中的作用，我们先要了解语义网的相关内容。“万维网之父”Tim Berners-Lee 将万维网的演化分为两个阶段：在第一个阶段，万维网是一个有利于人们相互合作的强大工具；在第二个阶段，这种合作将延伸到机器，即连接到万维网上的机器也应该能够分析万维网上的所有数据——包括内容、链接以及人与机器之间的交互。语义网（Semantic Web）就是对万维网第二阶段的设想，它并非是另一个独立的万维网，而是万维网的一个延伸，是一个由大量机器可理解的数据所构成的一个分布式的万维网。在这个语义网络中，数据之间的关系通过一些术语来表达，这些术语之间又形成一种复杂的网络联系，计算机能够通过这些术语得到数据的含义，并且可以在这种联系上应用逻辑来进行推理，从而完成一些原来不能直接完成的工作。

语义网通过在现有万维网基础之上加入可被机器“理解和处理”的内容，从而使得现有的万维网具有一定的智能。在继 1998 年提出“语义网”概念之后，Tim Berners-Lee 于 2000 年描述了语义网的体系结构。从信息组织的角度来看，该体系结构揭示了语义网信息组织的结构模型（见图 5-6），为万维网信息组织向语义网信息组织的转化提出了具体的技术解决方案。

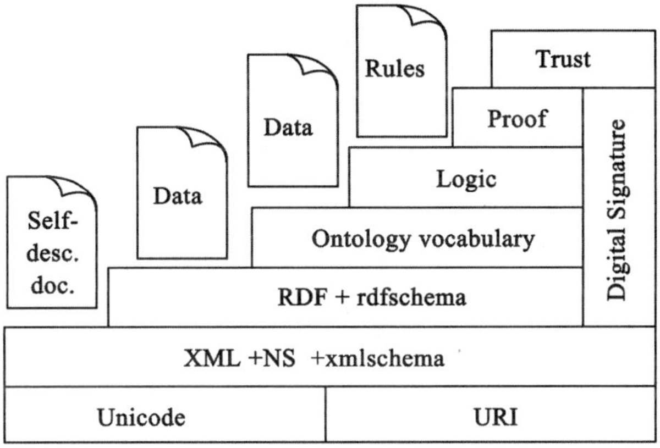

图 5-6　语义网信息组织结构模型

该模型最底层构成是统一资源标识符（URI）和统一字符编码（Unicode）。这一层解决的是语义网中资源的定位和跨地区字符编码的标准格式的问题。第二层是可扩展标记语言（XML）、域名系统（Namespace）以及可扩展标记语言结构表（XML Schema）。第三层是资源描述框架（RDF）和资源描述框架结构表（RDF Schema）。这两层相结合，人们就可以建立各自的语义网，但要让计算机相互理解对方的语义，还需要有一套共同的概念体系，这就是第四层本体语言词汇表（Ontology vocabulary）。“XML（s）+RDF（s）+Ontology”就构成了计算机间相互理解的基础，也就是改造万维网、建立语义网信息组织机制的三大核心技术。在本体层之上要进一步做一些逻辑推理工作，这就是第五层逻辑（Logic）。接下来就是保证信息是可信赖的，这是其余两个层次，及论证（Proof）和诚信（Trust）。

从信息组织的视角来看，其关键层次是本体语言词汇表，如同过去检索语言在文献信息组织中的地位和作用。其区别在于本体是机器可理解的，它支持机器的逻辑运算与自动推理，从而有望实现“智能化”的语义检索。

语义网的信息组织机制核心由两大模块组成：①以 XML 与 RDF 为手段的信息描述模块，管理信息，具备部分语义；②以本体为手段的语义注释模块，提供“意义”，实现机器间的语义互操作。可见，语义网的信息组织机制由信息描述和语义注释这两部分共同构成，本体问题是其中的核心内容。

5.5.3.2 本体

关于本体的定义，1993 年 Gruber 给出的定义是：本体是概念模型的明确的规范说明；1998 年 Studer 进一步完善为“本体是共享概念模型的明确的形式化规范说明。这里揭示了本体的四层含义，即：①概念模型（conceptualization），指通过抽象出客观世界中一些现象的相关概念而得到的模型，其表示的含义独立于具体的环境状态；②明确（explicit），指所使用的概念及实用这些概念的约束都有明确的定义；③形式化（formal），指本体是计算机可读的；④共享（share），指本体中体现的是共同认可的知识，反映的是相关领域中公认的概念集。具体地说，在网络信息组织领域，本体就是一整套对某一领域的知识进行表述的词和术语，编制者根据该知识领域的结构将这些词和术语组成等级类目，同时规定类目的特性及其之间的关系。有人把“Ontology”译为“实用分类系统”或“本体分类语言”，也是对其功能的诠释。

就理论层面而言，可以认为本体由概念（concept）、属性（property）、公理（Axiom）、取值（value）及名义（Nominal）这五要素构成。其中，概念分为“原始概念”（根据必要条件而非充要条件定义的概念）和“定义概念”（根据充分必要条件定义的概念）；属性是对概念特征或性质的描述；公理是定义在“概念”和“属性”上的限定和规则；取值是具体的赋值；名义是无实例（Instances）的概念或者是用在概念定义中的实例。基于本体的网络信息组织的特点主要表现在：

①直接体现语义。以前的网络信息组织，无论是分类组织，还是主题组织，所表达的语义是隐含的，只能被它们的建立者或开发人员理解、掌握和使用，而不能表达直接为计算机所理解的形式化的语义。基于本体的语义网信息组织不仅方便计算机的理解和处理，更好地满足全新的信息环境和检索要求的需要，而且还可以在此基础上提供进一步的智能服务。此外，本体对表达信息内容的概念的描述都是在一定的语义环境或限制规则下完成的，它在表达概念及其含义时更加清晰和准确，在进行信息组织时更加规范。

②分布式共享。本体是关于领域知识的共同理解与描述，用于共享与重组。但这种对领域知识的共同理解与描述不一定要通过一个集中管理的本体

来完成，它可以分散在网络上的多个本体来完成。每一个本体负责描述领域知识的某一方面或某一部分，通过多个本体的相互协作来共同完成对领域知识的描述。关于特定领域某一方面或某一部分的本体建立以后，在需要时还可以被其他领域共享和利用。这样，分散在网络上的各个本体形成了一个分布式的网络，在需要时它们可以相互利用或协同工作以完成某一特定任务。这种分布式的信息组织方式，不仅可以减少信息组织建立、维护与管理的成本，而且还可以大大促进网络知识的共享和交流。

③多维、网状的信息组织方式。传统的信息组织方法是线性的、一维的，本体则采用了容易为计算机所接受和处理的体现描述逻辑的知识表现和信息组织方式，概念及其之间的关系形成了一个多维的语义网络。这种多维、网状的信息组织方式，不仅有利于网络上各种不同类型、不同结构的信息资源的集中与整合，而且有利于它们之间关系的描述与揭示。

④对推理的支持。本体通常需要以某种逻辑的语言来表达，从而完成对类、属性和关系的详细、精确、一致、良好的表达。一些本体工具也可以据此进行自动推理并为一些智能应用提供高级服务，如概念搜索、软件代理、自然语言理解、智能数据库等。本体及其推理能力代表了现代信息组织特别是网络信息组织的发展趋势，它不仅有利于信息的形式化描述，而且依据本体这种信息组织方式而建立的检索系统更能满足用户进行语义检索和智能检索是需要。

5.5.3.3　关联数据

关联数据（Linked Data）是万维网的发明人蒂姆·伯纳斯-李（Tim Berners-Lee）提出的万维网上发布数据的方式，是语义 Web 的一种实现方式。它一般要求采用 RDF 数据模型，利用统一资源标识符（Uniform Resource Identifier，简称 URI）命名数据实体，发布和部署示例数据和类数据，从而可以通过 HTTP 协议揭示并获取这些数据①。

关联数据一经提出就引起互联网界、图书馆和出版界等诸多领域的广泛兴趣，纷纷开展相关的研究和试验。在图书馆界，图书馆的受控词汇、规范文档、书目数据和馆藏单位等信息都可通过关联数据进行组织和发布。瑞典国家图书馆将瑞典联合目录（Swedish Union Catalogue）开放为关联数据，成为首个实现关联数据的图书馆，将其 600 万书目记录通过关联数据行形式在 Web 上发布。美国国会图书馆（The Library of Congress，简称 LC）对美国国会图书馆标主题词表（Library of Congress Subject Headings，简称 LCSH）

① 马费成．信息资源开发与管理［M］．北京：电子工业出版社，2014.

进行语义化描述之后，通过关联数据进行网络发布。随后，德国、法国、匈牙利和英国等国家图书馆纷纷将受控词表和目录等图书馆数据转换成关联数据形式，进行组织和发布。联机计算机图书馆中心（Online Computer Library Center，简称 OCLC）尝试利用关联数据发布分类法和主题词表，如以关联数据形式发布杜威十进制分类法的最上三层目录，关联数据版的 FAST 规范档还包含相应的 LCSH 规范档的链接，对许多地理标题均提供了到 GeoNames 地理数据库的链接。2012 年 6 月 20 日，OCLC 将 schema. org 的描述性标记追加到 WorldCat 的网络页面，以便将关联数据加入到 WorldCat 中，WorldCat 开始在 Web 上提供世界上最大的关联书目数据集。

2010 年 5 月至 2011 年 8 月，W3C 图书馆关联数据孵化小组（W3C Library Linked Data Incubator Group）“通过带动更多的人参与语义网活动，特别是关注图书馆及相关领域关联数据活动，应用现有的先导活动，确定未来合作发展的轨迹，以此促进图书馆数据在万维网上的互操作”。W3C 的政府关联数据工作组（Government Linked Data Working Group）积极探索有利于政府通过关联数据等技术发布政府信息标准的建设。英国政府将政府信息发布为关联数据，提供立法、财政、教育等多领域信息的查询；美国政府数据公开网也积极探索运用关联数据等语义网技术实现政府数据的发布与组织；澳大利亚等国家的政府数据网亦在尝试运用关联数据发布政府信息。关联数据技术还被商业性机构所采用，德国电子商务和网络科技研究小组开发了电子商务网络本体 GoodRelations，支持将商品数据发布为关联数据格式提供能详细描述商品特征价格和企业数据的属性元素以适应用户的精准检索需求；雷诺公司利用关联数据为企业的数据存储和服务构建了有效的服务方案等。

2021 年 10 月，我国制定《“十四五”数字经济发展规划》，明确提出要强化高质量数据要素供给，推动数据资源标准体系建设，提升数据管理水平和数据质量，探索面向业务应用的共享、交换、协作和开放。例如，在政务服务方面，要建立健全国家公共数据资源体系，统筹公共数据资源开发利用，推动基础公共数据安全有序开放，构建统一的国家公共数据开放平台和开发利用端口，提升公共数据开放水平，释放数据红利。另外，2021 年 12 月发布的《“十四五”国家信息化规划》也指出，要建立健全国家公共数据资源体系，构建统一的国家公共数据开放平台和开发利用端口，推动人口、交通、通信等公共数据资源安全有序开放，并鼓励企业开放搜索、电商、社交等数据，发展第三方大数据服务产业。关联数据在各业务应用领域中数据资源的开放共享、交换协作以及开发利用方面发挥了至关重要的作用。

5.5.3.4 知识图谱

知识图谱（Knowledge Graph）是一种基于图的数据结构，由节点和节点间的边组成。知识图谱本质上是一种语义网络，其节点代表实体（entity）或者概念（concept），边代表实体/概念之间的各种语义关系。随着大数据时代的到来，知识存储与处理规模越来越大。人们对知识的渴望不再局限于获取，更加关注知识与知识之间的关系。知识图谱因能以清晰、动态的形式揭示知识之间的关系，成为学术界和产业界的研究热点。

知识图谱最初由谷歌提出，它是通过将应用数学、图形学、信息可视化技术、信息科学等学科的理论与方法与计量学引文分析、共现分析等方法结合，同时利用可视化的图谱来形象地展示学科现代理论。科学知识图谱是利用图谱的结构来挖掘、分析、构建、绘制和显示知识及它们之间的相互联系。

知识图谱作为一种新型的知识存储结构，可以把复杂的知识领域通过数据挖掘、信息处理、知识计量和图形绘制的方式显示出来，可视化的结构和网状关系可以揭示知识领域的动态发展规律，为所要研究的学科提供切实的、有价值的参考。知识图谱在发达国家的实际应用中表现出积极的研究态势，已经逐步拓展并取得了较好的效果。

近年来，随着语义网、关联数据（Linked Data）等技术的快速发展，互联网语义数据量迅猛增长，大量的 RDF 数据被发布。互联网已经不止是以前只包含网页和超链接的文档，而是转变为包含大量的描述实体之间数据关系的万维网。谷歌、百度和搜狗等互联网巨头也投入到知识图谱的构建中，分别推出了自己的语义搜索项目：谷歌 Knowledge Graph、百度知心和搜狗知立方。

通过学术界和产业界的努力，目前已经建成的知识图谱有：

（1）语言知识图谱：WordNet、HowNet 等。

（2）事实性知识图谱：OpenCyc、Freebase、DBpedia、YAGO2 等。

（3）领域知识图谱：Kinships、UMLS、Cora 等。

（4）机器自动构建的知识图谱：NELL、Knowledge Vault 等。

本章内容提要

信息组织是信息管理流程的重要环节，目的是通过相应的技术手段将杂乱无序的信息实现有序化，以方便后续的检索服务利用。第 5 章首先介绍了信息组织的基本原理（包括信息组织的概念、类型、原则、理论基础等），详细阐述了信息组织的基本思想方法（分类法、主题法、分类-主题一体化），而后对编目标准、元数据、通用标记语言、RDF（S）、SKOS 等信息描述标准进行了介绍；并分析了网络信息组织的特点，讨论了网络信息的分类组织、主题组织问题，反映出传统分类法、主题法在网络环境下的继承和新发展，对基于众包的网络信息组织进行了专门的论述。最后，阐述了知识组织的基本概念，并对语义网、本体、关联数据、知识图谱等知识组织技术进行了介绍。

本章重点

1. 掌握信息组织的概念，理解什么是信息的外部特征和内部特征，以及信息组织的目的；

2. 信息组织的两种基本思想方法（分类法和主题法）及其在网络环境下的应用和发展；

3. 了解信息描述的一些主要标准；

4. 掌握知识组织的含义和特征，了解知识组织的技术与方法。

本章参考文献

[1] 查先进. 信息分析与预测 [M]. 武汉：武汉大学出版社，2000.

[2] 戴维民主编. 信息组织（第 2 版） [M]. 北京：高等教育出版社，2009.

[3] 胡小菁，李恺. MARC 四十年的发展及其未来 [J]. 中国图书馆学报，2010（3）.

[4] 蒋永福，李景正. 论知识组织方法 [J]. 中国图书馆学报，2001（1）.

[5] 康桂英. 分类法与主题法在网络信息资源组织与揭示中的应用 [J]. 图书馆建设，1999（3）.

[6] 罗昊. 聚焦信息组织研究的前沿——面向网络信息组织的本体开发 [J]. 情报资料工作，2006（1）.

[7] 马建霞. 主题图技术与相关知识组织方法的比较研究 [J]. 图书馆杂志，2007（2）.

[8] 马张华编著. 信息组织（第 3 版） [M]. 北京：清华大学出版社，2008.

[9] 司莉. 叙词表在网络信息组织中应用的调查分析及其优化 [J]. 图书馆论坛，2007（6）.

[10] 宋彩萍，霍国庆．信息组织论纲 [J]. 中国图书馆学报，1997 (1).
[11] 王知津．知识组织的研究范围及发展策略 [J]. 中国图书馆学报，1998 (4).
[12] 张燕飞，傅晓燕．近五年来国内主题法研究综述 [J]. 高校图书馆工作，2008 (2).
[13] 熊回香．Web 2.0 环境下的网络信息组织 [J]. 情报资料工作，2007 (5).
[14] 周宁主编．信息组织（第 2 版）[M]. 武汉：武汉大学出版社，2004.
[15] 周荣庭，郑彬．分众分类：网络时代的新型信息分类法 [J]. 现代图书情报技术，2006 (3).

6 信息检索

我们知道，信息组织是指按照一定的规则来描述信息资源或信息对象，以便于能被需要它们的人高效地利用。信息组织使信息有序化和系统化，把有价值的信息按照一定的编排方式进行存储。而信息检索则是指为了个人或他人的需要，去发现适当的信息资源或信息对象。可以说，信息组织和信息检索是一对互逆过程。由于信息组织和信息检索往往是密不可分的，有时我们又将信息检索理解为包括信息存储和信息查找两个过程，一般情况下，我们还是将信息检索理解为信息查找的过程。

6.1 信息检索的基本概念与原理

6.1.1 信息检索的含义

1950年，美国计算机学家穆尔斯（Calvin N. Mooers）首次提出了信息检索（Information Retrieval）概念。他认为可以把信息检索看作一种“延时性通信形式”，其特点是发信者在某一时刻发出信息，而接收者可以在晚一些时刻才收到该信息；发信者必须发出一切可能的信息，而接受者必须有某种检索装置以便从大量发送的信息中筛选出适合自己需要的信息，即信息检索用户通过信息检索得到了一些文献资料，从而使得发信者与接受者（信息检索的用户）之间建立起了一种通讯。后来，前苏联的切尔内

(черНЂІй)、英国的维克利(Vickery)、美国的兰卡斯特(Lancaster)也分别给信息检索下了定义。他们是从信息查找的角度来定义的，都认为信息检索是从信息集合中查找出含有用户所需信息的过程。

“信息检索”这个概念的理解通常有广义和狭义之分。从广义层面上，信息检索被理解为“信息的存储与检索”(Information Storage and Retrieval)，它是指将信息按照一定的方式组织和存储起来，并能根据用户的需要找出其中相关信息的过程，包括了“存”和“取”两个基本环节。存储主要指在信息选择的基础上对信息的内外部特征进行描述、加工并使其有序化，形成信息集合；检索是借助一定的设备与工具，采用一系列方法与策略从信息集合中查询所需的信息。而狭义层面上的信息检索仅指的是该过程的后一个环节。在信息用户看来，他们更关注如何从存储的信息集合中快速获取各种需要的信息，因而狭义的信息检索对他们而言更加重要。我们认为，信息检索是根据特定的需求，运用某种检索工具，按照一定的方法，从大量文献中查出所需的资料或信息的过程。通常为满足用户信息需求而建立的，存储经过加工了的信息集合，拥有特定的存储、检索与传送的技术装备，提供一定存储与检索方法及检索服务功能的一种相对独立的服务实体(包括人和检索工作单位)，统称为信息检索系统(Information Retrieval System，简称 IRS)。即人、检索工具(包括设备)和信息资料是信息检索系统的三个基本要素。由于信息检索和信息组织关系密切，常常被放在一起讨论，因而信息检索系统往往从广义的信息检索出发包括信息存储和信息检索两大流程。图 6-1 是信息检索系统的体系结构。

图 6-1 中右边的信息组织流程是信息组织的过程，左边的检索流程是信息检索的过程。中间的游戏规则则是我们通常说的检索语言体系或者说组织规则，它是信息检索系统得以顺利工作的保障。在上一章中我们已提到的信息组织原则就是为高效的信息检索服务的，所以比较与匹配是在游戏规则之下顺理成章地进行的工作。信息检索的本质是用户的信息需求与一定信息集合的匹配，潜在的相关信息是信息检索系统输出的结果。图中可以看出，信息组织与信息检索之间存在着密不可分的关系。不对信息进行组织则检索无从实现，如果不进行检索则组织将没有意义。二者之间的关联主要是通过规范化的检索提问式与索引等有序化的信息集合的相互比较和匹配来达成的。从存储的角度看，信息组织越简单越好，但过于简单地存储，又无疑会影响到信息检索的质量与效率，所以有效的检索需要以增加存储的代价作为前提。信息组织和信息检索之间的这种互动关系在实际的信息检索系统的开发与设计中，需要给予某种合理化的兼顾与平衡。

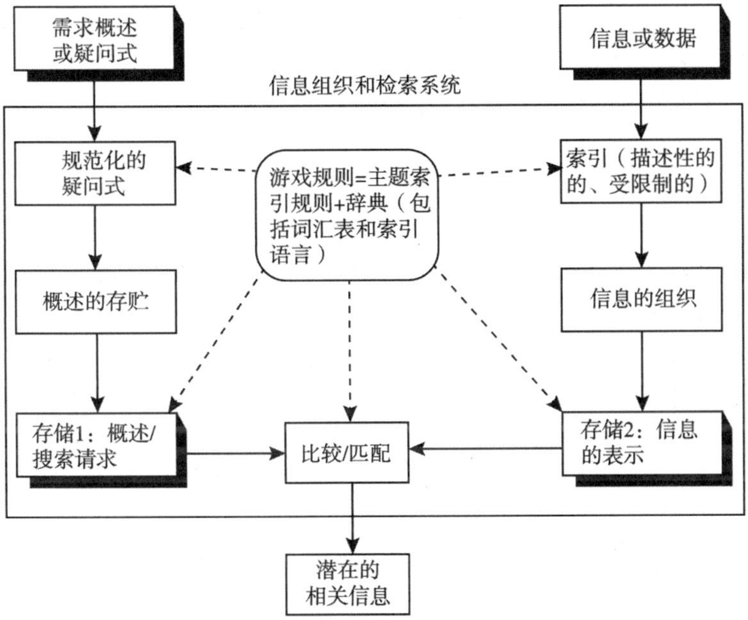

图 6-1　信息检索系统体系结构①

6.1.2　信息检索的类型与特性

用户的信息需求多种多样，信息检索技术也在不断发展变化，信息检索的类型可从不同的角度划分。

（1）按存储和检索的内容划分

①文献检索。是指以文献（包括文摘、题录或全文）为检索对象的一类信息查询活动。例如，为了撰写综述性论文，某作者需要对论述相关问题的大量文献进行搜集和阅读；为了审查某项专利发明的新颖性和先进性，审查员需要查阅有关的专利说明书及其他资料，等等。各类学术资源检索平台能够充分发挥学术文献信息传播、搜集、整合、编辑、拓展、共享功能，在提升国家文化软实力中起着重要作用②。

---

① Metadata and Description. SIMS 202: Information Organization and Retrieval [R]. University of California, BerkeleySchool of Information Management and Systems, 2000-10-26.

② 新华社. 习近平在中国人民大学考察时强调：坚持党的领导传承红色基因扎根中国大地 走出一条建设中国特色世界一流大学新路 [EB/OL]. (2022-04-25). [2023-12-07]. https://www.gov.cn/xinwen/2022-04-25/content_5687105.htm.

②数据检索。检索系统中存储的是数值型数据，如科学技术常数、各种统计数据、人口数据、气象数据、市场行情数据、企业财政数据等。检索系统通过一定的运算推导能力反馈给用户经过核实、整理或加工过的数值信息。

③事实检索。检索系统中存储的是从原始文献中抽取的关于某一事物（事件、事实）发生的时间、地点和过程（情况）等方面的信息。它是数值信息和系统数据信息的混合。一般需从系统中检索出所需信息后，再加以逻辑推理给出结论。

随着信息处理技术的不断发展，目前信息检索的对象大大丰富，除了文献、数据、事实等对象之外，图形、图像、音频、视频等新型媒体信息极剧增加，并逐渐被纳入信息检索的研究视野。当前，根据检索内容，信息检索类型出现了一种新的三分方法，即：文本检索、数值检索、音频与视频检索。

①文本检索。是指以各种自然语言符号系统所表示的信息作为主要检索对象的信息检索活动。文本检索是传统（文献）检索方式的延续，目前在信息检索领域仍占据主要地位并不断得到新的发展，例如：从早期的结构化书目信息检索到当前的无结构或半结构化的自由文本检索；从关键词检索到概念检索甚至语义检索，等等。

②数值检索。主要针对数值型数据的查询而发展起来的一类较有特色的信息检索活动。数值检索不仅能检索出符合特定需求的数据信息，而且还可以在此基础上提供一定的数据运算与推导能力，以及制表、绘图功能。由于数值信息的不断丰富和在某些专业领域（例如财经、金融、统计等）广泛而重要的应用，自 20 世纪 70 年代起，数值检索逐步获得了独立发展的空间。

③音频与视频检索。主要针对各种数字化音频与视频信息而进行查询的一类新型的信息检索操作。我们所常用的搜索引擎当中，在网页搜索的基础上，音频、视频搜索也逐渐成为搜索的主要对象。

（2）按检索系统中信息的组织方式划分

①全文检索。对检索系统中存储的整篇文章乃至整本书按照自己的需要获取有关的章、段、句、节等信息，还可以进行各种频率统计和内容分析。

②多媒体检索。查找含有特定信息的多媒体文献的检索，其结果是以多媒体形式反映特定信息的文献或片段，如图形、图像、声音、动画、影片等。

③超媒体检索。包括对超文本和多媒体进行的检索。系统中存储的对象不仅有文本，还有图形、图像、声音、视频等多媒体信息。这些信息在组织

结构上以超级链接的方式存在，因而检索的结果是逻辑连接链（links）。这种链一般是多维的。

此外，还可以按照检索要求来区分为强相关检索和弱相关检索。前者强调的是查准率，后者强调的是查全率。查全率与查准率往往是成反比的。按照检索性质可分为定题检索和回溯检索。前者是查找有关特定主题最新信息的检索，又称为 SDI 检索，后者是查找一段时期内有关特定主题信息的检索，也称为追溯检索。按照检索方式可分为手工信息检索、机械信息检索和计算机信息检索。

无论是哪一种检索类型，信息检索都满足如下特性：

（1）信息检索的相关性

苏联情报学家切尔内认为：所谓相关性，是指信息检索时规定的一篇正文与表示信息提问的另一篇正文的符合程度①。福斯克特把相关性定义为：属于不拘于提问词的论文方面/主题领域的并由该领域的人们一致确认的文献。国内信息界认为：相关性表明用户是否认为一文献与一提问吻合。在信息检索中广泛地存在着相关性的问题②。

（2）信息检索的不确定性

信息检索系统并没有直接处理原始信息和原始用户需求，它提供的只是信息表示和查询表示之间的关系，这就涉及标引和检索词选用的准确度问题。而实际上，在标引和检索词的选用中都存在不确定性。标引的不确定性是指不同标引员在给同一篇信息对象进行标引时会选用不同的标引词，即标引词选用的不一致性。检索词选用的不确定性是指候选检索词集不止一个，而是多个，检索过程具有试探性：系统依次选用词集进行检索，直到检出或在失败中放弃查找。上述两种不确定性作用于检索系统，使得信息检索具有不确定性。

（3）信息检索的逻辑性

信息检索作为信息管理的核心，具有非常强的逻辑性。在检索语言方面，检索词表作为检索语言的典据性文本，其自身编排具有很强的逻辑性。在检索策略的研究方面逻辑性表现得更为明显。所谓检索策略是指处理信息检索提问的逻辑与查找步骤的科学安排。正确的检索策略优化了检索过程，有助于取得最佳的检索效果，获得具有高相关度的文献。但是如前分析的，

---

① 切内尔著．情报检索理论概述［M］．赵宗仁，等译．北京：科学技术文献出版社，1980.

② 康耀红．相关性及其排序原则［J］．情报理论与实践，1990（4）.

检索过程具有不确定性，这一点决定了检索不是一个一蹴而就的过程。在检索过程中能否根据实际情况进行动态的反馈和调节以尽量减少检索失误，直接影响到检索的成败。其中系统与用户之间交互的接口功能与检索策略的逻辑性更是关键。

6.1.3 信息检索的基本原理①②

现实生活中，用户的信息需求千差万别，获取信息的方式与途径也各式各样，但如果仔细分析基于不同信息检索设施或工具的检索处理过程，其基本原理却是相同的。我们可以把信息检索的基本原理概括为：对信息资源集合与信息需求集合的匹配与选择（如图 6-2 所示）。

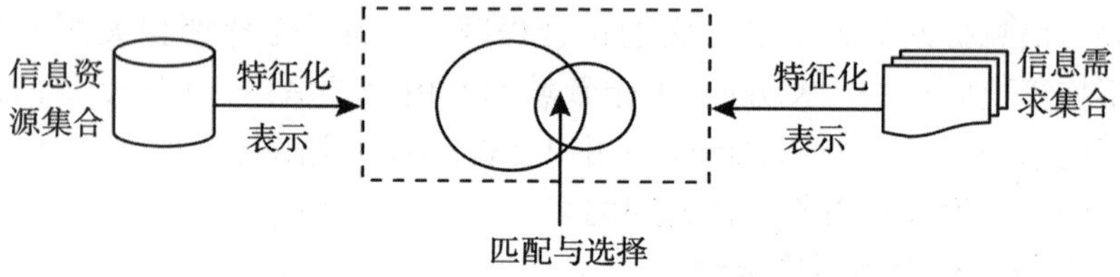

图 6-2 信息检索的基本原理

（1）信息资源集合

信息资源集合是指有关某一领域的、经选择性采集和组织加工的信息集合体。为了保障信息检索的快速与高效，需要对信息资源集合进行某种形式化的加工，形成它们的特征化表示，即对它们进行分析与标引，让原来隐含的、不易识别的特征显性化，并获得相应的标识（如分类号、主题词等）。将这些被分析、提取出来的特征及其标识进行存储，便构成了索引库，成为组织和查找信息资源的依据和标准。

（2）信息需求集合

用户的信息需求是在社会实践活动中产生的。当人们为完成某一任务或工作时，时常会觉得缺少某些知识，这就产生了信息需求。众多用户不同形态的信息需求的汇集，形成了信息需求集合。用户信息需求的产生及其满

① 夏立新，金燕，方志，等．信息检索原理与技术［M］．北京：科学出版社，2009：6.

② 赵丹群．现代信息检索：原理、技术与方法［M］．北京：北京大学出版社，2008：3.

足，是实施信息检索行为的前提与基础，更是实施信息检索行为的目的所在。如同对信息资源集合进行的特征化表示一样，对用户提出的信息需求也需要进行类似的加工处理，即分析需求的内容，提取出主题概念或其他属性，并利用与信息资源集合相同的标识系统（即检索语言）来表示需求中所包含的概念和属性，从而得到用户需求的特征化表示结果——提问式（Query）。

（3）匹配与选择

面对信息资源集合与信息需求集合，如何在两者之间建立起联系与沟通的桥梁，以便能从信息资源集合中快速获取用户所需要的信息与知识呢？这就是要求信息检索提供一种“匹配”（matching）机制。这种机制的主要功能在于：能够把信息需求集合与信息资源集合依据某种相似性标准进行比较与判断，进而选择出符合用户需要的信息。在信息资源集合与信息需求集合都进行了特征化表示的基础上，它们二者之间的匹配就简化为提问式（代表用户的信息需求集合）与已建立的有序的索引库（代表信息资源集合）之间的匹配，即两组有限的语词符号化特征之间的匹配比较。这种简化对于提高匹配和选择的效率来说是非常必要的，但同时它也带来了一些问题，例如漏检、误检等。如何减少这类问题，成为信息检索领域中一个备受关注的研究课题。

6.1.4 信息检索的模型

不同信息检索系统获取信息的方式与途径不同，但它们的基本原理是相同的：即检索系统对用户信息需求与系统存储的信息资源所进行的匹配。为了进一步严密地表述和论证这一原理，需要建立相应的信息检索模型。所谓检索模型就是对信息检索任务的数学抽象，它避开了对具体实现细节如数据存储、数据结构等的描述，而主要从两个方面抽象地研究信息检索方法：一是确定在模型中如何表示构成检索系统的两个要素：即文档和检索条件；二是确定在模型中如何定义和计算文档和检索条件之间的关系。

信息检索模型的类型主要有集合论模型（包括布尔模型、模糊集合模型、扩展布尔模型）、代数论模型（包括向量空间模型、语义模型、神经网络）、概率论模型（包括概率模型、推理网络、信念模型）等。下面我们主要介绍以下四种模型。

（1）布尔逻辑检索模型

布尔模型是经典信息检索模型，同时也是第一个信息检索模型。它是一种简单的检索模型，建立在经典集合论和布尔代数知识基础上。由于集合论的“集合”具有很好的直观性，布尔表达式又很简单明朗而且语义准确，因而布尔检索模型很容易为用户所接受。

布尔检索模型采用布尔代数和集合论的方法，用布尔表达式表示用户提问，通过对文献标识与提问式的逻辑运算来检索文献。在实际检索中，检索提问设计的概念往往不止一个，同一个概念可能涉及多个同义词或相关词。这样用一个词来表达检索提问就不一定能够准确表达检索用户的检索意愿，为了正确地表达检索提问，系统中采用布尔逻辑运算将不同的检索词组配起来，使一些具有简单概念的检索单元通过组配成为一个具有复杂概念的检索式。逻辑运算中最常用的是布尔逻辑运算符（boolean logic operator），主要的运算符有逻辑“与”、逻辑“或”、逻辑“非”，分别用 AND（或 *）、OR（或+）、NOT（或-）表示。检索词 A、B 若用逻辑“与”相连，即 A AND B（A * B），表示同时含有这两个检索词才能被命中；若用逻辑“或”相连，即 AORB（A+B），表示只要含有其中一个检索词或同时含有这两个检索词的文献都将被命中；若用逻辑“非”相连，即 A NOT B（A-B），表示被检索文献含有检索词 A 而不含有检索词 B 时才能被命中。对于含有多个逻辑运算符的检索提问式，其需要遵循系统所规定的运算次序。

布尔检索模型具有逻辑运算符较少、提问式构造简单且易修改等优点，但同时也表现出一些缺点，如检索中的关键词没有权重区别、检索结果没有重要性排序、查全率较难控制、对用户语义提取能力要求较高等。为了解决这些问题，一种引入了矢量处理思想的扩展布尔检索模型得以提出，它具备矢量处理的权重检索优势，而且保留了布尔表达式中的连接符加权，但不够自然简洁，应用不是很普及。

（2）向量空间检索模型

20 世纪 60 年代末期，美国康奈尔大学计算机学家 G. Salton 基于“部分匹配（partial matching）”策略的信息检索思想，提出并采用线性代数的理论和方法构建一种新型的检索模型，即向量空间检索模型（Vector Space Model，VSM）。它的基本前提是将检索文档和检索提问式都看成是一组数值向量，这些数值形成一个空间向量图，这样就将信息检索中文献与提问匹配处理过程转化为向量空间中文献向量与提问向量的相似度计算问题。某一文献与某一提问的相关程度通过检索该向量对之间的相似度来测定。与布尔逻辑模型“非此即彼”的刚性检索相比，向量空间模型体现的是一种柔性的信息检索，它不是单纯地确定一个文档是否被命中，大多数情况是介于命中与未命中两者之间。所以，为了更加有效地得到一个合理的检索结果，需要制定一个关于相关度的阈值（threshold），凡与提问向量的相关度大于此阈值的文档，都作为检索结果反馈给用户，并且按相似度大小降序排列输出。这样，向量空间模型的检索匹配就在一种“部分匹配”策略的指导思想下完成了。

作为基于代数论的一个数学模型，向量空间模型对文档的量化处理思想充分发挥了计算机的计算特长，而且自诞生以来，在文本信息检索领域中一直占据着非常重要的地位。它既有布尔检索模型的简洁形式化特点，又有有效的匹配算法设计以及合理的结果排序处理方式，在文本检索（Text Retrieval）、文本分类（Text Categorization/Classification）、文本过滤（Text Filtering）、文本挖掘（Text Mining）、文本浏览与可视化（Text Browsing and Visualization）等领域都有典型的应用。与此同时，VSM在应用过程中还存在着一些需要继续研究的问题，如对处理结果的可解释性较差、现有算法在当前大规模或超大规模真实文本环境中的有效性需要验证、如何与自然语言理解技术进行融合等。

（3）概率检索模型

概率模型是一种实现简单、效果较好的信息检索模型，于1976年由英国城市大学的S. E. Robertson和K. Sparck Jones提出。其基本思想是：给定一个用户提问，则检索系统中存在着一个只包含与提问相关的文档的理想结果集合，记为R。如果能知道集合R的特征及其描述，就能够找出全部相关文档，排除所有无关文档。然而，在用户提出检索要求时，并不知道这个理想结果集合的特征。因此，在第一次检索时就需要对R的特征进行估计。根据初始的估计，系统将形成一个初步的对理想结果集合的概率描述，用户检索出初始文档集。在此基础上，用户可以对初始检索结果集合中文档相关与否进行判断，或者，由系统对检索结果文档的相关性进行自动判别。根据这些反馈信息，系统便可以在后续的检索结果中不断作出优化，改进对理想结果集合的描述，从而在多次交互操作之后使检索结果逐步接近该提问的理想命中结果集合R。

从本质上讲，信息检索是一种具有不确定性的决策判断过程。概率模型清楚地认识到了这种不确定性，利用概率论原理，主要研究表示文档的随机向量在相关文档集和无关文档集中的概率分布，将文档向量与查询向量间的相似程度概率化，通过计算某一给定文档与某一给定用户提问相关的概率从而作出检索决策。不同于布尔模型和空间向量模型，概率模型具有一种内在的相关反馈机制，它把检索处理过程看做是一个不断逼近并最终确认命中文档集合特征的过程，并通过运用某种归纳式学习方法实现系统对检索结果的优化与完善。

概率模型的局限性主要表现在：①各种参数估计难度较大，最初估计标引词在相关文档出现的概率没有任何先验知识，有可能与实际情况出入较大；②需要预先将文档分成相关和不相关的两个集合，在查询不足的情况下如此分类的精度不高，从而造成性能下降；③标引词的权值计算方法为0/1式，仍是二值的，没有考虑到词频等加权因素；且沿用了标引词之间相互独立的基本假定，在描述文档和提问上性能不佳。

（4）模糊检索模型

布尔检索模型主要是基于经典集合论，即元素和集合之间的隶属关系是明确的，只存在是或否两种情况。而在信息检索中，文档和提问之间的相关与不相关不是绝对的，二者的匹配是近似或模糊的。每一个检索词在系统中都对应着一个模糊的命中文档集合，而每一篇文档对于这个命中集合来说，又都具有各自不同的隶属度值（通常小于1）。具体来说，信息检索中的模糊性主要表现在：①用户通常不能准确说明他所需要的信息，在检索过程中会出现“全部”“一些”等数量上的模糊关系和“相关”“紧密相关”等相关性方面的模糊概念；②系统中所采用的文献标识只是文献内容的部分和不准确的表示；③大部分文献只是与用户提问部分相关；④用户对于检索结果的满意程度也具有不确定性。为了解决这种模糊性引起的不确定性，人们引入模糊集合理论来构建模糊集合模型。以模糊集合的概念来解释信息检索过程，成为模糊检索模型建立的共同基础。

模糊集合模型是基于美国自动控制专家札德（L. A. Zadeh）的模糊集合理论，其出发点是用“隶属函数”的概念来描述差异的中间过渡，并通过隶属函数对经典集合论加以推广。模糊集合理论处理的是边界不明确的集合的表示，其中心思想是把集合中的元素和隶属函数结合在一起。隶属函数的取值在［0，1］上，0表示元素不隶属于该集合，1表示完全隶属于该集合，值在0和1之间表示元素为该集合的边际元素。模糊检索是将文献看成是提问在一定程度上相关，对于每一个标引词，都存在一个模糊的文献集合与之相关；对于某一给定的标引词，用隶属函数表示每一文献与该词相关的程度，即隶属度，取值在［0，1］上。标引词的模糊集合是在标引过程中建立的，通过标引词关联矩阵建立的叙词表来计算文献对标引词的隶属度。在模糊集合检索中，用户的检索提问通常由布尔逻辑式来表达，对于用户需求的处理是把表达用户需求的布尔逻辑式转换成析取范式的形式。计算文献与提问相关的过程类似于经典布尔模型中的计算，只不过在模糊检索中处理的对象是模糊集合而不是普通集合。基于模糊集合模型的检索结果是建立在文献集上的，且其隶属度就是文献集对用户提问的相关程度的模糊子集①。

总的来说，模糊检索模型与经典布尔模型关系密切，它基本保留了布尔检索功能，但更为灵活，对那些既想利用布尔检索长处、又想避免其二值相关性判断局限性的人们来说，能够较好地满足需求。不过该模型的应用范围不是很广泛，且关于隶属函数的确定还需要更加精确有效的方法。

集合论模型、代数论模型和概率论模型的一个共同点是：它们都建立在对信息内容特征的标引与匹配上。长期以来，对这些模型的理论探讨及试验验证，一直是信息检索领域的主要任务。随着信息资源类型的不断丰富，信息检索的匹配机制与标准也在不断发展。除传统的信息内容特征外，信息的结构特征及其提取成为建立新型信息检索系统的另一种可供选择的匹配标准。另外，随着 WWW 网络环境的日益普及，在超文本技术的支持下，用户的信息检索除了通过索引文档的查询与匹配之外，浏览方式的浏览模型也成为令人关注的研究内容。与此同时，人们对信息检索的过程也进行了研究，从而得到了信息检索主体在检索过程中的认知模型。据此，人们可根据自己的认知思维所得到的检索结论，改造自己的检索观念模型来适应不同检索系统，进而可根据自己的检索结论来评价和改造检索理论，创造出新的信息检索理论以及信息检索系统。对信息检索的认知模型的研究有助于提高检索主体在检索过程中的自觉性和创造性，使检索思维和行动更加明确有效，同时也是对检索理论的进一步完善。

6.2 信息检索的发展历程

从检索手段看，信息检索可分为手工信息检索、机械信息检索、计算机信息检索和网络信息检索，这与信息检索的发展阶段相对应。本小节主要从信息检索发展历程和不同检索方式的技术与方法等角度进行介绍。

6.2.1 手工信息检索阶段

（1）手工信息检索的起源与发展

信息检索起源于文献的文摘索引工作和图书馆参考咨询工作。在参考咨

① 王知津，郑红军．基于集合理论的信息检索模型［J］．情报科学，2004（11）：1288-1291，1296.

询工作产生之前，“书目”作为最重要的检索工具已有悠久的历史，“索引”虽已存在，最初只与目录相近，后来演变为“书后索引”。但是读者被要求独立使用图书馆提供的书目和索引工具，查询所需的文献和信息，这时“信息检索”作为一种行为已经出现，只是具有分散性和非专业性，而且缺乏必要的重视和研究，未能形成专业化的信息检索系统。正规的参考咨询工作是由美国的公共图书馆和大专院校图书馆于19世纪下半叶首先发展起来的。“参考咨询工作”产生的标志是1876年召开的美国图书馆协会第一届大会。1883年，波士顿公共图书馆首次设置了专职参考馆员和参考阅览室。

20世纪初，多数图书馆成立了参考咨询部门，主要利用图书馆的书目工具来帮助读者查找图书、期刊或现成答案。随着文献的激增和读者需求的增长，逐渐发展到从多种文献源中查找、分析、评价和重新组织信息；“索引”突破了以前的狭隘范畴，成为独立的检索工具；到40年代又进一步包括回答事实性咨询，编制书目、文摘，进行专题文献检索，提供文献代译等。“信息检索”从此成为一项独立的用户服务工作，并逐渐从单纯的经验工作向专业化方向发展。

在这一阶段的发展过程中，手工化信息检索活动取得了丰硕成果，并为下一时期的计算机化信息检索发展奠定了坚实的基础。这些成果主要表现在：第一，大批高质量的文摘性检索工具陆续被编制并投入使用。例如，美国工程信息公司编辑出版的《工程索引》（Engineering index，简称Ei）(1884年)、英国电气工程师协会编辑出版的《科学文摘》（Science Abstracts，简称SA）（1898年)、美国化学文摘社编辑出版的《化学文摘》(Chemical Abstracts，简称CA)（1907年)、美国生物科学信息社编辑出版的《生物学文摘》(Biological Abstracts，简称BA)（1926年)、美国科学信息服务社编辑出版的《科学引文索引》（Science Citation Index，简称SCI)(1961年)，等。第二，检索语言的创建和试验活动十分活跃，在分类语言方面出现了如《杜威十进分类法》(Dewey Decimal Classification，简称DDC)(1876年)、《美国国会图书馆分类法》(Library of Congress Classification，简称LCC)（1901年)、《国际十进分类法》（Universal Decimal Classification，简称UDC)（1907年）等分类法；在主题语言方面，先组式标题语言(1876年)、后组式单元词语言（1950年)、叙词语言（1959年)、引文语言（1960年）等检索语言相继出现。检索语言在理论和应用上取得的成就，为信息组织与标引、索引编制、检索提供了充分的保障。

（2）手工信息检索的技术与方法

在手工信息检索过程中，主要使用的检索工具包括：

①目录。目录是图书或其他单独出版物规律化、系统化的记载，主要用于检索出版单位和藏书单位是否拥有信息检索者所需要的书刊。目录只涉及这些出版物的外部特征，如书名、卷数、作者、出版年月、版本号、出版社名称、页数等，但有的附有十分简单明了的内容摘要。目录是历史上最早出现的信息检索工具，种类繁多，其中较为重要的有国家书目、出版社目录、书店目录、馆藏目录、联合目录、专题目录等。

②索引。索引是把一种或多种书刊里的具体内容按一定的方式分别摘录，并注明出处，以便检索的一种工具。按寻找文献内容特征的编制方法来分，可以分为分类索引与主题索引；按取材来源，又分为图书索引、期刊索引、报纸索引及其他文献索引；按著录对象，可分为篇目索引、主题索引、条目索引、词语索引及辅助索引等。

③文摘。文摘是把文献资料的主要内容，由有一定水平和经验的编者将其准确、简要地摘录出来，并注明出处后，经分类排序而编制成的检索工具。文摘的主要作用是便于快速而准确地阅读和检索，但对检全率和检准率要求比较高。文摘主要类型包括：指示性文摘、报道性文摘、统计性文摘等。

④年鉴。年鉴是以描述和统计的方式逐年提供某年度某一领域信息的工具书。年鉴包含的内容很丰富，从一部商贸年鉴中可以得到专家对某一行业或市场的综述、分析、回顾和展望，了解新出台的政策法规、最新的统计数据和企业介绍、调研报告、经济团体和研究机构的名录、经贸知识、理论研究、重要或最新产品、大事记、经济形势分析和预测等等，因而最适合于各类现行资料的查询。作为一种年度出版物，年鉴还能连续地反映事物的发展、停滞甚至倒退的趋势。

⑤手册。手册是汇集某一学科领域或业务部门专门知识的工具书，多是针对当前实践中的需要，以简明扼要的方式提供具体、实用的资料，供随时翻检查阅，故又称便览。手册种类也相当繁多，如市场预测实务全书、公司开办与经营手册等。

⑥百科全书。百科全书是荟萃一切门类或某一门类知识、以概要方式介绍为主的多功能工具书。如果说词典的功能仅仅说明某一概念，则百科全书是“接着定义往下说”的工具书，它可以回答诸如“何时”“何地”“如何”“为何”等背景性知识，内容详尽完备，查阅、检索功能都很突出，是补充知识的常用工具。如《中国大百科全书》《大不列颠百科全书》等都是非常实用的检索工具。

这些手工信息检索工具主要涉及以下排检技术：

①字顺排检技术。它是指将检索工具的内容按字、词的一定顺序或规律，有系统地组织排列起来的技术。

②分类排检技术。它是指将信息素材按学科或事物性质系统地加以排列。该技术有按一种方式单独编排的，也有与按时间、地区排列技术相互配合使用的。

③主题排检技术。它是指以规范化的自然语言为标识符号来标引信息内容的排检技术。主题排检技术的一般形式是以主题词来揭示信息素材记述的中心内容或对象，主题词本身按读音或笔画或字母顺序加以排序。这种排检技术把属于不同学科、不同知识体系中论述同一问题的信息素材集中标引出来，揭示信息素材内容比较深入、广泛。

④时序排检技术。它是指按时间的顺序组合信息素材的技术，多用于编制年表、年谱等检索工具。

⑤地序排检技术。它是指按一定时期的行政区域来排列信息素材的技术。这种技术可以把同一地区的有关信息素材集中在一起，全面地反映某一地区、某一国家的历史和现状。

手工信息检索的方法包括：

①顺查法。它是一种以信息检索课题起始年代为起点，按时间顺序由远而近地查找信息的方法。查找前需摸清课题提出的背景及其简略的历史情况，了解和熟悉问题概况，然后选用适宜的检索工具，从课题发生的年代开始查起，直到查到信息够用为止。此法的优点是检全率高，缺点是费时费力。

②倒查法。它是一种逆时间顺序由近而远地查找信息的方法。这种方法多用于查找新课题或有新内容的老课题，需要的是最近发表的文献，因此一旦掌握了所需的文献信息即可终止检索。此法优点是节约时间，缺点是漏检率较高。

③抽查法。这是一种针对研究课题发展的特点，抓住学科发展迅速、发表文献较多的年代进行查找的方法。由于学科发展兴旺时期，不但其文献数量远远高于其他时期，而且新的观点、新的理论也会在这个时期产生，因此抽查法能以较少的检索时间获取较多的文献。使用此法必须以熟悉学科发展特点为前提，否则难以取得预期的效果。

④追溯法。又叫回溯法，是以某一篇文献末尾所附的参考文献为依据，由近及远进行逐一追踪的查找方法。此法直观、方便地不断追溯，可查到某一专题的大量参考文献，在不具备检索工具的情况下，是一种扩大信息源的好办法。缺点是检索效率低，检全率低，漏检率高。

⑤循环法。它是先利用检索工具查出一批有用文献，然后再利用这些文献末尾所附参考文献的线索进行追溯查找。此法的优点在于检索工具缺年缺卷时，也能连续获得所需年限内的文献资料。

手工信息检索的特点是：操作简单，费用低廉，查准率高，但效率较低，查全率不能保证。

6.2.2 机械信息检索阶段

（1）机械信息检索的起源与发展

机械信息检索系统是20世纪50年代开始的用各种机械装置进行信息检索的机械系统，是手工检索向现代信息检索的过渡阶段。机械信息检索主要包括两种基本类型：

①机电信息检索系统。用诸如打孔机、验孔机、分类机等机电设备记录二次文献，用电刷作为检索元件的信息检索系统。

②光电信息检索系统。用缩微照相记录二次文献，以胶卷或胶片边缘部分若干黑白小方块的不同组合做检索标志，利用光电检索元件查找文献的系统。

机械信息检索系统利用当时先进的机械装置改进了信息的存储和检索方式，通过控制机械动作，借助机械信息处理机的数据识别功能代替部分人脑，促进了信息检索的自动化。但它并没有发展信息检索语言，只是采用单一的方法对固定的存储形式进行检索，而且过分依赖于设备，检索复杂，成本较高，检索效率和质量都不理想。机械信息检索系统很快被迅速发展的计算机信息检索系统取代①。

（2）机械信息检索的技术与方法

①机电信息检索系统

机械信息检索最初是从简单的穿孔卡片逐步发展起来的。继手检穿孔卡片之后，出现了机检穿孔卡片和选卡机，这就形成了机电信息检索系统。在检索时，先把检索机调定在要找的几个触头上，输进一叠卡片，机器里边有检视元件，它或者是一排探针，或者是一排电刷。卡片经过检视元件时，探针下压，遇到孔位相符的卡片，可穿过卡片上的孔眼，作用于传动机构，自动地把这张卡片分选出来，放到相应的受卡盒中。若以电刷为检视元件时，电刷可以穿过孔眼与接触轮接触，接通相应电路，打开受卡盒门，使卡片进

---

① 丁蔚，倪波，成颖．情报检索的发展——情报学世纪回眸之一［J］．情报科学，2001（1）：81-86.

入受卡盒中。这就是机检穿孔卡片的简单原理。Ball 系统即属于这种机电信息检索系统。

②光电信息检索系统

光电信息检索系统主要是以缩微胶卷（片）检索方式出现的。缩微胶卷（片）的检索方式大致可以分为两种类型：

寻址检索方式。缩微品按文献号码排列，当要求某一特定号码的文献时，系统就找出与该号码相对应的画面，并将其投影放大，显示在阅读者屏幕上，或者将其放大复印出来。这种检索较为简单，因而可以叫作文献提供系统。

编码检索方式。在缩微品上，各画面本身加以编码，以代表该文献所包含的主题内容。这些编码，可以用某些装置（例如光电装置等）进行扫描，以便检索到与代表主题要求的某个检索策略相匹配的文献。这种系统是既具有检索功能，又具备文献提供能力的系统。

光电信息检索系统的特点是：胶卷、胶片比穿孔卡片坚固耐磨；缩微存储，面积体积均小，1 立方米体积可存储 Filmorex 胶片近 100 万张；所有制造、操作、摄影等，均可简单地、自动地进行，需要人工参与的工序少，产生错误的可能性也小，价格也较低，胶卷上还可存储原文。可以认为，此种光电信息检索系统综合地解决了信息的缩微存储、快速检索及快速复制问题。

6.2.3 计算机信息检索阶段

（1）计算机信息检索的起源与发展

随着 1946 年计算机的问世，信息检索进入到计算机检索阶段。由于计算机具有强大的信息存储处理能力、高度的可靠性和准确性，其在信息检索领域的应用取得了众多的突破与成功。计算机信息检索系统的发展过程经历了早期的脱机批处理检索（Off-line Batch Processing，1954—1964 年）、后来的联机实时检索（On-line Real Time，1965—1975 年）、功能更为强大的联机网络化信息检索（1975—1990 年）等不同的发展阶段。

①脱机批处理检索。计算机的产生对信息检索产生了重要的影响，但在发展初期计算机技术还比较落后，数据存取与数据通信能力都比较差，信息检索的基本特征是“脱机批处理”，表现为：输入计算机的信息（文献的题录、文摘等）几乎全部存储在磁带上，检索提问存储在穿孔纸带或穿孔卡片上，检索结果不能立即获得，必须等待成批或定期的检索处理。虽然批处理的方式比手工检索便利了很多，但用户还是不能与系统进行实时对话，也

不能对检索策略进行及时调整。

②联机实时检索。进入20世纪60年代中后期，随着第三代计算机——集成电路计算机开始出现，高密度海量随机存储器——磁盘及磁盘机的问世和投入使用，信息检索进入了人机对话式的联机实时检索时期，表现为：信息检索中心的主机借助于电话线与远距离检索终端相连，形成联机实时检索系统，用户通过检索终端与检索系统进行对话，并可以在终端屏幕上即时获得检索结果。这一时期，美国洛克希德（Lockheed）公司的DIALOG系统（1966年）、美国系统发展公司（SDC）的ORBIT系统（1965年）等联机检索服务系统创建并应用。

③联机网络化检索。20世纪70年代中后期，大规模集成电路和超大规模集成电路技术、数据库技术，尤其是基于分组交换网的现代通信技术等，将联机检索带入了联机网络化发展阶段。通过利用世界上主要的数据通信网，DIALOG、ORBIT、OCLC等先后发展成为国际性的大型联机检索系统，用户在几分钟之内就可以查阅到远在千里之外的文献资料，使用非常便利与快捷。

计算机信息检索时期的主要特点为：①以各类机读数据库检索对象；②各类情报所、联机服务中心作为新兴的信息服务部门而存在；③信息检索用户逐渐由专业检索人员向个人终端用户转移和扩散，信息检索的社会普及化程度日益提高。

（2）计算机信息检索的技术与方法

计算机信息检索可分为联机信息检索、光盘信息检索两类。

①联机信息检索。

联机信息检索，是指信息用户利用检索终端设备，使用一些特定的指令和检索语词，通过通信网络与存储大量信息的信息检索系统联机，进行人机对话，从检索系统的数据库中查找出用户所需信息的全过程。联机检索起源于20世纪60年代的美国；70—80年代中期，国外联机信息检索系统进入发展最快时期，许多著名的联机信息检索系统成为商业系统进入国际信息商品市场；90年代中后期，随着网络的兴起，许多大型联机信息检索服务机构纷纷加入因特网，提供网上检索。

联机信息检索允许用户以联机会话的方式直接访问系统及其数据库，检索是实时、在线进行的，并在检索过程中可随时调整检索策略。这种系统具有分时的操作能力，能够支持许多相互独立的终端同时进行检索，用户的提问一旦传到主机被接收后，计算机能及时处理、即刻回答，将检索结果很快传送到用户终端，用户可以浏览所得到的信息，随时修改提问，直至得到满意的结果。

联机信息检索系统的优点是：检索速度快；检索范围广而全面；检索途径多、质量高；检索内容新、实时性强；检索辅助功能完善、使用方便，检索结果输出方式灵活、实用。但是，联机信息检索也存在着自身的缺陷：主机负担重，一旦出现故障，则整个网络都将瘫痪；信息组织方式以线性为主，不够灵活；联机检索不像 Internet 是面向最终用户的，操作也没有后者方便。因此，在 Internet 网络信息检索的冲击下，传统联机信息检索业纷纷采取改进措施，将自己的系统安装在 Internet 服务器上，成为 Internet 的一个有机部分。如 DIALOG、American Online 等世界著名联机系统都建立了自己的 WWW 服务器，使用超文本技术，增加服务项目，改善用户界面。

联机信息检索系统是一个典型的计算机信息系统，能完成数据收集、分析、加工处理、存储、传递通信和检索信息的全过程。在信息存储的过程中，由系统按一定的规律对信息进行加工处理，并赋予特征标识。在信息检索的过程中，由用户通过系统提供的检索指令，向系统提交含有需求特征的检索表达式。计算机信息检索系统接收到正确的指令后，自动地将相关信息集合的特征标识与用户提交的检索特征进行“匹配”。这种“匹配”完全是一种字符串的类比运算。匹配结束，系统自动给出存储信息的特征与检索提问的特征相符的记录篇数，即命中数量。用户通过显示命中记录的内容，判断检索是否成功，这就是联机信息检索技术的基本原理。一般，联机信息检索系统由检索服务机构、国际通讯网络及检索终端三部分构成。

第一部分是检索服务机构。它由中央主机、数据库及其他外部设备组成。中央主机是检索系统的主体部分，主要功能是进行信息的存储、处理、检索以及整个系统的运行和管理。一般联机系统拥有多台中央主机，可以随时切换，以保证检索的正常进行。数据库是存储在磁带或磁盘上的文献或数据记录的集合，是联机检索的对象，它相当于手工检索的检索工具书，其实有些数据库就是手工检索工具的机读版。因此，掌握各种数据库的性能是联机检索的前提。其他外部设备，主要有主机操作台、高速打印机等设备，用以解答用户在检索过程中提出的各种问题，处理用户脱机打印要求。

第二部分是国际通信网络。它由通信线路、调制解调器、自动呼叫应答器、多路复用器、通信控制器组成。

第三部分是检索终端。检索终端是用户向联机检索服务机构发送或接受信息的必要设备，主要由终端、调制解调器和打印机组成，其中终端是最主要的组成部分。用户采用各厂商生产的 PC 机作为终端，利用键盘输入检索指令，也可预先存入计算机，待接入联机系统后由计算机直接发送，系统对检索指令的响应显示到显示器上。

联机信息检索的服务方式主要有以下几种：

a）定题信息提供（Selective Dissemination of Information，SDI）。这种服务是由检索系统工作人员将用户信息需求转换成一定的检索提问式，并将此式存入计算机中，信息检索系统定期从新的文献信息中为用户检索，并按用户指定的格式为用户加以编排和打印。利用 SDI 服务，用户可定期获得所需要的最新信息，及时掌握同类专题的动态和进展。

b）专题回溯检索（Retrospective Search，RS）。这是用户对检索系统中积累多年文献资料的数据库进行检索，查找一定时间范围以内或特定时间以前的文献，通常采用联机检索方式进行。这种服务可以使用户一次检索全面了解某一课题在某一段时间中的发展情况，对申请专利、课题开题、某一科研项目鉴定撰写综合性论文及编制教材等非常有用。

c）联机订购原文。联机信息检索到的信息，大多数是一些文摘或题录形式的二次文献形式。用户如果需要原始文献而在本地馆藏中又无法查到时，可以通过联机终端向联机服务系统订购文献原文，信息检索系统自动将用户的订购要求输送到用户选定的数据库文献提供者处，数据库文献提供者将用户所需的文献传送给用户。

d）电子邮件。联机系统开展此项业务，以满足用户与系统之间、用户与各机构之间、用户与用户之间发送、接收、存储各种信息的需要。每个系统用户都拥有一个 E-mail 号码，联网系统有参加电子邮政用户的名单。输入接收者的 E-mail 号码和通信内容，接收者过去需要耗时几天才能接收到的信件现在只用数秒钟就可完成。

②光盘信息检索。

光盘是继纸张、缩微胶片、磁存储器之后的一种用激光束记录和再现信息的存储载体。用于检索和阅读的光盘通常为只读光盘（Compact Disc-Read Only Memory，CD-ROM）。它是一种信息载体，而要对其中的信息进行检索和利用则需要计算机的配合。光盘产品自 20 世纪 70 年代出现以来，最初只用于娱乐，直到 1985 年人们才研制出第一种专用于信息服务的光盘。此后，以光盘为载体的数据库产品层出不穷，为信息产业的发展注入了新的生命力，特别是光盘与计算机的结合，使得信息检索模式发生了革命性的变化。

光盘信息检索具有以下特点：

a）使用光盘检索系统，可免除联机检索系统所必须使用的电讯设备，节省了电讯费和联机系统使用费，还可免除由通信线路传输过程中所造成的失误；

b）光盘系统向用户随盘提供相当于联机信息检索系统功能的软件，并提供菜单驱动与命令驱动两种方式；

c）光盘存储容量大、耐用、复制费用低；

d）可以把文本、图形、图像、声音及动态形象结合在一起；

e）如果光盘数据库量不够多，则信息资源就显得有限，购买大量光盘数据库，又要受到经费限制；

f）在信息需求的适时性上，光盘检索不如联机检索系统，因为光盘只能定期提供；

g）数据库费用大。

一般来说，光盘信息检索系统由计算机、驱动器及连接设备、CD-ROM数据库（光盘）及其检索软件构成。

使用CD-ROM光盘需要在计算机上装配CD-ROM驱动器，驱动器可安装在绝大多数计算机上。驱动器是读取光盘数据的专用设备，在计算机扩展槽上插入CD-ROM驱动器的接口卡就可将计算机与驱动器连成一体。CD-ROM驱动器有内置式和外置式两种，前者装在计算机机箱内，可节省台面空间，价格较便宜；后者可很方便地移动到不同的计算机上。选择驱动器时主要考虑以下性能：a. 速度，一般在185ms～500ms；b. 查找速度，一般在250ms～400ms之间；c. 数据缓冲区越大，可直接从存储器存取的数据就越多，节省查询时间；d. 数据传送速度，有单速、双速乃至50倍速以上的驱动器。

光盘检索系统的功能和指令与联机检索没有很大区别，但更方便。各个系统一般都有如下功能键：Help（帮助）、Index（索引）、History（查阅历史）、Display（显示）、Print（打印）、Select Data-base（选择数据库）、Format Window（格式窗）、Quit（退出）等。当然，系统一般不显示当前没有使用的功能键，只列出正在使用的功能键，全部功能键及用法可以在附录中查找。

检索信息时可用单元词、多元词（短语）、数字及布尔运算符和位置运算符把几个检索术语组配成一个提问逻辑式。在编制提问式时，可以用有关功能键弹出索引菜单，通过浏览各种索引获取数据库记录中的关键词、词组和系统提供的主题词表，以便选择拼法、可能的截断术语和查找范围。当系统将中检的记录用标题形式显示出来时，用户可以用方向键在屏幕上移动至所需题名，然后以全记录形式显示或打印它。

系统保持着用户的一切提问和每一结果，因此用户可以在任何时刻回顾其查找的历史，重新使用或修改以前的任何提问，也可以在另一数据库中选择回顾历史并执行同样的检索策略，而不必重复键入或重新处理检索术语。

屏幕帮助是光盘数据库最常用也是重要的功能之一，对计算机检索不熟悉的用户在几乎每一个重要步骤都可以得到指导。帮助的菜单内容一般是针对正在检索中的某一个步骤。其内容有了解系统功能、提问句法、检索策略、记录字段的描述、限制符、停用词和标点、索引的使用、主题查找、从记录中抽词、截断和排列、如何显示记录、改变显示格式、打印记录、保留记录、结束查找、获得文献以及各种功能键的使用法。

6.2.4 网络信息检索阶段

（1）网络信息检索的起源与发展

20世纪90年代以后，互联网的发展突飞猛进。以互联网的出现为标志，系统大多采用分布式的网络化管理，其信息资源的主要特点是以数字形式表达，以多媒体和多载体的形式出现，内容覆盖全社会领域，且分布无序、难以规范化和结构化、用户界面要求高等。这些特点导致了信息处理从传统模式向新型模式的转变，如体系结构从终端主机方式发展到客户/服务器结构方式，网络环境从局域网发展到互联网，应用接口从封闭界面发展到WWW等，信息结构从结构化发展到非结构化，系统功能从单纯信息检索发展到综合信息管理和服务等。这些变化使得信息检索的主流平台迅速转移到了以Web为核心的网络应用环境中。一方面，新兴的机遇Web的搜索引擎系统得到日益广泛的应用，出现了以LookSmart等为代表的分类目录式搜索引擎、以AltaVista、Google等为代表的关键词查询式搜索引擎，以及Metacrawler、Dogpile等元搜索引擎；另一方面，传统的联机检索系统、各类数据库检索系统及其信息服务业务，也逐渐扩展、转移到具有分布式网络结构特性的Web平台上，面向网络用户开通WWW站点，并提供内容丰富的功能服务。国家互联网信息办公室在2016年和2022年分别发布了《互联网信息搜索服务管理规定》和《互联网信息服务算法推荐管理规定》，规范互联网信息搜索服务，促进互联网信息搜索行业健康有序发展。

目前，信息检索技术的发展面临诸多的任务和挑战，如超文本/超媒体技术的应用、基于内容检索与多媒体检索系统的开发、自然语言理解/处理、海量规模的网络信息组织与检索、语义检索与推理、知识检索与服务等。

（2）网络信息检索的技术与方法

自20世纪90年代，互联网已成为世界上最大的信息资源宝库，基于互联网的信息检索系统成为网络信息检索阶段的代表。网络信息检索的特点是：信息量更大，需要处理各种不同的语言（大多是自然语言），信息检索的范围更宽（多学科、多领域），信息查询的时效性要求更高，检索结果是检全率较高，而检准率较低。

21世纪以来，随着互联网搜索技术与移动通信技术的发展成熟，移动搜索应运而生。它打破了利用台式机进行搜索获取信息的终端局限性，使得移动设备用户可以随时随地获取所需的信息；更加专门化，目的性更强，方便查找特定的时间、地点等信息①。目前，基于位置信息的本地搜索服务、基于多平台的跨设备搜索服务以及嵌入应用程序中的移动搜索服务等都极大地丰富了人们的搜索方式。

网络信息检索模式有两层含义。广义理解为如何对网络上的海量多态信息进行组织，如何对这些信息建立索引，如何能动态地维护索引，即对索引及时更新；如何设计检索算法以使检索提问在检全、检准、响应时间、检索结果控制与显示方面表现良好；如何为用户设计一个简单易用的友好界面等方面。狭义的网络信息检索模式则只是以网络（如互联网）为媒介，利用网上已提供的一些信息检索工具，探索如何使用这些工具及如何综合各工具，使它们扬长避短，最后能实现对信息提问的检索查询的一种方法与技术。

广义的网络信息检索模式是从根本上解决有效利用网络信息资源问题的关键。没有结构合理的索引与高效的检索算法，就无法实现完美的信息查询；没有对索引的动态维护与及时的信息更新，就有可能检到信息垃圾，误导信息用户；没有友好的用户界面，用户就在选择与利用信息检索工具时，错过对该工具的选择，即使选择了它，也可能因易用性差而得不到良好的查询结果。对于面向最终用户的信息检索工具而言，友好的用户界面有着更为重要的意义。

狭义的信息检索模式是在现实世界中有效利用网络资源的核心。互联网上目前就已有大量的信息查询工具为用户服务。它们不但是利用网上信息资源的重要工具，而且本身也是网络信息资源的一个重要组成部分，对这些工

① 范欣．针对移动设备的跨媒体网络信息检索及自适应信息显示研究［D］．中国科学技术大学，2007.

具的开发利用，也是开发利用网络信息资源的重要内容之一。更为重要的是在对这些工具的多次利用、比较、分析、研究的过程中，就可以得出网络信息检索模式的广义内涵，可以为开发新型的网络信息检索工具提供重要的参考依据。

在互联网的信息检索发展过程中，先后产生出多种检索工具，并带来了检索技术和方法的变革，这部分内容将在本章6.5节进行详细介绍。

6.3 信息检索的步骤与策略

6.3.1 信息检索的步骤

（1）分析研究信息检索课题

分析研究信息检索课题是确定信息检索策略的根本出发点，也是信息检索效率高低和成败的关键。信息检索者首先要对信息检索课题作综合分析，通过分析明确要求，制定相应的检索策略，其主要内容包括：

①明确信息检索课题所涉及的领域和范围；

②明确所需信息的内容及其内容特征；

③明确所需信息的类型，包括文献媒体、出版类型、所需文献量、年代范围、涉及的语种、有关著者及机构等；

④明确信息检索课题对查新、查准和查全的指标要求。

（2）选择信息检索工具

信息检索工具是人们为了充分、准确、有效地利用已有的信息资源而加工编制的用来报道、揭示、存储和查找信息资源的卡片、表册、计算机信息系统和特定出版物。信息检索工具种类繁多、各式各样，我们既没有可能也无必要去利用所有的信息检索工具，只需要选择那些与主题相关的、符合时间要求的、质量高的信息检索工具。一般说来，可以先利用本单位已有的信息检索工具，再选择单位以外的信息检索工具，在与信息检索主题内容对口的信息检索工具中选择高质量的信息检索工具。具体信息检索工具的类型，可按用途分为两大类：①指示线索型信息检索工具（二次文献），包括书目、馆藏目录、索引、文摘、工具书指南、词典。②提供具体信息的工具书（三次文献），包括百科全书、传记资料、手册、机构名录、地理资料、统计资料、年鉴、政府文献。目前，检索工具大都存在于计算机信息系统中或分布于网络上。

（3）确定信息检索方法

完成任何一种特定任务的方法都是十分重要的，信息检索也不例外。方法正确，会收到事半功倍的效果；方法不对或不够科学，不仅延误检索时间，而且会造成人力、财力、物力的浪费。常用的信息检索方法有顺查法、倒查法、抽查法、追溯法、循环法等，每一种信息检索方法都有自己的特点，在实践中可以根据信息检索要求选择使用或配合使用，以快速、准确地完成信息检索任务，实现预期的目标。

（4）掌握获取原始信息的线索

在分析研究信息检索提问、确定检索范围、选定信息检索工具和方法以后，就可以实施信息检索。在获取信息线索时要仔细阅读，判断所检出的信息是否符合检索的要求，不仅看篇名，还要阅读整个著录格式，进行综合分析。如检出的信息符合要求，则需要记录信息材料的有关特征，如篇名、作者及工作单位、信息出处等，以便查找原始信息。

（5）获取原始信息

获取原始信息是信息检索的最后一步，对信息检索最终目标的完成非常重要，其主要工作包括：①判断文献的出版类型。根据文献出处中已有的信息，判断其出版类型。②整理文献出处。将文献出处中有缩写语、有音译刊名的还原成全称或原刊名。③根据出版类型在图书馆或信息机构查找馆藏目录或联合目录确定馆藏，原则上说应该按“由近及远”的顺序逐步扩大查找馆藏的范围。如本单位、本市、本地区、全国、国外这样的先后次序。④尽可能多渠道、多方式地获取原始信息，如利用与国外图书馆的馆际交换，大型国际联机信息检索系统的联机订购，互联网上的电子邮件和下载服务，或者与出版商直接联系等。

6.3.2 信息检索策略

信息检索策略是针对检索提问、运用检索方法和技术而设计的信息检索方案，其目的是要达到一定的查全率和查准率。基于这样的理解，对于一个具体的检索课题来说，要达到什么目标、要求什么限制范围、选择什么检索系统、通过什么检索途径、选择什么检索标识和逻辑组配方法以及需要哪些反馈调整措施等，这一系列问题的考虑和具体查询步骤的安排，都应属于检索策略关注的内容。

从具体操作来看，信息检索策略制定的过程与信息检索的步骤是对应的，信息检索的步骤表明的是要干些什么，而信息检索策略制定则是要确定每一个步骤中的具体问题，并选择优化的方案，取得优良的检索效果，例如要确定检索命题的具体需求是什么，以此选择何种适合的检索工具和检索方法，如何构造检索提问式。要构造一个良好的检索策略，通常涉及到多方面的知识和技能，如是否熟悉所检课题的专业知识、是否了解检索系统的特性与功能、是否熟悉所检数据库的标引规则及词表工具、是否掌握必要的检索方法与调整措施，等等。

1968 年，在由 F. W. 兰卡斯特主持的 MEDLARS 系统评价试验研究中，通过对 300 多个检索提问的检索失误分析，发现由于检索策略不当所造成的查全失误和查准失误比例分别占到了 35%和 32%。此后，越来越多的试验研究和检索服务实践，使人们更加意识到检索策略对检索成败的重要影响。随着检索策略研究的逐步深入，对特定系统、特定数据以及某一类型课题的检索策略的研究已开展起来，具体表现在以下两方面：一是某一系统、某一数据库检索策略，如针对联机检索系统的联机检索策略研究、针对网络搜索工具的搜索引擎检索策略研究等；二是某一类型课题检索策略，这类研究对检索课题的专业背景以及前期检索成果的积累具有较高的要求。

目前，一些智能信息检索系统的研究已发展到了对检索策略的自动修改。在检索表达式重构专家系统中，把知识库分为领域知识库和规则库。领域知识库是重新设计和构造的专业词表，是一种语义网络。策略规则库包含检索专家知识，使用产生式规则表示，其控制策略使用正向演绎推理。随着智能信息检索系统研究的不断深入，将来的检索策略或将由智能信息检索系统来承担。

6.3.3 信息检索语言

信息检索语言是根据信息检索需要创制的一种人工语言，又称检索语言、信息存储与检索语言、文献工作语言、索引语言、标引语言、信息检索标识、标识系统等，是信息检索系统存储和检索信息时共同使用的一种约定性语言，以达到信息存储和检索的一致性，提高检索效率。作为沟通信息标引与信息检索两个过程而编制的人工语言，检索语言不但能够保证不同的标引人员描述信息特征的一致性，而且能够保证检索提问标识与信息特征标识的一致性。与其他语言相比，检索语言突出的特点是：具有必要的语义和语法规则，能准确地表达科学技术领域中的任何标引和提问的中心内容和主题；具有表达概念的唯一性，即同一概念不允许有多种表达方式，不能模棱两可；具有检索标识和提问特征进行比较和识别的方便性；既适用于手工检索系统，也适用于计算机检索系统。

信息检索语言的作用表现在两个层次上，如图 6-3 所示。

首先，在表面的操作层次上，检索语言被用来描述文献及文献中信息内

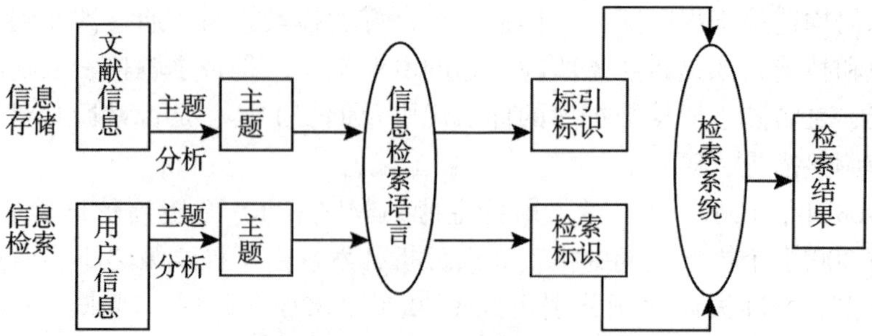

图 6-3　信息检索语言的作用

容的特征，把文献信息转换为一定的文献标识，构成信息检索系统的各种检索途径；同时，它也被用来描述检索提问以及需求内容的特征，把提问转换为一定的提问标识或检索标识，以便在检索系统中查找特定的文献信息。从这一层次来看，信息检索语言是一种逻辑语义工具，旨在对各种事物的表达。其次，在更深的原理层次上，信息检索语言能够把文献标引与检索提问联系起来，把标引人员与检索人员联系起来，把文献信息的存储与检索联系起来，以取得两者共同理解和相互对应①。

检索语言按表述信息内容特征划分，可分为表述文献外部特征的检索语言和表述文献内容特征的检索语言。文献的外部特征通常指题名、著者、专利号、报告号等信息，内容特征通常指信息的主题概念、所属学科等，具体又可细分为分类语言和主题语言。分类语言包括体系分类语言、组配分类语言和混合分类语言；主题语言包括单元词语言、标题词语言、关键词语言和叙词语言。（如图 6-4 所示）。在揭示信息内容和表达检索提问方面，内容特征比外部特征更具有深度②。可以发现，信息检索语言与信息组织中所使用的标引语言是相互对应的，具体可参看第 5 章 5.1 和 5.2 中的相关内容。

规范化检索语言是存取信息的依据。在编制检索工具时，标引人员要对各种信息进行内容分析，把它们所包含的内容要点都分析出来，使之形成若干能代表信息内容的概念，并用规范化的语言如叙词、标题词或分类号把这些概念标示出来，纳入检索系统中。检索时，检索人员也要对提问进行主题分析，使之形成能代表信息需求的概念，并把这些概念转换成系

① 张海涛，等．信息检索［M］．北京：机械工业出版社，2006：38.

② 陈雅芝，等．信息检索［M］．北京：清华大学出版社，2006：20-23.

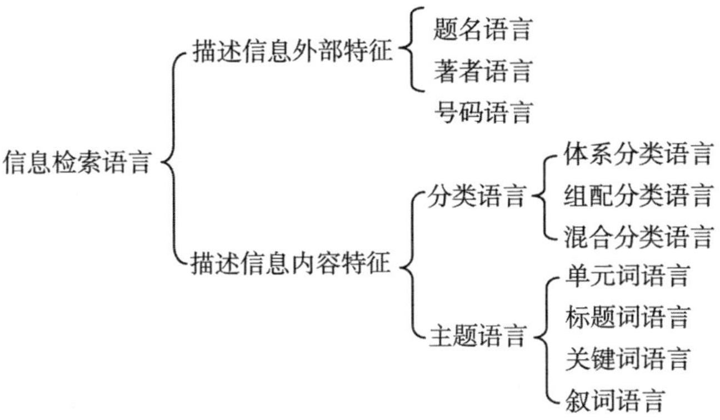

图 6-4　信息检索语言类型

统能接受的语言，然后才能从系统中得到用这些规范化语言所标引的信息。因此，将信息需求者的自然语言转化成系统规范化的信息检索语言，对信息检索的成功至关重要，检索语言的质量高低及其使用正确与否，对信息检索效率有很大影响。

6.3.4　信息检索效率的评价

从理论上讲，信息检索系统应检索出与需要查找的内容有关的所有信息，同时过滤掉所有的非相关信息。这种状态称为“理想检索”。但事实上，理想检索是难以实现的。所以，有必要对检索效率进行评价。检索效率是指全、准、快、便、省（查全率、查准率、检索速度、检索方便性、检索成本与效益），最主要的是全和准①。所以，在评价信息检索效率过程中，主要通过查全率、查准率、漏检率和误检率四个评价指标进行评价，而查全率和查准率又是其中最为重要的两个指标。

（1）评价指标

为了方便介绍信息检索效率评价的几个主要指标，我们可以通过信息检索系统性能评价中使用的 2 * 2 表来说明。在信息检索系统中，每进行一次检索，就把系统中所有的文献分为四个部分，如表 6-1 所示。其中，a 表示检出的相关文献，即合理的命中；b 表示未检出的相关文献，即漏查；c 表示检出的非相关文献，即误查；d 表示未检出的非相关文献，即合理的排除。$a+c$ 表示检出的全部文献；$b+d$ 表示未检出的全部文献；$a+b$ 表示

① 张琪玉．情报语言学基础［M］．武汉：武汉大学出版社，1997：8.

与提问相关的全部文献；$c+d$ 表示与提问不相关的全部文献；$a+c+b+d$ 则表示检索系统中的所有文献。

表 6-1　　　　**检索系统性能评价使用的 2＊2 表**

	相关文献	非相关文献	总计
被检出文献	a	c	$a+c$
未检出文献	b	d	$b+d$
总计	$a+b$	$c+d$	$a+c+b+d$

①查全率 R（Recall Ratio），是衡量信息检索系统在实施某一检索作业时检出相关文献能力的一种测度指标，指检出的相关文献数占系统中相关文献总数的百分比。查全率反映检索的全面性，其补数就是漏查率。查全率的计算方法为：

$$\text{R}=\frac{\text{检出的相关文献量}}{\text{检索系统中的相关文献总量}}=\frac{a}{a+b}$$

②查准率 P（Precision Ratio），是衡量信息检索系统在实施某一检索作业时检索精确度的一种测度指标，指检出的相关文献数占检出文献总数的百分比。查准率反映检索精确性，其补数就是误查率。查准率的计算方法为：

$$\text{P}=\frac{\text{检出的相关文献量}}{\text{检出的文献总量}}=\frac{a}{a+c}$$

事实上，查全率和查准率指标的使用隐含着一个主要的前提条件：一般用户都期望检索出大量的相关性文献（即得到高的查全率），而同时又尽量拒绝大量的非相关文献（即得到高的查准率）。

③作为查全率的补数，漏查率 O（Omission Ratio）的计算方法为：

$$\text{Omission}=\frac{\text{未检出的相关文献量}}{\text{检索系统中的相关文献总量}}=\frac{b}{a+b}$$

④作为查准率的补数，误查率 E（Error Ratio）的计算方法为：

$$\text{Error}=\frac{\text{检出的非相关文献量}}{\text{检出的文献总量}}=\frac{c}{a+c}$$

显然，查全率、查准率与漏检率、误检率之间存在以下关系：

$$\text{Recall}+\text{Omission}=1$$

$$\text{Precision}+\text{Error}=1$$

20 世纪 90 年代以来，针对不同的环境和评价目标，在查全率和查准率的基础上派生出了一系列评价指标。这里选取 TREC 特定检索任务（adhoctracks）中的 3 个常用指标 P@N、R-Precision 和 MAP（Mean Average Precision），并对它们的基本思想进行介绍。

①P@N。

P@N 是指检出结果集前 N 个结果的查准率。P@N 值的大小与输出的前 N 个文档中相关文档的数量有关，与相关文档所处的位置无关。在真实应用环境中，有时不可能也没有必要对系统输出的所有结果进行相关性判断，如 Web 搜索，用户往往不关心搜索引擎输出多少相关结果，只关注多少准确结果排在第一页或前几页；一般来说，相关程度高的结果越靠前，用户满意度也就越高。也就是说，对 Web 搜索引擎的评估是看它是否能够检出高度相关的页面，而不是所有可能的相关页面，TREC-9 的 Web 任务已经开始对高度相关文档的评估。

②R-Precision。

R-Precision 是指检出 R 个相关文档时的查准率，其涉及的主要问题是在恒定的临界值水平使用查准率评价每个主题，其计算公式为：R-Precison = R/N，其中 R 为给定主题的相关文档数量，N 为第 R 篇相关文档在系统输出结果中的位置。

③MAP。

MAP 是反映系统在全部相关文档上性能的单值指标。如果与一个查询 $qj \in Q$ 相关的文档集是 $\{d1, d2, \cdots, dm\}$，而且 R_{jk}是从第一个结果直到获得文档 dk 的排序检索结果集，可得出

$$\text{MAP}(Q) = \frac{1}{|Q|}\sum_{J=1}^{|Q|}\frac{1}{m}\sum_{k=1}^{m_j}Precision(R_{jk})$$

对于单个查询主题（$Q=1$），MAP 是指每篇相关文档检出后的查准率的平均值，是单个查询在一定查全率水平下的查准率的平均化；而对于多个查询主题（$Q>1$），MAP 是多个查询主题的平均查准率的平均化处理，侧重于对系统性能的整体评价。

（2）影响查全率和查准率的因素

影响查全率的因素有很多，从文献存储来看，主要有：文献库收录文献不全；索引词汇缺乏控制和专指性；词表结构不完整；词间关系模糊或不正确；标引不详；标引前后不一致；标引人员遗漏了原文的重要概念或用词不当等。此外，从信息检索过程来看，主要有：检索策略过于简单；选词和进行逻辑组配不当；检索途径和方法太少；检索人员业务不熟练和缺乏耐心；检索系统不具备截词功能和反馈功能，检索时不能全面地描述

检索要求等。

影响查准率的因素主要有：索引词不能准确描述文献主题和检索要求；组配规则不严密；选词及词间关系不正确；标引过于详尽；组配错误；检索时所用检索词（或检索式）专指度不够，检索面宽于检索要求；检索系统不具备逻辑“非”功能和反馈功能；检索式中允许容纳的词数量有限；截词部位不当，检索式中使用逻辑“或”不当等。

（3）查全率与查准率之间的关系

查全率和查准率之间具有密切的关系，即互逆关系。英国学者克列维尔顿（C. W. Cleverdon）自 1959 年以来一直从事信息检索效率的理论研究，经过大量试验，发现信息检索系统中检全率与检准率相互之间呈现如图 6-5 所示的曲线关系。该曲线被称为查全率与查准率的互逆相关曲线。在一个信息检索系统中，当查全率和查准率达到一定程度以后，两者就会呈现出非线性的反变关系。换言之，在查准率不断提高的同时，查全率会持续下降；反之，在查全率不断提高的同时，查准率也会持续下降。

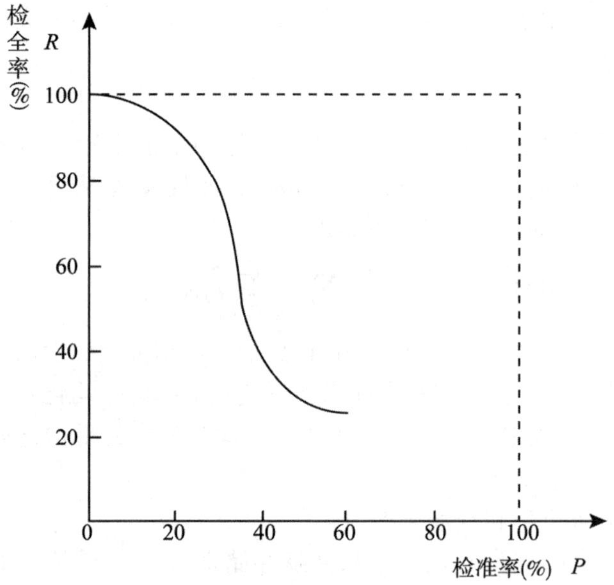

图 6-5　检全率与检准率的互逆相关曲线

若欲提高检全率，则检准率会降低；而欲提高检准率，则检全率会降低。信息检索人员的任务在于努力提高信息检索效率，使曲线尽可能往右上方移动，也就是说在客观允许达到的范围内尽量实现最佳的结果。值得注意的是，只有当查全率和查准率达到一定程度以后，两者之间才会呈现出这种反变关系。如果查全率和查准率都很低，那么两者完全可以同时得到提高①。

查全率和查准率之间的限制关系可以通过 F-Value 进行平衡。F-Value 的定义如下：

$$F = \frac{2 \times 查准率 \times 查全率}{查准率 + 查全率}$$

$$F_\beta = \frac{(1+\beta^2) \times 查准率 \times 查全率}{\beta^2 \times 查准率 + 查全率}$$

其中 β 是非负实数。*F-Value* 是查准率和查全率的调和均值，其中查准率和查全率具有相同的权重。而 F_β 是查准率和查全率的加权度量，赋予查全率的权重是查准率的 β 倍，β 的取值大小依具体应用情况而定。

上面介绍的评价指标主要是从系统角度来考察信息检索的效率。随着检索系统日益广泛的应用，各类检索模式越来越由专家模式向最终用户模式转变，检索效率评价也开始更多地关注检索相关性判断中人的因素和影响。检索用户的目标、知识状态、检索任务及所处的情境等众多因素，都会对检索效果产生影响。因而，用户角度的检索效率评价也开始成为该领域研究的内容。

6.4 网络信息检索

6.4.1 网络信息检索的特点

计算机和网络技术的发展，信息用户需求的变化，使得网络信息检索较之传统的信息检索表现出一些新的特点。

（1）信息丰富，检索空间拓宽

在网络环境下，信息资源的数据量规模与手工检索、计算机检索等传统检索的数据量规模不可同日而语。网络信息资源在体系、内容、形式上都较传统的资源丰富了很多；网络检索对象的形式也由传统的单媒体演变为多媒体，在网络可以获取各种媒体的信息。在 Web2.0 环境下，大量的用户开始以信息内容的生产者的身份为网络提供海量的信息内容，各种各样微内容的产生使得网络信息的构成更加丰富和多元化，同时也增加了获取精华信息内

① 张海涛，等．信息检索［M］．北京：机械工业出版社，2006：27.

容的难度。

与传统的信息检索相比，网络信息的检索空间大大拓宽了，它可以检索互联网上的各类资源，而检索者不必预先知道某种资源的具体地址。其检索范围覆盖了整个互联网，为访问和获取广泛分布在世界各地的成千上万台服务器和主机上的大量信息提供了可能。这一优势是任何其他信息检索方式所不具备的，如国际商用联机检索也只能是检索某一台、某几台主机或某一局部网络内的若干数据库①。

（2）信息资源的异构式分布

网络环境的突出特点之一就是分布式，并具备超文本网状链接结构。信息资源在物理上是分散在许多的网络节点上面的，各个节点所依赖的硬件平台、操作系统平台、网络服务器平台、数据库平台都可能是互不相同的，这就是我们通常所说的“异构平台、异构数据源”。要在分布的网络环境下开展信息检索，首要的一个任务就是打破异构平台、异构数据源形成的屏障，在内容、服务的层面实现互联互通，实现集成检索服务模式②。

（3）检索趋于简单方便，适合非专业用户

在传统环境下信息检索的主要方法包括：顺查法、倒查法、追溯法和循环法，使用到的检索语言包括分类法、主题法等。网络信息检索则一改以往的信息检索专业性较强的特点，以简单方便的检索方式赢得了广大用户的欢迎。万维网的超文本超媒体的技术为用户提供了超链接的浏览方式，用户可以使用直接浏览的方式获取自己所需要的信息。同时，自然语言在网络检索的广泛使用，使得网络检索变得日趋简洁。关键词检索在网络信息检索中的普遍应用、智能信息技术的发展，使得用户的网络信息检索过程变得轻松、随意，无须考虑繁琐的检索规则。用户只要将自己所需要信息的关键词输入检索框中进行检索，就可以得到结果。而需求表达更加灵活的问答式知识检索、个性化推送等服务的兴起对于非专业检索用户来说使用更加便捷③。

（4）交互性、目的性强

网络环境下检索交互性也进一步提高，用户友好性得到了极大的重视，在用户检索界面、检索结果提供方式等方面都体现了良好的交互性，具有较

---

① 丘丽珍．浅谈图书馆网络信息检索方法与技巧［J］．科技情报开发与经济，2006（23）：72-74.

② 张榕宁．国外网络信息检索研究现状［J］．图书馆论坛，2005（4）：188-190.

③ 罗小玲．网络学术信息资源的检索方法［J］．现代图书情报技术，2003（年刊）：73-74，72.

好的信息反馈功能。用户可以根据自己的需要，方便地调整检索提问，直到得到满意的检索结果。此外，由于网络信息便捷性的增强，网络信息检索成为人们频繁使用的信息查询方式。当具体使用需求出现时，人们带着具体的目标快速查找所需信息，这个特点在移动信息检索中体现得更为明显。

6.4.2 网络信息检索工具

网络上蕴藏着丰富的信息资源，要想从这个庞大的信息库中快速而准确地获取自己所需要的信息，需要有专门的网络信息检索工具。网络信息检索工具是指在 Internet 上提供信息检索服务的计算机系统，其检索对象是存在于 Internet 信息空间中各种类型的网络信息资源。

按照检索资源的类型，网络信息检索工具可分为两大类：非 Web 资源检索工具和 Web 资源检索工具①。

（1）非 Web 资源检索工具

非 Web 资源检索工具是以 FTP（File Transfer Protocol，文件传输协议）、Telnet、Gopher 等为检索对象。

① FTP 类的检索工具。这是一种实时的联机检索工具，用户首先要登录到对方的计算机，登录后即可以进行文献搜索及文献传输有关的操作。使用 FTP 几乎可以传输任何类型的正文文件、二进制文件、图像文件、声音文件、数据压缩文件等。在这类检索工具中，Archie 是最常用的，它是自动标题检索软件，借助于 FTP 来访问。用户只需告诉其要检索文件名的有关信息便可获得文件所在的主机名、路径。与一般检索工具不同的是，它不用主题来实现相应的检索，而只能根据文件名和目录名进行检索。

② Telnet 类的检索工具。它指的是借助远程登录在网络通信协议 Telnet 的支持下，在远程计算机上登录，使自己的计算机暂时成为远程计算机的终端，进而可以实时访问，使用远程计算机中对外开放的资源。HyTelnet 是用于 Telnet 信息资源的检索工具，它汇集了数量众多的 Telnet 信息资源，在远程登录后，对方系统往往设有专门的检索型工具，以方便用户查找和利用。

③基于菜单式的检索工具。这类检索工具是一种分布式信息查询工具，它将用户的请求自动转换成 FTP 或 Telnet 命令，在一级一级的菜单引导下，用户可以选取自己感兴趣的信息资源。这对于不熟悉网络资源、网络地址和查询命令的用户是十分简便的方法。Veronica 在这类检索工具中较为常见

---

① 杨爱群，罗任秀．网络信息检索工具研究［J］. 现代情报，2005（3）：137-138，140.

的，它用于检索可由Gopher菜单访问的信息资源，是与Gopher配套的检索工具。它根据用户给出的检索词进行检索，可检索文件名、目录名、文档及其他信息资源。

此外，非web资源检索工具还包括检索Mailing list（邮件列表）和CataList、检索Usenet（新闻组）的DejaNews、检索WAIS（Wide Area Information System，广域信息查询系统）数据库的WAIS系统等。

（2）Web资源检索工具

Web信息资源是指建立在超文本、超媒体技术基础上，集文本、图形、图像、声音为一体，并以直观的图形用户界面展现和提供信息的网络资源形式，与之对应的Web检索工具多种多样，大致分为三类：搜索引擎、目录型检索工具、元搜索引擎。

①关键词检索工具。即搜索引擎，它使用自动索引软件来发现、收集并标引网页，建立数据库；以Web形式提供给用户一个检索界面，供用户输入检索关键词、词组或短语等检索项；代替用户在数据库中找出与提问匹配的记录，并返回结果且按相关度排序输出。此类检索工具的优点是信息量大且更新快，缺点是准确性较差。著名的搜索引擎如Google、Baidu、AltaVista、Excite等。在下一节我们将重点介绍搜索引擎这种网络信息检索工具。

②目录型检索工具。它是按照某种分类体系编制的一种可供检索的等级结构式目录。分类方法以学科分类为主，也有采用自设的分类体系的。使用此类工具的检索方法被称为“分类搜索”，这是一种“自顶向下、逐步细化”的搜索方法，层层遍历。此类检索工具的优点是检索质量较高，缺点是检索到的信息数量有限，其新颖度不够。有代表性的目录型检索工具如Galaxy等。

③混合型检索工具。目前，搜索引擎的关键词检索和目录型检索工具的分类检索逐渐整合在一起，既可以直接输入检索词，又可以浏览目录了解特定领域范围的资源，以增强检索能力。实际上现在大多数检索工具都同时具有关键词检索和分类目录，提供多样化的服务。

6.4.3 搜索引擎及其应用

6.4.3.1 搜索引擎的发展

搜索引擎（Search Engine）是一种在互联网上提供给用户进行关键词、词组或自然语言检索信息的工具。搜索引擎是建立在信息采集、信息组织的基础之上的，其工作的基本原理是：用户提出检索要求，搜索引擎代替用户在数据库中进行检索，并将检索结果反馈给用户。检索的结果有WWW上的主页、新闻组中的文章、软件的存放地址及其作者、企业网站、个人主页等。

在搜索引擎正式出现之前，网上最早的信息检索工具是FTP类检索工具。1990年，加拿大麦吉尔大学（University of McGill）计算机学院的师生开发出了一个可以按照文件名查找文件的服务系统——Archie。Archie能定期搜集并分析FTP服务器上的文件名信息，提供查找分别在各个FTP主机中的文件。用户必须输入精确的文件名进行搜索，Archie告诉用户哪个FTP服务器能下载该文件。虽然Archie搜集的信息资源不是网页（HTML文件），但和搜索引擎的基本工作方式是一样的：自动搜集信息资源、建立索引、提供检索服务。所以，Archie被公认为现代搜索引擎的鼻祖。随后，美国内华达大学（University of Nevada）和犹他大学（University of Utah）的研究人员相继开发出了Gopher检索工具Veronica和Jughead，它们除了能够检索文件之外，还可以检索网页。Archie、Veronica、Jughead这些工具还算不上是真正的搜索引擎，但为后来搜索引擎的研制积累了宝贵的经验。

随着万维网（World Wide Web）的进一步发展，"机器人（Robot）"一词变得流行起来，它是指某个能以人类无法达到的速度不断重复执行某项任务的自动程序。1993年，美国麻省理工学院（MIT）的Matthew Gray开发出WWW上的第一个"机器人"程序——WWW Wanderer，用来跟踪、统计互联网上的服务器数量。这种机器人程序能够像蜘蛛一样在网络间爬行，并以人类无法达到的速度不间断地执行信息搜集任务，所以又被形象地称为"蜘蛛（Spider）"程序。

1994年前后，网络上出现了最早一批搜索引擎系统。最初的搜索引擎在解决信息查询问题时主要采取了两种不同方式。一种是以AltaVista、Excite为代表的搜索引擎，采用关键词检索方式提供信息查询，主要使用"机器人"程序自动采集网页资源，但这一时期的"机器人"功能比较弱，一般只对网页标题、URL等信息进行自动索引，对返回的检索结果有时也不进行排序；另一种是以Galaxy为代表的引擎，采用分类目录浏览方式服务于用户，它们主要采用人工方式收集网络资源，并将资源组织到一个等级分类目录中，引导用户随目录等级的深入而不断缩小浏览范围，以找到感兴趣的信息。

1994年，美国华盛顿大学（University of Washington）开发出了网络上第一个支持搜索文件全部文字的全文搜索引擎WebCrawler；同年，卡内基·梅隆大学（Carnegie Mellon University）创建了Lycos。此外，HotBot、

Infoseek 等一系列搜索引擎陆续应用，网络信息检索由此进入了全文搜索时期。

早期的搜索引擎都是自成一体的独立型搜索引擎。1995 年，一些被称为“元搜索引擎（Meta-Search Engine）”的系统应运而生，如 Metacrawler、All-in-one 等。在使用元搜索引擎时，用户只需提交一次搜索请求，由元搜索引擎负责转换处理，提交给多个预先选定的独立搜索引擎，并将从各独立搜索引擎返回的所有查询结果，集中起来处理后再返回给用户。元搜索引擎主要依赖于其他独立搜索引擎存在，但它们集成了不同性质和不同风格的搜索引擎，而且发展了一些新的查询功能。

进入 20 世纪 90 年代后期，专门采集某一主题范围的信息资源、并使用更为详细和专业的方法对信息资源进行加工处理的专题性搜索引擎开始大量出现。相对于综合型搜索引擎，这类引擎也被称为“垂直型搜索引擎”（Vertical Search Engine）。除对资源采集的主题范围进行限定外，一些对资源和数据类型进行限定的垂直搜索引擎也开始兴起，如地图搜索、博客搜索、图像搜索等。

2000 年以后，搜索引擎进入了一个蓬勃发展阶段，不仅数量众多，而且类型多样，我们较为熟悉的包括国外的 Google、Bing，国内的百度（Baidu）、搜狗（Sogou）等。根据不同的划分标准，搜索引擎可以分为不同的类型。①按照检索机制划分，可分为关键词检索型搜索引擎（如 Google、Baidu）和目录浏览型搜索引擎（如 Looksmart）；②按数据收录范围不同，可分为综合型搜索引擎（如 Google、Baidu）和垂直型搜索引擎（如学科专业搜索引擎、旅游搜索引擎、购物搜索引擎等）；③按包含检索工具的数量不同，可分为独立搜索引擎（如 Google、Baidu）和元搜索引擎（如 Metacrawler、All-in-one）。

6.4.3.2 搜索引擎的基本原理

（1）独立搜索引擎的工作原理

独立搜索引擎的基本结构一般包括数据采集、数据分析与标引、数据检索、信息挖掘等几个不同的功能模块，如图 6-6 所示。

①数据采集。从原则上来说，数据采集模块分为人工采集和自动采集两种方式。人工方式主要由搜索引擎的工作人员、网页编辑、网络志愿者等对网络资源进行搜索与整理，并按照一定格式和要求向搜索引擎加以提供。由于网络资源的庞大规模，虽然人工采集的网页质量较高，但由于速度慢、覆盖面窄、更新不及时等，目前大多数的搜索引擎都是采用自动方式进行数据采集。自动采集的软件工具即通常所说的“Robot”或“Spider”。Robot 是

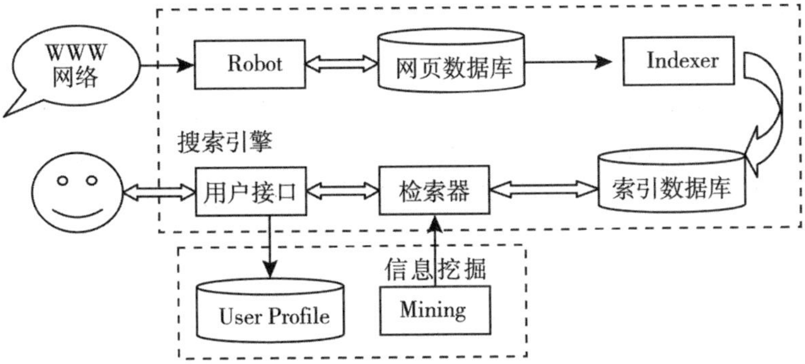

图 6-6　独立搜索引擎的基本结构

一个功能十分强大的计算机程序，它负责按照预先的设定和要求，定期对网络上的 WWW 站点等资源进行访问和遍历，并将访问和搜集到的 WWW 页面信息等经由网络传输，存入到搜索引擎的临时数据库中。

②数据分析与标引。与数据采集一样，数据分析与标引的工作方式也分为人工和自动两种。其中，人工方式主要用于目录浏览型搜索引擎，通过人工的分类整理，将采集到的网络资源组织到一个层次型的分类目录结构中；而自动方式即利用自动标引软件（Indexer）对收集到网页信息进行内容分析，从中提取有检索价值的特征项——网页关键词等，并将它们组织成倒排索引文档。在自动标引处理的同时，Indexer 通常还会对关键词出现的频次和位置、网页链接结构等信息加以统计和记录，以便为后面的加权计算提供数据支持。

③数据检索。数据检索模块主要负责通过用户界面的人机交互，根据用户的信息查询请求，或者去索引数据库进行查询匹配，或者利用分类目录结构进行浏览选择，最后将获取的符合用户需要的信息显示输出。通常检索结果是经过某种加权算法的计算后排序输出的，但不同的搜索引擎，采用的排序标准和加权算法各不相同。

④信息挖掘。信息挖掘模块在早期的搜索引擎中并不多见，它的出现主要源于近年来用户对个性化服务的需求。该模块的主要功能是：跟踪、发现用户的需求兴趣，建立用户兴趣模板文件（User Profile），并利用兴趣模板文件过滤检索结果，以提高检索服务的质量。信息挖掘模块通过对用户检索行为的跟踪、统计和学习，配合其他相关信息，可以为用户提供更有针对性的个性化搜索服务，例如购物网站的推荐购买，就是通过对用户提交的商品

检索历史记录的分析，进而分析用户的购买喜好和倾向，并向用户推出相应的商品推荐信息。

（2）元搜索引擎的工作原理

元搜索引擎的工作是建立在独立搜索引擎的基础之上的，可分为并行处理式和串行处理式两大类。并行处理式元搜索引擎将用户的查询请求同时传送给它调用链接的多个独立型搜索引擎进行查询处理；串行处理式元搜索引擎将用户的查询请求依次传送给它调用链接的每一个独立型搜索引擎进行查询处理。在实际应用中，元搜索引擎主要以并行工作方式为主。

一个并行处理的元搜索引擎系统主要由三大功能部分组成：用户接口、查询代理和结果汇总输出，如图 6-7 所示。

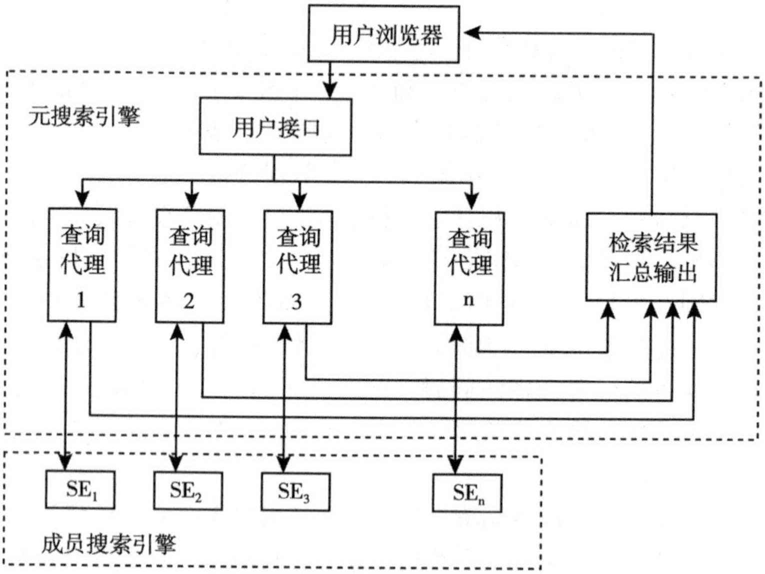

图 6-7　元搜索引擎的基本结构

①用户接口。

用户接口是用户浏览器与元搜索引擎交互的界面，其主要任务是接收用户的查询请求，完成用户个性化的检索要求设置（包括需要调用哪些独立引擎、检索等待时间限制、结果数量限制等），并进行查询请求的转换和分发。

②查询代理。

查询代理负责元搜索引擎与相应的独立搜索引擎的交互。对于并行工作的元搜索引擎来说，它链接的每一个成员引擎对应着一个查询代理。每个查询代理根据接收到的用户查询请求（已经过转换处理，符合相应代理引擎查询语法的要求）调用其代理的成员引擎进行检索，然后，各成员引擎将所得到的检索结果分别返回各自的查询代理。

③结果汇总输出。

结果汇总输出负责收集各查询代理送交来的检索结果，并对这些结果进行必要的加工和整理，例如去重、重新排序等，再以标准页面的形式呈现给用户。元搜索引擎的检索结果是多个成员引擎搜索结果的并集，通常的显示内容包括网页标题、内容提要、网页 URL、相关度、返回时间、来源引擎等。元搜索引擎的技术重心主要在于查询前的请求处理和检索结果的集成。

6.4.3.3 搜索引擎的应用

作为互联网上流行的大众化信息检索工具，搜索引擎自诞生以来的 10 多年来，在数量、类型、技术和服务功能等方面都取得了迅猛的发展。本节将选取一些主要的搜索引擎工具进行简单介绍。

（1）综合型独立搜索引擎

综合型独立搜索引擎是发展最早、使用最广泛的一类网络信息检索工具，数量也比较多。作为通用型的检索工具，它在采集和标引网络资源时不限制资源的主题范围和数据类型，用户可以利用此类工具检索几乎所有方面的网络资源，目前比较著名的有 Google、百度、必应（Bing）等。

Google 成立于 1998 年，由美国斯坦福大学计算机专业的两位博士生拉里・佩奇（L. Page）和谢尔盖・布林（S. Brin）创建，凭借其自身的先进搜索技术，现已成为世界上最大的综合型搜索引擎。作为网络搜索服务的第一品牌，Google 除继续在综合型 Web 搜索领域保持影响力之外，还广泛涉及、深入到各种垂直细分的专业性搜索服务领域。Google 提供的主要网络搜索服务项目包括 Web 搜索、学术搜索、地图搜索、购物搜索、博客搜索、图书搜索、音乐搜索、移动搜索等。

百度 1999 年创建于美国硅谷，2000 年开始在国内提供中文网络信息的搜索服务，目前是全球最大的中文搜索引擎，目前提供的主要搜索服务有网页搜索、MP3 搜索、地图搜索、博客搜索、百度贴吧、百度知道、百度百科等。

必应（Bing）是微软公司推出的用以取代原先 Live Search 的搜索引擎，于 2009 年 6 月正式发布。这个搜索引擎中的新秀延续了通用搜索引擎的功能，包括网页、图片、视频、资讯、地图等搜索以及词典、在线翻译等。Bing 搜索特色在于，传统搜索引擎只是单独列出一个搜索列表，Bing 会对返回的结果加以分类。假如用户搜索某位歌星的名字，搜索结果主要将显示传统列表，而同时左侧的导航则会显示图片、歌曲、歌词、专辑和视频等相关类别；假如用户输入城市名称，则会显示地图、当地商业指南、旅游路线以及交通信息等。另外，Bing 搜索界面的精致美观也使其深受用户的称道。

除了独立的综合型引擎外，近几年一些门户网站也纷纷推出自己的搜索引擎品牌，如搜狐网站推出的搜狗（www. sogou. com）、新浪推出的爱问（www. iask. com）、网易推出的有道（www. youdao. com）、腾讯推出的搜搜（www. soso. com）等。这些搜索引擎立足于门户网站，在搜索功能上着力体现各自的特色之处，例如搜狗在音乐搜索、地图搜索，爱问在新闻搜索、问答搜索，网易在词典和购物搜索等方面都取得了较好的口碑。

（2）垂直型独立搜索引擎

垂直搜索引擎，也被称为专业或专用搜索引擎，是专为查询某一个学科或主题的信息而产生的查询工具，专门收录某一方面、某一行业或某一主题的信息。与综合型搜索引擎相比，垂直型搜索引擎由于只集中在特定领域，因而用户数量较少，但用户群体的黏性较高，用户转移率要比综合型搜索引擎低。在信息服务内容方面，二者也表现出明显的区别：①在搜索结果内容上，综合型引擎包括标题、描述、URL 链接等，垂直引擎是与搜索对象密切相关的信息，如商品搜索时，其结果包括该型号商品的简介、售卖商家信息、价格、商家等级、优惠信息等；②在搜索结果形式上，综合型引擎显示的是网页的简单描述和链接，垂直引擎是结构化的数据；③搜索结果排列方式上，综合型引擎通常是按系统设定的相关度排序算法来进行排序，而垂直引擎可以由用户自行设定排序规则，如按日期、相关度、价格等；④在检索效率上，综合型引擎所获得的结果数量较多，但有很多不相关的信息，垂直引擎的查全率相对低，但查准率较高①。习近平总书记曾在主持召开网络安全和信息化工作座谈会时指出："做搜索的不能仅以给钱的多少作为排位的标准""网络空间是亿万民众共同的精神家园。网络空间天朗气清、生态良好，符合人民利益。网络空间乌烟瘴气、生态恶化，不符合人民利益。"②

垂直搜索引擎的应用领域很多，例如音乐搜索、地图搜索、旅游搜索、问答搜索、购物搜索、图书搜索等，几乎各行各业的各类信息都可以进一步

① 刘畅．综合搜索引擎与垂直搜索引擎的比较研究［J］．情报科学，2007（1）：97-102.

② 新华社．习近平：在网络安全和信息化工作座谈会上的讲话［EB/OL］．（2016-04-25）［2023-12-07］．https：//www. gov. cn/xinwen/2016-04/25/content_ 5067705. htm.

细化为各类的垂直搜索引擎。例如，音乐搜索领域的百度音乐（music. baidu. com）、网易云音乐（music. 163. com）和酷狗音乐搜索（www. kugou. com）等。地图搜索领域的百度地图搜索（map. baidu. com）、搜狗地图（www. go2map. com）和我要地图（www. 51ditu. com）等。旅游搜索领域的去哪儿（www. qunar. com）、问答搜索领域的百度知道（zhidao. baidu. com）和购物搜索领域的 Bizrate（www. bizrate. com）等。这些搜索引擎有的是单一垂直搜索引擎，例如酷狗音乐、去哪儿、我要地图等，有的则是由综合型搜索引擎或门户网站垂直化发展而来，例如百度音乐、网易云音乐、百度地图、搜狗地图、百度知道和 Bizrate 等。

垂直型搜索引擎与综合型引擎相比，一般出现得较晚，在近年来得到了迅速的发展。这不仅体现在单纯基于某一类型（或领域、行业等）的专题搜索引擎大量出现，也体现在综合型搜索引擎日益明显的垂直细分发展趋势上。

（3）元搜索引擎

随着网上信息资源的发展，传统搜索引擎在查全率和查准率方面很难满足用户的要求。为了查询相关内容，用户经常是同时使用多个搜索引擎查询相同内容，然后综合出适合自己的结果。为了有效利用多个搜索引擎的集成资源和检索能力，减轻用户的操作负担，检索工具开发者设计了元搜索引擎。它是指搜索引擎之上的搜索引擎，是在搜索引擎的基础上建立起来的可以同时或分时查询多个搜索引擎的网络信息检索系统。

元搜索引擎自身并不收集网站或网页信息，通常也没有自己的数据库，而是将用户递交的查询请求经过多种转换处理后提交给多个预先选定的成员引擎，并将所有查询结果集中起来以整体统一的格式呈现给用户。由于元搜索引擎可以采用一系列的优化机制，它能够在尽可能短的时间提供相对全面、准确的信息，即使不能完全满足用户需求，仍可以作为相对可靠的参考源进行扩展搜索，因此元搜索引擎已成为备受推崇的检索工具①。下面我们介绍几个比较著名的元搜索引擎。

①MetaCrawler（www. metacrawler. com）。

MetaCrawler 1995 年由华盛顿大学推出，1997 年被 Go2Net（2000 年更名为 InfoSpace）购买，现为 InfoSpace 公司的四大重要搜索引擎之一（InfoSpace 旗下的四大搜索引擎为 Dogpile、MetaCrawler、WebCrawler 、

① 李强．基于本体论的个性化和社会化元搜索引擎的研究［D］．浙江大学博士学位论文，2006.

Excite)。MetaCrawler 支持调用 Google、Bing、Ask、Looksmart 等 12 个独立搜索引擎，设有网页、图片、视频、新闻、黄页、白页等搜索功能。它在结果处理上能整体地继承查询结果，删除重复的 URL，将结果排序以统一的格式显示给用户。

② Dogpile（www.dogpile.com）。

Dogpile 创建于 1996 年，是国外最早使用的并行元搜索引擎之一，1999 年被 Go2Net 公司收购，2000 年 Go2Net 更名为 InfoSpace，Dogpile 是隶属于 InfoSpace 公司的四大重要搜索引擎之一。Dogpile 最初建立的目的是解决独立搜索引擎存在的资源覆盖率不高的问题。当时，Dogpile 共收集了数十个各种类型的独立搜索引擎，包括 Google、MSN、Ask、LookSmart 等。目前 Dogpile 调用的成员引擎有 Google、Bing、Ask 等 12 个，其重要特点之一是检索对象广泛，涉及多种专门资源，除网页检索外，还有生活、图像、视频、新闻、黄页、白页等检索类型。同时，检索主页面上还设置了热门搜索（Favorite Fetch）和快捷链接（Quick Starts），为用户提供了很大的方便。

③ Mamma（www.mamma.com）。

Mamma 创建于 1996 年，是互联网上的首批元搜索引擎之一，自称是"搜索引擎之母"。Mamma 的特点与大多数元搜索引擎一样：同时搜索所有主流搜索引擎，快速显示排列好的搜索列表，它可以调用 About.com、Ask、Wisenut、Gigablast 等 9 个成员引擎，设有常规的网页、新闻、图片、视频等搜索功能，同时还包括微博（Twitter）、工作、本地搜索这些比较有特色的搜索项目。Mamma 主要优点在于能够很好地将用户的搜索请求自动转换为符合各成员引擎语法的提问式，但它在结果中会去重，因为它通过计算某个特定的网站在主流搜索引擎中出现的次数来排列其结果，重复结果的次数将作为对这个网站的投票，使其在用户所得的搜索结果的列表中排名更高。这是 Mamma 与其他一些元搜索引擎非常不同的地方。

国内的元搜索引擎发展较晚，目前使用的如万纬搜索（www.widewaysearch.com）、XISOSO 元搜索（www.xisoso.com）等。国内的元搜索引擎当中，有的选用了比较多的成员引擎，有的搜索来源较少，但总体上看搜索结果还不是很理想。

国外的元搜索引擎还有 SavvySearch（www.savvysearch.com）、Surfwax（lookahead.surfwax.com）等。在国内，中文元搜索引擎有 360 综合搜索（www.so.com）、MEZW 搜索（so.mezw.com）、万维搜索（search.ea3w.com）等，这些元搜索引擎聚合了百度、Google、Bing、搜狗、有道、雅虎等独立引擎的搜索结果，成员引擎数量较多，而在结果整合上还需进一步改进。

（4）移动搜索引擎

移动搜索是基于移动网络的搜索技术总称，是用户使用移动终端（如手机、PDA 等），通过 SMS、WAP、客户端等多种方式进行信息、资讯、生活、娱乐等内容的搜索应用。移动搜索的出现，打破了地域、网络和硬件的局限性，满足了用户随时随地随身的搜索服务需求。作为一种新型的信息搜索服务，由于终端的便携性和网络易接入性，移动搜索与传统互联网搜索存在着很多显著的区别，并在搜索方式、搜索要求、搜索内容、搜索终端等一系列方面具有不同的表现，如表 6-3 所示。

表 6-3　　**互联网搜索和移动搜索的区别①**

	互联网搜索	移动搜索
搜索方式	目录浏览、关键词搜索	关键词搜索、自然语言搜索
搜索要求	海量、准确、快速	准确、便捷、个性化
搜索内容	网站、网页、图片、MP3、地图、视频、论坛、本地信息等	WAP 站点及内容、移动增值服务、本地信息等
搜索终端	计算机	手机、PAD 等
搜索目的	获取需要的内容或站点	获取需要的内容与定制的个性化服务
搜索费用	免费	流量费、服务定制费等

按照移动搜索方式，移动搜索主要划分为 SMS 搜索、WAP 搜索及语音搜索等方式②。

SMS 搜索，短信搜索引擎系统可以向移动用户提供短信搜索业务，即用户将所要查询的关键字通过 SMS 的方式发送到服务端，服务端经过分析搜索，发回相关的信息以满足用户的搜索需求。用户可以通过短信的形式获取天气预报、航班、本地服务等信息。

WAP 搜索：基于无线网络引用协议（WAP）的移动搜索，支持用户通过移动终端登录搜索引擎进行相关内容的搜索，访问的多为 WAP 网站。

语音搜索：支持用户通过移动终端以语音方式进行移动搜索，其内容包

① 赵丹群．现代信息检索：原理、技术与方法［M］．北京：北京大学出版社，2008：352.

② 艾瑞咨询集团．中国移动搜索行业发展报告（2008 年）［EB/OL］．http：//86gaso.com/UploadFile/200967142814461.pdf.

括预订酒店等商业服务、MP3 以及其他语音内容等。

目前在各类搜索方式中，WAP 搜索占主导地位。与 WAP 搜索相比，SMS 搜索和语音搜索虽然可通过规避终端能否上网的限制以降低用户使用门槛，但其对信息的判别能力、信息的精准等指标均有较高的要求。同时，SMS 搜索需要用户不断回复短信来实现搜索过程，这在一定程度上影响了用户体验。而语音搜索虽符合用户使用习惯，但目前语音识别技术发展并不完善，需要人工干预实现搜索过程，在语音搜索中，对庞大搜索数据的处理能力及二次搜索导致搜索速度过缓等难题仍亟待解决。

近几年移动搜索引擎发展迅速，大致可以分为以下三类：

①互联网搜索引擎的移动版。这一类移动搜索引擎来自传统互联网搜索引擎，在传统互联网领域有着较高的技术积累和品牌影响力。作为传统互联网搜索厂商，它们在互联网搜索服务上的品牌优势在一定程度上会延续至移动搜索用户群体；与此同时，其在互联网搜索领域形成的较为成熟的商业盈利模式及丰富的广告主资源，将为其在移动搜索领域的盈利赢得品牌及资源优势。起初，这些搜索引擎纷纷推出移动版，提供移动搜索应用，如百度（m. baidu. com）、谷歌（m. google. cn）、搜狗（m. sogou. com）等。近年来，这些搜索引擎在移动搜索领域开始多端布局，不仅包括移动版搜索入口，还推出专门的移动搜索 APP、内嵌于手机浏览器、WAP 站的移动搜索框。并且逐步实现网络搜索和移动端的深度融合，为用户提供搜索服务的全新体验，覆盖了新闻搜索、图片搜索、视频搜索、音乐搜索、时评搜索、个性化设置、电子会员以及一系列实用的生活资讯搜索功能，如搜索和中搜搜索等。

②专业移动搜索引擎。这一类搜索引擎从一开始就专注于移动搜索领域，其中一些切入移动搜索领域还早于门户类引擎，具有较多的技术实践经验和对用户体验的深刻理解。这些引擎能够以改善用户体验、满足用户需求为导向，基于对用户行为习惯数据的深入分析，充分利用其在技术研发、人员资源储备方面的优势不断优化现有产品服务体系；与此同时，这类厂商在产业链上下游展开广泛合作，借助运营商、终端厂商等渠道优势，推广移动搜索产品服务，在中国移动搜索市场占有重要地位。但在目前移动搜索市场商业盈利模式仍未成熟的情况下，如何通过有效的资本运作及市场推广提高品牌知名度、用户认知度仍是其亟需解决的问题。这类移动搜索引擎主要有易查（yicha. cn）、宜搜（easou. com）、儒豹（wap. roboo. com）、神马（m. yz. sm. cn）等。

③垂直类移动搜索引擎。垂直类移动搜索引擎同样来自于传统互联网，

其原型是垂直型搜索引擎，这类引擎专注于某一垂直搜索领域，只是将自己的搜索服务移植到移动网络环境中。与综合型搜索引擎的移动版相比，垂直类移动搜索引擎更专注于某一特定领域的搜索，多以旅游搜索、生活搜索为主，如去哪儿（touch. qunar. com）、12306（www. 12306. cn）等。

④应用内嵌搜索。移动互联网快速发展，各种手机应用拥有大量用户。近年来，一种全新的信息搜索方式——应用内嵌搜索出现，即在手机应用中嵌入信息检索功能，这样可以避免在多任务情境下，用户为检索信息而不得不反复退出应用。例如微信搜索的出现便是应用开始占领移动搜索市场的重要信号。微信搜索支持用户在应用内部搜索框中输入检索词，检索结果包括微信公众号、微信小程序（如果有相关小程序）、微信朋友圈、外部链接或者公众号内容，外部链接包括微信搜狗百科、知乎、亿邦动力网、钛媒体虎嗅及一些主流站外资讯平台内容。这种搜索方式基于微信本身的海量用户信息、大数据社交互动和检索技术，使得信息搜索更精准、更高效。

6.4.4 网络信息检索的重要领域

（1）多媒体信息检索

多媒体信息检索是根据用户的要求，对图形、图像、文本、声音、动画等多媒体信息进行检索，得到用户所需的信息。网络上多媒体信息数量的激增使图像、音频、视频等多媒体信息的检索成为了网络信息检索的热点。

多媒体信息检索的方法分为基于文本的检索（Text Based Information Retrieval，TBIR）和基于内容的检索（Content Based Information Retrieval，CBIR）。基于文本的检索是通过对图像、声音等多媒体信息进行文本注释（如题名、作者、主题分类等），产生索引，然后基于文本注释采用关键词进行检索。TBIR 技术能够用文本来表达多媒体对象的语义信息，实现简单，可以充分利用已有的成熟的文本检索技术和搜索引擎技术。但这种方法的文本标注是很不准确的，而且也不能满足用户对多媒体对象原始特征信息的检索。为了克服基于文本的检索技术的局限性，研究者们提出了基于内容的多媒体检索，即把多媒体信息的原始特征信息作为内容表示，进行匹配、查找。目前，针对图形、图像、动态视频等信息类型，研究人员已提出了一些基于颜色、形状、纹理、空间位置关系、摄像机动作、镜头等视觉特征提取与匹配的算法思想，并涌现出一批示范性或试验性检索系统。在图像信息检索方面，研究人员根据分析图像的内容，提取其颜色、形状、纹理，以及对象空间关系等信息，建立图像的特征索引，目前有的图像检索系统有：QBIC（Query by Image Content）、VisualSEEK 等。在音频信息检索方面，研究人员针对语音类信息具有语法、字、词等要素的特点，提出利用自动语音识别（Automatic Speech Recognition，简称 ASR）技术，将语音信息转换成文本再进行检索，目前较为成熟的音频检索系统有：IBM 的 Via Voice、剑桥大学的 VMR 系统和卡内基悔隆大学的 Informedia。在视频信息检索方面，研究人员通过对非结构化的视频数据进行结构化分析和处理，采用视频分割、代表帧和动态特征提取技术形成描述镜头的特征索引，逐步缩小范围进行检索。

根据这两种技术各自的特点，如果将二者相结合，有机整合基于文本和基于内容的检索技术，使两者互为补充，这样系统就可以同时获取多媒体信息的语义特征和底层特征，在一定程度上既弥补文字描述存在的主观性不足，又弥补内容检索对语义描述的缺乏。

作为一种半结构化标记语言，XML 具有简单灵活、可扩展、自我描述等特点。由于目前网页内容中已不再仅仅包含文本信息，而越来越多的是文本与其他媒体信息的结合，如何利用 XML 文档的结构语义等信息辅助多媒体信息的检索，是一个值得探索和研究的领域。由于 XML 文档结构能提供各多媒体信息相互连接的逻辑层次，可以利用该种 XML 结构来改进基于 XML 的多媒体信息检索系统的检索性能，根据用户需求检索结构化的多媒体片段，并在统一考虑不同类型信息的相关性的基础上以一定方式合并来对其进行排序显示①。

（2）跨语言信息检索

传统的信息检索系统主要是针对单一语种的文档集实现，一般是使用用户最为熟悉的语种作为查询语言。跨语言信息检索（Cross-Language Information Retrieval，简称 CLIR）是指用户以某种语言（也称为源语言 source language）来构建和提交检索提问式，系统检索出符合用户需求的其他语言（也称为目标语言 target language）表示的文档集。

跨语言信息检索是一个起步较晚而发展很快的研究领域。该领域的研究始于 20 世纪 70 年代初，起初十几年的发展较慢，进入 20 世纪 90 年代以后，随着计算机技术和网络技术的迅猛发展，跨语言信息检索的研究也取得了快速进展②。

① 连慧平，谢娟，付苓．网络环境下多媒体信息检索探究［J］．软件导刊，2010（4）：134-137.

② 寿亦敏．跨语言信息检索的国内外比较研究［J］．情报资料工作，2009（4）：53-57.

跨语言信息检索是以单一语言描述的用户查询来检索多语种的信息资源，实质就是单语言的用户查询与多语言的信息（文档）表示之间的匹配。目前主要的解决方法是在单语言信息检索系统的基础上增加一个语言转换机制。作为传统信息检索的一种扩展，跨语言网络信息检索综合了多种信息处理成果，在进行语言转换之前还要进行一些前期的文本预处理，比如语言识别、信息抽取、分词、信息标引、文本分类等。

一般来说，解决查询条件和查询文档集之间的语言障碍有 5 种不同的技术路线：①同源匹配（congnate matching），根据两种语言的语词拼写形式或读音相似度来判断其中一种语言语词的意义，不进行任何翻译。这种方法只适用于具有相同词源的语言，比如英语和法语，而对于中英文来说则不适用。②查询翻译（query translation），将用户输入的提问式（源语言）翻译为系统支持的语言（目标语言），然后再将目标语言的提问式提交给匹配模块，进行单语言信息检索。其优点是能够在线快速执行，缺点是提问式通常很短，语境信息很少，难以消除歧义。③文献翻译（document translation），这种方法与查询翻译正好相反，是先将多语言的文献信息集转换成与查询相同的语言，再进行单语言信息检索。其优点是具有完整的文献语境，翻译质量较高，可离线执行，缺点是速度很慢，文献库的规模较小。④中间语言技术（interlingual technique），是指将源语种与目标语种都转换成一种中间语种来实现 CLIR，即源语种-中间语种-目标语种，以此来解决两种语言之间无法直接翻译的问题。中间语言通常选择的是计算机容易处理的语种，如英语等。⑤非翻译（no translation），目前通过非翻译实现跨语言信息检索的典型技术是潜语义索引（Latent semantic indexing），其实现方式是，首先将原始文档与对应的翻译文档建立联系，构建训练文档集，然后利用奇异值分解技术（Singular Value Decooposition，SVD）对其进行分析，获得双语文档集的特征信息和一级检索词用法上的映射关系，即构造出不同语种的潜在语义空间，最后根据平行文档中的语词的用法特征检索出另一语种的相关信息。

目前跨语言信息检索的主要研究热点包括跨语言信息检索辅助技术方法、语言转换方法、信息组织与检索模型等，同时还有一些问题有待进一步研究，如基于语义的信息检索、以应用为导向的跨语言检索平台、相关性检索结果合并、可视化处理等将成为新的研究方向①。

---

① 司莉，贾欢 . 2004—2014 年我国多语言信息组织与检索研究进展与启示［J］. 情报学报，2015，34（6）：662-672.

（3）智能信息检索

传统的信息检索系统是基于关键词的检索，并不能完全表达用户的检索需求，返回的检索结果一般也只包含文档的 URL 和文档标题、摘要等少量信息，由于没有语义支持，经常会检索到一些与用户请求不相关的网页。为进一步提高检索效率和质量，新一代的信息检索系统——智能信息检索系统应运而生。智能信息检索系统是由抽词检索与全文检索发展而来，它是以检索词的相关度为基础，对检索词具有较高的判断能力、理解能力和处理能力的人工智能型检索系统。智能信息检索利用分词词典、同义词典、同音词典等来改善用户的输入，还能对文本资料进行语义理解，当用户查询时，对查询语句进行理解，然后再对文本进行语义上的概念匹配。《“十四五”规划和 2035 远景目标纲要》指出，要培育壮大人工智能、大数据、区块链、云计算、网络安全等新兴数字产业；同时，中央网信办在 2023 年 10 月 18 日发布《全球人工智能治理倡议》，鼓励全球共同推动人工智能健康发展，为智能信息检索的发展提供了坚实的基础保障。

理想的智能信息检索系统应尽量实现如下功能：①具有良好的人机交互界面，能使用自然语言处理、机器学习和信息推送等技术；②允许用户灵活的添加和修改查询条件，能根据用户的查询条件进行相应的语义扩展和推理处理，以返回更多用户所关心的信息，提高系统的查全率和查准率；③支持对检索结果的多种排序方式，如按时间排序和按与查询条件的相关程度排序，把最贴近用户需求的信息以较为显著的形式展现出来；④依据用户浏览和检索习惯信息，熟悉用户的兴趣爱好，建立用户描述并据此主动向用户提供相关的信息；⑤具有良好的自适应能力和较高的智能程度，能根据各种领域知识来提高服务质量。

智能信息检索涉及自然语言理解、语义 Web、人工智能、本体等多个领域。随着社会的日益信息化，人们越来越强烈地希望用自然语言同计算机交流。自然语言理解的任务是建立一种计算机模型，这种模型能够给出像人那样理解、分析并回答自然语言的结果，寻求计算机对人类语言的自动理解和处理，进而实现更自然、更便捷的人机交流。James Allen 在他的《自然语言理解》一书中指出：自然语言理解将为下一次的计算机革命提供动力。他认为：在未来，为适应人类解决问题和行动的方式，应该是计算机做出改变。界面应该是目标驱动的；并以一种符合用户知觉的自然方式向用户返回信息。自然语言将成为人机之间最直接的交流方式。因此，检索工具应该具有更加友好的交互界面，支持用户使用自然语言进行检索，并且计算机能够理解用户的输入信息，在大量文本中找到用户真正需要的内容。

近几年，基于语义、Agent、本体（Ontology）的智能信息检索成为研究热点。语义智能信息检索系统试图从语义上理解和索引文档，并根据用户的相关信息智能化地理解用户的信息需求。在系统实现上采用概念检索，而不是简单的字符串匹配检索。Agent 是一个具有适应性和智能性的软件实体，能代表用户或其他程序以主动服务方式完成工作，它与智能信息检索相结合提高了检索技术的智能化，促进人机交互，使信息的收集、过滤、聚类和信息融合更有效率；同时通过跟踪用户信息查询的活动，自主地捕捉用户兴趣爱好，搜索可能引起用户兴趣的信息并提供给用户①。本体能够较好地描述概念的内涵以及概念与概念之间的关系，具有良好的概念层次结构和对逻辑推理的支持。可以利用其对用户检索进行扩展、推理，从而提高检索的效率与精确度，因此，在信息检索，特别是在基于知识的检索中得到了广泛的应用。

（4）信息检索可视化

信息检索可视化是信息可视化技术在信息检索中的应用，是指把文献信息、用户提问、各类情报检索模型以及信息检索过程中不可见的内部语义关系转换成图形，在一个二维或三维的可视化空间中显示出来②。

从技术角度来分析，当前的文本信息检索存在一些比较明显的缺陷：①检索过程是不连续和不透明的，用户对检索过程的参与程度和控制能力较差；②检索结果的线性显示，不能显示检索结果之间的关系，也不能显示检索结果和用户提问时之间的关系，不利于用户对检索结果的理解、接收和利用；③没有充分考虑用户的检索要求与习惯，缺乏比较直观、形象的检索交互措施和渠道。将可视化技术引入信息检索领域，不仅有助于营造简洁、高效的信息检索视觉环境，提高检索操作的透明度，而且在激发用户认知思维、帮助用户理解提问与检索结果之间的内在联系、减少理解检索结果所需时间等方面具有重要作用。

作为一个前沿性探索方向，目前信息检索可视化研究与应用已取得了一定进展和某些试验性成果，并主要体现在检索处理活动的以下不同环节中：（检索前）提问式构造；检索过程的透明化；（检索后）结果处理；可视化

---

① 李志义，池爽．基于 Agent 的智能检索综述［J］．情报科学，2009（7）：1035-1039，1043.

② 赖茂生．情报检索技术与方法的研究综述［J］．情报学进展（第五卷），北京：国防工业出版社，2003.

检索词表系统的研制，等。提问式构造的可视化，其研究意图是通过检索接口或检索界面，对检索词及其逻辑组配关系进行某种直观的、可视化的显示和表达，辅助用户更轻松、准确地构造出既符合系统语法规则又符合自己真实需求的提问式，减少检索交互过程中用户的认知负担。检索过程可视化力图将提问式、文献、文献集及检索结果等对象以图形表示，通过检索操作以可视化的方式展示检索词与提问式、检索匹配过程、不同匹配阶段命中的文档记录数量等内容，使得用户对检索过程可控、可理解。检索结果可视化研究主要建立在对检索结果集合的分析处理基础上，围绕“显示什么”和“如何显示”两个方面进行试验和探讨，以揭示检索词与结果文档之间的相关度、结果文档之间的内在联系等，利于用户对检索结果的整体把握。

未来的研究中，如何实现抽象的、庞大的信息空间可视化仍是一个具有挑战性的问题。其中复杂对象结构、语义及相互间关系的可视化是重点，而建立在应用层面上的可视化信息检索与交互标准研究，是加速可视化技术应用进程的重要手段①。

（5）智能问答系统

智能问答系统已经有几十年的历史，1950 年 Alan Turing 就提出了著名的图灵测试。但早期由于技术限制，一度被限定在特定领域的专家系统中，没有被广泛应用。当前，人工智能发展迅速，机器学习、神经网络等技术的逐渐应用，大大促进了智能问答系统的发展，产生了一些代表性产品，包括自动化问答平台、语音问答机器人等。智能问答的实现基于海量的语料库，整理之后建立基于知识的分类模型；这些分类模型用以支撑信息服务，实现信息处理的自动化。这些智能问答系统一问一答的服务形式，方便精确定位用户需求、实现实时交互，大大提高个性化服务程度。

一般地，智能问答系统的核心数据即是问题以及答案，按照不同的分类标准，可以划分为不同的类别。按照用户问题所属的不同数据域，问答系统可以分为四类，分别是面向限定领域的问答系统、面向开放领域的问答系统以及面向 FAQ 的问答系统；按照答案的数据来源划分，可以分为以下四类，分别是基于结构化数据的问答系统、基于半结构化数据的问答系统、基于自由文本的问答系统以及基于问答对的问答系统；按照答案的产生原理划分，可以分为两类，分别是生成式的问答系统以及检索式的问答系统；按照信息检索阶段采用的方法可以分为基于规则模式的问答系统、基于传统机器学习

① 潘庆超．近几年国内信息检索可视化研究综述［J］．图书馆学研究，2010（6）：7-9，14.

方法的问答系统以及基于深度学习方法的问答系统。目前应用较为成熟的是聊天机器人以及各个领域商用的客服机器人①。

本章内容提要

在信息管理流程中，信息检索是继信息组织之后的又一重要环节，其任务是在信息组织的基础上，使用户查找到并获取满足其信息需求的信息内容。第6章首先介绍了信息检索的基本概念与相关原理，包括信息检索的含义、类型、基本原理及主要模型；并以信息技术发展为线索，梳理了信息检索的发展历程及阶段，并对各阶段所采用的信息检索技术和方法进行了介绍；而后讨论了信息检索的步骤与策略制定，以及信息检索语言和信息检索效率评价等相关问题。在网络信息检索部分，分析了网络信息检索的特点，重点介绍了搜索引擎这种主要的网络检索工具，包括搜索引擎的发展、原理及应用等方面，并对网络信息检索的重要领域进行了介绍。

本章重点

1. 掌握信息检索的基本原理，分析信息检索流程与信息组织流程之间的关系；

2. 了解信息检索的发展阶段及每个阶段所采用的主要技术手段特征；

3. 什么是检索策略，如何根据检索命题制定优化的检索策略；

4. 信息检索效率评价是主要指标有哪些？它们之间是什么关系？

5. 掌握搜索引擎的基本原理，结合不同领域的实例分析不同类型的搜索引擎的应用现状及其功能特性。

本章参考文献

[1] 陈光祚．计算机情报检索系统导论［M］. 北京：书目文献出版社，1993.

[2] 华薇娜．搜索引擎的最新进展述要［J］. 图书与情报，2009（6）.

[3] 黄如花．网络信息的检索与利用［M］. 武汉：武汉大学出版社，2002.

① 邹超．基于深度学习的中文代词消解及其在问答系统中的应用［D］. 哈尔滨工业大学，2016.

[4] 焦玉英，符绍宏，何绍华编著．信息检索［M］．武汉：武汉大学出版社，2008.
[5] 焦玉英，雷春明．模糊理论在信息检索中的应用研究［J］．情报学报，2000（5）．
[6] 焦玉英，等．网络环境中信息检索理论与实践的发展［J］．图书情报知识，2001（1）．
[7] 李灵华，米守防．国外典型元搜索引擎特性比较与分析［J］．计算机工程与设计，2010（9）．
[8] 屈鹏，李璐，张丽丽．情报检索发展的几个前沿问题［J］．图书情报工作，2008（3）．
[9] 王文钧，李巍．垂直搜索引擎的现状与发展探究［J］．情报科学，2010（3）．
[10] 叶伟．中文 WAP 移动搜索比较研究——以谷歌、宜搜为例［J］．情报探索，2010（7）．
[11] 张琪玉．情报语言学基础（增订 2 版）［M］．武汉：武汉大学出版社，1997.
[12] 赵需要，张文德．网络信息检索模式及未来发展［J］．情报探索，2006（2）．
[13] S. J. Shepherd. Concepts and Architectures for Next-generation Information Search Engines. International Journal of Information Management, 2007, 27 (1).

7 信息服务

信息服务是信息管理活动的出发点和归宿，是信息管理学研究的重要内容和领域。信息服务活动通过研究用户、组织用户、组织服务，将有价值的信息传递给用户，最终帮助用户解决问题。从这一意义上看，信息服务实际上是传播信息、交流信息、实现信息增值的一项活动。我们在本章所讨论的信息服务仅仅是作为信息管理活动的一个环节，亦称信息提供。

7.1 信息服务的内容和方式

7.1.1 信息服务的含义和内容

简单而言，信息服务就是用不同的方式向用户提供所需信息的一项活动，它是以信息为内容的服务业务。它包括两个方面的内容：一是对分散在不同载体上的信息进行收集、评价、选择、组织、存储，使之有序化，成为方便利用的形式；二是对用户及信息需求进行研究，以便向他们提供有价值的信息。第一方面的内容已在前述各章系统讨论，本章将从服务管理的角度来介绍信息服务的相关问题，并重点讨论第二方面的内容，即用户的信息需求与提供。

与其他社会化服务相比，信息服务是一项更具社会性的服务。在现代社会中，无论是工农业生产与经营活动、科学研究与开发活动、商业流通活动、文化艺术活动、军事活动等领域的职业工作，还是社会管理与服务工作，都离不开信息的发布、传递、搜集、处理与利用，都需要有相应的信息服务为其提供保障。现代信息服务的内涵十分丰富，已经远远超越了传统图书馆的参考咨询、文献提供及情报中心的文献检索服务，而包括社会经济生活的各个领域和各个方面的信息需求及提供。

信息服务从内容上看，不仅包括传统意义上的科技信息（情报）服务，还包括经济信息、政策法规信息、文化信息、市场信息、金融信息、电子商务信息、旅游信息、娱乐信息、影视信息、生活信息等方面的内容，可以说，人类社会生活中的一切信息都是信息服务的原材料，而人类需求的各类信息也都是信息提供的对象。

从信息服务的形式上看，既有主动的信息提供，又有被动的信息索取；既有多向信息发布，又有单向信息传递。

从信息服务的载体来看，既有传统的印刷文献型载体，又有新型的电子载体和网络载体。

从信息提供的渠道来看，既有正规渠道，又有非正规渠道；既有传统的信息传递渠道，又有现代化的信息传递渠道（联机系统、网络等）。

从信息提供主体来看，既有专职信息服务机构和专职信息工作者，又有非专业信息机构和非专职信息工作者。

从信息服务的层次和深度来看，既有传统意义上的零次信息、一次信息、二次信息和三次信息服务，更有直接帮助解决问题的知识型服务。

可见，现代信息服务已经形成了一个外延广阔、内涵丰富的庞大体系。尤其是互联网兴起和普及利用，使现代信息服务发生了革命性变革。以互联网为基础的全球信息高速网络成为信息存储和传播的主要媒介。网上信息种类繁多，分布在不同的网络节点上，而且都是以数字化信息及其他信息媒介为基础的电子信息资源，可以利用现代信息技术进行制作、加工、传播、转换和二次分发。高速信息网络存在巨大的开放性，进出方便、存取自由，任何团体和个人都可以把自己的计算机和局域网联系，同时也可以通过网络的任一节点获取网上信息，真正把方便的信息服务带进了办公室和家庭，使人们可以像使用自来水和煤气一样方便地使用全球信息资源。在高速信息网络上，信息生产者、信息提供者、信息利用者之间的界线已变得模糊不清，信息服务正在以全新的方式展现在我们面前。

7.1.2 信息服务的特性

作为服务的一种类型，信息服务是发生在信息用户与信息提供者、信息资源、信息服务系统之间的可以满足用户信息需求的一种或一系列行为。由于信息是信息服务为信息用户提供的主要服务结果，因而在信息服务过程中，信息源、信息活动和信息用户成为3个最基本的构成要素。

信息服务的特性主要体现在以下几个方面：

（1）知识密集程度高

信息服务要求服务人员具有综合知识素质，能够根据用户的信息需求作出判断，确定优化的服务提供内容和方式；同时，用户也需要具备相应的知识储备，只有在用户本身的知识与服务方所提供的信息相匹配时，信息服务才能得到有效的利用。

（2）信息用户参与度高

由于用户的信息需求不易明确表达，也不易被感知，因而，只有在与用户进行更多的交互的基础上才可能了解其需要并进行信息服务提供。这使得信息服务成为一种以用户需求为驱动，并需要用户高度参与的交互性服务，甚至一些服务就是由用户自发驱动产生内容而创造的平台，例如Web2.0网络下的视频网站、播客平台等，用户将自己制作的信息内容上传到相应的网络空间，与其他人交流共享，这种用户生成内容（User Generated Content，UGC）成为目前一种新型的信息内容提供方式。

（3）信息服务者与用户有较深的接触

信息服务是一种面向用户动态且个性化信息需求的服务，由于接触层面深，服务过程中会面临许多的不确定因素，用户可能随时提出新的要求，因而服务人员经常会取代信息资源而成为信息服务主导因素。为了使得信息服务适应并满足用户的非连续性需求变更，一些信息服务企业推出了自助服务、个性化定制服务等方式。

7.1.3 信息服务的原则

由于用户的信息需求千差万别，并且随时间的变化而动态变化，因而要向用户提供满意的信息服务是一件很不容易的事。为此，在信息服务活动中需要遵循以下原则：

（1）针对性原则

满足特定用户在特定时间的特定需求是信息服务的基本出发点。信息服务机构要认真研究用户的信息需求和需求的变化，掌握用户利用信息的习惯和特征，选择符合用户需求的信息内容、信息载体、信息渠道，向用户提供针对性很强的信息服务。

（2）及时性原则

信息具有时效性，即在特定的时间范围内才能发挥其效用。这个时间一般是在用户做出决策和选择需求信息之前。信息提供过早，用户没有需求，信息效用不可能实现；提供过晚，信息毫无价值。

（3）易用性原则

实践表明，用户利用信息受到可获得性和易用性的影响。在决定是否选择和利用信息时，可获得性和易用性往往超过信息本身的价值。因此，信息服务机构应为用户获取利用信息提供最大的便利条件。

（4）成本/效益原则

信息服务既要讲求社会效益，又要讲求经济效益，同时还要正确处理好效率和公平的关系。虽然信息服务的效益具有潜在性和延迟性，很难做出确定的评价，但不论是对信息服务机构还是用户都需要花费一定的成本（时间成本和资金成本），应当确保以最小的花费来获得信息服务的最大效益。

7.1.4 信息服务的类型及方式

7.1.4.1 信息服务的类型

从不同的角度和侧面，信息服务可以划分为多种不同的类型。对信息服务而言，其后台的推动力是技术和信息，而前台关键是需求获知能力和知识解析能力，因此，信息服务的发展还需要依赖人力资源和技术资源。从信息服务的不同资源依赖模式看，信息服务可以分为执行型、经验型、专家型（如表 7-1 所示）。

表 7-1 **信息服务类型（基于所依赖资源的划分）**

信息服务类型	前台产品	后台工作	主导因素
执行型（依靠系统）	信息或信息组合	信息序化、信息系统设计与维护	用户
经验型（依靠经验）	定制信息	信息采集、信息整合	用户和服务人员
专家型（依靠智慧）	报告与方案	信息采集、信息解析	服务人员

其中，执行型信息服务主要依赖特定服务系统，前台产品往往是按照用户明确要求供应的信息或信息组合。后台工作集中在信息序化、信息系统设

计与维护方面。在服务过程中，用户是主导因素，如信息资料传递服务，信息分析软件应用服务、检索服务等。

经验型信息服务主要依赖特定服务经验，前台产品是在现状分析、判断用户需求基础上供应的定制信息；后台需要强化信息采集，并在预测用户需求基础上预先进行一定信息整合，用户和服务人员在该服务过程中均扮演重要角色，如事务型咨询、行业报道等。

专家型信息服务前台产品主要为针对性报告和解决方案。后台需要集中于信息采集和信息解析工作，特别强调信息解析；在这一服务过程中，主导因素往往是服务人员。

7.1.4.2　信息服务的方式

从不同的角度和侧面划分，有多种不同的信息服务方式。本节介绍当前几种主要的信息服务。

（1）信息检索和传递服务

信息检索和传递服务是信息服务机构利用本机构内部以及外部信息资源体系，根据信息用户具体需求，在合适的时间通过合适的方式向用户提供合适的信息，具体形式包括信息搜索服务、查新服务、馆际互借与文献传递等。

信息搜索服务是信息机构服务人员根据用户的需求利用各种检索工具为其查询获取相关文献信息资源。随着网络搜索引擎和各类数据库的发展，信息搜索已由原先的信息检索人员为主导转变为用户为主导，一些基本的查询和搜索用户可以自行完成。信息服务人员目前所较多从事的主要是一些专业性较强、技能要求较高的搜索任务。

查新服务是一类传统信息查找服务，其应用目的是避免科研选题的盲目性、重复性和成果评审的主观失误等现象。该服务广泛应用于科研立项、成果鉴定、申报奖励、申请专利等。

馆际互借与文献传递目前已成为公益信息服务的主要形式之一，该项服务借助便捷的网络环境为用户建立畅通渠道，可为用户提供图书、期刊论文、数据库文献全文等资源的馆际借阅和传递服务，从而满足用户的需求。例如，中国高校哲学社会科学文献保障服务体系（CASHL）就是为中国社会科学与人文科学研究提供资源与服务，有计划、有系统地引进和收藏国外人文社会科学文献，采用集中式门户平台与分布式服务结合的方式，为全国高校、哲学社会科学研究机构及社会科学工作者提供综合性文献信息服务。

（2）信息报道与发布服务

即信息机构对搜集到的大量资料和信息进行整理、加工、评价、研究和选择之后，及时报道出去，满足用户的信息需求。常见的信息报道方式有下列三种：

①文字报道。这是信息报道的主要形式，信息服务机构通过研究用户在科研、生产、经营等活动中承担的任务和提出的信息需求，有选择地将有重要价值的资料和信息（一般是原始信息或一次信息）加工成二次信息和三次信息进行报道。这种报道一般分为定向报道和定题报道。

定向报道服务是指信息服务机构围绕某个学科专业或专题，主动进行的定期信息及刊物的编辑出版工作，如编辑出版文摘、索引、题录、快报、译丛和消息等。这类报道工作的特点是工作量大、连续性强，而且一般都是在用户提出需求之前就开始工作，因此，需要经常性地开展调查工作，才能确保信息报道的质量。

定题报道服务是根据用户的专题要求所进行的报道服务工作。定题报道服务从检索和收集资料的角度可分为两种方式：一是报道和提供过去某一时间段中所有的相关信息，称为回溯性报道（检索）服务；二是不断提供最新的信息，随时收到，随时报道。如脱机批处理的计算机检索报道服务 SDI（Selective Dissemination of Information）就是这样一种专题报道服务。其报道方式，按需要而定，可以是专题题录、专题文摘、索引，也可以是专题述评、学科总结或文献资料、汇编等。利用这种文字性媒介，既便于信息的交流与收藏，又便于用户使用，是一种重要的信息报道服务形式。

文字报道还可按其内容和作用的不同，分为一次信息报道，二次信息报道和三次信息报道。

②口头报道服务。主要指通过直接交谈、专题讲座、学术会议、信息发布会提供信息。口头报道的信息一般都是零次信息，其特点是迅速及时，交互性强，效果好。

③直观传播报道服务。即通过实物，如样品、样机、展览、电影、音像等载体传递信息。这种方式直观、生动、易于接受、易于理解，但信息传递范围受到限制。

（3）参考服务

在以图书馆为代表的信息机构中，参考服务的开展由来已久。在网络时代，该服务更多地表现为数字参考咨询服务，即建立在网络基础上的将用户与专家的学科专业知识联系起来的问答式服务。目前，图书馆界的数字参考咨询服务采用分布式合作参考服务的模式，在一定程度上解决了咨询员数量有限与用户提问无限之间的矛盾。其主要分为异步、实时、合作化三种类型。异步服务主要利用 E-mail、BBS、留言板、FAQ 等方式；实时服务主要通过网络聊天、视频会议、网络呼叫中心等实时交流技术来实现；合作化数字参考咨询是由许多成员机构一起组成一个分布式的数字参考咨询网络，以解决单一图书馆或信息机构因种种条件限制而不能解决的咨询问题。

(4) 信息咨询服务

咨询是指咨询方（咨询专家或咨询机构）根据委托方（各类客户）提出的要求，以其专门的知识、信息、技能和经验，运用科学的方法和手段，进行调查、研究、分析、预测，客观地提供最佳的或几种可供选择的方案(或建议、报告等)，帮助委托方解决复杂问题的服务。现代咨询的业务范围十分广泛，包括政策、法律、管理、工程、理财、心理、医学等各行各业，几乎是包罗万象。

信息咨询服务是帮助用户解决信息问题的一种专门咨询活动。它源于图书馆的参考咨询，随着现代信息服务范围的扩展而不断发展。信息咨询主要向用户提供下述服务：①从哪里可以获取所需要的信息，最有价值的信息源是什么；②最方便的信息渠道是什么，其可靠性如何；③对信息的可靠性、适用性和经济性进行评价；④为用户提供信息分析研究与预测报告；⑤为用户提供和推荐信息技术的选择与评价方案；⑥为用户提供信息系统和网络设计的解决方案，等等。与其他信息服务方式相比，信息咨询服务灵活多样，更具主动性和渗透性，能直接满足用户的信息需求，帮助用户解决问题，对用户也更具有影响力。因而，信息服务业中出现了许多专职的信息咨询机构，显示了强劲的生命力。

现在信息服务已经渗透到各个行业和领域，如果按照服务所涉及的行业和领域来划分，通常也把信息服务分为科技信息服务、学术信息服务、商务信息服务、政务信息服务等。在不同的领域，信息资源的特征和用户的信息需求都有所不同，因而信息服务开展的模式也各有差异。

7.2 信息服务的演化与现代发展

7.2.1 信息服务的演化及其发展趋势

信息服务作为一种基本的社会服务，随着社会的发展经历了一系列的演化。在人类社会形成和发展的初期，生产力的发展水平较低，人类劳动仅仅为了满足生存所需的衣、食、住、行，彼此间的信息交流比较简单，对信息的需求较低。随着生产力的发展和剩余劳动的积累，人类信息的内涵逐渐向其他方面的社会活动延伸，自然信息、生产信息、产品交换信息、战争信息、组织活动信息等。随着社会分工的进一步明确以及社会行业的发展，人类活动产生了科学信息、生产信息、物质交流信息等大量不同种类的社会信息；在社会需求的激励下，出现信息交换、传播等服务，产生了现代意义的印刷、出版、通信、流通等信息服务的雏形。随着科学技术的全面发展和社会经济的不断变革，信息已渗透到社会的各个方面，成为一定条件下的社会政治、经济、教育、文化、军事、生活等各种活动的保障因素，从而形成了信息服务的社会组织体系①。这一体系，在社会发展中不断演化。

随着人类知识的积累、科学技术的进步和社会经济的发展，处于分散状态的信息服务逐渐走向了社会发展规模。19世纪至20世纪初，图书馆工作取得了新的重大进展，图书馆文献服务功能得到加强，文献咨询、专题服务等新的文献服务形式得到拓展，文献服务体系逐渐建立。20世纪上半期，随着通信技术的发展，发达的工业国家建立了用于信息传递和交流服务的电信系统。20世纪中期，第二次世界大战结束后，各国政府的工作重心转向经济建设，在经济建设需求和科学技术发展的推动下，信息服务获得快速发展。从20世纪后期开始，信息技术的迅猛发展从根本上改变了传统信息服务的技术手段，为现代化信息服务的开展创造了必要的技术条件。

在科学技术进步和社会经济文化发展等综合因素的作用下，现代信息服务呈现出一些新的发展趋势：

（1）信息服务的移动化

中国互联网络信息中心（CNNIC）发布的第40次《中国互联网络发展状况统计报告》显示，截至2017年6月，中国手机网民规模达7.24亿②。随着智能手机等移动终端设备的普及、第四代移动通信技术（4G）以及第五代移动通信技术（5G）的推广，移动网络环境下的信息服务也快速发展，并呈现了一些新的特征。智能手机等移动终端的普及、移动通信技术和移动互联网技术的发展，改变了人们接入网络和利用网络的方式，使得网络信息服务向移动信息服务延伸。移动信息服务面向移动终端用户，通过无线网络或移动通信网络提供信息服务。

移动信息服务的特点主要表现在③：①泛在性。智能手机等移动终端硬

① 胡昌平，胡潜，邓胜利．信息服务与用户［M］．武汉：武汉大学出版社，2015.

② 人民网．CNNIC发布最新报告中国网民7.51亿占全球网民五分之一（2017-08-07）［EB/OL］．［2018-05-07］．http：//media.people.com.cn/n1/2017/0807/c14677-29454705.html.

③ 茆意宏．移动信息服务的内涵与模式［J］．情报科学，2012（2）：52-57.

件和软件功能的拓展，以及移动通信技术的进步，伴随着经济社会的快速发展，移动互联网在社会生活中的作用越来越重要，移动信息服务与社会生活、经济发展的联系越来越紧密。移动信息服务突破了时间和空间的限制，可以随时随地响应用户信息服务需求。②个性化。移动互联网提供了大量的服务和移动应用（Mobile Application，APP），这些服务和应用可以根据用户喜好，以个性化的方式展示信息，并可以通过地理信息定位、用户身份识别、用户使用信息收集等方式了解用户需求，对服务和应用功能和内容进行个性化定制。③灵活性。移动终端设备本身具有的便携性，使得用户在户外环境时也可以灵活地通过移动终端设备进行信息交流和无线交易等活动。④可定位性。移动终端设备内置的地理定位芯片能够接受全球定位系统（GPS）以及我国的北斗导航系统（BDS）等定位服务系统提供的位置信息，使得移动终端设备可以实时反馈用户当前所在地理位置，这为导航服务、实时交通信息查询、附近商家推荐等基于位置的信息服务提供了技术支持。

移动信息服务的上述特点改变了信息服务的方式，丰富了信息服务的内容，增强了用户体验。随着移动互联网和移动终端相关技术的发展和完善，移动信息服务将成为信息服务越来越重要的一个领域。

（2）信息服务的智能化

随着人机交互、大数据、人工智能等新一代信息技术的崛起，以及互联网技术和信息通信技术的融合发展，人们的信息获取方式和信息需求日益多元化和多样化①。《“十四五”规划和2035远景目标纲要》指出，要鼓励企业开放搜索、电商、社交等数据，发展第三方大数据服务产业。在新技术背景下，信息服务开始朝着智能化的方向发展。信息服务的智能化发展既是用户需求使然，也是技术发展的必然结果。

信息服务的智能化的内涵是利用大数据分析，根据用户的专业领域、行为习惯、需求偏好等因素，创造性地为用户提供更为优化的信息服务，主要表现为：①个性服务，针对不同的用户需求提供不同的服务；②主动服务，发现潜在用户并预测用户的潜在需求，主动提供信息服务；③自我学习，在服务过程中服务系统能够自我学习并不断调整和优化，更有效地适应用户需求的变化②。

信息服务的智能化主要包括信息资源组织的智能化、信息服务方式的智

---

① 张涛．Web3.0时代的图书馆信息服务革新［J］．出版广角，2017（8）：63-65.

② 刘永，王继娜．以网站为平台的智能信息服务探讨［J］．档案管理，2008（1）：24-25.

能化、信息服务内容的智能化3个方面的内容。信息资源组织的智能化要求根据用户和需求特点，动态建立信息和知识体系，并实现信息的自动采集、更新和处理，以形成符合用户需求的信息和知识。信息服务方式的智能化主要表现在根据用户特点和应用场景自动选择信息服务方式，并强调服务过程中的人机交互。信息服务内容的智能化表现在根据用户的行为习惯和用户特征，挖掘和发现用户的信息需求，并针对不同的用户返回不同的信息服务内容，甚至针对同一用户不同时间和场景的信息需求返回不同的信息服务内容，要求最大限度地满足用户的信息需求，并减少信息冗余，提供最精确的信息服务内容。

在社会生活的各个领域，信息服务都表现出了智能化的趋势。《“十四五”规划和2035远景目标纲要》指出，公共服务数字化是促进全社会共享发展红利的必然选择，以互联网、云计算、大数据、人工智能等为代表的数字技术不断更新迭代，数字技术的渗透与普及成为推动公共服务均等化、普惠化、高效化、便捷化的重要手段，让广大人民群众共享数字经济发展成果。在图书馆信息服务中，图书馆越来越重视利用用户行为和特征数据开展智能推荐、智能检索和智能咨询服务。在公共信息服务领域，人们提出了智慧政府、智慧城市、智慧交通、智慧城市等智能化信息服务概念。此外，人工智能、虚拟现实等技术也越来越多地用于信息服务中。在银行自助业务办理、医院导医服务、图书馆咨询服务等应用场景中，智能机器人承担部分信息服务工作，不仅提高了服务效率，也缓解了人工服务人力资源不足的问题。许多博物馆开始使用虚拟现实技术创建虚拟博物馆，以更有效地满足用户需求，许多图书馆也开始将虚拟现实技术用于图书馆馆舍导航和馆藏介绍方面。相信不久的将来，智能化的信息服务将在人们日常生活和工作中发挥更积极的作用。

(3) 服务场景线上线下融合

中国互联网经济发展经历了最开始的线上（Online）时代，以及随后出现的线上向线下渗透的O2O（Online to Offline）模式。如今，移动互联网和移动支付的普及，以及人工智能、物联网等技术的发展，使得线上服务和线下服务相互交融，信息服务对实体经济的渗透率越来越高，信息服务与实体经济呈现融合的趋势。在此背景下，业界提出了线上与线下融合的OMO（Online-Merge-Offline）模式。

OMO模式强调线上与线下的全面整合，随着国内移动互联网的发展，以及移动支付的快速普及，传统商业服务的线上线下边界开始消失。人工智能技术赋能的传感器，计算机视觉感知逐步穿透实体世界，在不久的将来，这些技术的发展将使汽车、商店、商场、诊所和学校等现实世界的场景和行为实时数据化。自此，数据世界和实体世界将完全整合①。智能手机的大规模应用、流畅的支付系统、质优价廉的传感器、以及人工智能技术的进步，将是助力 OMO 模式发展的核心因素。

共享单车的出现，带动了国内共享经济的快速发展，并让人们看到了这种新的服务模式的巨大潜力。共享单车的背后是移动互联网、移动支付、传感器、人工智能、云计算等诸多新一代信息技术的支持。用户通过手机端注册，扫描车身二维码进行解锁，然后通过移动支付进行快速支付。车载的传感器则将捕捉到的用户地理位置信息、移动轨迹等信息传输到云服务器，这些信息与线上信息结合，通过人工智能技术的分析，可以挖掘更多的使用习惯、经常骑行的路径等信息，为单车的调配提供指导等。

这种线上与线下的融合还表现在线上线下的双向交织、相互导流。支付宝和微信支付等移动平台上内嵌了共享单车的应用接口，移动支付用户可以直接通过移动支付平台使用共享单车，实现了线上向线下的导流。而共享单车的新用户，需要通过移动支付来完成租车服务，这就实现了线下向线上的导流。此外，社交媒体在 OMO 模式中也发挥着重要的作用，用户通过社交媒体分享和推荐自己喜欢的线下服务，也是一种线上向线下导流的过程。

近两年兴起的新零售模式正是对 OMO 模式思想的应用。新零售是一种运用大数据、人工智能等先进技术，对商品的生产、流通与销售过程进行升级改造，并对线上服务、线下体验以及现代物流进行深度融合的零售新模式。服务方将会实现线下与线上数据的融合，提供精准的客户推荐，提升服务质量，并实现供应链自动化和即时库存管理。线上与线下的深度融合，使得线下服务拥有线上的便利，线上服务也将拥有线下级别的体验和服务。除了出行和电子商务领域之外，OMO 模式在教育、医疗等领域也获得了应用，并出现了 VIPKID、哒哒英语、企鹅医生、全程医疗（Medical Mall）等一批新兴服务公司。我国有着全球最大的移动互联网用户群体，并且移动支付普及率也是全球最高的，相信我国在 OMO 发展中将保持领先优势。

此外，信息服务的发展还呈现出以下趋势②：从单一形式的服务向综合性服务发展；从以部门为主体的信息服务向社会化信息服务模式转变；各种专项信息服务和系统化信息保证服务将成为信息服务业务发展的一大主流；

① The World in 2018. The Merging of Online and Offline Worlds [EB/OL]. [2018-05-07]. http://www.theworldin.com/article/14565/edition2018meet-omo-sapiens.

② 胡昌平，胡潜，邓胜利. 信息服务与用户 [M]. 武汉：武汉大学出版社，2015.

信息服务向多元化和多样化方向发展；基于网络的信息服务个性化、知识化与集成化发展。

7.2.2 网络信息服务

作为一种新兴的服务行业，现代信息服务的发展与信息资源和信息技术紧密相关，科学性、系统性、高智性、网络性、市场性、国际性是其主要的特征。习近平总书记在网络安全和信息化工作座谈会上强调要加快信息化服务普及，降低应用成本，为老百姓提供用得上、用得起、用得好的信息服务，让亿万人民在共享互联网发展成果上有更多获得感。在网络环境下，如何对信息资源进行深层开发利用以形成高质量的服务产品内容，如何构建有效的服务体系与用户达成充分沟通，使其获得良好体验，成为现代信息服务行业关注的重要问题。

7.2.2.1 网络信息服务特点

数字化、网络化环境的形成，改变了传统的信息服务方式，使得网络信息服务的研究成为现代信息服务的热点。网络信息服务是指信息服务机构为满足用户的信息需求，通过计算机网络提供经过加工、整理的信息产品和服务的总称，它包括信息内容的加工处理、信息内容的提供、信息内容的存储与获取、网络增值服务、信息咨询服务等。

网络信息服务的特点主要表现在：

（1）信息提供知识化

网络信息服务提供的是经过加工、处理的高浓缩的信息产品，其内容与纷繁、无序、未经过整理的网络信息资源相比更加规范，并且能针对用户的需求为其建立起“知识库”“数据仓库”等，从而达到既为用户节约时间和精力，又能快速提供经过加工、整理的信息内容的目的。

（2）信息服务社会化

网络信息服务机构的信息资源社会化、网络化共享是网络信息服务最鲜明的特点。在网络环境下，网络信息服务机构能够最大限度地满足用户的要求，发挥信息资源的最大效用，充分体现网络中资源无限与服务无限的概念，从封闭的一馆一舍走向开放的社会。与此同时，信息服务所涉及的范围也不断扩大，如用户的咨询问题可能属于专业学习范畴，也可能是对社会生活的咨询，还有可能是关于网络信息资源利用的具体问题等。这时，网络信息服务更多的作用可能会体现在信息指引和信息的挖掘与组织上。

（3）信息服务虚拟化

网络打破了地域和时间的界限，网络信息服务机构的工作人员可以通过互联网实时地同用户联系，服务内容、过程都已电子化，服务的主、客体也被隐匿，用户面对的是网络化的信息服务系统，而不再是某个具体的人或物，从而突破了传统信息服务中的时间、空间限制，使得用户的信息检索、请求和获取更加快捷和及时，为用户节省了时间和精力。

（4）信息服务个性化

网络信息服务的个性化是互联网出现后信息服务的明显特征，也正是由于网络技术和信息技术的提高才使信息服务的个性化得到充分的实现和发展。它表现在面对不同的用户，信息服务的内容和过程、手段更加具有针对性、目的性。

7.2.2.2　个性化信息服务

关于个性化可被定义为：通过利用个体的特征信息为个体选择和过滤信息对象或产品，它可以应用于三个不同的层次：显示环境个性化、内容个性化、服务个性化。从其他角度，个性化可被描述为：通过构建有意义、一对一的关系而构建客户忠诚，成功地满足用户的需求可以导致用户对服务的再次使用。个性化服务所涉及的一系列步骤为：收集用户信息，然后向其提供满足其需求，量身定制的内容、服务，从而改善用户的服务体验。

个性化网络信息服务，就是面向用户的信息使用行为、兴趣、爱好、习惯、需求特点，为用户搜索、组织、选择、推荐、提供个性化定制信息服务的内容、系统和功能，以满足用户解决现实问题的信息需求。个性化信息服务包括两个方面：一是用户可以根据自身的需求定制自己所需要的信息；二是互联网信息库针对用户服务的特点，主动为用户选择最需要的资源与服务，根据用户的需求变化，动态地改变所提供的信息，让用户得到个性化的服务。它包括的服务方式有：学科门户服务、个性化分类定制服务、信息主动推送服务、信息智能代理服务、数字参考服务、信息帮助检索服务、词表导航服务、自动摘要服务。个性化网络信息服务可以使用户获得根据自身需求定制的数字资源，提高使用网络的效率。对服务的提供方而言，可以更直接地了解用户的真正需求以及其服务的不足和需要改进的地方，适时地调整服务策略，从而提高服务质量。为用户提供个性化服务，是网络环境下信息服务向纵深发展的趋势。

个性化服务的开展是以信息技术为支撑的，因此个性化技术的研究成为个性化服务的关键问题，比较重要的技术包括：用户兴趣与行为的获取与用户建模技术、数据挖掘技术、个性化推荐技术、信息过滤技术、人工智能技术、智能代理技术、个性化检索技术等。其中，用户兴趣的获取与表达是个性化服务的基础与关键。用户兴趣的获取可以通过用户填写表单、反馈信息的使用情况等显式方式获得，也可以通过跟踪、分析用户的行为等隐式方式获得。用户建模技术可以分为用户手工定制建模、示例用户建模、自动用户建模三种。数据挖掘技术可以用于对用户需求、兴趣的挖掘，也可以用于网络信息知识的挖掘。个性化推荐技术是根据用户的需求特点主动推送（Push）相关信息的技术，个性化推荐可以采用基于规则的技术或基于信息过滤的技术，常用的推送技术有邮递式和频道式两种。信息过滤技术是对网上大量的信息进行筛选从而得到符合用户兴趣的信息，信息过滤策略可以分为基于内容的过滤、协作过滤和混合过滤。智能代理技术克服了搜索引擎和在线浏览的缺陷，智能化地理解用户的信息需求，使用自然语言处理、信息检索、机器学习等技术，为用户提供准确可靠的信息。

从个性化服务实践来看，个性化信息定制方面，国内外的许多大学图书馆开发并使用了 My Gateway、My Library 信息定制系统。如康奈尔大学开发使用的 My Library 系统可提供个性化链接 My Links 和个性化更新 My Updates 两部分服务。该系统用 Java 动态创建 HTML 页面，运用 Oracle 数据库技术存储大量的用户信息。系统 Kerberos 认证机制执行认证服务。用户通过 ID 和口令认证登录系统，根据需要和可能进入 My Links 或 My Updates 界面。My Links 等用于收集和组织由用户定义的资源，其基本思想是利用文件夹包含个人选择 Web 的链接。用户可以对任何的资源和文件夹命名，按重要性由高到低排序，并可从中增删资源，在资源地址变化时也可以进行编辑修改。用户可从本馆藏资源或从任意 Web 资源中进行选择，所有个性化选择都存储在服务器端，用户在任一机器登录都可以享受此类服务。My Updates 允许用户设定自己感兴趣的领域，该系统将在与这些领域相关的图书馆资源变化时及时通知用户。在个性化信息推送方面，例如 Uncover 系统提供的 Uncover reveal（最新文献报道）服务，它以一周为更新周期，为用户提供他们选中的多达 50 种期刊的最新目次信息，同时可按关键词提供最新文献信息。此外，还有的信息服务提供商提供浏览页面的推送、新闻组中的新闻推送等。

7.2.2.3 集成信息服务

随着信息技术和网络技术的发展，用户信息需求呈现出越来越明显的综合化和个性化趋势。与此同时，现代信息资源体系呈现出多样化局面，信息服务机构竞争环境也在发生变化。这些因素加之信息服务自身的演进，促成了信息服务的集成化发展趋势。信息服务集成化要求信息服务体系能够处理、组织更多类型、更大规模的服务，提出了在不同信息服务机构之间实现信息服务集成的要求。

“集成”一词的英文单词是“integration”，还可理解为综合、整合，而“集成”一词应用得最为广泛。从一般意义上讲，集成是指一个整体的各部分之间能彼此有机地和协调地工作，以发挥整体效益，达到整体优化的目的。信息集成服务是指在现代数字网络环境下，以现代信息集成理论和技术为基础，通过对服务要素进行集成与动态整合并构建优势互补的集成化服务体系，使用户在最少的时间里通过最小的成本利用到最需要的资源和服务的一种服务理念和模式。这种集成服务理念和模式能以最小的成本最大限度地满足用户的需求，不仅强调服务要素的集成，更强调服务内容与功能的集成和一站式服务目标的实现。

信息集成服务的发展动因主要包括：

①用户需求的变化。数字化网络环境下，单一的信息载体、格式、获取途径、加工层次已不能满足不断变化的用户需求。

②信息资源的多样化。网络信息资源体系存在着多类型资源并存的局面，需要以用户需求为导向，对信息资源进行全方位的整合与集成，通过知识因子的有序化和知识关联的网络化，沟通相互隔绝的学科领域，使之成为相互渗透、相互作用的有机体，形成具有新的组织结构和功能的资源系统。

③信息技术的推动。各种新的信息技术的推广和应用，使得信息服务本身具备了技术集成的性质，同时越来越体现出主动、智能、交互、集成、个性化可定制等特点。

④信息服务自身的需要。当前信息服务机构面临着激烈的竞争环境，要求通过信息集成服务，不断开创和创新自己的服务，以保持其在信息服务市场上的竞争力和对用户的吸引力。例如，出版商在数字化网络化基础上充实服务内容，在内容检索基础上还提供知识挖掘、知识推送、知识组织等功能；网络搜索引擎扩大集成服务能力，把学术期刊文献、会议文献、图书著录信息等纳入其搜索范围。

根据信息集成服务的出发点和侧重点不同，可将其分为以下四种类型：

(1) 以资源为中心的信息集成服务

这是一种面向信息资源，并以信息资源的发现、采集、加工与集成作为工作中心的集成服务类型。在这种服务模式中，服务活动的中心是信息资源，信息服务机构关注的是信息资源的建设与管理，而较少去考虑信息用户的需要。此服务模式各要素中特别强调信息资源的重要作用，用户只是被动地接受信息服务机构所提供的资源和服务。传统的图书情报机构的发展理念基本上是以资源为中心的，受这种发展理念的制约，当前图书馆所提供的信息集成服务大多属于这一类型。

(2) 以技术为中心的信息集成服务

这是一种面向信息集成技术的，并以信息集成技术的研发、引进和应用为中心的集成服务类型。在这种服务模式中，服务活动的中心是信息技术，重点在于信息系统、平台、软件、工具以及数字化、分布式网络存取、异构系统互操作、统一查询等，服务人员较少去考虑信息用户的需要。在这种服务模式中，特别强调信息技术集成的重要作用，用户只是被动接受信息服务机构提供的技术支持和服务产品。例如一些图书馆系统集成服务商所提供的信息集成服务，往往是技术方面的服务，由于在开发过程中，用户没有直接参与，容易造成所提供的集成服务缺乏可用性。

(3) 以机构合作为中心的信息集成服务

这种服务是以信息服务机构之间的各种形式的合作为基础，通过合作达到机构之间信息资源、服务技术、服务人员等层面的集成与共享，从而增强各个服务机构的服务能力。如中国高等教育文献保障系统（China Academic Library & Information System，CALIS）就是以机构合作为中心提供信息集成服务的典范，用户可以通过该服务平台实现高校成员馆馆藏资源的公共目录查询、信息检索、馆际互借、文献传递、网络导航等网络化与数字化的信息服务集成。

(4) 以用户为中心的信息集成服务

这种服务首先是个性化的集成服务，以用户个性化的需求为导向进行信息服务要素的动态集成，服务过程中强调用户的个性化体验和用户信息需求的满足，同时关注和挖掘用户的潜在信息需求。如图书情报机构内的 My Library 个性化服务系统、学科门户等致力于面向用户提供集成服务，并在一定程度上实现了以用户为中心的集成服务要求。

随着 Web 2.0 的提出，Web 2.0 在信息服务中的应用开始引起人们越来越多的关注。与 Web 1.0 相比，Web 2.0 注重以人为核心，信息内容更加丰富，信息传递更加及时，工具功能更加强大。Web2.0 在应用上具有整合性的技术基础，并具有服务集成的特性，这些天然的特质为信息集成服务创造了优良的条件。与此同时，多网融合把各种异构网络上的应用整合到一个网络上，这种新型的网络环境将会改变信息服务的方式的内容，并对信息集成服务提出更高的要求。

7.2.2.4 移动信息服务

(1) 移动搜索服务

移动互联网服务深刻地改变了人们的生活方式，应用场景日益丰富，信息搜索作为基础网络服务，已成为移动互联网时代用户网络信息行为的一种常态①。移动搜索的出现，真正打破了地域、网络和硬件的局限性，满足了用户随时随地的搜索服务需求。与传统基于计算机的搜索相比，移动搜索表现出一些新的特点，在满足用户信息需求的时候也表现出其独特的优势。移动搜索服务主要通过移动搜索引擎和移动应用（Mobile Application，APP）来实现。

①移动搜索引擎的搜索服务。

在移动互联网环境下，用户通过移动终端设备上的浏览器访问搜索引擎网站，搜索自己所需要的信息。移动搜索引擎与计算机搜索引擎返回用户的信息搜索结果有较显著的差别：a）在信息量和信息类型方面，受移动终端屏幕大小的限制，移动搜索引擎返回的信息量小、信息冗余度低，且具有较高的针对性，而计算机搜索引擎返回的信息量大、信息全面，图片、动图、视频等多媒体信息丰富；b）移动搜索引擎更具个性化，移动搜索引擎会根据用户的搜索记录、搜索习惯以及用户的个人喜好提供用户偏好的内容，对于同一检索词，移动搜索引擎呈现给不同的用户的搜索结果可能不尽相同，而计算机搜索引擎的搜索结果无明显的用户偏好；c）移动搜索引擎可以根据用户的地理定位信息提供更符合用户当前需求的信息，如更精准地提供用户所在位置的商家信息、天气信息等。随着语音识别、图像处理、自然语言处理等技术的发展，基于移动搜索引擎的语音搜索和图片搜索也逐渐应用于移动信息服务。

②移动应用内的搜索服务。

在移动互联网环境下，应用开发商为用户提供了数以万计的移动 APP，这些 APP 分类众多，针对不同的用户信息与服务需求，诞生了各类综合性、专业性的 APP，给用户的搜索入口和方式带来了更多的选择②。APP 应用内的搜索主要属于垂直搜索的范畴，如音乐搜索、购物搜索、新闻搜索、天气搜索、社交搜索等。服务提供商根据用户的搜索习惯改进 APP 功能，将有助于提升用户体验。

（2）移动定位服务

基于位置的服务（Location Based Services，LBS）是由移动通信网络和

---

① 吴丹，梁少博，唐源．APP 交互视角下的大学生移动搜索行为研究［J］．中国图书馆学报，2017（3）：72-86.

② 吴丹，梁少博，唐源．APP 交互视角下的大学生移动搜索行为研究［J］．中国图书馆学报，2017（3）：72-86

卫星定位系统结合在一起提供的一种增值服务，通过定位技术获得移动终端的经纬度坐标等位置信息，实现各种与位置相关的服务。在移动互联网环境下，LBS 可以和移动应用服务结合提供更具个性化的服务，包括位置追踪、定位导航、本地搜索、社交媒体、商家服务信息提供等。

位置追踪服务通过卫星定位系统实时反馈被追踪对象的地理位置，如城市的智能公交服务和实时路况查询服务等。作为智慧城市建设的组成部分，武汉市推出了智慧公交服务，将公交调度系统、网络公交出行查询、公交 GPS 到站信息发布系统进行有效整合利用，载于公交车上的定位芯片通过全球定位系统（GPS）实时向后台系统反馈公交车的位置信息。用户使用手机 APP 就可实时查询公交车辆动态、线路、站点及换乘信息，并且可以通过手机 APP 或者智能公交站牌的显示屏获取公交车的到站信息。定位导航服务通过卫星定位系统获取移动终端当前的地理位置，并基于地理信息系统和电子地图系统为用户提供路线导航服务，当前比较成熟的商用导航应用有高德地图、谷歌地图、百度地图等。本地搜索服务主要是通过移动终端当前的位置提供本地化的移动搜索服务，使得搜索结果更精确、更具针对性。社交媒体对 LBS 的应用主要有基于位置的用户签到以及基于位置的好友发现、基于位置的社交信息搜索等。基于 LBS 的商家服务信息提供主要是根据用户当前的地理位置向用户推送附近商家的促销广告，或者在用户查询商家（如餐厅、电影院等）或线下服务（如银行、医院等）时，自动向用户展示最近的商家或服务点，并提供距离信息、路线导航等信息服务，这类服务主要通过地图应用以及特定的商家或服务的 APP、订阅号等渠道提供。

随着信息技术的发展以及新的服务模式的提出，LBS 服务逐渐向集成化的方向发展。美国著名风险投资人、KPCB 风险投资公司合伙人约翰·杜尔（JohnDoerr）在 2011 年首次提出的 SoLoMo 概念可以看做对 LBS 概念的延伸和发展。SoLoMo 即 Social（社交化）、Local（本地化）、Mobile（移动化），这一概念集中概括了移动互联网时代的三大主题，其核心是利用移动终端、基于地理位置结合社交网络提供以人为本的应用与服务①。SoLoMo 概念一经提出就受到了国际社会的广泛认同，我国研究人员和信息服务人员也在这方面做了积极尝试，如基于 SoLoMo 的图书馆创新服务②、基于 SoLoMo 的旅

---

① 刘婧，周耀林．SoLoMo 理念在档案馆移动服务中的应用［J］．档案学研究，2016（5）：53-57.

② 申艺苑，王婷婷．基于“SoLoMo+O2O”模式的图书馆创新服务研究［J］．现代情报，2014，34（12）：80-83.

游信息服务①等。

7.3 信息用户及其需求和行为研究

信息用户是指在科研、生产、管理、商业、贸易、军事、外交以及日常生活中需要利用信息的个人或团体，前者称为个人用户，后者称为团体用户。信息用户的范围非常广泛，可以说，一切社会成员或团体都是信息用户。但从信息管理学意义上来说，信息用户主要是指那些利用各种信息服务方式或信息交流渠道获取所需信息的个人和团体。

信息用户是信息交流的末端，是信息传递的归宿。党的二十大报告指出要坚持人民至上的思想，要把是否满足人民的需求作为衡量工作得失的根本标准。用户的信息需求也是信息服务的起点，任何信息系统都是和用户及其信息需求联系在一起的。它们的设计、发展、完善与运行的最终目的，都是为了充分满足用户的信息需求。信息系统的工作效率如何，也必须通过用户信息行为的分析，从满足用户信息需求的程度来评价。离开了信息用户，信息系统和信息服务就没有意义，信息的价值也无法实现。所以，信息用户及其需求和行为的研究是信息管理学中一个非常重要的领域，也是信息服务工作不可缺少的组成部分。

7.3.1 用户信息需求

7.3.1.1 信息需要与信息需求

在认识信息需求之前，我们先要了解一下信息需要。信息需要是人们在实践活动中为解决各种实际问题而对信息的不满足感和必要感。信息需要在实践活动和待解决的实际问题相对稳定的情况下处于一种多层次的结构状态，如图 7-1 所示。

图 7-1 表明，在人们因要解决实践活动中的各种实际问题而唤起的信息需要状态中，有的信息需要没有被意识到而仍然处于内在状态，有的信息需要被意识到而成为由外在反应的状态。这是状态结构的第一层，它是由实际问题的复杂性和隐蔽性与人们的认识能力和实际条件的有限性的矛盾所决定的。我们把意识到的信息需要定义为信息需求，即信息需要一旦被意识到，就成为信息需求。意识到的信息需要状态中，有的无法用语言文字表达出来

① 杜文杰．基于 SoLoMo 营销的旅游 APP 发展策略研究［J］. 现代国企研究，2015（14）：209-211.

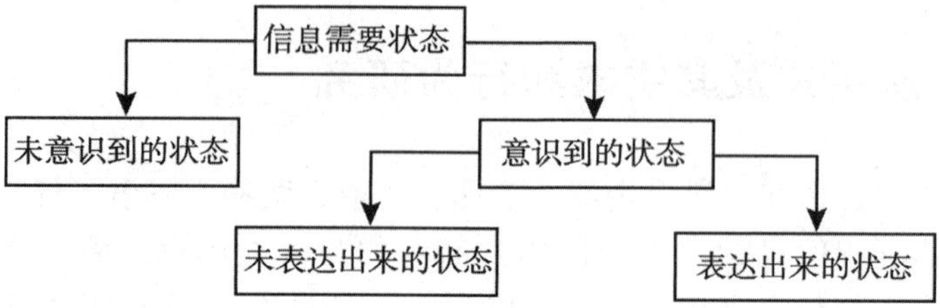

图 7-1　信息需要的层次结构状态

而处于“意会”状态，有的被人们用提问等方式表达出来而成为“问题”状态。这是状态结构的第二层，它与人们对拟解决的问题的认识程度、问题的性质、人们的表达能力等因素密切相关。其中，意识到而未表达出来的信息需要就叫做潜在信息需求；意识到并表达出来的信息需要叫做现实信息需求，人们常说的“信息需求”往往是现实信息需求，即用户以自己方便的形式及时获取问题解决所需要的完整可靠的信息的要求。当人们表达出自己的信息需求时，他可以面向许多信息源提出这个需求。他可能向信息服务机构提出一个查找信息的要求，也可能向其他信息源（如同行同事、个人文档等）提出要求。我们常把用户向信息服务机构提出的具体要求（书面的或口头的）称为信息提问。由此，形成了信息需要的第三层结构①。

受许多因素的影响，用户的信息提问、信息需求和信息需要不可能是完全一致的。有迹象表明，许多人即使在工作和生活中遇到问题也丝毫没有意识到他们有信息需要，如果意识到了，他们也不可能把所有的客观信息需要都转换成现实信息需求，更没有把信息需求完全、准确地向信息服务机构提出来。事实上，信息服务的用户往往存在着这样的倾向：在信息提问中要寻找的是他们认为信息服务机构能够提供的信息，而不是自己实际需要的信息。由此可以认为，真正的信息需要比信息提问更加广泛和复杂。正如兰卡斯特所指出的，信息提问只不过是信息需要这座巨大的冰山那个露出水面的微乎其微的尖顶。因此，明确信息需要的层次结构，弄清用户的信息提问反映其信息需要的确切程度，对于提高信息服务的效率具有十分重要的意义。

区分信息需要、认识到的信息需要（信息需求）、表达出的信息需要（现实的信息需求）和向信息服务提出的需要（信息提问）这四者非常重

① 陈建龙．信息市场经营与信息用户［M］．北京：科学技术文献出版社，1994：93-97.

要。信息系统采集和加工各种信息，并通过信息服务向用户提供信息产品，但信息系统不能响应用户未认识到的客观信息需要，或者潜在的信息需求（虽已认识到但却未表达出的信息需要），而最多只能通过完善信息服务响应这种需要的表达状态。也就是说，用户必须认识到他的信息需要，并且有足够的激发动力后，他才以信息提问的方式向信息系统全部表达出这种需要①。

7.3.1.2 信息需求理论

人们的信息需求是怎样产生的？这些需求的具体状态如何？如何获得关于信息需求的真实信息？如何满足相关需求？这些问题作为信息管理学研究的重要问题早已被关注，并已出现了多种研究观点和理论，对于信息服务活动具有重要的指导价值。其中，意义构建理论、知识非常态理论等是认知范式下关于信息需求的基本理论。

（1）意义构建理论

意义构建理论（Sense Making）在1976年由美国学者德尔文（Brenda Dervin）提出，并成为信息研究范式转变（以系统为中心转移到以用户为中心）的核心理论。根据意义构建理论，要探索信息用户的信息需求，必须将研究定位于时空中的某一点，在当下、当时来探索使用者的需求。该理论认为，人随时随地同时在两个面上前进。其中，第一个面是人所处情境，即人的实体随时在时间、空间的流里持续地从过去、现在向未来前进，因而在某一刹那，人会定位在时间与空间的某一点上；而第二个面指的是人在实体情境中移动的同时，又具备意义构建的能力，其形式可能是思考、计划等，这些意义构建的能力并不受实体定位的限制，不仅会超越时空的限制，而且也不会仅仅定位于一个点。因为用户的信息需求会随着所处时空而改变（第一面），也会随着抽象思维的改变而改变（第二面），所以这两个面向不会固定在同一个位置上，而信息问题就是当这两个面向不一致时的产物：两个面向的不一致使人们无法超前，而人们只有通过“建构”一些新概念才能继续前进。信息查找行为正是人们满足建构的需要以弥补断层的一种努力。因而，信息需求总是会呈现动态变化的特征。

根据意义构建理论，每一位用户是一位信息专家，在被问及断层为何、断层是如何产生、如何连接断层时，用户即使不能说出其真正的信息问题，也可以说出困扰或产生困扰的原因与背景。通过对这种困扰与时空的定位，信息提供者就能够更有效率地理解用户的信息问题。

---

① 岳剑波．信息管理基础［M］．北京：清华大学出版社，1999：67-69.

这一理论认为，用户信息需求是一个动态的对象，因而无法对某一个用户个体的信息需求规律作出具体的描述，只能在某个时空点上了解其信息需求状况；同时，了解用户的信息需求需要了解其所处的两个面向，并了解这两个面向的变化规律，只有这样，才能真正实现对用户当前信息需求的解释和对用户未来信息需求的预测①。

（2）知识非常态理论

由 Belkin 提出的知识非常态理论（Anomalous State of Knowledge, ASK），是信息学认知观点形成历史中承上启下的重要理论。Belkin 在接触信息用户时发现，在用户查找信息的过程中，其知识与欲寻求的信息之间存在着一个鸿沟，因为这个鸿沟，人们不知道怎样去寻找也不了解怎样描述自己的信息需求，他将这种问题状况中认定知识状态称为“知识非常态”，并认为用户之所以有信息需求产生，是因为用户认识到自己存在知识的“非常态”，以至于无法面对某种问题的情境，而且用户一般也无法精确描述需要什么来解决这种非常态，因此信息服务系统需要帮助用户描述、理解和解决知识的非常态；而对信息需求的表达即是对知识异常状态的描述。

基于以上理解，知识非常态理论认为信息科学的核心问题是促进信息生产者与信息使用者之间需求信息的有效沟通，“用户面对的问题有哪些?”“这些问题为什么是问题?”“他们对自己问题的认识怎样?”这些问题的回答就很重要，因为这些问题能够跨越人们对“知识非常态”的模糊甚至错误的需求表达，从而对信息服务方有很大的帮助。掌握有关这些问题的信息，信息服务方可以开始了解用户环境，并全面理解用户信息需求背景；另外，经由这个模式，服务者还可以与用户进行良性互动并促进用户对问题的理解，从而帮助用户明确地描述自己知识的不适应状态，并做出关于信息价值的更为准确的判断。

该理论表明，因为用户无法精确表述自己的信息需求，所以不能单纯根据用户的表达或行为了解其需求，而需要深入到其信息需求表达的背后，了解其信息查找行为的根源，即其欲利用信息解决的问题。因而，信息服务方对用户的了解需要包括：用户在问题处理过程中的状况；用户所面对问题的主题与类型；用户面对问题的知识现状；用户的目的、意图与背景；应该如

---

① Dervin B. Sense-making Theory and Practice: An Overview of User interests in Knowledge Seeking and Use [J]. Journal of Knowledge Management, 1998, 2 (12).

何与用户互动以获取上述知识①。

7.3.1.3 信息需求特征

（1）信息需求的多样性特征

用户信息需求具有多样性，而这种多样性是由其所承担的社会角色的多样性决定的。人的社会角色以其获得的方式可分为先赋角色和自致角色两大类。先赋角色是指在血缘、遗传等先天的因素基础上的社会角色，如性别角色、种族角色、家庭出身角色等；自致角色是指主要通过个人的活动与努力而获得的角色，如职务角色、职称角色、荣誉角色等。根据用户不同角色扮演的信息需求，可以把用户的信息需求结构分为个人信息需求、组织信息需求和社会信息需求 3 个部分。认识用户信息需求具体构成时，应将相关角色所激发的信息需求围绕特定人生阶段的主要发展任务综合起来，以形成有主有次、系统全面的用户信息需求体系。

同时，用户信息需求的多样性还来自于信息需求产生环境。信息需求随着人们在特定环境和经历中所面临的问题和不确定性而产生，这不仅与主体有关，而且与客观目标是否清晰完整、风险程度、控制的力量和结构、专业和社会惯例、时间和资源限制等因素有关。

（2）信息需求的知识性特征

信息需求不同于其他需求，不仅需要需求强度的刺激，而且有赖于用户自身条件，尤其是其认知能力。作为信息需求从客观状态正确转化到主观状态的条件，用户至少需要具备 3 个方面的知识，即行业知识、专业知识和信息资源知识。其中，行业知识是指对专业领域的人员、机构、制度、历史等的了解和辨析；专业知识是指对特定领域的专业概念、实体及其关系体系的了解和把握；信息资源知识包括对专业领域信息资源类型及其分布和机构，对资源组织系统类型、组织体系与结构等的了解和辨析②。

一方面，随着知识分工的进一步加剧，领域知识深度、体系更加难以理解；另一方面，随着现代信息技术的迅速发展，信息资源系统的技术复杂性迅速提高，用户需要掌握的信息资源知识也更加多样。信息需求的知识性特征将日趋明显。而信息服务在满足用户的信息需求过程中需要提供更多的支

① Belkin N J. The Cognitive Viewpoint in Information Science [J]. Journal of Information Science, 1990 (16).

② 张晓琳. 走向知识服务：21 世纪中国学术信息服务的挑战与发展 [M]. 成都：四川大学出版社，2001.

撑资源，以适时满足用户对知识的需要，从而促进其信息查找、信息选择和信息利用过程。

（3）信息需求的模糊性特征

用户信息需求是一种派生需要，产生于用户对特定知识的特定欠缺状态，而且信息需要往往与一定的问题或决策相关，对应于一个较广范围的知识领域，甚至无法确定其主体、范围或所属。因此，用户的信息需求往往处于一种模糊状态。这种用户个人认识的模糊性成为用户信息需求的一种普遍特征。

美国学者 Nancy Lemon 将用户信息需求归纳为以下两点：①用户知道信息的存在，或者不知道信息存在，这一信息的变动用横轴来表示；②用户知道所需信息具体在哪里，或者不知道信息在哪里，这一信息的变动用纵轴来表示。如图 7-2 所示，如果用户处于 1 号区域内，那么他知道所需信息的存在，并知道到哪里寻找；如果用户位于 2 号区域内，那么他虽然知道所需信息的存在，但他并不知道到哪里找到它；如果用户位于 3 号区域内，那么他不知道所需的信息，也不知道在哪里寻找。用户通常处于 2 号区域，他们通过信息渠道以求找到所需的信息。而对于处于 2 号区域的信息需求，信息服务人员通常是查找能手，使得用户的信息满足从 2 号区域移至 1 号区域。当前信息环境已使信息服务人员有更多的机会解决 3 号区域的问题，既能为用户提供其不知道在哪里的信息需求，也能为用户提供没意识到的信息①。

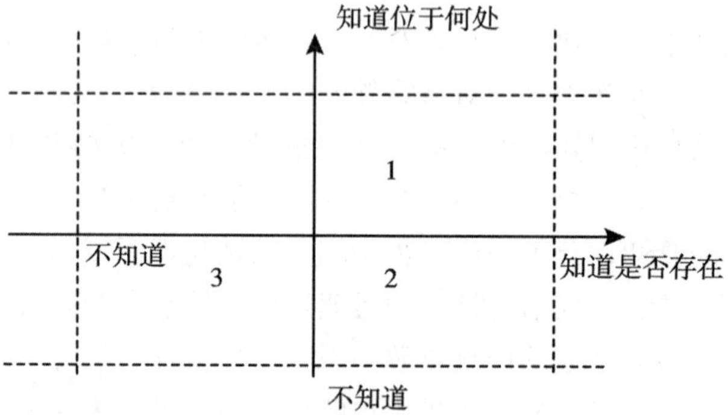

图 7-2　用户需求区域分析

① 李炳英．图书馆学应用研究中的超越用户需求策略［J］．图书情报工作，2007（3）：47-50.

鉴于信息需求的产生基础和过程，模糊成为信息需求的一种普遍特征，这一特征制约着用户的信息行为，使用户信息行为过程成为一个摸索的过程，用户不得不通过各种方式的努力，澄清思维的线索；同时也使得信息服务不再是简单的劳动，而成为一种智力付出的服务过程。例如，根据用户需求的模糊性，可以达到这样一些结论，信息需求的确定不能仅仅是询问“你想知道什么”这个问题上，还必须进一步提出“你为什么要知道”“你已经知道了什么”“你估计会发生什么情况”和“这对你有什么帮助”等问题①。

7.3.2 用户信息行为及其特征和规律

用户都有一定的信息需求，这些需求在一定条件下会激励用户，产生获取和利用信息的动机，进而转化为用户的信息行为。用户的信息行为是指用户寻求他所需求的信息时所表现出来的需求表达、信息获取、信息利用等行为。用户的信息需求千差万别，影响用户信息需求的因素多种多样。用户的信息行为也复杂多变，但是我们从用户信息需求、心理动机、信息行为的特征方面去考察，就可以发现某些共同的规律。

（1）用户所需解决问题的重要性，或所需要信息的价值大小，是决定用户的信息需求是否转化为信息行为的根本原因。

如果用户所要解决的问题至关重要，某一信息能帮助解决该问题，在信息源唯一的情况下，则用户利用某信息中心的信息服务便唯一地被确定了。我们可举一个典型的例子，如某一企业的技术人员正在开发一种新产品，该产品可以使企业扭亏为盈，免遭破产。若得知国家专利局存储的一份美国专利对研制该产品有极大价值，则他们一定会想方设法从专利局获得这份专利，别无选择余地。

（2）信息和信息服务的可获得性以及信息资源和信息系统的易用性是决定情报用户是否利用某种信息服务的最重要因素

可获得性是由信息源的物质载体、信息源及信息机构的地理位置、网络条件等因素所决定的，是信息及信息服务是否方便获取和使用的属性。美国的许多调查表明，用户对信息源的选择或对信息服务选择几乎都是建立在可获得性的基础上的，最便于获得的信息源（或最便于利用的信息服务）首

① 李桂华．信息服务设计与管理［M］．北京：清华大学出版社，北京交通大学出版社，2009.

先被选用，对质量可靠性的要求则是第二位的。例如，几乎在每一个国家，用本国文字出版的文献总是被用户使用得最多的信息源。索普调查发现，用户使用的信息资料中，57%来源于其个人书库，大约26%来源于用户所在单位的图书馆，大约10%来自较远的图书馆。这些数据有力地说明了信息的可获得性对信息需求行为的巨大影响。

信息系统（主要指信息检索系统）的易用性存在着著名的“穆尔斯（Mooers）定律”。该定律指出：“一个信息检索系统，如果对用户来说，他取得信息要比不取得信息更伤脑筋和麻烦的话，这个系统就不会得到利用。”这个定律实际上是著名的齐夫定律的一个具体应用。信息用户总是希望检索系统越便于使用越好，越是简便易用的检索系统，用户使用的频率也越高。反之，则很少有用户去使用，这正是“省力法则”的体现。

（3）用户寻求信息的过程首先从个人的资料库中查询，然后转向非正规渠道，取得同行的帮助

只有在这些方法不能达到目的时才考虑到信息系统或信息中心。这种行为特点具有两个原因：①易用性所致；②可获得性所致。例如，某人手头拥有一项英文专利说明书，而该说明书又恰恰是他无法阅读的文种，那么，因为易用性的约束，他的信息行为将很快转向正式渠道。又例如，某用户经常利用某信息机构的服务，当类似的信息需求出现，而用户以前类似的信息需求又得到满足时，信息用户的信息行为将违背常理，不去寻求同行的帮助，而是直接利用正规渠道的信息服务。用户行为的这种规律实际也是“省力法则”的表现，是一种自然培养的行为习惯。

信息用户的这些行为与可近性选择理论密切相关。该理论认为，用户利用信息的行为分为选择性确认、选择性吸收和选择性记忆三个阶段，并且每一个阶段的行为都受可近性选择规律的制约。这里的“可近性”概念是指用户与信息资源之间的相互关系，其内涵包括物理可近性、智力可近性和心理可近性这三个方面。在对信息服务系统和检索系统的选择性确认阶段，用户一般会考虑它对自己的物理可近性（用户与系统之间的距离和获取渠道）和心理可近性（用户在与信息系统的接触过程中产生的印象和感受，以及对其熟悉程度）选择需求。在用户对已经确认的信息内容进行选择性吸收阶段，主要考虑信息内容的智力可近性选择需求。用户对一种信息是否接受以及接受的效果如何，很大程度上取决于这种信息与用户本身的知识结构之间是否匹配及匹配程度。在选择性记忆阶段，用户在对信息进行了上述选择的基础上，还会从自身的角度去选择信息的易记性以及是否符合用户的记忆

模式。①

(4) 任何信息用户既通过正规渠道，也通过非正规渠道寻找所需要的信息

对许多用户来说，非正规渠道被认为比正规渠道更为重要。虽然非正规渠道不如正规渠道严谨和可靠，但由于可获得性和易用性以及用户的习惯等原因，它至今仍在信息交流系统中占有重要地位。

(5) 用户对提供信息服务及信息资料的时间要求的总趋势是更快更新

这一方面是因为，现代社会的生活节奏加快，各种社会系统都在超速运转，人们的各种决策都是刻不容缓，因此要求信息服务更快、更及时。另一方面是因为社会经济和科学技术迅速发展，信息越来越多，老化不断加速，这就要求信息机构所提供的信息应当最新。这两个方面的因素使得信息用户需要最快的服务，最新的信息。

(6) 用户向信息中心的信息服务工作者提出咨询的两种现象

第一，用户在向信息服务人员提出咨询时，有一种强烈的倾向，即他的提问所表达的往往是他认为该信息中心能够提供给他的东西，而不是他真正想要的东西。例如，有时用户倾向于提出比实际的信息需求更为一般化的提问，这是因为他们对信息人员的能力持怀疑态度，认为他们不能在较专的水平上提供更具体的信息。在使用计算机信息检索系统时，由于对系统的能力持怀疑态度，也会出现类似情况。出现这种情况的原因有两个：一是信息系统的功能不能令用户满意，二是新用户初次利用信息系统的信息服务。前者会使用户对信息系统产生先入之见，即使在信息系统能提供某种服务时仍然不愿表达其真正需求，后者因为用户对信息系统生疏，不了解其特性，是初次利用服务时的心理反应。

另一种情况是，用户所表达出来的需求小于实际需求，结果导致部分所需信息的漏检。

第二，用户用书信方式提问比直接向信息人员提出咨询更能准确地表达其信息需求。对计算机信息检索系统的提问往往会发生这种情形。例如，美国信息工作者曾将美国医学信息系统（MED-LARS）的 300 件检索提问分为两个组，第一组是用户亲自到信息中心的提问检索，第二组是以书信方式的提问检索，结果是第二组的效果明显优于第一组。

---

① 余红，宣润平．基于可近性选择理论的借阅一体化管理［J］. 图书馆界，2007(1)：21-24.

当用户以书面形式写出提问时，对用户本身有一种约束，他必须考虑如何清楚准确地将真正的需求表达出来。此外，由于用户远离信息系统，不受系统的约束，如不会考虑信息系统在其词表及检索能力方面可能具有的局限性，这时他只考虑用自己的语言写明自己的需求，表达的是他真正想要的信息。相反，当用户亲自到信息中心去时，往往不作充分的思想准备，他所需要的信息的主题概念并没有在脑子里真正形成，而一旦到达信息中心提问时，系统的约束使其自觉或不自觉地受到影响，因而不能准确地表达自己的需求。F. W. 兰卡斯特（F. W. Lancaster）曾举出一个有趣的例子来说明系统的约束对用户的影响：一个用户来到图书馆，他本来是要查找哥本哈根的某一旅馆的地址，可当他来到参考服务台时，并不是询问地址，而是要求查看斯堪的纳维亚的旅行手册。

针对以上两种现象，信息服务人员在提供服务时首先应该使用户了解信息系统的特性和功能，其次应该仔细揣摩用户未表达出的真实信息需求，必要时应当尽量让用户在提问单上填写信息需求。

通过对用户信息行为规律的把握可以探讨信息服务中用户行为的共性问题，寻求对信息服务普遍适用的解决方案及服务的优化策略。而在网络环境下，信息用户的行为表现出了一些新的类型和特征，信息服务提供者也需要对此进行新的研究，以满足网络信息用户的需求。关于这部分内容，我们将在本章 7.4 中进行介绍。

7.3.3 信息用户研究的内容

任何一个信息机构或信息系统要开展有效的信息服务，必须调查掌握该信息机构或系统所服务的和可以提供服务的用户的职业特点、数量范围、知识素养等有关用户结构的情况及其发展变化的趋势，还要研究各类用户信息需求和信息行为的特点。具体说来，信息用户研究包括以下主要内容。

（1）信息用户构成及分类研究

研究信息用户划分的依据或标准以及用户划分的类型，在此基础上研究各类用户的数量构成和知识构成。从不同的角度和标准出发，用户划分的类型各不相同，但究竟依据什么标准则要根据信息机构或信息系统的性质、规模和任务而定，也要便于分析用户的构成及特点，以便得出带规律性和普遍性的结论。例如，对于一个综合性的信息机构或信息系统而言，我们可以将职业作为最基本的标准来划分用户类型，然后再从学科专业出发研究用户的知识构成和数量构成，最后从高级、中级、初级职称考察各类型、各层次用户的信息需求。对于一个网站而言，年龄、收入、地域可能也是重要的依据。中国互联网络信息中心 CNNIC 每半年发布一次的《中国互联网络发展状况统计报告》中，从性别、年龄、学历、职业、收入、城乡等方面分析了中国网民用户的结构特征，这种人口统计学的方法成为信息用户构成研究的主要方法。

（2）用户信息需求调查分析

调查分析信息用户需要什么内容、形式、范围和期限之内的信息，什么时候要，习惯于以什么方式，从什么途径去获取自己需求的信息。尽管不同的用户有不同的信息需求，但其需求在信息交流过程中必然要以一定的方式表现或陈述出来。因此，对于信息需求可依据用户表达的形式从总体上进行分类，然后再加以分析研究，得出带普遍性的结论。例如，根据信息检索服务所遇到的实际情况，我们可以将用户的信息需求分成“已知资料的需求”和“主题需求”两种类型。所谓已知资料的需求，是指用户已经知道文献资料的篇名（或书名），或作者，或文献号（如某一机构馆藏索取号、技术报告号、专利号等），而要获得该文献的需求。所谓主题需求，是指用户围绕某个学科专业主题查找有关文献或获得某些事实和数据的信息需求。用户在这种需求中，对所需的资料可能仅知道一部分线索，也可能完全不知道。

（3）用户信息心理规律研究

用户在信息活动过程中从“需要”到“目标”到“问题”再到“行为”的不同阶段的转化过程中伴随着复杂的心理过程，主要有以信息为反映对象的信息认知心理，以及以信息现象为反映对象的信息交流心理。而用户的心理因素对其选择信息服务方式和信息流通渠道有很大影响。我们可以利用心理学的理论和成果研究用户信息心理特点，探索用户信息需求变为信息查找行为的心理状态和过程，分析用户在查找信息和进行信息咨询过程中的心理规律，帮助信息用户消除心理障碍，减少信息系统对用户的约束，为改进信息服务方式，提高服务质量提供依据。

（4）用户信息效用及用户吸收信息的机理研究

用户获得信息后，为了解决问题就要使用所需的信息。所需信息之所以能帮助用户解决问题，是由信息的使用价值决定的，而用户之所以使用所需信息是因为可以从中获得效用。用户选择、评价和吸收信息的过程是信息价值得以实现的重要环节，因此，关于信息消费和用户信息效用的研究就显得尤为重要。这方面需要研究：用户如何选择和评价信息，用户吸收信息做出决策或进行创造的过程，用户信息效用的原理和评估办法等。显然，这一研究是非常困难的，但其意义却十分重大。通过这一研究，不仅可以确定信息的价值、信息的效率等重要测度量，还可以揭示人类信息过程的一般规律，对信息管理学的理论研究及相关学科都会产生深刻影响。

（5）影响用户信息需求和信息活动的因素研究

信息用户的信息需求是一种特定的社会需要，它受到许多因素的影响，要综合研究社会政治、经济、文化和科学技术对用户信息需求的影响。一般说来，社会政治、发展国民经济和科学技术的方针政策决定一个国家的广大信息用户信息需求的一般性特点及其总的发展趋势。例如，在第二次世界大战期间，各参战国由于战争的需要，均采取优先发展军事科学和军工生产的方针。在这种情况下，各国的科学家、工程技术人员最感兴趣的当然是有关军事工程技术方面的信息。又如，在市场经济条件下，我国广大用户的信息需求从单纯的科学信息向经济信息、市场信息、管理信息和其他信息转变也充分说明了这一事实。

还要分别研究用户本身的知识素养、个人兴趣、信息能力和职业特点对信息需求的影响。知识丰富、学识渊博的科学家、工程师一般需要各种专深的、高度专门化和综合性的科学信息，而一个刚从大学毕业的科技工作者则需要有关专业的背景材料或比较普通的能提高自己实际工作能力的知识。一个有多方面爱好和多种专长的用户所需要的信息是多方面的、比较复杂的，而只有某种爱好和专长的用户，所需要的信息范围则比较固定，内容比较一致。一个具有敏锐信息意识和较强信息能力的用户其信息需求往往表现得比一般用户更为强烈和突出。用户的职业和专业对信息需求更有着决定性影响。诸如此类的差别，在任何一个国家都是普遍存在的，必须加以区别对待。

用户的信息活动包括复杂的心理活动和对信息的搜集、查询、吸收及实用的行为活动，这些活动无不受到大量因素的影响和作用，探讨其中的规律性问题应该成为信息用户研究的基本方向，内容有用户的个性因素（包括自然属性、个性倾向性因素和态度因素）、环境因素（包括社会环境因素、自然环境因素和信息环境因素等）以及信息活动因素（包括信息的质量因素、数量因素和活动的效益因素等）①。

（6）用户的信息保证研究

用户的信息保证是指通过一切可能的途径和方式给用户提供适当的各种

① 陈建龙．信息市场经营与信息用户［M］．北京：科学技术文献出版社，1994：22-25.

形式的信息，供其选择、使用，它是“信息服务”的系统化，是满足用户信息需求的关键。《“十四五”国家信息化规划》提出要构建普惠便捷数字民生保障体系，《数字中国建设整体布局规划》明确提出“构建普惠便捷的数字社会”，为用户的信息保证研究指明了方向。“信息保证”的目的是及时地、恰当地供给用户所需的信息，为用户所从事的工作服务。

研究用户信息保证包括信息保证的原则、用户对信息和信息服务方式的选择、信息保证的方式与系统、用户信息保证的组织与管理、用户培训等方面的内容。

由上可见，信息用户研究涉及许多方面的内容，头绪繁多，分布面广。要取得可靠的数据，获得正确的、富有指导性的结论，必须在调查、分析和研究中遵循科学性、求实性、系统性和针对性等原则。此外还要注意，“用户研究”仅仅是信息管理学和信息工作的一个组成部分。在理论上，用户研究必须与信息管理学的其他研究保持一致。在实际上，用户研究也必须与信息服务密切联系，而不能脱离整个信息管理学和信息工作去进行纯粹的“用户”研究。也就是说，信息用户及其需求研究必须从信息管理学和信息服务的整体目标出发，带有鲜明的信息管理学特征。

7.3.4 信息用户的研究方法

中共中央办公厅印发的《关于在全党大兴调查研究的工作方案》强调要坚持党的群众路线，就全党大兴调查研究的方法步骤等提出了具体要求。十八大以来，以习近平同志为核心的党中央一如既往高度重视调查研究工作。无论是设计和建立新的信息中心或信息系统，还是不断改善已有的信息中心或信息系统的服务工作，都必须用各种方法从各种途径对用户的信息需求和信息行为进行调查和研究，把对用户的调查研究与信息服务决策紧密结合。

下面将介绍几种主要的方法。

（1）问卷调查法

问卷调查法是调查用户常用的一种方法，通过问卷从预定人群里得到样本数据，根据分析样本数据从而得出预定人群的一般规律。具体做法是，首先根据调查内容设计调查问卷，然后将设计好的调查问卷以纸质邮寄方式、直接走访方式、电子邮件或者网络发布方式，递交给选定的有代表性的被调查人填写，最后收回调查问卷，进行统计加工和分析研究。

问卷调查法常用于：从用户角度确定各种信息服务方式的相对重要性；

从用户角度确定各种信息源的相对价值；从用户角度确定信息交流渠道的相对价值；确定信息搜集的最佳方案；确定用户的构成及用户本身的特点；确定信息的题材特点等。调查内容主要围绕用户个人特征（如性别、年龄、专业、认知类型等）、信息需求、信息查询动机、查询方式、查询策略、查询困难、查询结果评价等方面展开。

利用问卷调查法调查用户，要注意三个主要环节。

第一个环节是正确选择被调查对象。调查表法的调查结果，在很大程度上取决于被调查对象的选择。在选择被调查对象时，一方面要注意对象的范围，另一方面是要注意选择各方面的有代表性的可靠的对象。既包括当前用户，又包括潜在用户；既包括重点用户，又包括一般用户。通过调查表法所获得的数据，是以被调查对象的主观意见为根据的，被调查者在填写调查表时，总是以自己个人的经验作为某种标准的“原型”。调查表法常常选择与实际情况相差不大的对象作为“原型”。作为这种“原型”的被调查者应当在某一领域或某一方面具有代表性，还应当具有高度的责任感和严肃的科学态度。

第二个环节是调查问卷的设计与填写。问卷调查法需要被调查者的支持与合作，因而，调查表的设计非常重要。对所调查的项目要预先分类制表，表格要简单明了，便于填写，不论是定量指标还是定性指标，最好都要求被调查者按规定给每一指标评定一个定量数值作为重要性程度的标志。在实际中常用的有等级评分法和定额评分法，可根据需要灵活选用。

第三个环节是调查结果的评价与分析。在回收的调查问卷中，包含了我们所需要的各类信息和数据，必须对这些数据进行统计加工和评价分析，才能得出需要的结论。通常进行相对评价，以确定被调查者对所调查的各项因素认识的重要性次序和看法的一致程度。

（2）访谈法

访谈法也是用户研究中最常用的调查方法，有结构化访谈和主题访谈两种方式。该方法更注重研究目的的需要而不是样本的代表性，其调查对象往往是那些具备研究所要求的经历，特别是高层的难以征集的有某种经验或特性，并愿意接受采访的人。问卷调查主要收集行为方面以及行为者人口统计特征方面的数据，而深入的访谈则可让研究人员获得现象背后的定性数据，比如人们对信息检索结果的预期值和实际评价，以避免量化数据不足解释影响行为发生和变化的深层因素。

访谈可以分为信息查询前和信息查询后。查询前的访谈（开放式和非结构化）用来了解用户的需求、过去的查询经验和检索行为以及自我评价等；而查询后的访谈主要问及用户对本次查询的感觉和他们是否找到需要的信息，等等。后继访谈也可用来确定用户是否按意愿行事。对访问者来说，提问可以帮助他们判断隐藏在某一行为背后的意图。

（3）观察法

观察法用在用户信息行为的研究中，是由研究人员直接参与用户的各种活动，或者深入到用户工作的现场，观察用户工作时间的分配、对各种信息源的利用情况，实地考察用户信息需求的各种特征。目前，对于网络信息用户的观察，研究人员主要是在信息查询、检索现场直接或利用特定的辅助工具（如录像机、终端监视软件）对用户的行为过程进行观察并记录测量观察法既可使研究人员把观察的事实同研究对象所处的情境联系起来，又能对查询过程进行直接、真实、具体地了解。

在观察过程中，研究人员没有与被试者进行交互，而只是研究人员单方面的行为，因而使用观察法所得出的结果可能带有研究人员的主观看法。

（4）实验法

实验可以定义为一种研究环境：研究人员在这个环境中能够准确地说明或“控制”在研究中普遍存在的各种条件，它是检验因果关系假设的最适宜的技术。用户信息查询行为研究中一个重要内容就是尝试确定各种影响行为的因素，而这往往依赖于现场或受控的实验设计。实验法往往是选择一定的对象，控制各种可能的变量，然后针对特定的系统，给定查询任务，要求研究对象进行查询，最后分析查询过程以及分析特定用户的共同策略与步骤，或不同用户的相异行为。

有的情况下，实验法并不一定基于严格的实验环境，在行为研究领域采用更多的是一种“准实验”设计，准实验设计是在自然的信息查询环境下利用自然发生的事件作为自变量来设计实验的。常见的程序是：根据研究目的创设信息查询的环境，如特定的检索系统或范围、给定不同的查询任务等，跟踪用户的查询过程和结果，从各个不同维度来分析比较，结合用户个人特征、查询任务的分析，找出各因素间的因果或相关关系。

实验法是一种最难的方法。实验的要求，对象的挑选以及变量的控制都有一定的难度，加上实验持续时间长，这使得各方面因素都存在一定的变数，所以实验法对研究人员极具挑战。然而实验法能够深度了解信息用户的个体特征与查询行为，所以依然是研究人员们的钟爱。

（5）出声思维法

出声思维法是指用户在检索过程中，大声地将其行动和思维过程用语言表达出来，这些独白被研究人员进行录音，之后研究人员再根据录音做进一步的定性分析。这个过程中研究人员只能以观察者的身份伫立一旁，除提示用户出声外不可与他们交谈。出声思维法可以帮助研究人员精确详细地了解用户伴随行为变化的思维过程，用户在问题解决过程中的目标导向和信息查询模式等。这种方法的不足之处在于，首先用户由于要去考虑表达词汇，思维多少会受影响，严重的可能会中断甚至改变原先的思维进程；其次，用户可能会在出声的同时有意识调整自己的行为，存在行为典型性减弱的风险，甚至有时用户的出声与行为并不能完全一致。因而，在进行出声思维实验之前，必须有一个训练过程，以便研究达到较好的效果。

（6）眼动跟踪法

眼动跟踪法也称视线跟踪法，是使用眼动仪收集用户在进行网络检索、浏览等行为时的眼动数据，通过用户眼动指标来分析用户心理和行为的一种新的研究方法。由眼动仪收集的数据通过特定的软件进行整理和统计分析后，可以得到诸如注视次数、注视时间、注视点序列、眼跳次数、眼跳幅度、第一次达到目标兴趣区的时间、回视次数、回视路径时间、瞳孔大小等用户眼动指标数据，这些数据可以帮助我们深入了解用户实时和客观的浏览行为、注意力分布及内部认知，这是问卷调查法、访谈法等用户自我报告型数据收集与分析方法所不具备的①。

（7）视频捕捉法

视频捕捉法是使用屏幕录像软件对用户网络检索、浏览等行为过程进行记录，以研究用户信息行为的一种方法。研究人员通过软件记录的位图或视频观察和了解用户网络检索和浏览行为，以获取相关研究数据。这种方法获取数据具有真实、具体、客观、高效等优点，但是也存在无法直接反映受试者的思考过程、涉及受试者个人隐私等局限，因此研究的时候往往同问卷调查法、访谈法、出声思维法等方法结合使用②。

（8）网络日志分析

网络日志分析主要是在网络环境下进行，以搜索引擎、检索系统、购物

---

① 王琳，郭梦雪．信息浏览行为是理论导向抑或生物驱动？——基于眼动仪实验的实证分析［J］．情报学报，2015，34（12）：1284-1295.

② 任淑宁．视频捕捉法：研究用户网络信息行为的有效方法［J］．图书馆学研究，2011（16）：45-48.

网站等用户为主要研究对象，利用网络技术来采集反映用户信息行为的各类数据，包括：特定的信息检索系统内嵌的日志文件，利用网络监控工具来采集某个系统的用户行为日志，网络社会标签集等各种形式。一些系统不仅保存了系统的响应，同时也保存了用户在键盘和鼠标的所有输入。它可以提供用户做什么而不是说什么的数据，数据的生产完全不受研究的影响，同时数据收集也不受研究者左右。这种方法能提供详细的用户与系统的交互信息，获得一些群体特征和面向系统的特征。网络日志分析主要包括搜索日志分析和点击流数据分析①。

①搜索日志分析。搜索日志记录了在特定搜索片段内发生在搜索系统和用户之间的所有交互。搜索日志分析是采集网站搜索日志，并对日志信息进行处理和分析，通过分析关键词、查询式和搜索会话研究用户行为的一种方法。

②点击流数据分析。网站服务器会对用户访问网站时的点击流数据，例如，当用户在页面 A 上点击链接打开了页面 B，此时服务器就会记录一条点击流记录。分析用户的点击流数据可以对用户访问网站时的整个过程进行跟踪，分析用户每一次点击背后的内在动机，以此探究用户的行为和心理。

网络日志分析减少了研究人员对数据收集过程的介入，有效降低了调查过程对用户行为造成的影响，避免了观察者效应和观察者偏见，因此数据更能反映用户的真实行为。这种方法的局限是：不能将检索、浏览等行为与特定的用户联系起来，无法反映用户特性与信息行为之间的关系，从而无法获知网络用户行为的真实意图和对信息结果的满意度。此外，这种方法所引发的用户隐私安全也日益引起了重视。值得注意的是，Web2.0 环境下社会网络标签成为新的体现用户信息需求和行为特征的网络数据，开始得到很多研究者的关注。

网络日志分析是间接调查方法，信息用户不直接参与调查活动，一般利用用户使用信息后留下的各种记录和与用户有关的数据资料为媒介来分析用户信息需求及行为，这样不仅对行为本身没有产生任何干扰，而且用户甚至并不知晓自己的行为将会被调查。这种方法虽然不直接与用户接触，但所依据的各种数据却与用户活动密切相关，能客观地、真实地反映用户的特征和信息需求。

以上介绍的各种研究方法既有定性方法，也有定量方法，既有直接调查

① 姜婷婷. 在线信息行为的非介入性研究［M］. 北京：科学出版社，2017.

法，也有间接调查法，它们各有特点，同时也都有不可避免的局限性，在实际应用时，研究者往往是综合使用多种研究方法来完成研究。例如利用访谈和调查问卷来了解调查对象的资料背景和经验情况，用观察法、出声思维法、眼动跟踪法、视频捕捉法、网络日志分析等方法来获取用户行为过程中的一些信息，用实验来贯穿整个研究①。

7.4 网络用户的信息需求和行为

7.4.1 网络用户的信息需求

从广义上讲，网络信息用户是指利用网络信息的个人或团体；从狭义上讲，网络信息用户是指利用网络信息服务机构的个人或团体。网络信息用户是网络信息服务业的服务对象，了解网络信息用户的需求是网络信息服务工作的重要内容。

网络信息用户的信息需求是指用户对具体信息的需求、信息检索工具的检索需求、信息服务的需求。网络的普及使网络用户剧增，在数量增加的同时，各用户群体类型也呈多样化，同时信息用户的信息环境也发生了较大的变化，这就使得网络用户信息需求表现出了一些新的特点：

（1）信息需求量大幅度增加

现代人对信息的需求超过了任何一个时代，人类加工和传递信息的能力越来越强，进一步刺激了对信息需求的强度。人类利用网络来获取信息，这些信息包括学习的、娱乐的、经济的，等等，可见对信息的需求量是很大的。随着社会的发展、人类社会的文明进步，在人们的日常上都得以满足之后，要提高生活质量，对休闲、购物、旅游的信息要求会越来越大。社会的可持续性需要大量信息来支持。此外，现代信息技术能够改善用户所处的社会环境，间接地导致用户数量的增加，信息用户的数量增加，需求的信息总量也不可避免地增加。

（2）对信息内容的要求越来越高

用户要求信息准确，传递速度快，时间性强，这是由信息本身所具有的时效性特点决定的。网络环境下，信息数量激增，类型多样，信息质量参差不齐。用户为了信息社会工作职业的要求，就必须在数量庞杂的信息中迅速

① 黄丽红．国外网络用户信息查询行为的研究方法述评［J］．情报科学，2009（11）：1747-1752.

准确地找到自己所需求的信息。这时，用户已不简单地满足对某一文献的需求，而是对其中所含知识内容的需求。这表明用户对文献信息为基本单位的信息组织控制转向以知识单位为基础的微观信息组织控制，即信息需求呈现出微观化趋势。人们获取信息的目的在于利用，信息的效用与利用时间有密切关系。使用适时有最好的价值，使用迟缓就会降低效果甚至对工作造成损害。面对日趋信息化的高速发展社会，快速、准确、高效地获取和利用信息显得尤为重要，人们对于信息的质量要求也必然会越来越高。

（3）用户信息需求的社会化

在网络环境中，信息服务部门信息服务的传统模式越来越难以满足用户开放化的信息需求，用户信息需求由原来的稳定性、集中性向开放化的社会性转变。而现代用户信息需求开放化的直接原因是社会信息化发展中用户职业工作机制的变化。随着职业工作中社会交往范围的扩大，信息交流日益频繁，日益广泛，致使广大用户从面向部门的信息需求向面向社会的信息模式转变。Internet、城域网、局域网给用户创造了开放性的信息需求客观环境，加速了用户信息需求社会化进程。

（4）用户信息需求的集成化

随着网络技术的发展，以网络为中心的计算机技术、通信技术、信息存储技术正在相互渗透、连接，形成全方位的信息服务网络。用户对信息客体的需求、对检索工具与系统的需求，以及对各种信息服务的需求往往通过不同的途径得到满足。这意味着信息资源分布的分散性和信息技术利用的分离状态决定了用户按个别需求进行文献信息获取的行为方式。信息网络的发展将计算机技术、远程通信技术和网络信息处理技术有机结合，从根本上改变了信息资源开发、组织和分布的状况，从而使用户可以方便地按主体客观需求在网络环境中集中获取所需信息，即在网络中将各类信息获取方式融为一体，使信息交流、查询、数据获取、全文阅读和信息发布集成为多功能、多渠道、多方式的信息需求与服务利用行为①。

（5）信息需求的马太效应和罗宾汉效应

用户信息需求的马太效应是指用户信息需求及其累积信息量之间的相关性。由于经历、学历、职业活动等方面的关系，个体用户所累积的信息量不等，甚至有时差距很大。一般而言，信息需求量大的用户，随着时间的推移，其累积的信息量越多，其信息需求也越来越高于平均水平。而信息需求

① 夏晓慧．网络环境下用户信息需求的分析研究［J］．农业图书情报学刊，2006（1）：53-56.

量小的用户，随着时间的推移，其累积的信息总量出现停滞的态势，其信息需求量也因而越来越低于平均水平，这就是用户信息需求的马太效应。在网络环境下，由于网络信息的获取不仅要求用户具有较强的信息意识，同时要有一定的信息能力、网络技术能力和经济能力，而用户自身的知识结构、检索知识、检索经验、计算机知识等现代化的因素也密切相关。用户在这些方面差异越大，马太效应就越明显。另一方面，用户需求水平总是比较平衡的，大多数用户的信息需求总量趋于平均，这是用户信息需求的罗宾汉效应。在科学技术高度发展和信息网络化的今天，由于网络环境特有的平等性，这一趋势更为明显①。

老年人是数字时代的“弱势群体”，由于自身信息能力，信息技术能力相对落后，老年人存在的大量的信息需求被忽略了。针对这一现象，习近平总书记提出我们要顺应数字化、网络化、智能化发展趋势，共同致力于消除“数字鸿沟”，助推服务贸易数字化进程。国务院办公厅印发的《关于切实解决老年人运用智能技术困难的实施方案》明确各地区、各部门要落实主体责任，加强工作统筹，建立工作台账，明确时间表和路线图，聚焦涉及老年人的高频事项和服务场景，坚持传统服务方式与智能化服务创新并行，切实解决老年人在运用智能技术方面遇到的突出困难，确保各项工作做实做细、落实到位，为老年人提供更周全、更贴心、更直接的便利化服务。②

7.4.2 网络用户的信息行为

德国心理学家库尔特·卢因提出人类行为（B）是人（P）及其环境（E）的函数，即 $B=F(P, E)$。同样，网络用户的信息行为也受到信息环境和用户个人因素的影响。网络用户信息行为是网络用户在认知思维支配下对外部条件做出的反应，是建立在信息需求和思想动机基础上，利用网络提供的信息内容和信息服务，所从事的信息需求认识与表达、信息查询、信息选择、信息存储、信息吸收与利用以及信息加工、信息交互等活动。

用户信息行为是一种信息需要不断外显，转化为明确的信息需求，付诸信息获取和利用活动的往复过程。下面我们将介绍 5 种主要的网络用户信息行为。

---

① 周维彬. 网络信息用户的信息需求规律研究［J］. 情报探索，2008（3）：12-14.

② 中国政府网. 国务院办公厅印发《关于切实解决老年人运用智能技术困难的实施方案》［EB/OL］.（2020-11-24）［2023-12-7］. https：//www. gov. cn/xinwen/2020-11/24/content_5563861. htm.

（1）网络用户信息查询行为

信息查询行为是个体为了满足其意识到的信息需求而采取的一系列外在的获取信息的活动。网络信息查询行为则是指用户为获取所需信息，在与网络互动过程中所采取的一系列身体活动和心理活动，它主要通过信息检索行为（Information-searching Behavior）与信息浏览行为（Information-browsing Behavior）这两类信息行为来完成。

网络信息检索行为是具有明确信息需求的网络用户借助专门信息检索工具和使用信息检索语言获取所需信息的活动。除了原先的检索系统之外，在网络环境下，搜索引擎、网络数据库等为用户的信息检索提供了新的平台。网络信息浏览行为是缺乏明确信息需求目标或特定意图的用户，利用超文本链接方式在不同网络信息节点间的自由游移，从而获取信息的活动。浏览是一种探索，是靠发现意外收获而获取信息的信息行为。网络使得探索性的信息浏览行为变得更加方便，也使得浏览成为网络用户经常使用的信息行为。网络信息检索行为区别于网上信息浏览的主要特征包括：①网络用户需要明确表达信息需求；②须借助具体的网上信息检索工具，如搜索引擎；③须遵循网络信息检索语言规则；④容易通过反馈、修改等人机互动方式来调整查询策略。

（2）网络用户信息选择与存储行为

网络用户的信息选择行为是指用户根据自己的需求，在个体既有知识积累的基础上，利用一定的分析和判断能力，对呈现的网络信息进行相关性判断、选择，从而过滤出对其最为有用的信息或信息链路。选择行为有时可以以独立的行为方式出现，如用户离线后对已经下载的信息进行选择；但更常见于信息浏览、信息检索及信息交互等信息行为之中。信息存储指用户将挑选出的对其有帮助的信息进行保存的行为。随着个人信息管理系统等工具软件的推出，用户可以实现对所获取信息的加工、整理，以方便更有效的利用。

（3）网络用户信息吸收与利用行为

面对搜集的信息，用户需要在头脑中对其加以反应、识别、整理，借助个人的消化学习能力，将其理解吸收并转译为自身知识序列的一分子，从而充实个人的知识储备。网络用户信息吸收行为中，受其信息需求与固有知识存储的影响，用户倾向于认同和理解与自己的既往经验相符的或看似满足自己需求的信息，而下意识地建立起心理屏障，抵制那些与自己需要、价值、经验等不一致的信息的输入。对于新信息，吸收行为有如下处理方式：经验吸收新加入的信息，进行通话，使其成为已有的知识范畴的一部分；新信息颠覆、打乱原有知识的排列逻辑和程序，形成知识的重构；新信息构成原有知识的新的分支和走向，但不会造成全局性的影响。

信息利用行为是建立在信息吸收基础上的，即用户使用所掌握的信息并作用于其生产、评价、决策、求解、创新、生活、休闲、人际交往、思想库的重组及思维层次的提高等方面。它是使信息真正发挥效能的关键环节。

（4）网络用户信息交互行为

交互性是网络最为显要的功能特征之一。网络用户信息交互行为具有不同于前述信息行为的根本特点：上述各种网络用户信息行为是用户通过超链接或者数据库查询机制在网络上查找、定位、下载与自己需求相关的信息资源，是一种单向的获取信息的行为，而网络用户信息交互行为是用户利用网络作为交流平台的在线信息交流行为。在这种信息交互中，用户既可从网络资源和网络交互对等实体方获取信息，又可向网络上载或向对方传递信息，即成为信息发布者，是一种双向的信息交流行为。根据交互的参与对象，我们可将网络信息交互行为分为人-机交互型和人-人交互型两种。

人-机交互指网络用户与网络信息系统之间有双向的数字信息传递，用户不仅从系统获取数据，也对信息系统进行反作用，即对系统数据的更新施加作用，如股票买卖、网上银行使用等行为就是典型的人-机交互行为。人-人交互指用户与用户之间以网络为交流平台，以数字内容为传播对象，相互在线交流信息的行为，包括文本、图片、音频、视频、程序等信息的传递和共享①。

（5）网络社群用户协同信息行为

网络社群是衍生自实体社群/社区的概念，用来表示在网际网络上所呈现出来的类社群现象，是指一群主要由计算机网络彼此沟通的人们，他们彼此有某种程度的认识、分享某种程度的知识和信息、在很大程度上如同对待朋友般彼此关怀，从而所形成的团体。Rheingold 指出，“当有足够的人长时间的共同参与一个公共讨论，投入够多的情感，并在网络空间中构成一个由个人关系组成的网，就会产生网络社群这种网络上产生的社会群聚现象”②。Web2.0 环境下，网络社群的现象更为突出。Web 2.0 作为一种方便社会联系、增强社会协作能力的工具和信息交互平台，使得在 Web 2.0 环境下的

① 王艳，邓小昭．网络用户信息行为基本问题探讨［J］．图书情报工作，2009（8）：35-39.

② Rheingold H. The Virtual Community：Homesteading on the Electronic Frontier［M］. Cambridge MIT Press，2000.

用户渐渐聚合在一起，形成具有一定特征的用户群体，群体用户通过频繁互动的信息行为，使得社群具有了某种群体交流结构①。

与单个个体用户相比，网络社群用户的信息行为表现出较强的交互性和协同性特征。他们除了在网络上查找浏览自己所需信息之外，还发布和分享自己感兴趣的知识，同时更期望与具有相同兴趣的其他用户进行关联、互动和协作，体现出强烈的群体性，并影响周围其他用户的网络意识和行为。

协同最简单的解释就是“一起工作”。当社群成员利用自身的知识、能力无法解决一个问题时，社群协同过程使得看到同一个问题不同方面的成员，能建设性地探索差异和寻找解决方案。协同也是多个成员的互惠关系，他们有共同的目标，在实现结果的过程中共同承担责任，同时分享结果带来的声誉和影响力。随着协同技术和Web2.0技术的发展以及交互性虚拟社群的出现，用户协同信息行为（Collaborative Information Behavior，CIB）逐渐成为一种普遍的现象。网络社群环境下，研究者不仅关注单个用户的信息行为，而且关注多个用户之间的信息交互以及这种交互对信息行为及其结果的影响。

网络社群用户的协同信息行为（CIB）大致可分为以下四种类型：

①协同内容创作，其形式主要有协同写作（如互动写作和阅读平台17xie，www.17xie.com）、协同知识创造（如维基百科全书，www.wikipeida.org）、协同标注（如图书编目网站LibraryThing，www.librarything.com）、协同多媒体创作等。关于协同内容创作的动机，经研究者们研究发现，利他主义、自我实现是网络社群的主导动机，网络社群提供条件以吸引务实的利他主义者贡献知识，用户之间表现为一种普遍性的互惠关系。

②协同信息查询与检索，它是传统个体信息查询在社群环境及协同技术发展背景下的延续，其任务分为三个阶段：协同信息查询、协同信息检索和协同信息导航。协同信息查询偏重信息任务的第一阶段，即信息采集、信息需求和形成、表示以及信息源的选择等；协同信息检索侧重信息任务的第二阶段，即信息系统或信息源的选择、查询或检索式构造、查询重构、相关性判断等，协同查询和协同过滤是此阶段的具体操作步骤；协同信息导航处于信息任务的第三阶段，分为异步和同步社会性导航，而同步社会性导航的方式有协同浏览、在线聊天等。

---

① 胡昌平，胡吉明，邓胜利．基于Web 2.0的用户群体交互分析及其服务拓展研究［J］．中国图书馆学报，2009（5）：99-106.

③协同信息质量控制，它有效保障了协同内容创作和协同信息查询与检索行为的结果符合社群共同的目标。尤其是在支持用户生成内容的 Web 2.0 环境下，社群协同信息质量控制行为成了用户生成内容网站质量的主要保障，例如维基百科的质量控制机制。协同信息质量控制与协同内容创作行为相辅相成，是由社群共同实施、完成的一组保障与提高用户生成内容信息质量的活动流程。具体而言，社群共同制定相应的活动规则和流程，遵守一系列能被社群成员广泛接受的标准或准则，基于计算机支持的协同技术，共同提升用户生成内容的信息质量。

④计算机支持的社群信息交流，泛指以计算机网络为媒介的群体交互，包括即时和延时通信、网络论坛、博客、维基、社会化标注、社交网站等。与传统人际交往模式相比（如面对面），当人们使用计算机支持的社群信息交流方式时，会较少考虑交流中的社会性因素，而更倾向于作出诚实的反馈。由于社群信息交流是其他所有协同信息行为的基础，故而其表现也融入到了其他协同信息行为当中。

这些 CIB 类型之间并非界限分明和相互独立，除了协同内容创作和协同信息查询没有重合外，其余两两之间都有交叠（如图 7-3 所示）。这表明协同内容创作、协同信息查询是用户协同信息活动的核心，社群信息交流和协同信息质量控制则起到不可或缺的支撑和保障作用，这四类信息行为共同构成了 CIB 的基础。

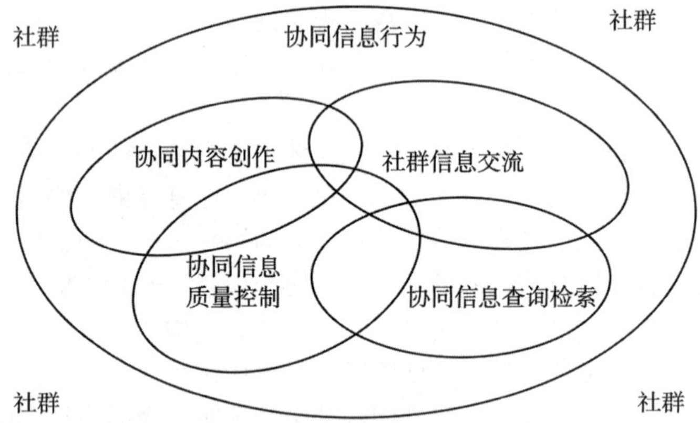

图 7-3　社群环境下用户协同信息行为的类型关系

用户协同信息行为研究发源于传统个体信息行为研究，并逐渐成为信息系统和信息用户研究中新的热点。这一领域的兴起，一方面是信息行为研究本身的需要，另一方面是由于计算机的协同技术和协同系统的推动作用。网络社群作为用户协同信息行为的环境，如何设计和构建一个更好地支持群体交互的虚拟社群环境，以更好地提升用户协同信息活动的效果，也将是信息用户研究需要努力的方向①。

本章内容提要

信息服务是信息管理活动的出发点和归宿，通过研究用户、组织用户、组织服务，将有价值的信息传递给用户，最终帮助用户解决问题。第7章首先介绍了信息服务的含义、内容、特性、类型及方式等基本内容，而后介绍信息服务的演化与现代发展，讨论了现代信息服务的发展趋势，分析了网络信息服务的特点，介绍了网络环境下个性化信息服务、集成信息服务和移动信息服务的开展；接着对信息用户的信息需求、信息行为规律特征进行了阐述，并介绍了信息用户研究的内容及所采用的方法。最后，分析了网络用户信息需求的特点，并对五种主要的网络用户信息行为（网络信息查询行为、网络信息选择与存储、网络信息吸收与利用、网络信息交互行为、网络社群用户协同信息行为）进行了相关讨论。

本章重点

1. 了解信息服务的主要方式，分析不同服务方式中的信息服务提供方、信息用户，以及这种信息服务方式的特征；

2. 掌握用户信息需求的层次及特征，分析网络用户信息需求的特征；

3. 掌握用户信息行为的特征和规律，结合某种特定类型的网络用户信息行为，分析其所表现出的特征和规律；

4. 掌握信息用户研究的内容和方法。

本章参考文献

[1] 陈新添，朱秀珍，田笑含. 网络环境下用户信息需求趋势、障碍与对策[J]. 现代情报，2007（6）.

---

① 张薇薇. 社群环境下用户协同信息行为研究述评[J]. 中国图书馆学报，2010（4）：90-100.

[2] 邓立恒．基于网络的个性化信息服务研究 [J]. 科技情报开发与经济，2009 (7).
[3] 邓胜利，张敏．用户体验——信息服务研究的新视角 [J]. 图书与情报，2008 (4).
[4] 邓胜利，胡吉明．Web 2.0 环境下网络社群理论研究综述 [J]. 中国图书馆学报，2010 (5).
[5] 邓小咏，李晓红．网络环境下的用户信息行为探析 [J]. 情报科学，2008 (12).
[6] 邓小昭．因特网用户信息检索与浏览行为研究 [J]. 情报学报，2003 (12).
[7] 邓小昭．试析因特网用户的信息交互行为 [J]. 情报资料工作，2003 (5).
[8] 韩永青．国外信息用户研究进展 [J]. 情报科学，2008 (7).
[9] 胡昌平．信息服务与用户 [M]. 武汉：武汉大学出版社，2008.
[10] 胡昌平，周永红．信息集成服务回顾与展望 [J]. 图书馆论坛，2005 (4).
[11] 胡磊．论信息服务交互的用户信息行为理论基础 [J]. 情报理论实践，2010 (3).
[12] 焦玉英，胡昌平，邓胜利主编．数字化信息服务研究：2009 年信息化与信息资源管理学术研讨会论文集 [M]. 武汉：武汉大学出版社，2009.
[13] 李法运．网络用户信息检索行为研究 [J]. 中国图书馆学报，2003 (2).
[14] 李家清．个性化信息服务方式与策略研究 [J]. 现代情报，2006 (9).
[15] 李晓丽，黄敏，莫冰．视线跟踪法——网络用户信息行为研究的新方法 [J]. 图书馆理论与实践，2009 (8).
[16] 罗蔚．数字化信息服务的个性化发展：从可适应到自适应 [J]. 情报资料工作，2010 (2).
[17] 庞景安．网络环境下用户查询行为的计量研究 [J]. 图书情报工作，2006 (9).
[18] 裴雷．信息检索过程中的用户交互行为及其影响因素 [J]. 图书情报工作，2007 (8).
[19] 邱燕燕．2000—2005 年我国信息用户研究理论综述 [J]. 图书情报工作，2006 (7).

[20] 任立肖，檀柏红. 网络用户信息查询行为模型构建 [J]. 图书馆学研究，2010 (3).
[21] 沙勇忠，任立肖. 网络用户信息查询行为研究述评 [J]. 图书情报工作，2005 (1).
[22] 王知津，张俊. 信息服务营销初探 [J]. 图书馆学刊，2008 (1).
[23] 易明，王学东，邓卫华. 基于社会网络分析的社会化标签网络分析与个性化信息服务研究 [J]. 中国图书馆学报，2010 (2).
[24] 张树良，冷伏海. Web 环境下个性化信息的获取和个性化服务的实现 [J]. 中国图书馆学报，2007 (4).
[25] 张照云. 当前我国信息用户的主要信息行为及其发展趋势 [J]. 图书馆学刊，2009 (10).

8 信息系统

信息系统（Information System）是以提供信息服务为主要目的的数据密集型、人机交互的计算机应用系统。根据《“十四五”信息化和工业化深度融合发展规划》的指导思想，大力推进信息化和工业化深度融合，推动新一代信息技术对产业全方位、全角度、全链条的改造创新，激发数据对经济发展的放大、叠加、倍增作用，对于新时期推动产业数字化和数字产业化，统筹推进制造强国与网络强国建设，具有重要战略意义。信息系统作为现代化高效信息管理的技术支持，信息系统贯穿于整个信息管理的流程当中。信息管理领域中的信息系统，在关注技术实现的同时，更强调系统在各种类型组织信息管理和战略决策中的应用及其所发挥的重要作用。

8.1 信息系统的基本概念

8.1.1 系统的概念

要了解什么是信息系统，首先要明确什么是系统。一般地，我们将由相互作用和相互依存的若干部分（子系统或要素）组成的具有特定功能的有机整体称为系统。系统广泛存在于我们的周围，一个国家的经济是一个系统，一个社会乃至整个自然界都可以看成一个系统。这些系统都由若干个子系统组成，同时它又是其他更大的系统的一个子系统。用数学方法可以表示为：

$$S = \sum_{i=1}^{n} S_i$$

式中，S_i 为第 i 个子系统或要素，n 为子系统或要素的个数，S 为由 n 个子系统或要素组成的一个系统。

根据系统的不同的侧重点，可以将系统分成不同的类型。

（1）按构成系统的根本内容区分，有物质系统和概念系统

物质系统亦称为实体系统，即由实体的物质组成，如机械系统、电力系统、社会系统等。而概念系统则是由概念、理论、方法、程序等非物质的实体所组成的系统，包括人类对客观世界的认识和认识本身的全部内容，如哲学世界观、科学体系等。这两类系统往往是相互关联的，例如机械系统是物质系统，而用来制造机械系统的设计方法则为概念系统。

（2）按组成系统的要素性质分，有自然系统、人造系统以及两者相结合的复合系统

自然系统的组成要素是自然生成的物质，如天体系统、原子系统、生态系统等。人造系统是按照人类的意愿人为地建立起来的系统，如生产系统、通信系统、管理系统等。两者相结合的系统是复合系统。

（3）按系统的构成或环境的关系来分，则有封闭系统和开放系统

任何系统都是在不停的运动、变化和发展之中，而贯穿于这一系列的运动、变化和发展过程中的事物称为流，包括物质流、能量流和信息流。当一个系统中的流不与外界交换时为封闭系统，反之，则为开放系统。实际上，自然界中的封闭系统是不存在的，它只存在于概念系统中。

（4）从系统的运动状态参数与时间的关系上来看，又可以分为静态系统和动态系统

状态参数不随时间而改变的系统称为静态系统，反之为动态系统。同样，静态系统也是不存在于自然界中的，它只存在于概念系统之中。

8.1.2 信息系统的概念与功能

信息系统是由计算机硬件、网络和通信设备、计算机软件、信息资源、信息用户和规章制度组成的以处理信息流为目的的人机一体化系统，目的是及时、正确地收集、加工、存储、传递和提供信息，实现对组织中各项活动的管理、调节和控制。信息系统的概念结构如图 8-1 所示。

信息系统为实现组织的目标，对整个组织的信息资源进行综合管理、合理配置与有效利用，其组成包括以下七大部分。

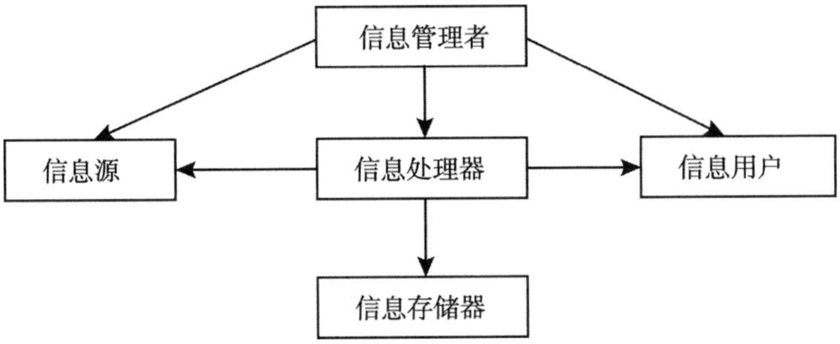

图 8-1 信息系统的概念结构

(1) 计算机硬件系统

包括主机（中央处理器和内存储器）、外存储器（如磁盘系统、数据磁带系统、光盘系统）、输入设备、输出设备等。

(2) 计算机软件系统

包括系统软件和应用软件两大部分。系统软件有计算机操作系统、各种计算机语言编译或解释软件、数据库管理系统等；应用软件可分为通用应用软件和管理专用软件两类。

(3) 数据及其存储介质

数据及其存储介质是系统的主要组成部分。有的存储介质已包含在计算机硬件系统的外存储设备中。另外还有录音、录像磁带、缩微胶片以及各种纸质文件等。

(4) 通信系统

用于通信的信息发送、接收、转换和传输的设施，如无线、有线、光纤、卫星数据通信设施，以及电话、电报、传真、电视等设备；有关的计算机网络与数据通信的软件。

(5) 非计算机系统的信息收集、处理设备

如各种电子和机械的信息采集装置，摄影、录音等记录装置。

(6) 规章制度

包括关于各类人员的权力、责任、工作规范、工作程序、相互关系及奖惩办法的各种规定、规则、命令和说明文件；有关信息采集、存储、加工、传输的各种技术标准和工作规范；各种设备的操作，维护规程等有关文件。

(7) 工作人员

计算机和非计算机设备的操作、维护人员，程序设计员，数据库管理

员，系统分析员，信息系统的管理人员与收集、加工、传输信息的有关人员。

通常，我们根据信息在信息系统中的流程，将信息系统的结构描述为输入、存储、处理、输出和控制等模块组成的逻辑结构。而信息系统的功能则是指具有确定结构的信息系统在一定的约束条件下作用于环境的能力，它表征了信息系统在与环境之间进行信息输入/输出的转换关系中对于环境的输出能力大小。这样，我们一般可以将信息系统的功能划分为输入、存储、处理、输出和控制五个基本功能。其功能构造模型见图 8-2 所示：

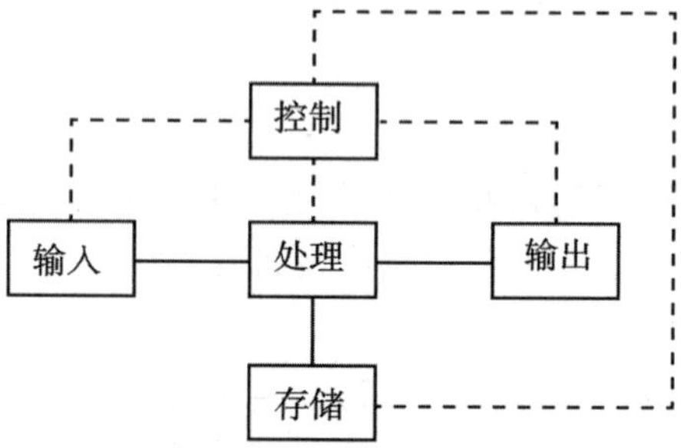

图 8-2　信息系统功能构造模型

图中用实线表示信息流，虚线表示控制流。在信息流运动过程中，处理是核心功能，而在控制流的运动过程中控制是核心功能。由于处理的对象不同，要实现的目标不同，处理的信息量不同，不同的信息系统的系统结构处理能力往往差别很大，体现在各模块上，控制和处理功能的差别最大。下面对这五个基本功能分别略加说明。

（1）输入功能

信息系统的输入功能决定于系统所要达到的目的及系统的能力和信息环境的许可。一般情况下，信息系统的输入内容包括信息资源的采集、控制指令的输入、信息检索条件的输入等。信息资源的采集是将信息资源进行收集，初步整理后输入信息系统，它是信息流进入信息系统的渠道。控制指令的输入是信息系统在需要用户进行干预的时候，由用户发出的控制命令，它通常需要根据输出的反馈进行决策。

（2）存储功能

信息系统的存储功能是与输入功能紧密联系在一起的。存储功能指的是系统存储各种信息资料和数据的能力。当原始数据和资料输入信息系统后，首先需要将其存储起来，以便多次使用，并在多个处理环节和过程中实现数据资料共享。数据经过加工整理成为信息之后，更需要将其存储在适当的内外存储器上，以便在用户需要时提供利用。在发生“信息爆炸”的现代信息环境中，一方面要求信息系统具有最大的存储容量，另一方面大量的存储往往会带来系统检索、输出上的某些困难，降低系统的服务效率，给用户的利用造成不便。信息系统的存储功能就是在上述矛盾的情况下，寻求合理的协调方案，即从实际出发尽可能少增加投资，扩大整体的存储量，保证所存储的数据资料充分有效，便于用户利用。

（3）处理功能

大量的信息资料和数据得以存储之后，必须及时进行加工处理。处理是信息系统内部的生产过程。为了减少不必要的重复劳动，提高工作效率，信息系统一般是将分散的处理业务集中统一进行。计算机的应用使人类进行信息处理的能力大大增强，因而，现代信息处理工作都是基于计算机系统的。而大多数信息系统都属于人机系统的类型，而并非简单的计算机系统。系统工作时人和计算机各自发挥自己的优势，快捷、方便、灵活、准确地处理信息。随着人工智能和专家系统技术的发展，一些功能很强的数据处理软件系统已经研制成功，并投入实际应用。另外，基于数据仓库技术的联机分析处理（On-line Analytical Processing；OLAP）和数据挖掘（Data Mining，DM）技术也是两个非常重要的数据处理工具。信息处理过程的机械化、自动化、协作化将会极大地提高系统的信息处理功能。信息系统处理功能的大小，取决于系统内部的专业技术力量和信息处理技术设备的现代化水平。

（4）输出功能

各种各样的信息系统，都是旨在满足各类用户对信息的不同需要而建立的。因此，信息系统的各种功能都是为了保证最终实现最佳的输出功能。信息经过处理后，输出内容包括经过信息系统加工处理后的资料信息、信息系统运行过程中状态的反馈信息，以及需要人工干预时的提示信息。资料信息是信息系统产生的最终产品；状态的反馈信息是为了方便地监控、管理、维护信息系统而产生的一种实时信息；提示信息是用于信息系统在需要人为进行干预的时候，提供给用户进行决策的临时信息。后两者的输出都是为了保证最终产品的形成。信息系统的输出功能、处理功能、传输功能、存储功能都是根据输出功能来确定并不断进行调整的。

（5）控制功能

为了保持信息系统的输入、存储、处理、输出等环节均匀连续地进行，系统必须具有进行管理和控制的功能。信息系统的控制功能体现在两个方面：其一是对构成系统的各种信息处理设备，如计算机、通信网、人员等进行控制和管理，其二则是对整个信息加工、处理、输入、输出等环节通过各种程序进行控制。信息系统的控制过程是多变量、多因素、复杂的动态过程，为了实现有效控制，必须时刻掌握系统预期要达到的状态和实际状态，不断使实际状态与程序规定的状态保持一致。为此，必须不断根据反馈信息进行调整。通过控制功能的作用，使信息系统的输入、处理、存储、输出等各项功能最佳化，从而使整个信息系统运行最佳化。

8.1.3 信息系统的发展与类型

8.1.3.1 信息系统的发展阶段

最初的信息系统，主要是信息处理系统，如图书情报中心等基于文档的信息检索系统。它是手工的，即传统意义上的系统。这种仅仅局限于文档信息的信息系统实际上是与人的信息来源渠道多样性、人的信息感知方式的多样性不相符的。

自 20 世纪 40 年代电子计算机问世以来，信息系统进入现代信息系统阶段——计算机信息系统，并随着信息技术的飞跃以及现代社会对信息需求的增长，迅猛发展。20 世纪 50 年代，计算机在数据处理技术上的突破，为计算机的应用拓展了空间，陆续出现了数据统计系统、数据更新系统、数据查询系统、数据分析系统、系统状态报告系统等。同时，出现了电子数据处理系统（Electronic Data Processing System，EDPS），有力地促进了信息系统的发展。当时，各大企业纷纷投资于计算机设备，以追求它的高处理速度、大存储能力和广阔的应用领域，这给他们带来了巨大的经济效益。因此，信息技术日渐得到重视，人们对信息技术的发展充满了信心和期望。但 30 多年过去，计算机在信息处理领域并没有达到人们的预期。在管理领域，人的参与还是必不可少的，部分企业的信息系统始终达不到设计要求。资源利用的不充分，使得人们重新思考该如何开发好信息系统，对信息系统的研究从实际上升到了理论研究，取得了较大的进展。

在经过曲折的不断探索后，信息系统的开发出现了较为成熟的系统分析、设计、开发的方法。20 世纪 60 年代后期到 70 年代又出现了多种形式的信息系统，如管理信息系统（Management Information System，MIS）、决策支持系统（Decision Support System，DSS）。80 年代，又出现了支持企业最高决策层的高层主管支持系统（Executive Support System，ESS）和支持中高层管理人员的经理信息系统（Executive Information System，EIS）。同时，不同领域的信息系统也有了新的发展。在人工智能领域，出现了专家系统（Expert System，ES），在加工制造企业中，计算机集成制造系统（Computer

Integrated Manufacturing System，CIMS）的应用使企业生产经营环节实现了自动化。步入 90 年代，信息技术进一步发展，出现了群体决策支持系统（Group Decision Support System，GDSS）、智能决策支持系统（Intelligent Decision Support System，IDSS）、产品数据管理系统（Product Data Management System，PDMS）等。

21 世纪，各个行业均出现了大量的、不同风格与应用的信息系统。信息系统已经成为评价组织信息化程度的一个最重要的指标。同时，随着数据挖掘技术的出现与发展，计算机对信息的处理上升到了对知识的处理，出现了知识管理系统（Knowledge Management System，KMS）和基于数据挖掘的客户关系管理（Custom Relation System，CRM）等①。

在信息系统开发理论中，用来描述信息系统发展进程的是阶段理论，其较为著名的代表模型是诺兰模型。诺兰模型由美国哈佛大学教授理查德·诺兰（Richard Nolan）于 20 世纪 70 年代末提出，是企业进行管理信息系统规划的指导性理论之一。诺兰在调查和研究了美国 200 多个公司、部门发展信息系统的经验后，结合“S”曲线理论，提出了一个实现信息化的阶段模型。诺兰认为，任何一个组织在由手工信息系统发展到以计算机为基础的信息系统时，都存在一条客观的发展道路和规律。该理论认为，企业及地区信息系统的发展具有一定的规律性，要经过从低级到高级的阶段性发展过程，各个阶段是循序渐进的。诺兰的早期模型中把企业计算机应用发展只分为 4 个阶段，1979 年诺兰发表在《哈佛商业评论》的一篇论文“Managing the Crises in Data Processing”中，修正为 6 个阶段，即起步阶段、扩展阶段、控制阶段、集成阶段、数据管理阶段和成熟阶段，如图 8-3 所示。这是一种波浪式的发展历程，前三个阶段具有计算机数据处理时代的特征，后三个阶段则显示出信息技术时代的特点。

第一阶段是起步阶段。这个阶段从企业引进第一台计算机开始，一般都是先在财务、统计、物资等部门开始使用，随着企业对计算机应用认识的深入，人们体会到计算机应用的价值，开始学习、使用、维护计算机。

第二阶段是扩展阶段。随着计算机在一些部门见到成效，从最初的一些应用部门向其他部门扩散，大量的人工数据处理转向计算机处理，人们对计算机的热情增加，需求增长。但对于整个组织来说，无整体的信息系统。这个阶段需要大量的投资。

① 刘永主编．信息系统分析与设计（第 2 版）［M］．北京：科学出版社，2008：18-19.

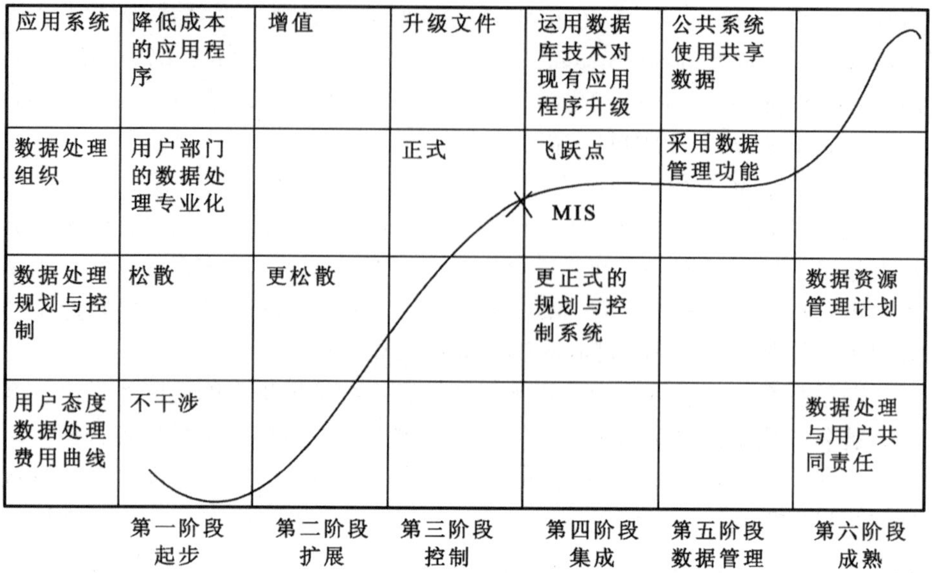

图 8-3 诺兰模型

第三阶段是控制阶段。由于人们对计算机信息处理需求的增长，造成财务支出大幅度上涨，企业领导不得不对之进行控制，注重采用成本/效益去分析应用开发，并针对各项已开发的应用项目之间的不协调和数据冗余等，进行统一规划。控制阶段是实现从以计算机为主转向以数据管理为主的关键，一般发展较慢。

第四阶段是集成阶段。即在经过第三阶段的全面分析后，引进数据库技术，在开发数据网络的条件下，数据处理系统又进入一个高速发展阶段，逐步改进原有系统，开发一个能为中、上层管理提供支持，为企业提供各种信息资源的管理系统。该阶段的投资和费用将再次迅速增长。

第五阶段是数据管理阶段。即系统经过集成、综合之后才有可能进入有效的数据管理，实现数据共享，这时的数据已成为企业的重要资源。

第六阶段是成熟阶段。信息系统成熟表现在它与组织的目标一致，从组织的事务处理到高层的管理与决策都能支持，并能适应任何管理和技术的新变化。

诺兰模型还指明了信息系统发展中的 6 种增长要素。

①计算机软硬件资源：从早期的磁带向最新的分布式计算机发展；

②应用方式：从批处理方式到联机方式；

③计划控制：从短期的、随机的计划到长期的、战略的计划；

④ MIS 在组织中的地位：信息系统从附属于别的部门发展为独立的部门；

⑤领导模式：一开始以低层技术领导为主，随着用户和上层管理人员越来越了解 MIS，上层管理部门开始与 MIS 部门一起决定发展战略；

⑥用户意识：从作业管理层的用户发展到中上层管理层。

诺兰的阶段模型总结了信息系统发展的经验和规律。诺兰模型理论在信息系统规划中有两方面的重要应用：一是诊断信息系统当前所处的阶段，有利于选择信息系统开发的时机；二是对系统的规划做出安排，控制系统发展的方向，对处于不同阶段上的系统提出限制条件和制定针对性的发展战略。在系统规划过程中，根据各阶段之间的转换和随之而来的各种特性的逐渐出现，运用诺兰的阶段模型辅助规划的制定是十分有益的①。

目前的计算机技术已广泛应用于各个领域，使得计算机信息系统逐步脱离单纯的数据（信息）处理阶段，信息处理从数据处理发展到智能处理。与此同时，通信技术融进计算机信息系统中，形成了各种信息网络，使得信息系统的范围空间大大地拓宽，即我们常说的网络信息系统。实际上，我们可以将单机版的计算机信息系统看成网络信息系统的特例，即节点数为 1，路径为 0 的网络环境下的信息系统，所以我们现在讨论信息系统均是放在网络环境下考虑的。随着多媒体技术的日趋成熟，集图、文、声、像等于一体的多媒体信息在计算机中进行转换、存取、传输、显示等已成为可能，这样，在已有的信息网络中融入多媒体信息，形成了多媒体信息系统。随着信息技术的充分发展，真正分布式的通信网络和分布式多媒体信息系统、智能信息系统等将是信息系统发展的归宿。

8.1.3.2 信息系统的类型

按照不同的标准，信息系统可分为不同的类型。在现代管理理论中，管理层次是一个很重要的概念，组织的结构大多数是基于层次化的组织方式。因此组织的信息系统应用包括了组织管理的各个层次，不同的管理层次对信息的需求和应用都不相同。从组织的管理过程和层次角度，可将信息系统分为事务处理系统、管理信息系统、战略决策支持系统三种类型，分别对应于组织管理的作业层、管理层和决策层（如图 8-4 所示）。

①事务处理系统（Transaction Processing System，TPS）。

① 郭东强主编．现代管理信息系统［M］．北京：清华大学出版社，2006：110-112.

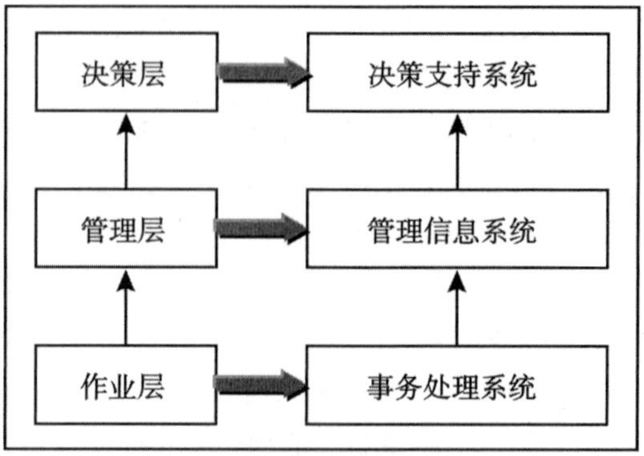

图 8-4　基于组织层次的信息系统类型

事务处理也称为作业控制或数字数据处理，是组织管理的基础活动。事务处理系统（Transaction Processing System，TPS）是处理组织事务和业务数据的系统，它面向数据，对组织事务过程中的数据进行记录、计算、分类、汇总、存储和输出。这类信息系统从结构上相对简单、功能单一，可以在单机上运行，也可以在网络环境运行，主要面向单项应用。事务处理虽然简单，但是数量大且非常重要，是组织所有管理和决策信息系统的基础。这些活动一般都是可程序化的，操作过程相对规范、稳定，它代替了原来的手工操作，提高了效率，节约了人力，并且能增加服务的内容和提高服务质量。

事务处理系统的能力随着计算机性能的不断提高和网络技术在组织中的应用不断增强。最早的事务处理系统开始于 20 世纪 50 年代，当时计算机系统由中央计算机与终端构成，可以快速地处理大量的数据。现在，建立在网络技术基础之上的组织内联网，由各种终端、通信设备、服务器、主机（工作站）和各种计算机软件构成，可以实时获取、传递事务数据，对数据进行计算、分类、汇总和存储，并根据计算机程序，对结构性问题进行决策，加快事务处理过程。足够的实时终端、高速通信设施、大容量存储器、快速计算软件与硬件是一个事务处理系统成功的关键。相比较而言，因为事务处理系统不需要对复杂的非结构化问题进行决策，所以计算机软件的复杂程度较低，或者说事务处理系统的智能水平较低。

②管理信息系统（Management Information System，MIS）。

管理信息系统简称 MIS，是处理组织管理信息的系统，主要用户是组织的中层管理者。事务处理系统的数据不一定能直接形成有用的管理信息，必须进行加工后，才能形成有用的信息。因此，事务处理系统是面向数据的，

MIS是面向信息的。中层管理者需要使用管理控制信息来衡量绩效、确定控制行动、制定运行人员使用的规章以及分配各种资源等，辅助实现组织各部门的管理功能，为半结构化问题的决策提供支持。MIS往往具有如下基本特征：

- 主要服务于中层管理人员的应用，需要满足他们管理过程的决策需求和习惯；
- 依赖事务处理层提供的原始数据（当前的和历史的）；
- 需要对数据进行汇总、筛选、综合和概括或预测等程序化处理，在此基础上提出相应的决策方案，提供组织高层管理者决策；
- 管理控制系统提供的决策过程大部分是结构化或半结构化的，处理起来相对简单。

在MIS建设中，数据库完整性、易进入性、信息处理软件是很重要的。MIS数据库由事务处理系统的数据、其他组织内部信息和外部信息构成，其他组织内部信息和外部信息需要输入MIS数据库。易进入性包括信息系统使用难度、地理便利性和时间便利性等因素。友好的用户界面、组织内联网、互联网、无线互联网可以满足管理者易进入性的要求。MIS还要有必要的信息处理软件，使管理者可以使用这些软件，对数据库中的信息进行分析、求解，为他们的管理决策提供支持。MIS的概念最早就是来自于管理控制，现在MIS的概念已经大大扩展，涵盖了组织管理的各个层次和所有的管理功能。

③决策支持系统（Decision Support System，DSS）。

决策支持系统简称DSS，是20世纪70年代初MIS和运筹学相结合的产物，是处理非结构化与半结构化问题的系统，支持管理者非程序性决策。它利用事务处理系统中的数据与MIS中的信息、其他组织信息与知识、组织外部信息与知识，为决策者提供决策支持。高层管理者根据自己的知识、经验和决策支持系统的支持，在可选方案中选择最优方案。

DSS包括三个部分：数据、模型与用户界面。典型的DSS包括：a）复杂的数据管理能力，可以进入内部与外部的数据、信息、知识；b）强大的模型功能，能够对数据、信息、知识进行分析，提出解决问题的可选方案；c）强大而简单的用户界面设计，能够支持用户查询、汇报、绘图功能，减少了用户使用系统的学习成本。早期的DSS曾经受到数据库、模型、用户素质等方面的限制，没有得到广泛的应用。从20世纪90年代开始，数据仓库、在线分析处理系统、数据挖掘和互联网这四种技术有力地推动了DSS的发展，使其分析非结构化问题的能力大大提高。与MIS相比，DSS面向的是知识，有更高的智能水平，可以处理非结构化的问题①②。

近年来，智能决策支持系统（Intelligence Decision Support System，IDSS）、群体决策支持系统（Group Decision Support System，GDSS）、专家系统（Expert System，ES）等新系统类型引起了人们的关注。IDSS是将人工智能（Artificial Intelligence，AI）技术引入DSS而形成的一种信息系统。GDSS是DSS的扩展，是把计算机处理、数据通信、电子邮件等多种技术结合起来，致力于通过提供鼓励性的环境来提高群体成员之间的通信质量，同时也致力于提供被称为群件（Groupware）的GDSS软件来支持决策过程，使不同地点的决策人员可以通过自己的计算机终端参与共同决策的计算机辅助决策信息系统。ES是设计用来模拟专门领域的人类专家的提问—解答活动的计算机软件系统。人类专家以拥有广泛的问题领域的知识而著称。要使一个计算机信息系统达到一个与之可比的表现水平，人类专家的知识域就必须被捕获并体现在这个系统里面。由于领域知识在求解中的核心性，专家系统也被称为基于知识的系统③。

除了基于组织层次的信息系统类型外，我们还可以从组织职能的角度来对信息系统类型进行划分。对不同类型的组织，其职能的划分或内容都有相当大的差别。以企业的内部管理为例，其主要职能包括财务管理、人力资源管理、营销管理、生产管理等。按照组织的不同职能构建的信息系统称为职能信息系统。每一种管理职能信息系统的实现都包含了作业层、管理层和决策层的功能。比较常见的职能信息系统包括：用于营销部门的营销信息系统（Marketing Information System，MIS），用于制造业的物料需求计划（Material Requirements Planning，MRP）或计算机集成制造（Computer Integrated Manufacturing，CIM），用于财务业务的财务信息系统（Financial information system，FIS），用于人力资源部门的人力资源管理系统（Human Resource Management System，HRMS）或人力资源信息系统（Human Resource Information System，HRIS），用于信息服务部门的信息资源信息系统（Information Resources Information System，IRIS），用于高层管理的经理信息系统（Executive Information System，EIS），等等。

---

① 行喜欢，王方华．信息系统类型与企业信息化：管理层次视角［J］．科学学与科学技术管理，2003（3）：80-83.

② 赵乃真．信息系统设计与应用［M］．北京：清华大学出版社，2005：71-73.

③ 张凯主编．信息资源管理［M］．北京：清华大学出版社，2005：169.

8.1.4 信息系统的架构模式

信息系统的系统架构模式主要有主机—终端模式、客户机/服务器（Client/Server，C/S）模式和浏览器/服务器（Browser/Server，B/S）模式。

（1）主机—终端模式

主机—终端模式或集中模式也是大型主机的结构，它是信息系统向网络发展，实现信息共享的一种早期解决方案。这种模式是一种集中计算环境，使用大型主机作为服务器集中化管理，通过终端来访问数据。在集中模式下，信息系统所提供的服务完全依赖于主机服务器，客户端每个请求都需要在服务器处理，然后将结果返回到客户端，所以对服务器的性能要求极高。而且，其性能将受服务器和终端客户间带宽和网络繁忙程度的影响，特别是在处理大文件时，响应较慢。应用程序不能利用客户机的处理能力，而只能提交请求并显示响应。此模式的优点是系统稳定、易于维护，缺点是对主机资源要求过高，对大规模应用支持不够，难以实现跨硬件和跨平台的信息共享，同时终端机应用任务简单，造成了资源浪费。在网络分布式环境下，这种模式已经基本上不予采用。

（2）客户机/服务器（Client/Server，C/S）模式

随着网络技术的发展，客户机/服务器（C/S）模式在 20 世纪 80 年代后期开始引入业界。该模式在分布式计算环境中，结合大型主机机构及网络工作组两者优点，以高性能的数据库服务器为中心，集中管理核心资源，向客户机提供应用所需的数据支持；在客户端运行应用程序，功能主要是管理用户接口，处理应用逻辑，产生向服务器发送的数据库请求，并从服务器接收结果。C/S 模式既充分地共享服务器的资源，同时也使客户机的本地资源得到了充分利用，整个系统的负载在客户和服务器间得到合理分配，使得大规模、网络化的应用成为可能。

传统的 C/S 模式是两层结构的，如图 8-5 所示。第一层是在客户机系统上，提供用户界面、运行逻辑处理应用；第二层是通过网络结合了数据库服务器，数据服务器接收客户端 SQL 语句并对数据库进行查询，然后返回查询结果。在 C/S 两层结构中，客户端保持着应用程序，直接访问数据库；服务器端存放着所有数据，每个客户端与数据库保持一个任务连接。客户端通过应用程序向数据服务器发出请求，数据服务器据此请求对数据进行操作。用一个形象的比喻来描述，服务器端像一个仓库，主要功能是存储原材料和成品，但并不进行加工，而客户端像最后的加工车间，完成从原料到成品的整个制造过程，然后将成品存储到仓库。由于业务的处理逻辑主要在客

户机端执行，因此这种结构也被称为胖客户（Fat client）结构。

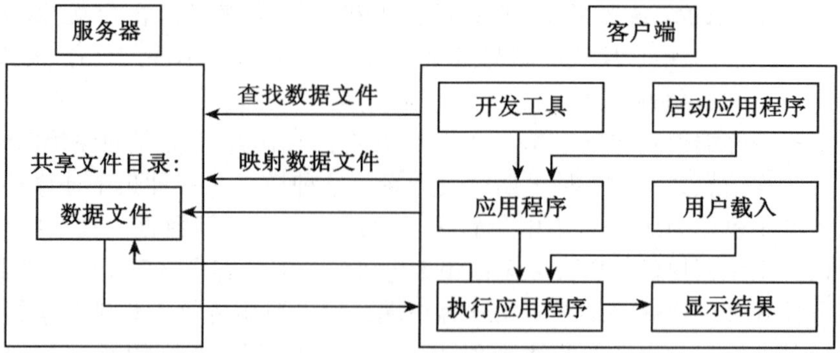

图 8-5　C/S 模式体系结构

但随着信息系统的进一步发展，基于 C/S 的信息系统暴露出越来越大的局限性，必须在客户端安装大量的应用程序（客户端软件），开发成本较高，不适应大规模的信息系统，难以突破企业之间的组织边界，企业与企业之间的信息交流受到很大制约，并且系统配置、维护管理和升级麻烦且费用大。所有这些导致了 C/S 模式的可管理性差，工作效率低。

（3）浏览器/服务器（Browser/Server，B/S）模式

随着 Internet 的飞速发展，Web 技术日趋成熟，自 20 世纪 90 年代开始，浏览器/服务器（B/S）模式（亦称 Web 应用模式）逐渐发展和普及。B/S 模式是在 C/S 模式的基础上发展起来的，其利用浏览器作为客户端的应用程序，采用浏览器—应用服务器/ Web 服务器—数据库服务器三层结构，数据信息以网络页面的形式传输。由于其客户端利用了目前作为标准配置的浏览器，充分利用了 Internet 的网络资源，与传统的 C/S 模式相比，其具有更简单、更低成本、能够提供更多信息等诸多优势。B/S 模式的结构如图 8-6 所示。

这种系统在服务器端集中了所有的应用逻辑，在客户机上通过直观、易于使用的浏览器来从 Web 服务器上获取信息。Web 服务器通过 HTTP 建立了内部页面和各相关后台数据库的超文本链接，所以最终可以用浏览器查询网络上所有服务器的信息。其中浏览器构成了系统的表示层，Web 服务器及 Web 应用服务器构成了系统的应用层，而数据库服务器构成了系统的数据层。

B/S 模式的一个重要特征是使所有应用服务都有专门的应用服务器处

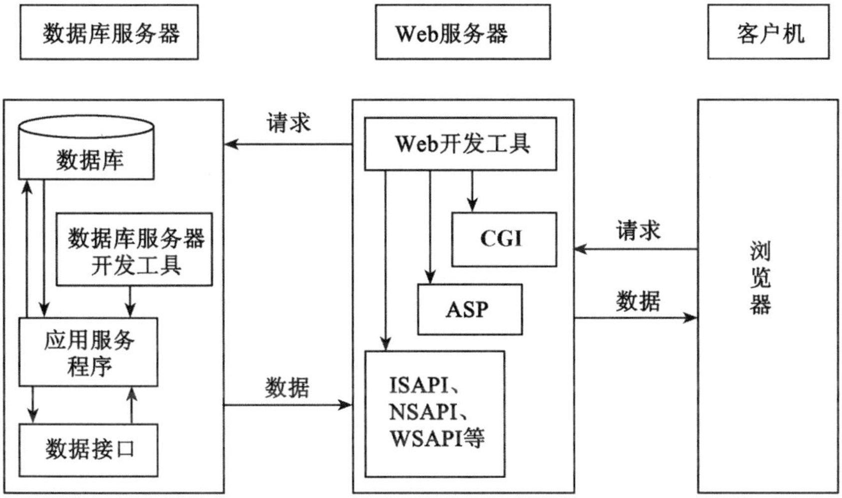

图 8-6　B/S 模式体系结构

理，既减轻了数据服务器的处理负担，又可以通过不同的应用服务器使数据服务器支持不同的应用以及大规模用户的应用。而浏览器作为客户端，既避免了系统客户端维护管理与升级的困难，又能同门户网站无缝地相结合，使用非常方便，成为信息系统架构的发展趋势①。

（4）多层架构模式

由前面介绍可以看出，B/S 模式是在两层 C/S 模式基础上发展起来的三层结构模式。自三层结构的概念提出和应用之后，其不断被引申和扩展，进而逐渐产生了多层结构，即前台界面（如浏览器）、Web 服务器、中间件（或应用服务器）及数据库服务器（见图 8-7）。

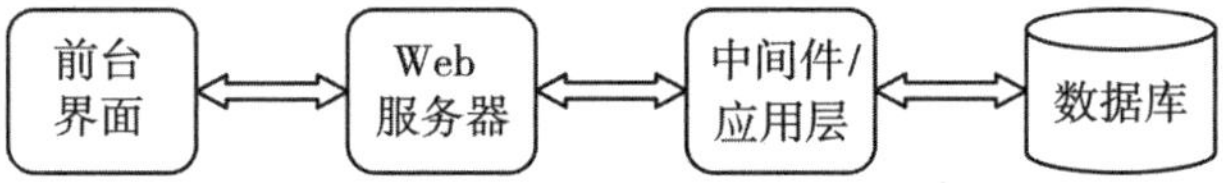

图 8-7　多层模式体系结构

①前台界面：这一层直接与用户交互，支持多种客户端，它既可以是通过 Internet 访问的 Web 浏览器客户端，也可以是通过企业 Intranet 运行的客

① 钟雁．管理信息系统开发案例分析［M］．北京：清华大学出版社，2006：7-9.

户端。

②Web 服务器：这一层是为基于 Web 的应用程序服务的，支持访问封装有商务逻辑等应用的组件，并负责响应 Web 客户端的请求。

③中间件：这一层是提供系统软件和应用软件之间连接的软件，以便于软件各部件之间的沟通，特别是应用软件对于系统软件的集中的逻辑，在现代信息技术应用框架如 Web 服务、面向服务的体系结构等中应用比较广泛。如数据库、Apache 的 Tomcat，IBM 公司的 WebSphere，BEA 公司的 WebLogic 应用服务器以及 Kingdee 公司的 Apusic 等都属于中间件。

④数据库服务器：这一层包括了用户所要访问的数据库系统、文件系统等。

与三层结构相比，多层结构模式增加了中间件的层次，其主要完成以下几个方面的工作：

①提高系统可伸缩性，增加并发性能。在大量并发访问发生的情况下，Web 服务器可处理的并发请求数可以在中间件一层得到更进一步的扩展，从而提高系统整体并发连接数。

②中间件/应用层一层专门完成请求转发或一些与应用逻辑相关的处理，具有这一作用的中间件一般可以作为请求代理，也可作为应用服务器。中间件的这种作用在 J2EE 的多层结构中比较常用，如 BEA WebLogic、IBM WebSphere 等提供的 EJB 容器，就是专门用以处理复杂企业逻辑的中间件技术组成部分。

③增加数据安全性。在网络结构设计中，Web 服务器一般都处于非军事区，即直接可以被前端用户访问到，如果是一些在公网上提供服务的应用，则 Web 服务器一般都可以被所有能访问与联网的用户直接访问。因此，如果在软件结构设计上从 Web 服务器就可以直接访问企业数据库是不安全的。因此，中间件的存在，可以隔离 Web 服务器对企业数据库的访问请求：Web 服务器将请求先发给中间件，然后由中间件完成数据库访问处理后返回①。

目前，在世界著名的电子商务应用系统开发中，大多采用了多层结构设计。BEA 公司在其 WebLogic 产品白皮书中提出了 N 层结构的系统结构，如图 8-8 所示。

这个结构中，中间件/应用层包括有三个层次：

---

① 何小朝．不是三维——软件项目的设计、开发与管理［M］．北京：电子工业出版社，2010.

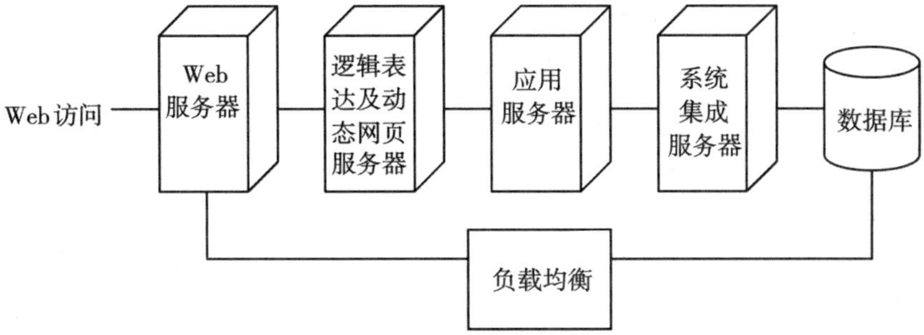

图 8-8　N 层的系统结构示意图

①逻辑表达及动态网页服务器。通过符合业界标准的程序接收 Web 服务提交的请求，访问后台提供的业务逻辑服务，提取业务数据，生成 HTML 页面，返回给 Web 服务器。

②应用服务器。通过运行组件或高效的中间件上的应用程序，执行电子商务的业务逻辑并访问数据库，更新并提取业务数据，并将结果返回给表达逻辑层。

③系统集成服务器。接收来自表达逻辑层或业务逻辑层的请求，访问同构或异构资源，并将业务数据返回给服务调用者。

这种逻辑结构的出现，不仅意味着电子商务系统框架的基本形成，更为重要的是，它使系统在结构和性能方面趋于合理。依据多层电子商务体系结构进行设计，为电子商务用户从平台的选型到业务的设计、实现、扩展、安全和维护都带来了很大的好处①。

8.2　信息系统的开发

8.2.1　技术基础与运行环境

信息系统的基础是信息技术（TT），信息技术是一个很广泛的概念。一般认为，信息技术是计算机硬件技术、计算机软件技术和通信与网络技术的总称。

① 张宝明，文燕平，陈梅梅．电子商务技术基础［M］．北京：清华大学出版社，2005：8-9.

（1）计算机硬件技术

计算机是一种能按照事先编好的程序自动、快速、精确地对信息进行加工处理的通用电子设备。自从 1946 年第一台计算机诞生以来，计算机的发展经历了四个时代即 50 年代的真空管计算机、50 年代末至 60 年代中期的晶体管计算机、60 年代中期至 70 年代末的集成电路电子计算机及 70 年代末至今的大规模集成电路和超大规模集成电路电子计算机。计算机技术的快速发展使其应用领域得到迅速膨胀，从设计单位、证券市场、政府办公室到商业贸易，从文字处理到建筑设计，从应用于家庭的个人多媒体电脑到生产车间的工业控制计算机，几乎无处没有计算机的身影。

计算机硬件主要由运算器、控制器、存储器、输入设备和输出设备五大功能部件构成。如图 8-9 所示。其相关原理可以查阅计算机原理等方面的书籍。

- 硬件系统
  - 主机
    - CPU
      - 运算器
      - 控制器
    - 主存储器
  - 外设
    - 输入设备
    - 输出设备
    - 辅存储器
  - 总线、电源等

图 8-9　硬件系统的构成

下面讲讲 PC 机（个人电脑）的基本配置。

● 主机

主机包括主板、CPU、内存、显示卡、声卡、硬盘、软盘、光驱、机箱、电源等。我们常听说的奔腾 4 就是指的 CPU 的性能，而 Inte1810、Inte1820 指的是主板的型号。主板是整个计算机系统中的核心部件，各种接口电路及总线扩展槽等，均固定在主板上，CPU、内存、各种驱动卡便插在主板上的适当位置。

显示卡用于连接并驱动显示器。显示卡上包含存储器，其容量决定了显示图像时的刷新频率和显示器的分辨率。

软驱是用来读写软盘的，而光驱是用来读取光盘的，软盘和光盘都是存储介质。在计算机机箱内还有硬盘，硬盘是一种大容量存储介质，大部分的软件是存储在硬盘上的。

• 显示器

显示器是 PC 的最基本的输出设备。目前常用的显示器为 15 英寸和 17 英寸。衡量显示器的性能有刷新频率和分辨率。显示器的色彩有 16 色、256 色、16 位、24 位真彩色等。

• 打印机

打印机也是一种重要的输出设备，可以将信息输出到纸张上。目前的打印机有三种：点阵式打印机、喷墨打印机和激光打印机。

• 键盘、鼠标

键盘是用户与机器交流的最基本的输入设备，用户可以通过键盘输入适当的命令、程序、数据和信息等。

鼠标也是一种用户与机器交流的输入设备，由于其使用方便，已经成为大多数计算机的常规配置。

（2）计算机软件技术

一个完整的计算机系统包括硬件系统和软件系统两部分，硬件是计算机的可见部分，是计算机系统工作的物质基础，而软件系统则帮助用户使用计算机硬件完成数据的输入、处理、输出及存储等活动。软件分为系统软件和应用软件。下面重点介绍系统软件。

系统软件是指为管理、控制和维护计算机及外设，以及提供计算机与用户界面的软件。包括：

①各种语言和它们的汇编或解释、编译程序。常用的语言有汇编语言、C/C++、BASIC、PASCAL，Visual Basic、Visual C++、Delphi，Java，ASP 等。其中汇编语言用于单片机（也是一种计算机）和早期的计算机。Visual Basic，Visual C++、Delphi 是视窗操作系统下的可视化开发语言，Java、ASP 是用于开发互联网程序的语言。

②计算机的监控管理程序（Monitor），调试程序（Debug），故障检查和诊断程序。

③程序库和数据库管理程序。为了扩大计算机的功能，便于用户使用，计算机中设置了各种标准的子程序（相当于建筑行业中的预制板），这些子程序构成了程序库。数据库是一种软件包，它帮助用户开发、使用、维护数据库。

④操作系统（OS）。操作系统是最基本的系统软件，具有两大功能。首先，OS 是计算机系统资源的管理者。OS 通过 CPU（中央处理器）管理、

存储管理、设备管理、文件管理及作业管理对各种资源进行合理的调度与分配，改善资源的共享和利用状况，最大限度地提高计算机在单位时间内处理工作的能力。其次，OS 是用户与计算机之间的接口。如果没有 OS，用户只能面对难懂的机器语言，有了操作系统之后，用户可以方便地使用接近自然语言的用户界面对计算机进行操作。目前常用的操作系统有视窗（Windows）、磁盘操作系统（DOS）、UNIX 操作系统、Linux 操作系统等。

（3）计算机网络技术

计算机网络是管理和运行信息系统的基础。由于信息资源分布于不同的计算机上，要将不同位置的计算机连接起来，就需要用到计算机网络。

计算机网络是用通信介质把分布在不同的地理位置的计算机、计算机系统和其他网络设备连接起来，以功能完善的网络软件（网络协议、信息交换方式及网络操作系统等）实现信息互通和网络资源共享的系统。计算机网络包括：①网络介质。是指数据传输的物理通道，有电话线、同轴电缆、双绞线、光纤、微波、卫星信道等。②协议。是指网络设备之间进行通信的一组约定，如 TCP/IP 协议等。③节点。是指网络中某分支的端点或网络中若干条分支的公共交汇点，如工作站、路由器、集线器等。④链路。是指两个相邻节点之间的通信线路。图 8-10 显示了计算机网络的组成。计算机网络从功能上可分为资源子网和通信子网两部分。用户位于终端就可以通过通信子网访问分布在各处主机上的数据信息，从而实现整个系统的软硬件、信息等资源的共享。

计算机网络拓扑结构是指网络的链路和节点在地理上所形成的几何结构，并用以表示网络的整体结构外貌，同时也反映各个模块之间的结构关系。按照通信系统的传输方式，计算机网络的拓扑结构可分为点对点传输结构和广播式传输结构两大类。

①点对点传输结构。它以点到点的连接方式，把各个模块的通信控制处理机直接或间接地连接起来，形成特定的信息传输网。因而这种方式也称为存储转发传输。它有星形、环形、树形、分布式四种拓扑结构，如图 8-11 所示。

②广播式传输结构。它用共同的传输介质把各个模块连接起来，这样任何一个节点向网络系统发送信息时，连接在总线上的所有节点均可检测，但只有目的地址指定的节点能够接收。这种传输结构的优点是不同节点间的通信可以使用同一通信信道，从而最大限度地利用信道的通信能力。缺点是当

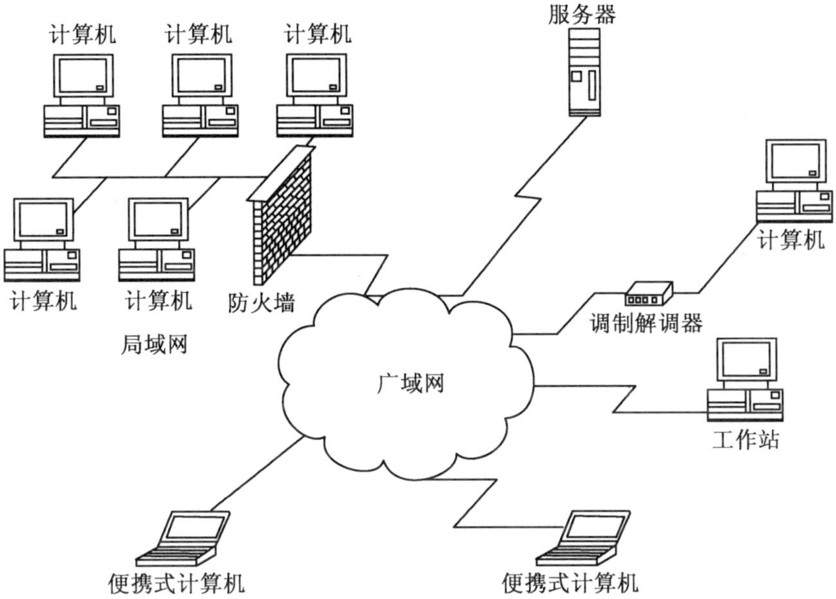

图 8-10　计算机网络的组成

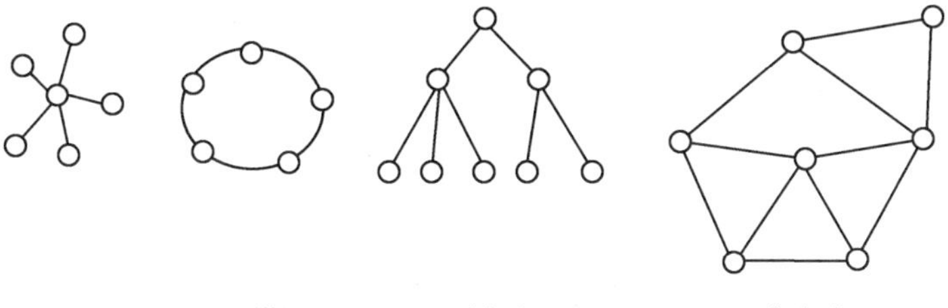

图 8-11　点对点传输拓扑结构

所有节点同时通信时，容易出现通信阻塞，并且一旦信道出现故障，将影响所有相关信道的通信。广播式传输结构有总线型结构、卫星通信结构和微波通信结构。广播、电视、移动通信、三网合一等都是利用这种结构进行传输的。

计算机网络根据通信距离可分为局域网和广域网两种。

局域网（LAN）指传输距离（一般在 0.1～10km）较小的一种网络。它具有较高的通频带宽，数据传输速率一般较高，可达 100Mb/s，数据传输可靠，误码率低，一般为 $10^{-7}\sim10^{-12}$。局域网是计算机网络发展最快的一个分支，在企、事业单位的计算机应用中发挥着重要作用，甚至于在有2台以上计算机的地方就可以看见它的“身影”。目前局域网正朝着多平台、多协议、异机种方向发展，数据速率和带宽也在不断提高。

广域网（WAN）一般由相距较远的局域网经由公共电信网络（固定电话网、移动通信网、以太网、专线等）互连而成。WAN的数据传输速率根据入网方式（Modem、ISDN，ADSL，以太网、专线等）的不同而不等，一般低于局域网的传输速率，且误码率高，一般在 $10^{-3}\sim10^{-5}$，但传输距离可遍及全球。

（4）数据库技术

数据库是以一定的组织方式存储在一起的相关数据的集合。它能以最佳的组织方式，最少的数据冗余为多种应用服务，数据库中的数据具有较高的完整性，且与程序相互独立，避免了因数据的不一致而不得不推翻已编好的程序的现象，有利于实现存储数据格式的标准化。

数据库系统包括数据集合、硬件、软件和用户四个主要组成部分。数据库自20世纪60年代中期萌芽以来，经历了层次模型（Hierarchical Model）、网状模型（Network Model）数据库系统，发展到了关系型（Relation Model）数据库系统。20世纪80年代以来，几乎所有新开发数据库系统都是关系型的。微型机平台的关系数据库管理系统（RDBMS）也越来越多。20世纪90年代末，还出现了网络版的数据库系统。

实体联系模型（E-R模型）是对现实世界的一种抽象，它抽取了客观事物中人们所关心的信息，忽略了非本质的细节，并对这些信息进行了精确的描述。E-R图所表示的概念模型与具体的DBMS所支持的数据模型相独立，是各种数据模型的共同基础，因而是抽象和描述现实世界的有力工具。许多以前支持层次模型和网络模型的产品也都加上了关系接口，当前数据库领域中的研究工作也大多以关系方法为基础。

数据库设计的步骤包括用户需求分析、数据库逻辑设计、数据库物理设计、数据库的实施和维护四个阶段。数据库操作主要有基本表的建立与删除、数据查询及更改等。

关系的规范化理论是数据库设计过程中的有力工具。规范化（Normalization）理论于1971年由IBM公司的E. P. Codd提出，并给出T INF（First Normal Form）、2NF（Second Normal Form）和3NF（Third Normal

Form）的定义。1974 年 Boyce 和 Codd 又共同提出了一个新的规范化形式，人们把它叫做 BCNF（Boyce/Codd Nor-mal Form）。后来，不少学者对关系的规范化又做了大量的研究，提出了更高级的规范化形式 . ——4NF（Fourth Normal Form）和 SNF（Fifth Normal Form）。所谓范式，是指关系满足一定的条件。条件越严格，则关系的规范化级别就越高。所以从范式 SNF、4NF，BCNF、3NF、2NF 到 1 NF，前一个包含于后一个。一般地，每个关系不一定都是规范化的。非规范化的关系可以通过投影运算等价转换为规范化的关系。

8.2.2 信息系统开发的阶段

信息系统的开发与研制，也称信息系统的分析与设计。它是一项复杂的社会工程，不仅涉及系统理论、认识规律、组织结构、管理理论、计算机技术、通信技术及工程化方法等多方面的问题，其建设的成败还受企业内外部环境、体制、政策法规、观念等因素的影响。习近平总书记在中共中央政治局第三十四次集体学习时强调“要全面推进产业化、规模化应用，重点突破关键软件，推动软件产业做大做强，提升关键软件技术创新和供给能力。”这一指示明确了软件开发在国家发展中的关键作用，其不仅仅是信息系统的核心，也是支撑企业管理和决策的基石。信息系统不只是单纯的计算机系统，而是辅助企业管理的人机系统。该系统就像万事万物一样有一个产生、发展、成熟、消亡（更新）的过程，即所谓的生命周期。这一节我们引入系统开发生命周期，来具体介绍信息系统开发的阶段和步骤。

系统开发生命周期（Systems Development Life Cycle，SDLC）是指开发信息系统的一种结构化的按部就班的方法，描述了信息系统开发项目中，从最初的可行性研究一直到完整程序维护的各个阶段。严格来说，在系统开发生命周期中有数以百计的不同活动，它们组成了 SDLC 的每一个阶段。典型的活动包括决策预算、收集业务需求、设计模型，以及编写详细的用户文档。在每一个系统的开发项目中所执行的活动都必须根据所构建的系统的类型和所使用的工具的不同而发生变化。图 8-12 和表 8-1 显示了 SDLC 的 7 个阶段过程以及每个阶段的主要相关活动。

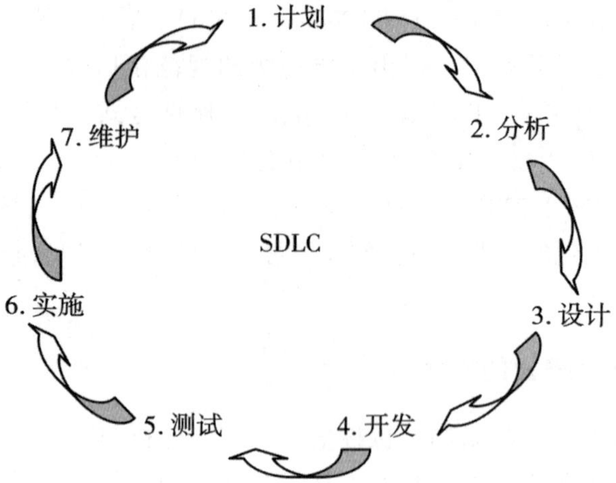

图 8-12　系统开发生命周期

表 8-1　　**系统开发生命周期及其相关活动**

系统开发生命周期阶段	活　动
1. 计划阶段	• 定义要开发的系统 • 确定项目范围 • 制订项目计划
2. 分析阶段	• 为系统收集业务需求
3. 设计阶段	• 设计支持系统的技术构架 • 设计系统模型
4. 开发阶段	• 建立技术构架 • 建立数据库和程序
5. 测试阶段	• 编写测试条件 • 完成对系统的测试
6. 实施阶段	• 编写详细的用户说明书 • 为系统用户提供培训
7. 维护阶段	• 建立帮助以支持系统用户 • 提供支持系统变化的环境

（1）系统计划阶段

在系统开发生命周期的计划阶段要为开发的信息系统制订一个可靠的计

划，该阶段将要做 3 个主要的活动。

①界定要开发的系统。识别和选择要开发的系统或决策出哪种系统是支持企业战略决策所需要的。企业典型的做法是组织考察所有提出的系统并运用业务影响或关键成功因素来对这些系统进行优先权的排序。

②确定项目范围。定义项目的范围并且为项目开发编写项目范围说明书。项目范围明确地定义高层系统的需求，该范围常常提出系统的最基本的定义。

③制订项目计划。为整个系统开发工作制订一个详细的项目计划。项目计划定义系统开发中全部要完成的活动所涉及的谁在什么时间做什么的问题，包括所有要实施的活动、个人或资源，谁来执行这些活动以及完成每项活动所需要的时间。

（2）系统分析阶段

一旦企业确定了开发哪些系统，就可以进入分析阶段了。系统开发生命周期的分析阶段是指最终用户和信息技术专家共同工作，对目标系统的业务需求进行收集、理解和表达。该阶段要做的主要工作有：

①收集业务需求。业务需求是指一份详细的员工需求，为保证成功，系统必须满足这些需求。业务需求引导和驱动着整个系统。业务需求描述的是从企业的角度来说系统应该做到什么，如“CRM 系统必须通过产品、地区和销售描述跟踪所有客户销售情况。”收集业务需求有些类似于进行一项调查。需要与每一个有权使用新系统的用户去进行交谈，以找到需求是什么。

②对需求进行排序。一旦定义了全部的业务需求，就要将它们按业务的重要性进行优先顺序排列，并且以正式的可充分理解的文件或称为需求定义文件的形式确定下来。

（3）系统设计阶段

系统开发生命周期的设计阶段的主要目标是构建一个如何运行所计划的系统的技术性蓝图。在分析阶段，最终用户的信息技术专家一起从逻辑观点出发形成拟开发系统的业务需求。也就是说在分析阶段产生的业务需求文档没有考虑支持系统的技术或技术框架。当进入设计阶段时，项目小组要从物理或技术的观点考虑系统。也就是接受分析阶段产生的业务需求，并且定义设计阶段中的支持技术框架。该阶段要做的主要工作为：

①设计技术框架。技术框架定义了系统运行所需的硬件、软件和通信设备。大部分系统运行在由雇员使用的工作站和运行应用软件的服务器所组成的计算机网络上。通信上要求可以访问因特网和允许最终用户连接远程服务器。在选择最终技术框架之前，应该代表性地探究几种不同的技术框架。

②设计系统模型。建模是一种通过绘图的方式描述设计的活动。模型中包括对屏幕、报告、软件和数据库等每件事的描述。在设计阶段有许多需要完成的不同类型的建模活动。

(4) 系统开发阶段

在系统开发生命周期的开发阶段中，需要做的是利用设计阶段产生的详细设计资料，并将它们转化为实际系统。这一阶段的标志就是从逻辑设计转换到物理实现。该阶段要做的主要工作有：

①建立技术框架。为了建立系统，必须建立运行系统的平台。在开发阶段，需要购买和装备所必需的设备，以支持在设计阶段所设计的技术框架。

②建立数据库与编程。一旦建立了技术蓝图，就应该立即着手建立支持系统的数据库和编写系统所要求的软件代码。这些任务通常由信息技术专业人员承担，设计和建立数据库以及编写所有的软件代码可能需要花费几个月甚至几年的时间。

(5) 系统测试阶段

系统开发生命周期的测试阶段是验证系统运行和是否满足所有系统分析阶段定义的业务需求。测试是关键的。该阶段要做的主要工作有：

①编写测试条件。为了完成一个彻底的测试就必须对测试条件进行细化。测试条件是对系统必须完成的步骤连同每一步的设想结果所进行的详细描述。测试者将执行每项测试条件，并且为了验证系统功能的正确，将设想的结果与实际结果进行比较。一个典型的系统开发工作具有几百个或几千个测试条件。必须执行和验证所有这些测试条件，才能保证整个系统功能的正确性。

②实施系统测试。开始测试信息系统时，必须进行多种不同类型的测试。一些较为普通的测试包括：

单元测试——测试系统的独立单元或代码段；

系统测试——检测支持系统功能所编写的单元和代码段是否正确地集成到整个系统；

集成测试——检验独立的系统能否一起工作；

用户接受测试——确定系统是否满足业务需求并能使系统用户正确工作的测试。

(6) 系统实施阶段

系统开发生命周期的实施阶段是指将系统分配给所有的系统用户，然后他们开始使用系统完成每天的工作。该阶段所要做的主要工作有：

①编写详细的用户说明书。当安装系统时，必须向系统用户提供一套突

出说明如何使用系统的用户说明书。系统用户发现没有说明书的系统是很难使用的。

②为系统用户提供培训。必须对准备使用新系统的系统用户提供培训。

实施一个新的系统时，有 4 种方法可供选择：

a）并行实施：同时使用新老系统直到确定新系统能够正常工作；

b）直接实施：完全丢弃旧系统并立即使用新的系统；

c）引导实施：仅让一小组人使用新系统直到认为新系统能够正常工作，然后再将其余的人加入到新系统中来；

d）分段实施：分阶段实施新系统直到确定新系统已经能够正常工作，然后再实施新系统的剩余阶段。

（7）系统维护阶段

维护系统是系统开发工作的最后阶段。在系统开发生命周期的维护阶段，需要监测并支持新系统以保证其继续满足业务需求。一旦系统被实施运行，就会随业务的变化而改变。持续对新系统的监控和支持，包括进行细微的修改（如新的报告或信息捕获）并评价系统以保证其能持续地使组织完成战略目标。该阶段要做的主要工作有：

①设立为系统用户服务的服务处。设立服务处的目的在于对系统用户的需求变更及问题做出接纳和反应。

②提供支持系统变化的环境。当业务环境出现变化的时候，必须通过评估这些变化对系统的影响，来做出适当的反应。最好的办法可能是系统必须去适应或升级以满足业务环境不断变化的需要①。

8.2.3 信息系统开发方法

信息系统开发方法是基于信息系统开发规律来组织、构造和管理信息系统的，包括人们的思维方法、指导策略、技术途径、活动规则及步骤。抽象思维和形象思维方法是系统开发方法的基本思想；概括与划分、归纳与演绎是系统开发使用的基本逻辑方法。从工程技术角度分析，较有影响的系统开发方法有：结构化生命周期法、原型化方法、面向对象方法、CASE 方法等。测试驱动开发方法、行为驱动开发方法等基于敏捷开发思想的新型系统开发方法也开始发展，并应用于实际系统开发工作中。此外，还有分别适合于不同开发阶段的方法，如用于系统分析的软件需求工程法、形式描述法，

---

① ［美］斯蒂芬·哈格，等著．信息时代的管理信息系统（第 6 版）［M］．严建援，等译．北京：机械工业出版社，2007：228-235.

用于系统设计的HIPO方法、Warnier-Orr方法和Jackson方法，用于系统实现的数据控制及动态分析法等。这些开发方法是不断发展变化的，大多数情况下综合运用各种方法。

（1）结构化生命周期法

结构化生命周期法是一种最常用的信息系统开发方法，又称为结构化开发方法，或者瀑布开发法。20世纪70年代，信息系统开发过程中普遍存在着需求不清、步骤混乱和成功率低等问题，人们通过总结经验教训，认识到信息系统的开发是一项投入大、历时长、涉及面广、影响因素众多的系统工程，必须用系统理论来指导信息系统的开发过程。在这样的背景下，结构化生命周期法应运而生，是最早、最传统的系统开发方法。

结构化开发方法的基本思想是，在系统分析与设计阶段是自顶向下，逐层分解。它把分析与设计看作按一定的逻辑联系逐层分解的求解过程，从而能有效地将一个复杂的、难以描述和处理的抽象系统逐步分解成若干层次易于控制和处理的子系统，直到能被有效定义和处理的具体模块。这些模块内部由顺序、分支、循环基本控制结构组成，功能相对独立，接口简明，界面清晰，使用和维护方便。由此，形成了开发对象的概念模型。在系统实现阶段，则是自底向上，通过模块链接形成完整的信息系统。开发过程严格按照系统分析、系统设计、系统实现等流程去开发。

信息系统分析与设计是结构化方法最关键的两个时期，其主要任务是分析系统的功能、性能、目标、规模等需求，定义系统的逻辑模型；设计系统的模块结构、数据文件等；给出模块说明和主要算法；为以后的编码实现进行算法上和结构上的准备。结构化分析的工具包括数据分析工具和功能分析工具两种。前者有数据流图、数据字典、数据存储规范化、数据立即存取图，后者主要有决策树、决策表和结构化语言。

结构化方法的主要优点是设计方法结构化，严格区分各个开发阶段，每个阶段都有明确的任务和目标，后一阶段的工作总是建立在前一阶段工作基础上，从而使每一阶段工作都有可靠的依据，避免开发过程的盲目状态，使系统开发的成功率得到提高。

结构化方法的缺点是开发周期漫长，过程繁琐，不能充分预料可能发生的情况及变化。该方法要求系统开发人员和用户在系统开发初期对整个系统的功能就要有全面、深刻的认识，并制定出每一阶段的计划和说明书。事实上，对于很多信息系统，用户要想在项目开发初期就非常清楚地陈述他们的需求几乎是不可能的，用户的需求随着对系统理解的加深会不断地完善与变化。用户需求定义方面的错误是信息系统开发中出现的后果最为严重的错误，因为错误形成得越早，对整个系统的影响就越严重。

（2）原型法

20 世纪 80 年代，计算机软件技术快速发展，出现了关系数据库系统、第四代程序设计语言和各种功能强大的辅助系统开发工具。信息技术的迅速发展使信息系统更新的速度越来越快，企业对系统开发时间的要求也更严格，迫切希望信息系统开发的速度要快、成本要低，这使得结构化方法存在的缺陷日益突出。在这种背景下，一种新的信息系统开发方法——原型法（Prototyping Method，PM）产生。这是一种具有全新的设计思想和开发工具的系统开发方法，它摒弃了结构化方法中的那种必须一步一步地进行周密细致的调查分析，严格地区分开发步骤，并制作大量的文档，直到最后才能让用户看到结果的繁琐做法，而是一开始就凭借着系统开发人员对用户要求的理解，在强有力的软件环境的支持下，迅速给出一个具备一定功能的、可运行的系统原型，通过与用户反复协商修改，最终形成实际系统。20 世纪 80 年代中期，原型法得到了广泛的应用，成为一种流行的信息系统开发方法。

所谓原型（Prototype），其本意是试验品、模型的意思。在原型法中，原型是指一个用于试验的、结构简单但已具备系统的基本功能的应用软件。原型法是指系统开发人员在初步了解用户的基础上，借助功能强大的辅助系统开发工具，快速开发一个原型（原始模型），并将其演示给用户，开发人员根据用户的意见和评价对这个原型进行修改，如此反复，逐步完善，直到用户完全满意为止。原型法的思想基础在于系统所有的需求并非都能首先定义，信息系统开发过程中大量反复是必要的，不可避免的，也是系统具有更强适应性所要求的。它没有严格遵循信息系统的生命周期进行开发与研制，也不如结构化方法那样注重对管理系统的全面、系统的详细调查与分析，而是本着系统开发人员对用户需求的理解，通过一个原型化设计环境和设计工具，先快速建立一个原型系统，然后对该原型系统进行反复修改、扩充和完善。

原型法的开发过程是：首先建立一个能反映用户主要需求的原型，让用户实际看见新系统的概貌，以便判断哪些功能符合要求、哪些需要改进，通过对原型的反复改进，最终建立符合用户要求的新系统。它的开发过程是分析、设计、编程、运行、评价的多次循环与不断演进。原型法的过程包含 4 个步骤：

①识别基本需求：收集对目标系统的基本需求。这些基本需求包括输入、输出信息，可能还有一些简单的过程，但基本不涉及编辑规则、安全问题或期末的处理。

②建立初始原型：在获得基本需求的基础上，着手建立一个初始原型。通常初始原型只包括用户界面。

③系统用户评价：这一阶段开始了真正的循环过程。当系统用户首次进入该阶段时，他们要对原型进行评价，并提出修改或添加意见。在返回第3阶段时，他们将对新原型进行再次评价。在此阶段中要尽可能让更多的系统用户参与是非常重要的，这将有助于解决在术语和操作过程等领域中存在的各种差异。

④修正和提高原型：在原型法的最后一个阶段中，要按照系统用户提出的意见修正和提高原型。在该阶段中，可对已有的原型进行修改并增加各种新要求。然后，再转到第3阶段，并由系统用户对原型进行评审。最后再试步骤4，进行修正，等等。

原型有两种类型，一种是原型最后成为运行系统，另一种是在运作系统蓝图后即废弃的原型。这两种原型的开发步骤可用图8-13表示。图中虚线以上的部分为第一种原型和第二种原型共同经过的开发步骤，虚线左侧为第一种原型独立经过的开发步骤，右侧为第二种原型独立经过的开发步骤。

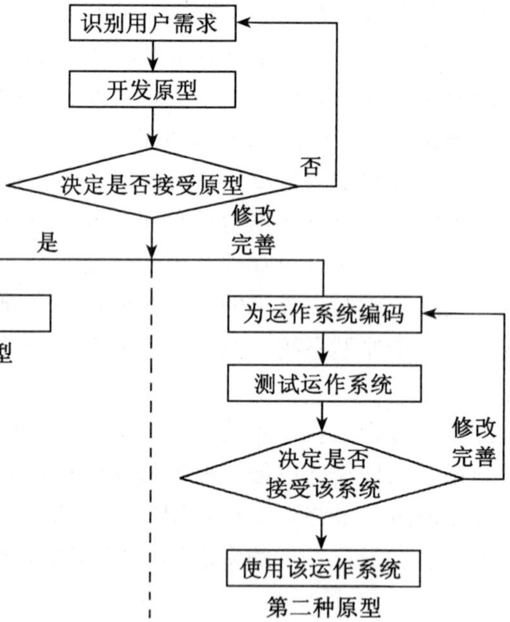

图8-13　两种原型法的开发步骤

原型法的主要优点是：开发周期短，系统开发效率高，费用相对较少；通过与用户的直接交流，使用户在参与中直接发现问题，及时得到用户反馈，减少设计错误；用户无需面对大量难以理解的文档，而是一个易于接受的原型系统，从而提高用户的满意程度；在迭代中完善的系统能及时适应迅速变化的环境。

原型法的主要缺点是：对开发工具和管理水平要求较高；对大型系统或复杂性高的系统，不经过系统分析和整体规划，想要由设计人员直接由屏幕一个个模拟是很困难的，因而对于大型系统和复杂系统不适用。

（3）面向对象方法

20 世纪 90 年代，面向对象（Object-Oriented，OO）的技术和程序设计语言取得了巨大的成功，成为计算机领域中开发软件的主流技术，因而信息系统的开发更多地采用面向对象的程序设计语言和支持面向对象的数据库管理系统。传统的结构化方法把数据和过程作为相互独立的实体，不支持软件的可复用性和可维护性，而面向对象的技术把对象的属性（数据）和处理（方法）封装在一起，通过子类对父类的继承，使得软件便于维护和扩充，提高了软件的可复用性。

面向对象的开发方法规定了一套专门的术语，这些术语是我们理解这种方法的基础。

①对象（Object）：客观世界中的任何事物都可以在一定前提下看做对象，要解决的问题不同，面向的对象也就不同。面向对象方法认为，每种对象都有各自的内部状态和运动规律，不同对象之间的相互联系和相互作用构成了不同的系统。对象是一个封闭体，它是由一组数据和施加于这些数据上的一组操作构成的，对象的本质就是数据与操作的封装。

②类（Class）：类是面向对象的基本概念之一，类是具有相同属性的对象的集合。具有一致数据结构和行为（即操作）的对象抽象成类。类具有层次性，类的上层叫超类，类的下层叫子类，一个类可以有多个超类，也可以有多个子类。

③消息。消息是对象之间相互作用、相互协作的一种机制，对象之间的相互操作、调用和应答是通过发送消息到对象的外部接口来实施的。消息是为完成某些操作而向对象发送的命令和命令说明。系统可以简单地看做一个彼此通过传递消息而相互作用的对象集合。

④继承。继承是指一个类因承袭而具有另一类的能力和特征的机制，继承是面向对象法特有的机制，子类继承父类所定义的属性、操作和约束规则，并可有自己新的内容。

⑤封装。封装又称信息隐藏，把对象及对象的方法、操作的实现封闭在一起。对象的封装性是面向对象技术的一个重要的特征，这实际上是一种信息隐藏技术，使对象的使用者只能看到封装界面上的信息，对象的内部是隐藏的。

面向对象方法按系统开发的一般过程分为以下几个阶段：

①系统调查和需求分析。对系统将要面临的具体管理问题以及用户对系统开发的需求进行调查研究，即先弄清要干什么的问题。

②面向对象分析（OOA）。在系统调查资料的基础上，对面向对象方法所需的素材进行归类、分析和整理。它建立在对象及其属性、类及其成员、整体及其部分等概念之上，以对象及其交互关系为手段，将非形式化的需求说明表述为明确的软件系统需求。面向对象分析模型从对象模型、动态模型和功能模型三个侧面进行描述，主要有三大任务：其一是通过对问题空间的分析，识别出问题所涉及的对象、对象间的关系和服务，建立对象模型；其二是以对象模型为基础，完成相应需求描述；其三是对需求描述进一步作需求评审。OOA 步骤为标识对象、标识结构、定义属性和定义服务。

③面向对象设计（OOD）。从 OOA 到 OOD 是一个逐渐扩充模型的过程。OOA 模型反映问题域和系统任务，OOD 模型则进一步反映需求的一种实现，即在 OOA 模型中，根据所应用的开发环境功能的强弱程度，填入和扩展有关实现方面的软件设计信息。OOD 工作内容主要有主体部件设计和数据管理部件设计。

④面向对象编程（OOP）。OOP 任务是实现 OOD 预定各对象应完成的功能，分为可视化设计和代码设计两个阶段。可视化设计阶段主要是进行用户界面设计，将系统所有功能与界面中的控制或菜单命令联系起来，即在某一界面对象（如表单）上集合功能所需的控件对象（如按钮、编辑框、标签等），设置各对象属性，布置窗口。代码设计阶段的主要任务是为对象编写所需要响应的事件代码，为对象发挥必要的功能，建立不同对象间的正确连接关系。

面向对象方法的主要优点是：以对象为基础，利用特定的软件工具直接完成对象客体的描述与软件结构之间的转换，解决了传统结构化开发方法中客观世界描述工具与软件结构不一致的问题，缩短了开发周期，解决了从分析和设计到软件模块多次转换的繁杂过程。

面向对象方法的主要缺点是：需要有一定的软件基础支持才可以应用，对大型的系统可能会造成系统结构不合理、各部分关系失调等问题。客观世界的对象五花八门，在系统分析阶段用这种方法进行抽象是比较困难的。在某些情况下，纯面向对象的模型不能很好地满足软件系统的要求，其实用性受到影响。

（4）计算机辅助软件工程（CASE）方法

计算机辅助软件工程（Computer-Aided Software Engineering，CASE）是一种支持整个软件开发生命周期的软件开发自动化技术，是一种从开发者的角度支持信息系统开发的计算机技术。CASE 也被称为计算机辅助系统工程（Computer-Aided Systems Engineering，CASE）、计算机辅助软件环境（Computer-Aided Software Engineering，CASE）、计算机辅助系统环境（Computer-Aided Systems Environment，CASE）。

CASE 的产生与软件工程的发展有着密切的关系，它是软件工程发展到一定时期的必然产物。长期以来，软件开发过程中一直存在许多问题，如软件的质量与用户的期望有较大的距离；不能按时完成软件系统开发等。由于软件开发周期长、效率低，软件产品交付用户使用时，用户的业务环境与需求可能已经发生了很大的变化。因此，"手工作坊"式的软件开发模式难以适应软件工业的发展需求。1968 年，软件工程的概念被提出，其基本思想是把系统工程的原理应用到软件的开发和维护中，以期低成本、按计划和高效率地生产高质量的软件。20 世纪 60 年代后期产生的软件工程完成了软件生产的第一次变革，由"手工作坊"方式向"工程化"方式转化，在软件开发过程中引入软件生存周期的思想和结构化软件开发方法，使软件开发存在的问题得到了明显的改观。但软件开发人员也逐步认识到，他们为用户的应用开发出各种各样的软件和信息系统，却没有支持软件人员自己使用的工具。因此，软件工作者利用计算机软件实现软件工程理论中的原理、方法和技术，提出了 CASE 的思想和方法。随着各种软件开发工具的出现，CASE 技术也随之诞生。20 世纪 80 年代后期产生的 CASE 技术完成了软件生产的第二次变革，由"工程化"方式转向"自动化"方式。

CASE 方法并不是一门真正意义上的开发方法，严格来说，CASE 只是一种开发环境而不是一种开发方法，它是对整个开发过程进行支持的一种技术。在实际开发一个系统的过程中，CASE 必须依赖具体的开发方法，如结构化方法、原型法、面向对象方法等，为具体的开发方法提供开发环境，是一种支持开发的专门工具。CASE 的功能是支持不同的开发方法；支持软件开发生命周期的各个阶段；具有文档出版功能和文字、图形编辑功能；支持开发信息资源共享①。

---

① 郭东强．现代管理信息系统［M］．北京：清华大学出版社，2006：70-84.

(5) 测试驱动开发方法

测试驱动开发（Test-Driven Development，TDD）是一种全新的软件开发思路和方法，可以有效地让程序开发人员开发出更高品质的、经过完整测试的程序。不同于传统的软件开发流程，TDD 方法要求在进行某个功能的代码实现之前，先编写该功能的测试代码，然后只编写使测试通过的功能代码，通过测试来推动整个软件开发的进程。如图 8-14 所示，TDD 方法的开发流程主要包括测试、实现和重构三个基本步骤。

①测试。TDD 方法是从测试开始的，要求开发人员与需求分析人员合作，深入理解用户需求，对需求进行合理拆分，形成任务单元。开发人员选取任务单元编写测试代码。

②实现。测试代码编写完成后，开发人员着手任务单元的功能实现，然后运行测试代码，根据测试结果对功能代码进行改进，直至测试通过。

③重构。在功能代码顺利通过测试之后，开发人员需要对整体代码进行重构，以优化代码结构、消除重复设计、提高代码重用性等。重构之后需要再次运行测试代码，保证重构后的代码通过测试，然后进入下一轮测试、实现和重构，循环推进软件开发。

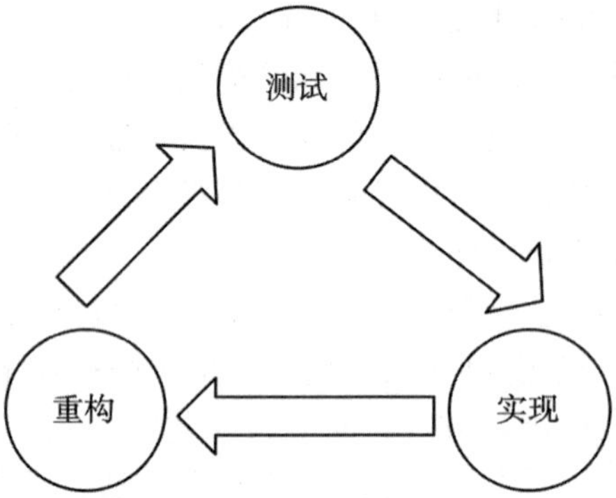

图 8-14 测试驱动开发方法

与传统的结构化开发方法相比，TDD 方法具有以下优势：①TDD 方法根据用户需求编写测试用例，开发人员在开发过程不是以技术实现为导向，而是以需求实现为导向，因此可以及时响应需求变更；②TDD 方法在功能实现时，是以通过测试为标准的，这保证了开发代码的简洁性，避免了功能的冗余；③TDD 方法中，测试作为开发的起点，并且贯穿始终，与传统软件开发方法中由专职的测试人员进行软件测试相比，TDD 能够尽可能早的发现了错误，减少了后续系统测试和修复的成本；④TDD 方法注重对代码的重构，消除了重复设计，优化了设计结构，提高了代码的重用性，从而保证了软件开发的质量。

8.3 信息系统的管理

信息系统要想在预算成本内准时按给定需求完成并正常运行，必须在系统的整个生命周期使用正确有效的管理技术。信息系统的管理就是对信息系统的开发期、运行期、更新期整个过程进行计划、控制、维护和评价。这种全生命周期的信息系统管理不仅构筑了技术实施的坚实基础，也是我们践行信息化推动现代化战略的实际举措，是促进社会主义现代化建设向前迈进的关键一步。信息系统管理作为信息化建设中的关键一环，在宏观层面，信息系统的有效管理是实现信息化战略目标的基础，也是保障信息化可持续发展的关键。在微观层面，通过正确的管理技术确保信息系统在成本和预算内满足需求并正常运行，是实现组织现代化的具体实践。

8.3.1 信息系统项目管理

信息系统的建设和管理是一项复杂的系统工程。从 20 世纪 70 年代开始，人们认识到在信息系统的开发中如果引入工程化项目管理理论和方法，这样就可以加快系统开发的速度、保证质量，以及降低开发成本。而这一引入必须要遵循科学的方法，需要结合信息系统的实际，开发出一套合适的管理方法。

8.3.1.1 关于项目管理

项目是一种一次性的工作，它应当在规定的时间内，由为此专门组织起来的人员来完成。它应有一个明确的预期目标，还要有明确的可利用的资源范围，需要运用多种学科的知识来解决问题，没有或很少有以往的经验可以借鉴。

与项目的概念相对应，项目管理可以说是一个确定的时间范围内，为了完成一个既定的目标，并通过特殊形式的临时性组织运行机制，通过有效的计划、组织、领导与控制，充分利用既有资源的一种系统管理方法。项目管理适用于那些投资巨大、关系复杂、时间和资源有限的一次性任务的管理方法。它包含团队管理、风险管理、采购管理、流程管理、时间管理、成本管理和质量管理等很多层面。

现代化的项目管理概念起源于美国。20 世纪 60 年代，美国只有航空、航天、国防和建筑工业愿意采用项目管理。到了70年代，越来越多的中小企业也开始注重项目管理，将其灵活地运用于企业活动的管理中，项目管理技术及其方法本身也在此过程中逐步发展和完善。项目管理在20世纪80年代已经被公认为一种有生命力并能实现复杂的企业目标的良好方法。现代项目管理便是20世纪50年代末迅速发展起来的一门关于项目资金、时间、人力等资源控制的管理科学。

项目管理需要一定的管理方法，可以按照以下步骤进行：

①首先需要定义好一个项目并且确定项目的关键点；

②确定项目中的各方面的角色，如项目经理、赞助商、核心成员、客户等，并且让大家充分了解项目的目标和要素，形成坚定的向心力；

③确定项目阶段，项目一般有五个阶段：启动、计划、激励、监督、结束；

④可行性检查，在这个阶段，项目组织者必须同时分析出项目的驱动力和项目阻力，制定出合理的激励和管理政策①。

8.3.1.2 信息系统项目管理的作用

信息系统建设作为一种特殊的项目具有一些鲜明的特点，针对这些特点，信息系统开发引入项目管理的主要原因如下：

①信息系统目标不明确，任务边界模糊，质量要求主要是由项目团队来定义。在信息系统的开发中，系统项目的任务范围很大程度上取决于项目组所做的系统规划和需求分析，系统项目应达到的质量要求也更多地由项目组定义，客户则负担起审查任务。为了更好地定义、审查信息系统项目的任务范围和质量要求，需求方可以聘请信息系统项目监理机构来监督项目的实施情况。

②信息系统用户需求变化，导致项目进度、费用等不断变更。在开发中随着系统分析、系统设计和系统实施的进展，用户的需求不断地被激发，导致程序、界面以及相关文档需要经常修改，以至于产生新的问题，这些问题很可能经过相当长的时间后才会被发现，这要求项目负责人不断地监控和调整项目的执行计划。

③信息系统项目开发具有智力密集、劳动密集等特点，受人力资源因素影响大。项目组的成员结构、责任心、能力和稳定性对信息系统项目的质量以及成功与否有着决定性的影响。

信息系统的开发是一项系统工程，因此必须采用项目管理的思想、方法

① 单友成．信息系统建设中的项目管理方法与应用研究［J］．计算机应用研究，2004（2）：40-43.

来对其进行管理。已经在国民经济诸多领域中成功运用的项目管理方法，也完全可以用于信息系统开发项目的管理。信息系统开发项目是一项长期的任务，必须根据企业组织的改革、发展的需要和可能，分成若干项目，分步进行。

对信息系统进行项目管理的重要性有以下四点：

①可以进行系统的思考，并做出切合实际的全局性安排；

②可为项目人力资源的需求提供确切的依据；

③通过合理的计划安排，对项目进行最优化控制；

④能够提供准确、一致、标准的文档数据。

对于信息系统的开发，项目管理的潜在优点还包括：明确职责，确保说明所有的活动，而不考虑个人的人事变动；最小化持续报告需要；明确项目进度计划的时间限制；明确权衡分析的方法论；衡量计划完成情况；尽早认识问题，以便采取正确行动；提高对未来计划的预测能力；明确目标无法实现或超额完成的风险①。

8.3.1.3　信息系统项目管理内容

信息系统开发的项目管理是根据管理科学的理论，联系信息系统开发的实际，保证工程化系统开发方法顺利实施的管理实践。它包括信息系统开发中的项目评估及可行性分析、人员管理、进度管理及成本控制等方面，是以过程为核心、以度量为基础、以人为本的，在此过程中需要充分地集成技术方法、工具、过程、资源（人力、资金、时间等）等要素。其项目管理实质上是保证整个系统开发项目顺利、高效完成的一种过程管理技术，贯穿于系统开发的整个生命周期。

信息系统项目管理的主要内容包括：

①项目整体管理：项目整体管理工作由项目计划编制、计划实施、综合变更控制等过程组成，是进行项目各要素综合调整和控制的工作，是使项目管理各阶段、各过程、各种资源、各项目标得以有机整合的管理工作。因此，正确的项目管理首先是项目的整体管理。

②项目范围管理：根据项目的目标精确定义和核准信息系统开发项目的工作范围，并在必要时调整和变更项目范围。需要强调的是，范围管理应保证“只做该做的工作”，多做工作会增加成本，造成工期的拖延；少做工作将不能完成任务，不能实现其目标。

③项目时间管理：根据信息系统开发项目的工作范围进行分解，分解成

---

① 常金玲．信息系统项目管理与组织机构类型分析［J］．科技管理研究，2006（11）：189-191.

若干活动。定义活动的内容，估算活动的时间，安排活动的先后顺序，并进行相应的进度计划编制和控制等。

④项目费用管理：以保证在预算范围内完成信息系统开发任务。包括估算每项活动的成本，进而对项目的总成本进行预算；进行资金的分配；在项目进行过程中进行费用控制等内容。

⑤项目质量管理：是指为使信息系统能达到用户满意的预先规定的质量要求和标准所进行的一系列管理与控制工作。包括进行质量规划、安排质量保证措施、设定质量控制点、对每项活动进行质量检查和控制等。

⑥项目人力资源管理：以使参加信息系统开发的人员均能最有效地发挥作用。在项目进行过程中，具有各种不同专业背景、工作习惯、工作方式的人聚集在一起（包括项目管理者、用户方的业务员、用户方的决策层、开发方的项目管理人员、开发方的编程人员等），而且项目的组织机构多为临时设置，所以人力资源的管理在项目管理中尤为重要。它包括制订人力资源计划、进行人员培训、做好人员的沟通和协调工作。

⑦项目风险管理：包括识别风险、进行风险分析（定量分析和定性分析）、制定相应的对策、进行风险控制，使信息系统开发的风险隐患得以避免，或最大限度地减少风险所带来的损失①。

8.3.2 信息系统质量管理

信息系统的质量管理或者说质量保证，是信息系统管理的重要内容，它包括信息系统项目开发的质量管理、运行过程的质量管理，以及与该产品相关的客户、供应商合作过程中的质量管理，还涉及组织机构中各层次人员的职责和职能。这是一种全面质量管理，可使企业获得最大利益。因为客户的参与有利于改进产品和服务质量，供货商的参与也常会提出改进质量或提升产品的想法，甚至于提供其他公司、客户以及本公司竞争对手的信息（一种合法的提供）。信息系统的质量管理贯穿于信息系统生命周期的全过程，信息系统的管理者们必须对此作出全面的考虑。

质量是一个相对的概念，一个信息系统的质量与它的主要用户、次要用户、操作人员、管理人员和维护人员有关。通常，要达到完美的质量，需要付出很高的代价，我们通常所说的质量只能是以在组织结构可接受的范围内实行低成本为前提的。信息系统的质量特性与观察角度有关，从系统内部

① 安红昌，甘仞初，倪晓茹．信息系统项目管理研究［J］．计算机工程与设计，2005（3）：619-622.

看，系统的质量特性主要是内部结构性能、内部结构的可靠性以及结构的连接特性等；从用户的角度来看，系统的质量主要体现在系统功能可用性、正确性及适应性。表 8-2 是信息系统的质量指标。每个指标具体的定量值或定性要求需根据具体信息系统而定，各项指标的重要程度（权数）受制于系统的应用领域与环境。

表 8-2 **信息系统的质量指标**

质量特性		特性内容	定量性指标举例
可用性	目的性	软件的规格应符合用户要求的特定目的，信息处理（收集、发布等）高速化，提高作业效率和对象、系统的适用性等	通过系统化缩短的时间，对象项目数，运行时间和周期
	操作性	容易学习软件的使用方法，操作简便	操作时间，查询次数
	性能	执行特定的功能所需的计算机资源量和时间	响应时间
正确性	可靠性	应能按规定无故障进行工作	故障数/工作时间
	准确性	数据的完整性、准确性和精确性	
	可用性	能够迅速从故障状态恢复正常，减少故障时间，具有故障报告功能、再思考功能、自动恢复功能	恢复时间
	安全性	能防止没有使用权限的人破坏、盗用数据	—
适应性	维护性	能简便地分析软件不良的原因，并进行修正	—
	扩充性	能简便地变更、升级主机或外设	—
	兼容性	不改变环境条件即能使用现有功能	—
	可移性	能把软件简便地移到其他系统环境，并使之运行	—
	连接性	能简便地与其他系统连接	—

结合这些指标的要求以及现实情况，信息系统质量管理所面临的主要问题包括以下几个方面：

（1）信息系统的适用性和可用性问题

信息系统的功能能否满足用户的需求是用户最为关心的。现实中信息系统软件往往适应人的特征少，要求人的特征多，用户的隐性需求和最新需求都很难得到满足，再加上用户需求的多样性以及开发人员对用户需求的预测不当，这些因素均导致信息系统的适用性和可用性不足。

（2）信息系统的稳定性问题

系统刚开发完成，必然存在不稳定性，这将直接给用户使用该系统造成极大的障碍。据统计，在信息系统维护工作中，有近70%的工作属于扩充性维护，每次进行这样的修改都有可能影响系统的稳定性。

（3）信息系统软件开发周期问题

软件开发商在实施任何一套系统之前，都要经过用户需求分析、系统开发、系统实施等阶段，其周期少则半年，多则数年，如果用户需求不断变化，开发周期将会无限地延长。这样，系统的最终效果无法进行明晰的确认，也会导致开发商和用户对开发工作丧失信息。

（4）开发商的风险问题

由于用户需求具有不完整性和可变性，信息系统开发商开发的系统总是无法让用户完全满意，这样项目尾款的支付也成了未知数。这对开发商而言也是一个很大的风险。

（5）用户的风险

定制模式下的信息系统开发周期过长，维护困难，系统不能满足用户需求时，甚至不得不进行二次开发或重新开发。这是许多单位的信息系统软件投入大、收效微的主要原因。

信息系统质量管理的主要思想和方法包括：

（1）软件质量控制理论

软件质量控制是一组由开发组织使用的程序和方法，使用这些方法可在规定的资金投入和有限的时间内，提供满足客户要求的软件产品并持续不断地改善开发过程、完善开发组织本身，以提高将来生产高质量软件产品的能力。软件质量控制的主要方法有：建立软件质量保证体系、目标问题度量法、风险管理法、PDCA质量控制法、有效的软件测试、引入项目监理与审计。

（2）软件质量检验理论

软件产品必须通过多层次、多侧面的全面测试，以便尽可能地发现并排除存在的故障，提高质量可靠性，并检验和确认是否达到要求。在软件开发过程中引入软件生命周期的思想，加强开发各阶段的可靠性预测和质量控制工作，同时要严把质量鉴定关，坚持质量鉴定的公正性和独立性原则。跟踪国际上正在使用的软件工程方法和工具，结合实际，形成系列化的软件测评方法。为了确保软件的质量，客观、定量地测评软件质量，必须有一套可以提供软件质量测评用的基本框架和指标体系。

（3）全面质量管理在信息系统质量管理中的作用

全面质量管理（Total Quality Management，TQM）的核心思想是：企业的一切活动都围绕着质量来进行。它不仅要求质量管理部门进行质量管理，还要求从企业决策层到普通员工均应参与到质量管理过程中来，强调质量控制活动应包括从市场调研、产品规划、产品开发、生产、检测到售后服务等产品生命周期循环的全过程①。

8.3.3 信息系统运行与维护管理

在信息系统的生命周期中，系统的运行与维护是一个时间最长的阶段。信息系统开发工作结束，投入使用以后，并不意味着系统建设的结束，还存在着一个系统运行与维护管理的工作。如果运行管理工作不善，则新系统仍然不能充分发挥其效益。一个信息系统开发完成后还有大量的运行管理、维护管理等工作要做。只有这些工作做好了，信息系统才能正常地、可靠地和高效地运行，信息系统的最大效益才能发挥出来。

（1）信息系统的运行管理

所谓运行管理工作是对信息系统的运行进行实时控制，记录其运行状态，进行必要的修改与功能扩充，以便使信息系统真正符合管理决策的需要。如果缺乏科学的组织与管理，信息系统就不能自动地为管理工作提供高质量的信息服务，而且信息系统本身也会陷入混乱。信息系统的管理工作也不能与机器设备本身的管理工作等同起来。计算机应用系统的任务是为管理工作服务，它的管理工作是以向一个组织提供必要的信息为目标的，是以能够满足管理工作人员的信息需求为标准的，而机器本身的管理与维护工作只是这项工作的一小部分内容，只是提供了硬件的保障，真正要做到向管理人员提供有用的信息还需要做许多软件操作、数据收集、成果提供等工作。因此，信息系统应该配备专门的人员专职负责运行管理与维护工作。这里的专人，不仅仅是指管理硬件设备的硬件人员，还应该是了解信息系统功能及目标、与管理人员直接接触的信息管理专业人员。

从系统运行的角度出发，信息系统的运行管理有两方面的工作需要充分保证。一是对系统例行的检查和管理，包括检查是否有文件描述人工操作步骤，计算机程序是否都有文件说明，数据的输入、存储、更新、复制、统计、输出是否按规定的操作规程进行，这些规程是否符合标准程序。二是对系统运行情况的记录和积累，包括系统工作的数量（如开机时间、积累的

① 唐晓波，刘志峰，刘忠华. 客户驱动的信息系统质量管理研究［J］. 科技进步与对策，2006（7）：176-179.

数据总量、数据使用频率等），系统工作的效率，系统提供服务的质量，系统维护的修改情况，系统的故障等。

（2）信息系统的维护管理

维护是信息系统经常性的工作，也是信息系统生存周期持续时间最长、代价最大的一个阶段。在信息系统的整个使用寿命中，都将伴随着系统维护工作的进行。系统维护的目的是要保证信息系统正常而可靠地运行，并能使系统不断得到改善和提高，以充分发挥作用。因此，系统维护的任务就是要有计划、有组织地对系统进行必要的改动，以保证系统中的各个要素随着环境的变化始终处于最新的、正确的工作状态。

系统维护工作在整个系统生命周期中常常被忽视。人们往往热衷于系统开发，当开发工作完成以后，多数情况下开发队伍被解散或撤走，而在系统开始运行后并没有配置适当的系统维护人员。这样，一旦系统发生问题或环境发生变化，最终用户将无从下手，这就是为什么有些信息系统在运行环境中长期与旧系统并行不能转换，甚至最后被废弃的原因。随着信息系统应用的深入，以及使用寿命的延长，系统维护的工作量将越来越大。系统维护的费用往往占到整个系统生命周期总费用的60%以上。因此有人曾以浮在海面上冰山来比喻系统开发与维护的关系，系统开发工作如同冰山露出水面的部分，容易被人看到而得到重视，而系统维护工作如同冰山浸在水下的部分，体积远比水面的部分大得多，但由于不易被人看到而常常被忽视。但系统维护是信息系统可靠运行的重要技术保证，必须给予足够的重视。

系统维护是面向系统中各构成因素的，按照维护对象的不同，信息系统维护的内容可分为以下几类：

①系统应用程序维护。系统的业务处理过程是通过应用程序的运行而实现的，一旦程序发生问题或业务发生变化，就必然地引起程序的修改和调整，因此系统维护的主要活动是对程序进行维护。

②数据维护。业务处理对数据的需求是不断地发生变化的。除了系统中主体业务数据的定期正常更新外，还有许多数据需要进行不定期的更新，或随环境或业务的变化而进行调整，以及数据内容的增加、数据结构的调整。此外，数据的备份与恢复等，都是数据维护的工作内容。

③代码维护。随着系统应用范围的扩大、应用环境的变化，系统中的各种代码都需要进行一定程度的增加、修改、删除，以及设置新的代码。

④硬件设备维护。主要是指对主机及外设的日常维护和管理，如机器部件的清洗、润滑，设备故障的检修，易损部件的更换等，这些工作都应由专人负责，定期进行，以保证系统正常有效地工作。

⑤机构和人员的变动。信息系统是人机系统，人工处理也占有重要地位，人的作用占主导地位。为了使信息系统的流程更加合理，有时涉及机构和人员的变动。这种变化往往也会影响到对设备和程序的维护工作。

信息系统维护需要较大开支，必须专款专用，并根据系统各种维护要求的重要性确定当年维护项目的优先次序。信息系统维护是十分琐屑和枯燥的工作，许多信息系统工作人员特别是系统设计人员和程序人员的兴趣总是在于开发新系统，而不愿花时间和精力去修补旧系统的缺陷。为了解决这一问题，激发系统工作人员的积极性和工作热情，可以把系统工作人员分配到各个具体项目，负责这些项目的维护工作，定期（如 2～3 年）轮换。这样，对系统工作人员来说，他们在不断承担新的任务，对维护的项目可能会有新的兴趣。另一方面，系统工作人员通过维护熟悉了系统不同的项目，拓宽了他们的知识和经验，增加了他们对整个系统的了解，从而可以提高信息系统的维护质量，避免系统工作人员对系统不熟悉或掌握的数据资料不全时对系统进行修改维护所导致的故障和失败。

为了提高信息系统的可维护性，适应系统的变化，在系统开发和设计时就必须考虑建立一些标准，如标准数据定义、确定的程序设计语言、标准系统结构、模块化程序设计、系统文件标准等。尤其是系统开发和系统维护由不同的人员承担时，建立完善正确的标准和系统文件就更为重要。

8.3.4 信息系统评价

8.3.4.1 信息系统评价概述

信息系统评价是对一个系统的性能进行全面估计、检查、测试、分析和评审，并用实际指标与计划指标进行比较，以确定系统目标的实现程度，同时对系统建成后产生的效益进行全面的评估。

由于信息系统开发是一种资金、技术密集型工程，大型系统更是需要投入大量的人力、物力和财力，因此，信息系统在开发之前，首先就需要进行评价。由于事先评价不可能确定性地进行判断，所以可以说是一种预测性评价，通常与可行性研究结合在一起。可行性研究是对即将开发的新系统项目方案进行全面分析、论证评估，对未来将要产生的效益进行预测以及对系统所处环境制约因素等方面的了解和掌握，因此是必不可少的第一步。

在系统开发过程中，由于外部环境因素可能会有所变化，原先制订好的计划很可能也要做相应的调整，这个阶段的评价工作能使得问题的发现比较及时，保证计划与变化同步，在系统开发过程中少走弯路，以最小代价取得最大成果。

系统开发结束后，评价工作就是针对整个系统而言，系统功能是否满足用户的需求、投资收益比是否合理等评价工作都要在这个阶段完成，这也是系统维护、更新或进一步推广的依据，因此该阶段的评价是一种全面的、综合的测试、分析和评估，也是在很多不确定因素基础上的评价，难度非常大①。

信息系统评价不是一个单纯的阶段性工作，而是贯穿于系统建设的整个生命周期。信息系统评价的实践意义主要归为以下 4 个方面：

①判断功能：主要是指企业资源的合理分配，项目成果与否，建设效率和效果。

②控制功能：评价本身并不是目的，而是企业通过评价把项目的期望值传递给项目相关人员。

③学习功能：掌握类似项目建设的知识和提高解决问题的能力，提高系统评估和系统建设能力。

④理解功能：员工掌握项目如何支持企业的管理和发展，提高信息系统的使用效率。②

8.3.4.2 信息系统评价主体及评价内容

信息系统是一个复杂的社会技术系统。信息系统在组织内的实施，不仅会涉及组织中的部门和员工，还会对企业外部的顾客、供应商甚至整个社会产生影响，产生所谓的扩散效益。因此，对信息系统评价的主体有多个，主要包括四类：系统用户、信息系统项目团队、高层管理人员和企业所有者、外部实体。

①系统用户。这是系统使用和维护的主体。系统用户可以分为主要用户和次要用户。主要用户是基于系统输出进行决策的群体，如组织中的管理人员；次要用户是为系统提供和维护数据的群体，但他们不直接从系统输出中获益，如数据录入者、控制人员等。从系统用户的角度来看，信息系统的价值很大程度上取决于信息系统能够帮助用户更有效、更高质量地完成工作的程度。不为用户所支持的信息系统，很明显将不能给组织提供价值。因此，系统用户主要评价系统及其服务质量。主要评价指标包括：

a）提供的信息产品的质量：主要评价信息系统的内容（如及时性、准

---

① 张翠玲．信息系统评价研究［J］．情报探索，2006（8）：61-63.

② 刘敏．企业信息系统评价理论和方法研究［J］．科技情报开发与经济，2007，17（29）：120-122.

确性、相关性）和提供的信息的方式（如格式、模式、界面友好性等）；

b）系统人员和服务的质量：主要评价信息服务部门提供的信息服务的综合质量（如培训、文档化、开发流程和系统维护等）。

②信息系统项目团队。团队主要负责和支持系统的组织、实施和控制工作。项目经理为团队的领导者，团队成员包括系统分析师、程序员以及参与系统开发和实施的用户。因此，系统项目团队主要关注的是信息系统的技术特性，以及系统是否按照进度、预算和预期目标进行。主要评价指标包括：

a）系统建设评价指标：主要对信息系统的实施和管理过程进行评价，如用户需求满足程度、系统开发效率、资源利用效率、系统建设规范程度、系统整体先进程度等；

b）系统性能评价指标：主要评价系统可靠性、系统效率、系统适应性、系统可移植性、系统可维护性、系统可扩充性和系统的安全保密性等。

③高层管理人员和企业所有者。高层管理人员和企业所有者往往是企业信息系统项目的发起人和倡导者，主要负责信息系统实施的发起、计划、组织、协调和支持工作。他们的支持是企业信息系统实施成功的关键要素。他们支持信息系统项目实施的根本目的在于借助系统的实施来实现企业战略目标，并在未来为企业创造更大的竞争优势，如提高组织形象，吸引更多有价值客户等。因此，高层管理者和企业所有者在评价信息系统成功与否时，主要考虑系统给企业带来的有形和无形利益，它们主要包括：

a）运作利益：节约成本，缩短周转周期，提高生产率，提高客户服务质量等；

b）管理利益：优化资源管理，优化决策制定，优化绩效控制等；

c）战略利益：支持业务创新，支持外部协作，支持全球性扩张，支持电子商务等；

d）IT 基础利益：增加业务弹性，节约 IT 成本，提高 IT 基础能力等；

e）组织利益：支持组织变革，促进组织学习和拓宽员工技巧，形成共同愿景等。

④外部实体。企业信息系统的实施，还会影响到企业和客户、供应商等的合作关系。因此，客户、供应商等外部实体也将作为评价主体之一对信息系统的实施进行评价。此外，外部实体还包括第三方评价机构、参与项目的咨询机构等。客户、供应商等外部实体主要关心的问题可分为四类：时间、质量、性能和服务、成本。因此，外部实体对信息系统的评价也主要在于关于系统如何在这 4 个方面为他们带来更大的价值和满意感。相关的评价指标包括：

a）系统的实施是否缩短响应时间；

b）系统的实施是否提高产品和服务质量；

c）系统的实施是否能创造更大的价值；

e）系统的实施是否降低产品或服务的成本。①

8.3.4.3　信息系统评价阶段

信息系统实施并不是简单地安装一个软件或采用一项新的技术，而是实施一个商业项目。信息系统的实施过程开始于对系统的计划阶段。当计划完成后，项目团队开始组建，并经历一系列具体的项目阶段。当系统上线并且运行后，还需要经历系统的稳定和提升阶段，并进行系统实施后的评价。基于此，信息系统的实施可分为计划、项目和提升三个阶段，信息系统的评价由此对应可分为事前评价、事中评价和事后评价三个阶段。

①计划阶段（事前评价）：制定系统实施的指导原则和相关决策的过程。主要活动包括信息系统的选型，成立指导委员会，项目实施范围和实施方法的确定，项目团队经历的任命和资源分配等。

在计划阶段，因为项目还未正式开始，对信息系统的评价可以说是一种预测性评价。因此，计划阶段的主要评价内容为系统实施前期准备的充分程度。除了技术、资金等方面的准备外，还必须做好管理、意识的准备。通常将信息系统的事前评价和项目的可行性研究结合在一起。评价的主要内容包括：管理可行性、经济可行性、技术可行性和操作可行性。

②项目阶段（事中评价）：对信息系统进行配置，并在整个组织内将它铺开的过程，即主要是从信息系统设置、安装到系统上线的整个过程。主要活动包括软件配置、系统集成、测试、数据转换、培训和实施铺展等。

在项目阶段，系统评价的目的是保证系统实施的进度和质量，使系统实施朝着既定的目标发展。由于项目阶段集中了信息系统实施的主要开支，而取得的利益却很少，所以对进度和费用进行正确的控制便成为后继项目阶段顺利开展的前提。该阶段的主要评价内容为系统的进度、质量和成本。

③提升阶段（事后评价）：系统从上线到正常运行，最终到稳定运行的过程。在这一阶段，企业开始从信息系统中获得商业利益，并计划实施新的技术。主要活动包括系统修补，升级 IT 基础设施，修改业务实践和业务流程，系统功能扩展和变革等。在提升阶段，旧系统被取代或更好地整合，新系统开始稳定运行，用户对新系统的操作逐渐熟练，管理者利用系统提供的

---

①　仲秋雁，陆牡丹．企业信息系统评价的复杂性研究［J］．科技管理研究，2004（1）：67-69.

数据进行决策，并对业务流程和软件配置进行附加的变革。

在提升阶段，信息系统评价的重点在于系统上线后关键绩效指标的波动和企业通过信息系统获得了哪些商业利益。主要的评价指标有：关键业务绩效达到正常或与其水平所需要的时间；取得的商业利益，如降低 IT 运作成本、节约库存保管费用后的利益等；系统稳定运行后，实施新版本、新技术、新变革的容易性①。

8.3.4.4 信息系统评价方法

目前，对信息系统的评价方法众多，大致可以分为主观评价法和客观评价法两大类。

主观评价法是指以评价者或决策者的主观判断为基础的评价方法，应用较多的是指标权重专家评分法，通常以满意度、分数、序数和评语等作为评价的标准。主观评价法以定性分析为主，结合部分定量计算，不需要大量的指标和数学公式就可以对信息系统项目得出评价结果。

主观评价法的特点是操作简单，不需要大量的指标和数学公式就可以对信息系统项目得出评价结果，专家的丰富经验，对信息技术和行业背景的精通，很多无法定量分析的指标、无法分解的指标，可以直观评价代替。当专家对该项目非常熟悉时，评价结果比较准确。该方法的缺点是评价缺乏客观标准，具有很强的个人主观色彩，评价主观因素多，评价专家易被政策或其他因素左右意见，导致评价反映不了企业信息系统应用的实际状况。专家水平差异、个体差异和评价标准理解差异，导致评价结果可比性差，尤其当项目过于复杂、专家们的打分差异较大时，评价结果可能会受到质疑。

客观评价法是根据一定的规则，以定量计算分析为主，用一系列量化的指标客观反映评价对象的性质和状态，通过数学模型的运算，得到最终评价结果的评价方法。客观评价法通常不反映评价者或决策者的主观意愿，主要有费用效益分析、数据包络分析等。该方法的优点是评价标准一致，评价结果客观，具有较强的可比性和说服力。该方法的缺点是操作复杂，需要进行大量计算，并且当某些指标难以量化时，该方法就显得无能为力。由于信息系统项目应用过程中影响了企业生产经营活动的各个方面，对企业可以产生大量的直接利益和间接利益，有形利益和无形利益，并具有明显的滞后效应，因此如何选取适合数量的可量化的评价指标来反映信息系统项目对企业

① 仲秋雁，陆牡丹．企业信息系统评价的复杂性研究［J］．科技管理研究，2004（1）：67-69.

的影响，一直是信息系统项目客观评价法的重点和难点①。

值得指出的是，近几年在信息系统评价的研究和实践中出现了一些新的面貌，即除了注重信息系统本身性能的评价外，也开始对系统的效用评价予以了越来越多的关注。传统上，对于信息系统效用的评价往往建立在信息系统本身的特性之上，如界面友好程度、系统的功能、系统的可访问性、文档结构、成本与维护、响应时间等。实际上，这种评价标准背后所隐含的是，从信息系统开发者的立场上，将信息系统作为一种商品来看待时所产生的衡量标准。但是，对大多数企业而言，信息系统不仅仅是一种商品，更多的应当被看做企业的一种投入品。当把信息系统作为投入品的时候，就应当用它创造的产出结果来评价。那么信息系统的效用就不仅取决于其自身的特性，而更多地取决于其产出状况。

信息系统效用指的是信息系统所具有的、可以通过用户的使用，使用户绩效发生改变的能力，即是信息系统“实现的”效用。与信息系统本身所体现的价值不同，信息系统效用是通过用户的绩效改变所间接反映出来的，而前者则是直接的，不依赖于用户的使用。从信息系统开发者的角度看，他们最为关注的是系统本身的功能特性，因为功能特性的高低，决定了信息系统通过交易所获得的收益的大小。而从使用信息系统的企业、组织、个人来看，更应关注的是信息系统的使用者效用②。

对于信息系统使用效用的评价，需要从用户的角度来进行。在具体的研究和实践中，运用模型来测度信息系统的成功度，以及探究影响系统使用的多种因素，已成为一种普遍采纳的策略和手段。通过这些模型，我们能够综合分析用户满意度、系统使用频率、功能匹配度，以及服务的有形成果等关键指标，确保信息系统不仅在技术上先进，而且在实际应用中真正回应了用户的需求，进而更有力地支撑现代化服务体系的构建与发展。例如 TAM（Technology Acceptance Model，TAM）技术接受模型和 TTF（Task-Technology Fit，TTF）。

作为一种测评和预测用户对于信息技术和信息系统接受程度的模型，TAM 模型可以帮助信息系统技术人员更好地了解系统的应用和使用情况。

① 何文成．基于权重定性约束的企业信息系统评价 DEA 新模型 [J]. 企业经济，2006（11）：143-145.

② 谢新洲，申宁．论信息系统效用及其影响因素 [J]. 情报理论与实践，2003（5）：454-458.

该模型提出了两个主要的决定因素：①感知的有用性（perceived usefulness），反映一个人认为使用一个具体的系统对他工作业绩提高的程度；②感知的易用性（perceived ease of use），反映一个人认为容易使用一个具体的系统的程度。TAM 认为，要让用户愿意使用信息系统，必须让用户认知到信息系统能够给他带来好处，而且这些好处不需要用户花费太多精力和时间就可获得。

TTF 模型是在 TAM 中加入考虑任务对使用的影响等因素而扩展形成的。TTF 认为信息系统的使用绩效根源于任务与技术的匹配，即某项技术所具有的特征和所提供的支持是否恰好适合于某项任务的要求。TTF 的基本模型有五个关键因子，"任务特征""技术特征"以及"个体特征"共同影响第四个因子，即任务技术的匹配度，其接下来影响产出变量因子（或绩效，或利用率）。TTF 的研究在组织层面上，是考虑匹配与效用或适应性的相关；在个人层面上，则发现"系统/工作匹配"可以用来很好地预测信息系统的使用状况①。

这些方法都是典型的用户评价方法。在此基础上，用户使用信息系统的行为与体验模型也被构建和应用，力求从更多样、更深层次的角度来测评信息系统的应用效果。

8.4 信息系统的安全

8.4.1 信息系统安全的含义

信息系统的出现加快了社会经济、商业、军事等领域的发展，在网络环境下，更是加速了资源共享和优化配置，有效地避免了资源的重复建设。由于信息系统是以计算机和数据通信网络为基础的应用管理系统，因此它是一个开放式、全球式、共享式的网络系统，因而随之而来的网络信息资源安全以及网络系统本身的安全问题日益令人担忧，这也是当今世界人类面临的最大的安全挑战。习近平总书记在党的二十大报告中强调："推进国家安全体系和能力现代化，坚决维护国家安全和社会稳定。"近年来，数字化在带来种种便利的同时，也加大了信息泄露风险。从网络偷窥、非法获取个人信

① 寸晓刚，陈顺清．信息系统接受行为的研究透视［J］．科技管理研究，2006（2）：208-211.

息、网络诈骗等违法犯罪活动，到网络攻击、网络窃密等危及国家安全行为，伴随万物互联而生的风险互联，给社会生产生活带来了不少安全隐患。如何有效保障网络与信息安全，是数字时代的信息系统安全建设的重要课题。如果不采取安全保密措施，那么与网络系统相连的任何终端用户都可以进入和访问网络中的资源。由此可见，信息系统对安全的要求越来越高，安全成为信息系统生存的关键和核心。

1994 年 2 月 18 日国务院颁布的《中华人民共和国计算机信息系统安全保护条例》中明确给出了信息系统安全的定义，即“保障计算机及其相关的和配套的设备、设施（含网络）的安全以及运行环境的安全，保障信息的安全，保障计算机功能的正常发挥，以维护计算机信息系统的安全运行”。2014 年，习近平总书记创造性提出总体国家安全观，涵盖政治、军事、经济、文化、网络等诸多领域，为新时代国家安全工作指明了方向。当前，国际环境日趋复杂，我们面临的国家网络安全问题的复杂程度、艰巨程度明显加大。2018 年，习近平总书记在全国网络安全和信息化工作会议上强调：“没有网络安全就没有国家安全，就没有经济社会稳定运行，广大人民群众利益也难以得到保障。”党的二十大报告提出，“健全网络综合治理体系，推动形成良好网络生态”。建设网络强国，已经成为中国式现代化的核心内容和战略性问题。2023 年是全面贯彻党的二十大精神的开局之年，2024 年是总体国家安全观提出十周年，深入推进国家网络安全治理相关问题研究具有重要现实意义。

结合目前研究和实践的现状，我们可以认为，信息系统安全是指确保信息系统结构安全、与信息系统相关的元素安全以及与此相关的各项安全技术、安全服务和安全管理的总和。从系统过程与控制角度看，信息系统安全就是信息在存储、处理、集散和传输过程中保持其机密性、完整性、可用性、可追溯性和抗抵赖性的系统辨识、控制、策略和过程。与之相关的安全管理的目标是保证信息系统在有充分保护的安全环境中运行，由可靠的操作人员按规范和标准使用计算机系统、网络系统、数据库和应用系统，以保证信息安全战略和组织的目标得以实现。

信息系统安全的定义实际上包括了以下 4 层含义。

（1）信息安全

保护信息资源，使其免遭偶然的和有意的泄露、删改、破坏和处理能力的丧失。

（2）计算机安全

确保计算机处于稳定的状态，使计算机的数据和程序文件不致被非法访问、获取和修改。

（3）网络安全

为确保网络正常运行而需要采取一系列的措施。信息网络的安全包括以下几个方面：

①保密性。保护个人信息，确保不被他人窃取和利用。

②认证性。确认通信双方的合法身份。

③完整性。保证所传输的信息不被篡改。

④可访问性。保证系统、数据和服务能由合法的人访问而不被拒绝。

⑤防御性。防止不合法用户和信息的访问。

⑥不可否认性。防止通信和交易双方对自己行为的否认。

（4）通信安全

确保信息在网络传输中的完整性和保密性。

信息系统尽管功能强大，技术先进，但由于受到它自身的体系结构、设计思路及运行机制等的限制，也隐含着许多的不安全隐患。从危害和攻击的对象来看，信息系统安全危害的种类大体可分为两类：对实体的安全危害；对信息的安全危害。

对实体的安全危害主要是指对计算机及其外部设备、通信网络的威胁和攻击。例如，各种自然灾害与人为破坏、场地与环境因素的影响、电磁场干扰与电磁泄漏、战争破坏、设备与设施被盗或丢失等都可以对实体安全造成危害。

对信息系统实体的安全危害，不仅会造成经济上的重大损失，而且会导致信息系统中的机密信息或重要数据资源严重泄露或破坏。因此，对信息系统实体的保护是保证系统安全运行的首要步骤，也是防止造成信息安全危害的重要屏障。

对信息的安全危害主要有两种：信息泄露和信息破坏。信息泄露是指偶然或有意地获得（侦听、截获、窃取或分析破译）目标系统中的信息，尤其是敏感信息，造成泄露事件。信息破坏是指由于偶然事故或人为破坏，导致系统的信息被非法添加、修改、删除、伪造或复制，导致信息的正确性、完整性和可用性受到破坏。

将上面提到的信息系统安全危害进行细化，包括有诸多因素。常见的信息系统安全影响因素有数据的输入、输出、存取与备份，源程序及应用软件、数据库、操作系统等的漏洞或缺陷，硬件、通信部分的漏洞、缺陷或遗失，还有电磁辐射、环境保障系统、企业内部人的因素、计算机病毒、黑客、经济间谍等。影响信息系统安全的因素及具体表现见表 8-3①。

表 8-3　　**信息系统安全的影响因素**

影响因素	具体表现
数据输入	数据容易被篡改或输入虚假数据，有时是误输入
数据输出	经过处理的数据通过各种设备输出，信息就有泄露和被盗看的可能
数据存取与备份	不能完全将非法用户的侵入拒之于系统之外，还因为没有备份而使系统难以恢复
源程序	用编程语言书写的处理程序，容易被修改和窃取，并且本身也存在漏洞
应用软件	如果软件的程序被修改或破坏，就会损坏系统的功能，进而导致系统的瘫痪；另外，文档的遗失将使得软件的升级和维护十分困难
数据库	数据库中存有大量数据资源，如遭到破坏或失窃，其损失是难以估计的
操作系统	操作系统如遭到攻击和破坏，将造成系统运行的崩溃
硬件	硬件本身有被破坏、盗窃的可能，组成计算机的电子设备和元件存在偶然故障的可能
通信	信息和数据通过通信系统进行传输，有被窃取的危险
企业内部人的因素	低水平的安全管理、偶然的操作失误或故意的犯罪行为等，都会影响系统安全
软件的非法复制	软件的非法复制，会造成软件的失密，还会给犯罪人员提供分析、入侵系统的机会
黑客	一些非法的网络用户，利用所掌握的信息技术进入未经授权的信息系统
病毒	各种病毒程序越来越严重地威胁危机网络系统
经济（信息）间谍	出于商业目的窃取竞争对手的机密数据

① 林自葵．物流信息系统［M］．北京：清华大学出版社，2004：233-234.

续表

影响因素	具体表现
电磁辐射	计算机是用电脉冲工作的设备，信息是以脉冲来表示的，因此，计算机所处理的信息将以电磁波的形式向周围辐射，只要接收到这些电磁波，就能复现它的内容，造成信息的失密；同时，计算机也容易遭受外界电磁辐射的干扰
环境保障系统	周围环境的温度、湿度、清洁度及一些自然灾害等都会对计算机软硬件造成影响

8.4.2 信息系统安全体系结构

随着计算机系统的广泛应用和计算机网络的迅猛发展，兴起了网络化信息系统的安全保密研究。由于网络化信息系统的组成成分复杂，覆盖面广；信息处理既有集中式，又有分布式；构成其基础的计算机、操作系统和网络既可能是同构的，也可能是异构的；实现计算机互连的网络结构可能是多种拓扑结构的混合；所用的网络组件繁杂，通信介质多种多样；信息出入口多，且分布面广。因而信息系统的安全体系结构的研究具有无所不包的内容广泛性，它的实现必然是所有安全保密学科知识的综合运用①。

在计算机网络技术的发展和应用环境下，分布计算环境和移动计算环境带来了身份认证、网络访问控制及信息有效性等需求，基于经典模型的安全体系结构已不能适应新的计算环境，而需要研究适应多平台计算环境的网络安全服务及安全机制等问题，即需要确定网络安全体系结构以便对网络安全开发设计进行规范和指导。1989 年国际标准化组织 ISO 提出的 ISO7498-2 就是开放系统网络互连的安全体系结构标准，它确立了基于 OSI/RM（Open System Interconnect/Reference Model）的三维框架网络安全体系结构，强调将 5 类安全服务和 8 类安全机制，体现在 OSI 模型的 7 层协议中，构成安全机制、安全服务及 OSI 协议层的三维体系结构，如图 8-15 所示。其中，安全服务是指可实现和可用的达到系统安全目标所需的安全功能；安全机制是指安全功能的实现方法和技术。

① 禹金云，罗一新．我国信息安全的现状及对策研究［J］．中国安全科学学报，2006，16（1）：60-64.

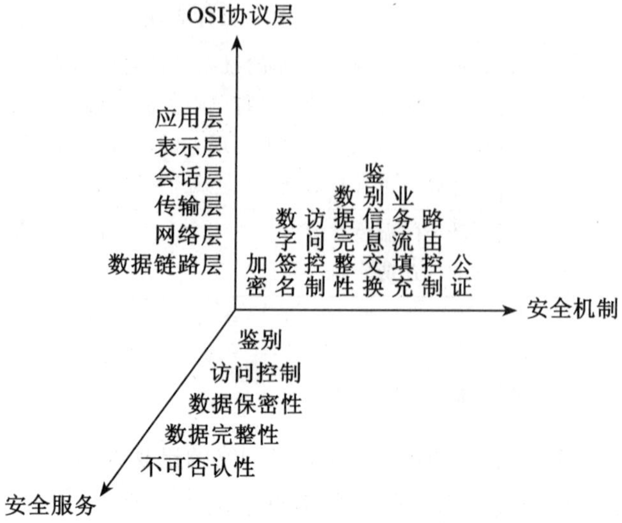

图 8-15　OSI 安全系统结构示意图

信息系统安全体系结构是计算机网络安全体系结构的扩展。20 世纪 80 年代末、90 年代初，随着各种网络化信息系统的建立和应用，信息系统安全体系结构的重要性开始引起关注。目前基于不同原理的信息系统安全体系结构主要有以下 4 种：

（1）基于协议的安全体系结构

该体系结构描述的是安全协议与网络各层协议、安全服务的关系（见表 8-4）。

表 8-4　　基于协议的安全体系结构

OSI 协议层	安全服务	网络协议	安全协议
应用层 表示层 会话层	鉴别　访问控制 数据保密性 数据完整性 抗否认 可用性	Http Telnet FTP SMTP SNMP	Kerberos X 509 PGP SNMPv3

续表

<table>
<tr><th>OSI 协议层</th><th>安全服务</th><th>网络协议</th><th>安全协议</th></tr>
<tr><td>传输层</td><td>鉴别　访问控制
数据保密性
数据完整性</td><td>SPX
TCP UDP</td><td>TLS
SSL IPSec</td></tr>
<tr><td>数据链路层</td><td>数据保密性
可用性</td><td rowspan="2">802. 3
802. 4
802. 5　802. 6
X 25</td><td>802. 10（SLS）</td></tr>
<tr><td>物理层</td><td>数据保密性
可用性</td><td>802. 10（SLS）</td></tr>
</table>

（2）基于实体的安全体系结构

该体系结构认为，系统功能的实现是由各种实体，包括应用实体、服务实体、系统实体及管理实体完成的，为了向系统用户提供安全服务，就需要给各种实体分配相应的安全功能（见表 8-5）。

表 8-5　**基于实体的安全体系结构**

<table>
<tr><th>单元</th><th>实体</th><th>安全功能</th><th>安全服务</th></tr>
<tr><td rowspan="4">端系统</td><td>应用实体</td><td>用户身份鉴别　对等实体鉴别
数据传输保密性 数据完整性</td><td rowspan="4">鉴别
访问控制
数据保密性
数据完整性
抗否认
可用性</td></tr>
<tr><td>服务实体</td><td>对等实体鉴别　数据保密性
数据完整性　访问控制实施</td></tr>
<tr><td>系统实体</td><td>本地软硬件系统完整性
可用性　安全审计</td></tr>
<tr><td>管理实体</td><td>访问控制决策　安全事件管理
密钥管理</td></tr>
<tr><td rowspan="3">信息传递系统</td><td>服务实体</td><td>访问控制决策　数据传输保密性
数据传输完整性　服务可用性</td><td rowspan="3">访问控制
数据保密性
数据完整性
抗否认
可用性</td></tr>
<tr><td>系统实体</td><td>网络软硬件系统完整性
网络软硬件系统可用性</td></tr>
<tr><td>管理实体</td><td>访问控制决策　安全事件管理
密钥管理</td></tr>
</table>

(3) 基于对象的安全体系结构

该体系结构有基于对象技术的分布式信息系统的安全服务规范，包括对象管理组（Object Management Group，OMG）于1999年修订的公共对象请求代理体系结构（Common Object Request Broker Architecture，CORBA）安全服务规范，它为异构分布式系统安全服务提供了统一的接口框架。CORBA安全体系结构主要从应用构件、安全服务、安全技术构件及安全通信等4个层次实现对象的安全调用。其中应用构件通过对安全服务的直接调用来实现安全需求，安全服务包括安全调用与访问控制对象服务，安全技术构件实现各种对象的安全规则及域管理，安全通信实现对象的安全互操作、调用的安全联结及消息保护等机制。

(4) 基于代理的信息系统安全体系结构

该体系结构的基本原理是运用软件代理技术实施信息系统安全机制，近年来已成为分布式信息系统安全领域的研究热点之一。总的来看，根据不同的应用需求，基于代理的系统的安全体系结构有不同的形式，但都强调安全策略的动态适应性和主动性①。

8.4.3 信息系统安全保护策略

信息安全的内容不仅包括信息的保密性、完整性、可用性、可控性、信息行为的不可否认性等信息安全需求，还包括信息系统保护、信息系统的安全检测评估、检测报警和攻击后的系统恢复等方面。在制定信息安全保护策略时，可以从技术、法律、规范、道德、管理等诸方面着手，全面考虑，其中技术是最为客观和基本的，也是最具有可控性的。

从信息系统安全的描述来看，要实现安全保护包含两个方面的内容：一是防止实体和信息遭受破坏而导致系统不能正常运行；二是防止机密信息被泄露和窃取。因此，信息系统的安全保护策略主要分为非技术性和技术性两大类。非技术性安全策略是指利用法制保证、行政管理和其他措施等防止信息系统安全事故的发生；技术性安全策略是指通过采取与系统直接相关的技术手段防止信息系统安全事故的发生。

非技术性安全策略不受信息系统的控制，是施加于信息系统之上的，主要包括3方面内容：法制保证、行政管理、人员培训。

(1) 法制保证

① 邹白茹，李聪，蒋云霞．网络环境下重要信息系统安全体系结构的研究［J］．中国安全科学学报，2010（1）：142-148.

目前针对信息系统的法律法规大体可分为社会规范和技术规范两类。这些法律和标准是保证信息系统安全的依据和主要保障。

社会规范是调整信息活动中人与人之间的行为准则。要结合专门的保护要求定义合法的信息活动，对不正当的信息活动要予以民法或刑法的限制或惩处。要发布阻止任何违反保护要求的禁令，明确用户和系统人员应履行的权利和义务。目前主要包括保密法、数据保护法、计算机安全法、计算机犯罪法等。

技术规范是指各种技术标准和规程，如计算机安全标准、网络安全标准、操作系统安全标准、数据和信息安全标准、电磁兼容性标准、电磁泄漏极限等。

（2）行政管理

行政管理是安全管理的一般行政措施，是依据系统的实践活动，为维护系统安全而建立和制定的规章制度和职能机构。这些制度与要求主要有：

①组织及人员制度。建立和加强各种安全机构，强化人员的安全意识和技术培训，严格人员选用，严格操作守则，严格分工原则，禁止工作交叉（如程序设计人员兼做系统操作员）。

②运行维护和管理制度。包括设备维护制度、软件维护制度、用户管理制度、密钥管理制度、出入门制度、值班守则、操作规程、行政领导定期检查和监督等制度。

③计算机处理的控制与管理制度。包括编程流程及控制、程序和数据的管理、存储介质的管理、文件标准化、通信和网络的管理。

④机房保卫制度。机要机房应该规定双人进出的制度，严禁单人在机房操作计算机等。

⑤对各种文档、资料、媒体数据要妥善保管，严格控制。

⑥对各类人员所掌握的资料要与其身份相适应。

（3）人员培训

对于信息系统的工作人员，如终端操作员、系统管理员、系统设计人员等，由于他们对系统的功能和结构比较熟悉，因此对系统安全的威胁很大，必须进行全面的安全保密教育，职业道德和法制教育。

技术性安全策略是信息系统安全的重要保障，实施安全技术，不仅要涉及到计算机和外围设备及其通信和网络等实体，还涉及数据安全、软件安全、网络安全、运行安全等多个方面。实施安全技术保护要贯穿整个信息系统的分析、设计、运行、维护和管理的各个阶段。

8.4.4 信息系统安全技术

信息系统安全技术种类繁多，而且发展得非常快，如早期的防火墙技术、加密技术、虚拟专用网络（VPN）技术、病毒与反病毒技术、数据库安全技术、操作系统安全技术、物理安全与保密安全技术等，较新的有信息隐藏、数字水印、电子现金、入侵检测、安全智能卡、PKI 认证技术、网络安全协议等。每种技术都有特定的产生背景、应用范围和防范效果，可参看相关书目。下面重点介绍数据加密、身份认证、防火墙、交换式虚拟局域网、数据安全存储、漏洞检测、入侵检测等几种技术。

（1）数据加密技术

加密技术是网络安全的基础。在网络信息传输过程中，采用数据加密技术即利用技术手段把重要的数据变为乱码（加密）传递，以防数据在传输过程中被他人窃听。目前加密技术有对称加密和非对称加密。

对称加密的特点是文件加密和解密用的是同一密钥，即加密密钥也可用作解密密钥。如数据加密标准算法（DES）就是一种注明的常规密钥算法，它是 128 位对称密码算法。它采用替换和移位的加密方法，具有加密速度快的特点，常用于加密长报文。它将需要加密的信息划分成若干数据组，每组 64 位，然后以组为单位，在密钥的控制下进行一系列的线性或非线性的变化而得到密文。由于 DES 具有不需要同步的优点，在分组交换网中被广泛采用。对称加密算法的优点是使用简单快捷，密钥较短，缺点是难管理，不适应开放网络中大量的信息交流。

非对称加密是加密和解密需要用一对密钥——公钥和私钥各一把。如用公钥对文件加密，只有用对应的私钥才能解密，反之亦然。非对称加密算法采用一个对外公开的加密算法和一个对外保密的解密算法来对信息进行加解密。非对称加密算法的算法速度较慢，不宜对大量的数据进行加密。由于公开密钥算法比常规密钥算法安全，但速度慢，因此在实际应用中常把两种算法结合起来使用。

（2）身份认证技术

通过建立身份认证系统，可实现网络用户的集中统一授权，防止未经授权的非法用户使用网络资源。在网络环境中，信息传至接收方后，接收方首先要确认信息发送方的合法身份，然后才能与之建立一条通信链路。身份认证技术主要通过一次性口令技术和数字签名来验证用户身份是否合法，以减少采用公共网络进行数据传输的风险。

①一次性口令技术。口令并不在网络上传输而是在客户端和服务器这两

端进行字符串的匹配。客户端利用从服务器上得到的连接请求和自身的口令计算出或从列表中选择一个新的字符串并将之返回给服务器。在服务器上利用比较算法进行匹配。如果匹配，就允许建立连接。所有连接请求和字符串都只使用一次。目前，常采用口令加密和将用户账号与相应口令分开存放的方法来对口令进行管理。

②数字签名。数字签名是通过密码算法对数据文件进行加密解密变换实现的。对文件进行一般加密解决了数据安全传输过程的部分问题，采用则可判断传输的数据是否完整、是否被改动以及确定数据发送人的身份。通过采用数字签名，基本实现了在公开网络上数据的安全传输。数字签名具有三个方面的作用：接收者可以核实发送者对报文的签名；发送者事后不能否认对报文的签名；接收者不能伪造被签名文件。数字签名既是一种信息接收者对信息发送者进行身份认证的手段，也是一种反抵赖的措施。

(3) 防火墙技术

防火墙是一种隔离技术，通过对特定的网段和服务建立有效的访问控制，在内外网之间形成一道安全屏障。它能让“同意”进入的外部信息到达内网，同时将“不同意”的信息拒之门外，使得大多数的外部攻击的恶意程序（如计算机病毒和木马程序等）在到达内网之前就能被阻止，以保障网络安全。

防火墙的实现技术可分成网络级和应用级。网络级防火墙可基于源地址、目的地址、应用协议和 IP 包的端口来做出是否允许信息通过的判断，具有速度快和对用户透明的特点。应用级防火墙从应用程序来进行存取控制，可以理解应用层上的协议，常使用应用网关或代理服务器来区分各种应用。通过检查进出的数据包，防止受信任服务器或客户机与不受信任的主机间建立直接联系。

防火墙的主要功能是 IP 地址鉴别和地址转移。IP 地址鉴别是通过鉴别数据包的 IP 地址与网关接口是否相符，防止以修改 IP 地址的方式进行非授权访问。网络地址转移时通过在广域网和局域网之间运行一个被称为“地址转移”的进程，将局域网内部使用的 IP 地址映射到一个由防火墙使用的“安全”的 IP 地址，以屏蔽掉局域网内部真正的 IP 地址，从而对局域网起到保护作用。

(4) 交换式虚拟局域网技术

交换式虚拟局域网技术是一种以交换机作为网络中心，同时采用虚拟局域网逻辑拓扑结构来加强网络安全的技术。以交换机作为网络中心是通过在网络设计中采用以交换机为中心的网络格局，使数据仅在两个节点之间传送，从而有效地防止非法监听。虚拟局域网是很多物理网络的逻辑集合，这些网络集合看起来好像一个物理网络。采用交换式虚拟局域网技术可以使以太网的广播机制实际上变为点到点连接，将传统的基于广播的局域网技术发展为面向连接的技术，使得信息通信通常只在某个虚拟局域网内部进行。

（5）数据安全存储技术

数据安全存储技术是指在网络环境下，对数据进行集中备份管理，实现备份自动化和灾难恢复的技术。

目前被广泛采用的存储备份方法有三种：完全备份、增量备份和差异备份。

完全备份就是将服务器上所有需要备份的数据进行备份，它把系统数据的完整副本存储到一份或一组磁带上。完全备份的优点是容易进行系统的恢复，缺点是需要备份的数据量大，耗费时间多。

增量备份是只备份自上次备份以后有变化的数据。增量备份的优点是备份的数据量小，减少了备份的耗费时间，缺点是不能记录系统已经删除的数据。

差异备份就很好地解决了增量备份的缺点，它对上次进行完全备份后所有发生改变的数据进行备份，而不是从上次备份的时间开始算。差异备份和增量备份相比，其另一优点是在对服务器系统的数据进行恢复时，恢复量小，减少了恢复过程出现故障的机会。

系统恢复有硬件恢复和软件恢复两种方法。硬件恢复是借助备份服务器等备份设备进行系统恢复；软件恢复则是采用具有系统恢复功能的软件，比如使用数据恢复工具软件，当文件被误删除或文件分配表（FAT）被破坏造成文件信息丢失之后，此类软件能通过直接扫描磁盘抽取包括文件名、文件类型、原始位置、创建日期、删除日期、文件长度等在内的信息，用户可以根据这些信息恢复自己需要的文件，甚至可以通过 TCP/IP 网络协议对网络上的其他计算机中丢失的文件进行恢复，从而为整个网络上的数据文件提供保护。

（6）漏洞检测技术

漏洞检测技术就是通过对网络信息系统进行检查，查找存在系统安全漏洞的一种技术。常用的方法有被动式和主动式两种。被动式是基于主机的检测，对系统中不合适的设置、脆弱的口令以及其他同安全规则相抵触的对象进行检查；主动式则是基于对网络的主动检测，通过执行一些脚本文件对系统进行攻击，并记录它的反应，从而发现其中的漏洞。许多系统安全服务商的网络安全实验室，就是通过网络攻防实验来发现系统潜在漏洞的。在网络中使用漏洞检测系统（如系统漏洞扫描器）可及早发现网络漏洞，以便采取有效措施修正这些漏洞，从而及时阻止利用漏洞对网络发动的攻击①。

（7）入侵检测技术

入侵检测技术是一种通过采集和分析被保护系统的信息从而发现入侵行为的技术。入侵检测工作通常由特定的入侵检测系统（Intrusion Detection System，IDS）承担。IDS 监视特定环境下的行为，并判定该行为是否为破坏信息资源完整性、保密性和可用性等恶意行为②。IDS 通过采集和分析网络数据包以及系统审计日志等数据来监测和发现系统入侵行为。IDS 通常包括数据采集与预处理、入侵识别、对入侵行为发出警报和采取主动措施等功能。IDS 主要使用统计、数据挖掘、机器学习、专家知识库等技术进行系统入侵检测。在实际信息系统安全维护工作中，往往将 IDS 和人工检查，IDS 发现信息系统可疑行为发生报警后，专业人员对可疑行为进行调查，并采取进一步措施，IDS 系统通过半监督机器学习和无监督机器学习对其检测系统进行升级。随着人工智能等技术的发展，IDS 系统的检测将越来越准确，处理措施将越来越智能，对人工干预的依赖也将越来越低。

本章内容提要

现代化的信息管理离不开信息系统的支持。第 8 章首先介绍了信息系统的概念、发展、类型与架构模式，而后对信息系统开发的相关问题进行了阐述，从系统开发生命周期的角度分析了系统开发阶段，着重介绍了五种系统开发的方法；在信息系统管理部分，分别讨论了信息系统的项目管理、质量管理、运行与维护管理问题，并对信息系统的评价展开了相关论述；最后从含义、体系结构、保护策略和技术等方面讨论了网络环境下信息系统的安全问题。

本章重点

1. 诺兰模型中所描述的信息系统发展阶段的划分，及每个阶段的特征；
2. 掌握信息系统的四种主要架构模式及各自的特点；
3. 从系统生命周期角度分析信息系统开发的阶段，及每个阶段的相关

① 张郭军．企业信息网络系统安全技术分析［J］．商场现代化，2006（8）：35-36.

② 方玲，仲伟俊，梅姝娥．多入侵检测系统与人工调查组合的安全技术管理策略［J］．东南大学学报（自然科学版），2015，45（4）：811-816.

活动；

4. 了解信息系统的主要开发方法及各自的特点；

5. 了解信息系统的评价阶段及评价的相关内容。

本章参考文献

[1] 寸晓刚，陈顺清．影响信息系统成功的个人行为模式研究探讨［J］．科学学与科学技术管理，2006（2）．

[2] 郭东强．信息系统评价的定量化模型［J］．中国管理科学，2000（11）．

[3] 侯明亮．信息系统工程方法探析［J］．价值工程，2009（12）．

[4] 马费成主编．信息管理与信息系统研究进展［M］．武汉：武汉大学出版社，2010．

[5] 张润东，吴育华．企业信息系统项目效率的评价方法研究［J］．大连理工大学学报（社会科学版），2005（1）．

9 信息机构及其管理

信息机构是实施信息搜集、加工、分析、储存、传递等有关信息管理活动的组织形式，可大致分为两种类型：第一类是以图书馆、信息中心、统计局及其他政府信息服务机构等为代表的非营利性信息机构（或称公益性信息机构），第二类是以信息咨询公司、网络信息公司等为代表的营利性信息机构。有时我们也把某个组织（如企业、政府部门等）内部专门从事信息管理与市场研究的部门称为信息机构，这类信息机构不是独立的机构，而是依附于特定的组织，作为组织内部下设的部门存在。对于营利性信息机构，其管理内容和模式与其他的营利性机构（如企业）基本上是相似的；而非营利性信息机构由于自身公益性的定位，其管理工作显得更为复杂，这也是本章所要重点关注的问题。

9.1 信息机构的类型与职能

9.1.1 信息机构的含义及类型

随着国民经济的发展和社会进步，国民经济产业的结构和内容总是处于不断的变革之中，在社会发展的不同阶段有着不同的产业结构和主导产业。美国著名的经济学家马克·尤里·波拉特（Marc U. Porat）于1977年使用“四分法”将社会产业区分为农业、工业、服务业和信息产业四大产业部门。在此基础上，波拉特专门研究了四类产业的信息机制，考察了非信息产业（农业、工业和服务业）中的信息投入与产出效益，指出：除信息产业外，非信息产业中也存在信息部门。

在国家信息部门产业结构研究中，波拉特依据信息产品或服务是否进入市场交易为标准，将国家信息部门划分为一级信息部门（primary information sector）和二级信息部门（secondary information sector）。一级信息部门指那些向市场提供价格信息商品或服务，参与市场交换的部门，这是信息市场的主体，主要包括专门从事知识生产、分配、传播、信息服务以及信息技术设施生产的产业部门。二级信息部门指那些满足政府或信息企业内部消费而提供信息生产与服务的部门。在政府部门和各种企事业部门内部也存在着信息劳动、信息产品和服务的生产和消费，它们与一级信息部门的区别在于这些具有经济意义的信息活动，其价值不是通过市场交换，而是通过非商品化的分配形式来实现的。

波拉特对于信息产业和信息部门的研究为我们进一步考察信息机构提供了很好的基础。关于信息机构的含义，我们可将其概括为：信息机构是实施信息搜集、加工、分析、储存、传递等有关信息管理活动的组织形式，它普遍存在于各种产业形式中，并且在国民经济和社会发展中具有与日俱增的地位与作用。

首先，信息机构是信息资源的核心加工者，是信息资源开发利用的主体，是信息转化为资源、财富和生产力的主要媒介。进入信息时代以来，社会生产力的发展出现了质的飞跃，形成了以创造型信息劳动者为主体，以再生性信息为主要劳动对象，以信息产业为主导产业的新一代信息生产力。在这种生产条件下，产品中的信息成分，总财富中所包含的信息财富比重都在不断上升。习近平总书记指出："当今时代，数字技术、数字经济是世界科技革命和产业变革的先机，是新一轮国际竞争重点领域，我们一定要抓住先机、抢占未来发展制高点。"当前，信息化数字化浪潮席卷全球，方兴未艾，创新性、渗透性、辐射带动性日益凸显，在世界范围内不断引发新变革、创造新机遇，加快信息化发展、推动数字化转型成为抢占先机、赢得未来的必然选择。信息作为一种重要的资源在现代经济活动中扮演着越来越重要的角色。因此，信息资源的开发、利用程度和信息机构的管理水平决定了一个国家的经济和科学技术的发展水平。加强信息机构的管理，提高信息机构开发和利用信息资源的效率，将直接影响生产力的发展。

其次，信息机构的生产运作具有高关联度。关联度是衡量某一机构与其他机构关系密切程度的一个概念，是指信息产业部门对其他产业部门产品或服务的需求程度，或者是指其他产业部门对信息产业部门的产品或服务的需求程度。由于信息传播和信息技术的特点，使信息产业机构与其他产业之间的关联日益密切，促使经济发展的模式由物质经济向信息经济转换。信息机构渗透和服务于社会经济的各个领域，由于其强烈的连接功能，更是从系统优化的意义上提高了社会经济的整体效益①。

结合波拉特对信息部门的划分方法，我们将信息机构划分为如表 9-1 所示的类型。

表 9-1 **信息机构的类型划分类型**

类型		举例
独立的信息机构	公益性信息机构	如：图书馆、科技信息服务机构
	营利性信息机构	如：搜索引擎公司、信息咨询公司、网络信息公司等
组织内部的信息机构		如：政府内部信息部门、企业竞争情报部门

如表 9-1 所示，在第一级的分类上，我们很大程度上沿用了波拉特关于第一信息部门、第二信息部门的划分方法，独立的信息机构对应于第一信息部门，其信息产品和服务是面向市场或公众这类外部对象的。在第二级的分类上，我们将独立的信息机构又细分为公益性信息机构和营利性信息机构两类。组织内部的信息机构对应于第二信息部门，这类机构不是独立的机构，而是依附于特定的组织，作为组织内部下设的部门存在，其生产的信息产品和服务只是提供给组织内部，而非面向市场或公众。

在独立的信息机构中，公益性信息机构以无偿服务方式为主，不收或只收少量费用，如图书馆、档案馆等，多由政府支持或其他组织支持。我国公益性信息机构包括国家各级档案馆、科技部所属中国科技信息研究所及各省（市）科技信息所、中国科学院系统图书馆、大学图书馆和公共图书馆等，其职能主要是对社会进行基础性信息资源配置，利用自身信息资源，向社会提供公益性信息服务。随着信息服务行业的发展，公益性信息机构的发展出现了两个发展特征，一是有偿服务成分不断增加，成为其中的重要方面并且在经济上、观念上支持和推动无偿服务的良好开展；二是从公益性信息机构

① 孙瑞英，马海群．信息机构管理优化与 X 效率提高策略［J］. 情报理论与实践，2006（6）：685-689.

中分离出部分经营性信息机构，极大地丰富社会信息市场。

营利性信息机构是完全按市场经营方式运作的信息服务机构，以有偿服务方式为主，如各种信息咨询公司、数据信息中心等，一般都是非政府资助，专门从事信息市场服务、信息经纪服务、信息开发服务、信息咨询服务、信息技术服务、信息产品服务、信息网络服务等。营利性信息机构是所有信息机构中数量最为庞大的，主要包括各类搜索引擎网站、数据库公司和信息咨询公司等。营利性信息机构完全是在市场中参与竞争，优胜劣汰，其收益主要来自于市场。目前国内外著名的网络信息公司有 Google、Amazon、百度、腾讯、盛大等；著名的数据库公司有 OCLC、John Wiley & Sons、清华同方、维普、万方等；著名的信息咨询公司有美国兰德公司、日本野村综合研究所、国内的艾瑞、赛迪等。在社会信息化条件下，营利性信息机构发挥着越来越重要的作用，成为信息产业中信息服务业的主导成分，其所有制形式的多样化、经营管理的灵活性、服务项目的特色化、技术手段的先进性、服务格局的市场化等特点，使信息服务业的规模在数量上和质量上都得到了扩大①②。

9.1.2 信息机构的职能

（1）促进科技创新

科技信息资源的建设是科技信息机构的立业之本，是信息服务的内核。科技信息机构注重结合区域产业经济发展的需求与特点，做好信息资源——国外内科技报告、学位论文、专利和标准等深度发展和加工工作。

党的二十大报告提出，要加强科技基础能力建设，强化科技战略咨询，提升国家创新体系整体效能。目前国家正面临重大战略需求以及新一轮科技革命和产业变革的重大方向，前瞻谋划、统筹布局各类科技创新条件平台和共享服务网络建设，系统布局任务导向型、应用支撑型、前瞻引领型、民生改善型、公共平台型设施建设，加快构建布局合理、技术领先、运行高效、支撑有力的重大科技基础设施体系。

（2）为政府部门提供决策支持

面向政府部门服务的信息机构，其职能在于促进改善政府机关的信息环

① 柯平，陆行素，曾伟忠．试论我国图书馆与其他信息机构优势互补协调发展[J]．图书馆工作与研究，2009（6）：12-16.

② 党跃武．现代信息机构管理［M］．成都：四川大学出版社，2000：54-55.

境；满足政府机关人员的日常信息需求；为管理者提供一个可供选择的信息收集与分析的渠道以及为政府机关工作提供后援支持。主要包括：①参与制订政府部门信息化工作的规划以及相关政策、规范和标准，并推动其实施。②根据政府机关工作人员的需求，改善各类决策相关信息的可获得性和易存取性，特别是收集和提供那些不易获得的灰色文献、互联网信息、国外信息和自下而上的意见与建议等，并以多种适当的方式传播。③针对政府部门的一些突发事件、复杂问题和不同程度的危机，进行相关重要信息的采集、整理和验证等工作，满足决策者的情报需求。④开发与引进能够提高工作效率的辅助性工具，以及协助进行信息产品与服务的政府采购，为政府部门的业务工作提供必要的支持①。

近年来，我国致力于加大政务信息化建设统筹力度，强化政府数字化治理和服务能力建设，建立完善基于大数据、人工智能、区块链等新技术的统计监测和决策分析体系。随着政府管理工作从微观管理向宏观管理、系统管理向社会管理的转变，以及创新型国家建设的不断推进，特别是区域创新战略需要独立和高层次思想库的支持，信息机构面向政府的信息研究工作愈发凸显重要。为政府管理部门决策提供前瞻性、战略性和针对性的信息服务具有广泛的市场需求。信息机构要运用定性和定量相结合的系统分析和论证手段、跟踪世界范围内行业领域的发展前沿，分析行业发展动态与趋势，为领导决策提供具有超前性的决策参考信息②。

（3）服务企业

企业是经济活动和技术创新的主体。随着国内外市场竞争的加剧，企业感受到的竞争压力越来越大，对信息的需求日益迫切，不仅需要科技信息，同时还需求竞争情报、经济信息等。为了应对日益加剧的市场竞争，企业纷纷开始重视和开展情报信息工作，以支撑企业战略决策、技术创新和市场经营等活动。美国通用汽车、柯达、摩托罗拉等公司都建立了正式的情报部门，监督管理情报工作，许多公司都把“商业情报”和“竞争者分析”作为战略规划的主要组成部分③。

① 孙平，梁战平．关于我国政府部门直属信息机构职能设计的构想［J］．情报理论与实践，2004（6）：622-624.

② 朱祥枝．科技信息机构业务定位和人才队伍建设探讨［J］．情报探索，2008（11）：3-6.

③ 贺德方．我国科技情报行业发展战略与发展路径的思考［J］．情报学报，2007（4）：483-487.

针对企业的信息研究主要包括：①开展行业分析研究，尤其是对所在区域的重点行业进行跟踪和分析，为产业结构调整、优化和可持续发展服务，并协助企业降低信息获得的成本；②开展市场调研，为企业经营及市场开拓服务；③开展竞争情报业务，包括企业生产技术情报服务、专利技术信息的开发利用、企业市场信息的查询和分析、对行业动态及竞争对手的跟踪服务等，指导企业建立竞争情报体系，增强企业的核心竞争力①。

（4）支持科学研究与发展

信息机构开展的信息工作可为科研活动提供3个层面的支撑。一是科技文献保障，科研人员在进行科学研究过程中，必须把握前人已积累的知识与经验，同时还要获得别人正在从事的有关研究情况，这就必须有世界范围内、可获取的和准确的科技文献作为保障。科研人员需要信息专业人员（特别是科技信息专业人员）对全世界范围内的多文种、多学科和多媒介的海量科技文献的动态跟踪服务。二是技术监测与分析，通过文献计量学理论与方法和文本挖掘等情报技术，科技信息人员可以动态监测与分析技术发展状态和趋势，以及当前的研究热点和未来发展方向等。三是科研活动的评估评价，通过检索查新可以对科研成果的创新性进行科学的评估评价，评估评价科研活动的水平②。

目前，国内外科技信息机构在针对科学数据的研究和应用方面表现出一些趋势：①国际组织越来越重视基础性科技信息资源的整合共享，如国际科学联合会理事会（ICSU）、国际科技信息联委会（ICSTI）、国际科技数据委员会（CODATA）和世界数据中心（WDC）这4个在国际科学界有影响力的组织正在走向联合，由此带来了网络环境下科技文献、科学数据等科技信息资源的融合。②图书馆、科技信息研究机构正在面向服务对象，拓展传统的文献服务领域，广泛集成各种数据资源，同时收集科学数据、文献服务和网络信息等资源，并探索建立各类资源间的关联；部分科技信息机构还在尝试采用E-science的架构进行科技信息资源、计算机资源和网络资源的整合。在科学研究与发展方面，科技信息机构运用信息技术实现信息资源、知识资源和工具方法的整合，为科研人员提供基于科学数据和科技文献的增值服

① 朱祥枝．科技信息机构业务定位和人才队伍建设探讨［J］．情报探索，2008（11）：3-6.

② 贺德方．我国科技情报行业发展战略与发展路径的思考［J］．情报学报，2007（4）：483-487.

务，从而满足日益发展的科学研究创新的需要①。

（5）其他社会功能

各类文献信息是知识的重要载体。信息机构工作中的重要内容是对文献信息进行搜集和加工，对知识进行组织和序化，并开发建设知识传播的手段和媒介，从而社会各界才能方便、快捷和有效地获取知识并进一步利用知识。因而，信息机构的工作对人类社会的知识传播具有重要的作用。

随着全球经济一体化和知识经济的到来，人类已从工业化社会过渡到信息化社会，信息素养（Information Literacy）被公认为是现代公民综合素养的基础。信息素养的本质是全球信息化需要人们具备的一种基本能力，包括能够判断什么时候需要信息，懂得如何去获取信息，如何去评价和有效利用所需的信息。开展信息素养教育、培养信息意识和信息能力已经成为当今世界关注的话题。我国也强调要实施全民数字素养与技能提升计划，扩大优质数字资源供给，鼓励公共数字资源更大范围向社会开放。以图书馆为代表的信息机构，作为国家文化事业的重要组成部分和社会文献信息中心，拥有多元化的文献信息源、各种现代化设施、经验丰富的馆员队伍和良好便利的学习环境，可充分利用自身优势，在信息素养教育工作、提高公众信息素养方面发挥重要作用。

9.2 信息机构的运行与管理

信息机构的活动包括作业活动（业务工作）和管理活动两大部分。信息机构是直接通过作业活动来达成组织目标的，同时为了确保这一基本过程顺利而有效地进行，还需要开展另一项活动——管理。管理是促进作业活动实现组织目标的手段和保证，加强信息机构管理是信息机构实现高效率的前提保障。

9.2.1 信息机构的运行机制与运行效率

机制是指事物自身运行调节的方式与规律，它直接决定着事物自身的运行效率。信息机构的运行机制可用汽车行驶图来形象描述，如图 9-1 所示。

图中各因素之间的关系可用公式表示：

---

① 彭洁，徐勇．科技信息机构从事科学数据研究的趋势和可行性分析［J］．图书情报工作，2009（20）：47-50.

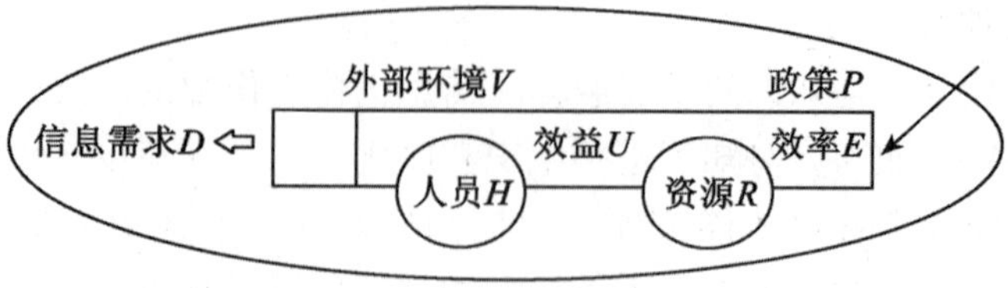

图 9-1　信息机构的运行机制图

$(U, E) = f(D, P, H, R, V)$

式中，(U, E) 表示衡量信息机构的发展状况和水平必须考虑的两个因素，即效益和效率问题，$f(D, P, H, R, V)$ 表示左右信息机构发展的影响因素。效率和效益是两个有联系但并不相同的概念，效率涉及的只是活动的方式，它与资源的利用相关，只有高低之分而无好坏之别；效益则涉及活动的目标和结果，不仅具有高低之分，而且可以在好和坏两个方向上表现出明显的差距。在效益为好的情况下，高效率无疑会使信息机构的有效性增大。一个信息企业的效率可能比较高，但如果所生产的信息产品或提供的信息服务没有需求，或者说不能满足信息用户的需要，这样效率越高反而会导致有效性越差。加强信息机构的管理，就是要保证信息机构在正确的效果的前提下，实现高效率。

$f(D, P, H, R, V)$ 表示左右信息机构发展的影响因素，分别是用户的信息需求、政策、人员的素质、所拥有资源的多寡、外部环境与内部环境。其中，需求是最主要的因素，信息机构的运行必须以满足用户的需求为基础。政策（包括财政政策、人才招聘政策、外贸政策、产业政策等，其中产业政策是核心）是加速信息机构发展的助推器。人才处于十分关键的位置，尤其是负责关键岗位和核心业务的人才，其素质如何将直接影响到信息机构的发展速度和水平。资源指信息机构运行过程的投入，有些资源是有形的、显性的，如以现金、有价证券等反映的财务资源，以信息机构的地理位置、设备的先进性程度等反映的实物资源，以专利、商标和专有技术所有权体现的技术资源；另一些资源则是无形的、隐性的，如员工的知识和智慧，相互间的信任和协同工作的方法，信息机构在社会上的声誉以及对外联系的特有方式等。信息机构所拥有的资源是其独特能力的基本来源，是其满足用户信息需求的保障。环境对信息机构的正常运行有着重大影响，信息机构不能孤立地看待外部环境的影响，而必须结合自己的内部条件来识别外部环境对于本机构的机会和威胁①。

9.2.2 信息机构的管理策略

9.2.2.1 战略规划

战略规划是确定一个信息机构发展方向的关键。在通过战略规划确定方向的过程中，首先应确定信息机构的任务性质——该机构应该是怎样一个机构，它应该提供什么服务和为谁服务。最重要的是，信息机构从一开始就要找到并保持自己合适的位置，在具有相对优势的领域中进行投资。这样，才能既为社会提供优良的服务，又可使其自身成为具有活力和财力的机构。

战略规划与简单地制订一项长期的财务计划是不同的。对一个组织的未来财务状况进行预测有助于管理部门预见到内、外部因素的变化对组织目标和财政利益的影响，但这并不是组织的战略定位。

规划过程的重点应放在“战略”方面，即着眼于未来对组织的性质和方向起决定作用的选择上，而不是对未来经营情况作简单的预测。构想一个成功的战略规划，应遵循以下几个相协调的步骤：

（1）任务的确定

制定战略规划过程的核心在于明确信息机构所要完成的任务。这似乎是显而易见的，但很多信息机构并未确定它们的任务，至少是没有具体化。如果一个机构没有明确的任务，它就难以合理地分配资金，也不能明智地使用人员。任务的确定为机构做出种种决策提供了方向和边界。

（2）评价竞争对手的行为

尽管我们这里讨论的包括有公益性信息机构和营利性信息机构，但竞争对于每一个信息机构来说都是客观现实。实际上，信息机构为得到公众的资助、为招聘优秀的人才、为争取最好的项目和为其工作能得到最大关注而进行着竞争。一个信息机构的行动计划很可能受到其竞争对手行为的影响。因而，信息机构应认清与其实力相当的竞争对手，对这类对手的活动和行为进行跟踪并定期作一个竞争者分析报告。

（3）外部环境的评价

除了分析竞争对手外，信息机构也必须关注它所在竞争环境的未来发展，特别要密切注意该机构赖以生存的外部环境的变化。可能难以预料未来所有的变化，但至少应该注意到那些会给本机构带来不利影响或提供机会的

---

① 孙瑞英，马海群．信息机构管理优化与X效率提高策略［J］．情报理论与实践，2006（6）：685-689.

可能性。也应估计到，其他机构可能也会调整它们的方向，并且会更激烈地争夺自己的收入来源和市场。

（4）支出和收入的预测

制订成功的战略规划还要求尽可能准确地预测未来几年的财务支出和收入，以及估计经济趋势变化对这些预测的影响。非营利信息机构的支出是指事业单位为开展业务活动和其他活动所发生的各项资金耗费及损失以及用于基本建设项目的开支，包括事业支出、经营支出、对附属单位补助、上缴上级支出、基本建设支出等。它的收入是指信息机构为开展业务活动，依法取得的非偿还性资金，包括财政补助收入、上级补助收入、事业收入、经营收入、附属单位缴款、其他收入和基本建设拨款收入等。对信息机构支出和收入趋势的预测，是判断机构未来财政能力是否得以支撑和保证计划目标完成的重要依据。

（5）制定具体目标

在上述步骤之后，信息机构就应该制定出在某一段时间内要实现的具体目标。正如科特勒所指出的，“目标”和“任务”是不同的，前者是机构应在一定时间内达到的具体目标，而后者是机构制定具体目标所要达到的“基本目的”。当目的以可衡量的形式表达出来时，就成为该机构的具体目标了。例如，一个图书馆将自己的长期“任务”定义为“传播知识，服务社会”。它在某一年的目标是“增加社会科学类图书采购量”，而具体目标是“当年的社会科学类图书采购量增加30%”。

（6）建立工作规范和反馈机制

信息机构的整体规划应建立在每个机构具体目标的基础之上。这样，该规划就可以作为评估各部门履行职责情况的参考。有人认为，非营利机构的目标本身就含糊不清，因而难以衡量。但从财务的角度看，一个部门不是一个“营利中心”并不意味着不能建立自己的具体目标和制定评价达标的标准。正如组织管理评论家彼得·德鲁克所指出的：“乍一看来，对于服务性机构完不成任务的情况，最巧妙而似乎又合理的解释就是这个机构根本无法制定可行的目标，因此也无所谓有其结果。这种说法充其量也只讲对了一半。在一个服务性机构中，究竟如何给‘我们的事业’下定义，通常是很模糊的。……对于‘消除种族歧视’也同样难以下一个明确可行的定义，更不必说如何来衡量了。但是在建筑方面需要增加黑人徒工却是一个定量的目标，其结果是可以加以衡量的。”

信息机构试图为各部门建立目标的评估体系和工作规范是很有价值的。工作规范的制定过程应该自下而上，首先由各部门起草各自的目标，然后经各层次的员工讨论，再报最高管理部门审议，最终形成机构的主要目标。机构内各部门应争取在其规定时间内达到所制定的具体目标。到了年末，高级管理部门应评价其目标的实现程度，并以此作为确定下一年度工资水平的参考标准。该过程从制定员工工作目标到根据所完成目标的状况对员工进行奖励，形成了整个循环。这种过程总的目的在于使得为目标而管理的观念成为信息机构文化的一部分：使每个人都承担起在有限资源的条件下达到目标的义务。

9.2.2.2 履行管理的各项职能

信息机构的管理是在特定的环境下，对信息机构所拥有的各种资源进行有效的计划、组织、领导和控制，以便达成既定的组织目标——为信息用户服务。这个过程实际上是由一系列相互关联、连续进行的活动或职能所构成的。具体包括：

①计划。信息机构存在是为了实现特定的目的——满足信息用户的各种信息需求，实现全社会信息福利的最大化。因此就需要考虑如何实现既定的目标和应该采取什么样的行动方案，这就是管理的计划职能。计划是在预见未来的基础上对信息机构活动的目标和实现目标的途径做出筹划和安排，以保证信息机构活动有条不紊地进行。计划工作的内容包括对信息机构所处的环境的分析与预测，信息机构如何以信息用户的需求为指向，向信息用户提供什么内容的信息产品或信息服务，采用何种方式提供这种产品和服务，以及将这些决策与信息机构的各种资源与人员有机地结合起来。

②组织。一家信息企业、一个非营利性的信息机构，都要把总体的任务分配给信息机构的各个成员、各个部门去承担，建立起它们之间相互分工而又相互合作的关系，这种关系就形成了一种框架或结构。信息机构组织工作的目的就是要建立一种能产生有效的分工合作关系的结构。信息机构必须认真思考如何科学建立信息机构的内部结构，这样才能调动信息机构所有的资源和人力更好地开展活动。

③领导。信息机构是由人力资源同其他资源有机结合而成的，人是信息机构中唯一具有能动性的因素，信息机构的领导者首先必须能够了解被领导者的愿望并帮助他们实现各自的愿望，采取有效的激励措施，调动员工的积极性。领导者要善于与被领导者沟通，营造组织气氛，建设组织文化。领导者不仅要对各种激励因素做出反应，而且常常需要利用所创造的组织气氛和组织文化去激发或抑制某些激励因素，使员工保持高昂的士气和良好的工作意愿。

④控制。为了确保信息机构目标及为此制定的行动方案顺利实现，管理

人员必须自始至终地根据计划目标派生出来的控制标准对信息机构的各项活动的进展情况进行检查，发现或预见到偏差后及时采取措施予以纠正，实现对信息机构各项活动的有效控制，同时信息机构的管理者还要根据信息机构内外部环境的变化，对信息机构的战略计划目标和控制标准进行修改和重新制定，以保证信息机构在今后的健康发展。

9.2.2.3 以流程再造为导向的信息机构组织结构设计

传统的信息机构是以手工操作和计算机操作相结合的半自动化作业方式，一项业务活动的开展过程往往需要由几个专业化部门来共同承担，从而产生了频繁的跨部门联系和协调的需要。为此，配备了多个管理人员，并制定了细致严密的工作程序规则，希望通过这些指挥和程序规范等措施确保工作能按部就班地进行。然而，这种“先分后合”的传统组织设计方式导致了信息机构各部门的人员只是习惯于“对内”就各自所承担的局部工作负责，“对上”遵照指示执行，而缺乏以全局、外向的眼光对整个业务流程及其所服务的信息用户负起全面责任，结果管理者疲于协调也终究改变不了整个流程效率低下、信息用户满意度低、对信息市场变化反应迟缓等问题。目前，信息机构正在加大数字化转型力度，《“十四五”数字经济发展规划》中指出，数字化服务是满足人民美好生活需要的重要途径。数字化方式正有效打破时空阻隔，提高有限资源的普惠化水平，极大地方便群众生活，满足多样化个性化需要。面对信息用户日益更新的需求、市场日益激烈的竞争、环境日益频繁的变化，信息机构须彻底改变传统的工作组织方式，将工作流程涉及的一系列跨职能、跨部门边界的工作活动集成和整合起来，以一体性工作流程来取代以往的被各部门割裂的、片段黏合式的破碎工作流程。这样才能迅速适应信息市场的变化，提高信息用户的满意度，提高信息机构的运行效率。

9.2.2.4 强化激励

按照组织效率理论，员工行为动机的强烈程度、理性努力程度是一个变量，在外界条件一定时，个人留有选择努力程度的余地。据哈佛大学一位教授研究后发现，人在无激励情况下，只能发挥个人潜能的20%~30%，通过适当激励就能发挥出80%~90%，而发挥程度取决于激励程度。信息机构可采取下列措施对员工进行激励：

①实行工效挂钩。将员工的报酬与那些可观察、可计量并且反映员工工作努力程度的变量挂钩，是目前一种有效的激励方法。

②运用“晋升激励”。根据马斯洛的需求层次理论，人的需求是多方分层次的，人总是为满足自己各层次的需求而努力。通过制定并实施优秀人才

选拔的制度和方案，建立后备人才库，利用晋升及强化心理预期的方式来激励员工，有利于培养信息机构骨干队伍。

9.2.2.5 从人本管理到知本管理

人是信息机构各种要素中最能动的要素，其他要素发挥作用必须依靠人员作用的有效发挥。所谓人本管理就是以人为本，即信任人、尊重人、关心人、理解人、激励人、培养人。领导把主要精力放在员工身上，关注他们的感情和相互之间的人际关系，以及员工个人的成长和发展等。管理者应尊重、体谅、关系和支持下属，提高组织成员的满意程度，并加强群体的团结，提高工作的效率。以人为本的管理，不仅是一种使员工努力工作的手段，也是一种目的。其目的就在于使员工在工作中成长为一个人格完善、全面发展的人。信息机构不仅要从整体上、战略上进行管理，还要从个体上即从每个员工入手进行管理，同时要坚持做好员工教育培训工作。

以人为本的升华就是以能为本，通过有效的方法，最大限度地发挥人的能力，从而实现能力价值的最大化，把能力这种最重要的资源作为组织发展的推动力量，实现组织发展的目标和组织创新。

以知为本，就是要考虑如何能够激励和活用人员的知识，使人员能够做出可持续的贡献，使人员愿意将其知识用于他们的工作，提高整个信息机构的运行效率①。

9.2.3 信息机构核心竞争力的识别与发展

核心竞争力的概念是由美国著名管理学者普拉哈德和哈默尔提出的。他们认为，企业的成功不再归功于短暂的或偶然的产品开发或灵机一动的市场战略，而是企业核心竞争力的外在表现，即能使公司为客户带来特殊利益的一种特殊技能或技术。

在当前信息环境中，由于信息传递和存储的低成本，使新信息机构大量产生，不仅使传统信息机构丧失了其独特的资源优势，新兴的信息机构之间，也面临激烈的市场竞争。为了获取和保持信息机构的竞争优势，核心竞争力的概念被大量引入信息机构的管理当中。

9.2.3.1 信息机构核心竞争力的识别

由于每个组织的资源组合不同，因此不存在完全一模一样的组织。识别就是发现组织内具有的独特的竞争能力和能带来用户价值的资源组合。

① 孙瑞英，马海群．信息机构管理优化与X效率提高策略［J］．情报理论与实践，2006（6）：685-689.

（1）价值识别

组织内有很多有价值的资源，但是，并不是有价值的资源就能够成为组织的核心竞争力。在企业中，核心价值观是反映企业根本目标和生存的原因，是企业核心竞争力的内核，虽然依据不同企业，有不同的人才、信誉、消费者等不同企业的核心竞争力，但这都是能够遵循核心价值的。实践表明，核心价值观的确立是在行业中领先的企业获得竞争优势的决定因素。

在信息市场的调查中显示，对用户的信息需求起决定作用的主要因素是信息的利用价值，占到80%左右。因此，围绕消费者进行的信息活动应该是信息机构核心竞争力的内核。其所有具体的技术与能力都应该围绕用户行为和用户价值满足来开展，这就包括与用户进行接触的界面上的各项活动。可以通过三个问题来确认信息机构的核心竞争力，即：为什么为用户服务、如何为用户服务和为用户提供什么内容的服务，在此基础上的价值识别才能保证信息机构的核心竞争力是长期性和有市场发展前景的。比如提供消费者的信息内容判断、提供消费者网络检索工具、提供消费者专业信息等，都能够成为信息机构的核心竞争力。技术、人才、用户数量、丰富的信息资源等都是具有很高价值的资源，但是，不能围绕这些内容形成核心竞争力，它们仅能成为核心竞争力资源组合的一个部分，是为核心竞争力服务的资源。

（2）比较优势识别

信息机构具体通过什么方式形成自己的核心竞争力，需要依靠信息机构自己所具备的条件和所处的环境来决定。比较优势识别是通过比较组织要素禀赋结构上的优势发现组织的特殊优势。

由于组织要素禀赋结构的不同，我们可以在市场上区分出处于优势地位的组织和处于劣势地位的组织。例如，从国家的技术发展情况来看，比较优势研究表明，虽然发达国家在技术发展上有优势，但是发展中国家的技术变迁速度可以快于发达国家。

同样，通过比较优势战略的相关理论，信息机构可以依据自己不同要素禀赋特点来发挥自己的比较优势，以此来提升自己的要素禀赋结构，进而形成自己的核心竞争力。

9.2.3.2 信息机构核心竞争力的发展

核心竞争力的形成对信息机构十分重要，更重要的是保持和发展这种核心竞争力，扩展核心能力使之能够同时应用于多个不同的任务，将局部能力发展成为整体能力，使信息机构能在较大范围内满足信息用户的需求。

信息机构应该明晰自身的核心竞争力，使之成为完整的知识体系，并充分完善和提高其价值。在此过程中围绕核心竞争力整合信息机构的知识资源并与实践活动相结合，知识资源包括来源于一些已知文献的显性的知识，以及来源于组织内外专家和技术人员的隐性知识。同时，要将核心竞争力与信息机构的其他资源要素有机结合起来，整合信息机构中的信息资源，形成有机的集成优势和集成管理创新。

从核心竞争力的角度看，具有不同独特能力的企业组织的联盟，可以有效控制和利用战略资源和市场，形成广泛巨大的优势。由于信息技术的发展和信息机构的日益增多和分化，为在信息市场上形成战略联盟创造了条件。目前已经逐渐发展的各类各具特色的信息机构如专业检索机构等为战略联盟的形成创造了条件，同时，战略联盟又能够建立强有力的依存关系，在形成的联盟中更能突出和保护自身核心能力①。

9.3 公益性信息机构及其管理

9.3.1 公益性信息机构的性质与定位

公益性信息机构从概念上来看，与“公益性信息资源”“公益性信息服务”这两个概念密切相关，三者都围绕“公益性”这个本质性质。我们将公益性信息机构界定为非营利机构的一种，非营利机构反映的是社会发展过程中出现的一种基本社会的组织形式，进行公共产品的资源配置，其运营不以追求利润为目的。公益性信息机构通过公益性信息服务向用户提供公益性信息资源，满足用户的需求。根据公益性信息机构的本质性质，其管理方式主要是以政府管理为主导，而随着信息市场的发展以及信息机构组织的变革，市场管理方式的引入也成为公益性信息机构管理的有益补充。通常我们会将公益性理解为“免费”和“无偿”，而公益性信息机构、公益性信息资源、公益性信息服务的公益性不全指无偿，其是指主要采用无偿或低价服务，让广大用户能够较为公平便利地获取所需的信息资源，但不以营利为目的，其服务效益主要是社会效益和间接的经济效益。

公益性信息机构主要由以下三类组成：一是隶属于各个政府部门的信息中心、情报所等，主要提供经济数据、科技信息、政策法规信息、科研文献

① 曾立．信息机构核心竞争力的识别和拓展［J］．现代情报，2007（1）：78-79，82.

等信息资源以及各类信息咨询服务，这类机构主要是采取政府管理的方式；二是图书馆，包括国家图书馆、地方图书馆、大学图书馆等，主要从事图书、报刊、文献、科研论文数据库和相关多媒体信息资源的提供服务，这类机构主要由归属于文化系统、大学来统一管理；三是面向社会的信息研究所、信息服务中心，其与政府部门的隶属关系逐渐淡化，也逐渐脱离政府管理方式，在政府的支持下，由事业型机构转型成为向社会提供公益性信息服务的社会组织。丰富的信息资源是信息机构天然的资源优势，随着自身科研能力的增强，信息机构也由原先单一的信息提供，发展成为集信息研发、生产与服务为一体的新型组织，其也被逐步定位成非营利性-研究型的信息服务机构。因此，对于非营利性的公益信息机构来说，其管理的本质在于：第一，要找到有利于推进其信息服务事业更有效率、更经济的管理模式。第二，要在政府投资日益减少的情况下吸引或获取足够的经费，以保证信息机构完成它们的社会使命。这些经费可以是政府或基金资助、私人或公司捐赠、机构的营业收入，但无论如何，一个非营利信息机构为了生存，至少要做到收支平衡。这是现代公益性信息机构的管理重点。

9.3.2 公益性信息机构的经营思想

我们看到，在很长一段时间里公益性信息机构的运行主要依靠政府或他人捐赠所获得的资金。由于信息机构自身创造利润的局限以及政府对信息机构的投资日益减少，造成公益性信息机构在财务上的困境。为了改变这种被动的局面，公益性信息机构需要改变本机构的价值观念以及对待自己与用户的态度。信息机构的公益性性质与市场运作和企业管理并不矛盾，在当前的环境下，公益性信息机构可以而且也需要具有经营思想，开展经营行为，采取市场管理的手段来提高信息服务的质量。

非营利性组织向社会提供的是公共物品，作为非营利性组织的公益性信息机构提供的是公益性信息资源，公益性信息资源也属于公共物品的范畴。这里需要先介绍两个相关概念：排他性和竞争性。排他性是一种可以阻止一个人使用一种物品时该物品的属性，突出的表现就是收费。竞争性是一个人使用一种物品会减少其他人使用时的该物品的特征。所谓公共物品，是指不被一个人消费的物品，又可分为纯粹的公共物品和准公共物品，如表 9-2 所示。其中，纯粹公共物品是既无排他性又无竞争性的物品，准公共物品根据物品对排他性和竞争性侧重的不同，分为两类：①有竞争性但无排他性的物品；②有排他性但无竞争性的物品。

表 9-2 **公共物品的分类**

	排他性	非排他性
竞争性	私人物品	准公共物品
非竞争性	准公共物品	纯粹公共物品

对于公共物品的界定，比较严格的条件是要求该物品需要同时具有非竞争性和非排他性，即纯粹的公共物品。而如果对于非竞争性或非排他性当中的任一条件有所减弱时，该物品就变成了准公共物品。在现实生活中，纯粹的公共物品越来越稀少，对于公共物品的判断也越发集中在非竞争性的特征上面①。共享性是信息资源的重要特征，可以无损耗地提供给众多用户利用，这就决定了信息资源具有非竞争性。在这个意义上，假如信息资源是作为公共物品的话，那么它可以是排他性的，也可以是非排他性的。收费是排他性中最为突出的表现之一，公益性信息机构所提供的信息服务可以是免费的，也可以实行收费，只要信息服务是非竞争性的（即可以供众多用户共同利用)，那么我们可以认为这种信息服务就属于公益性的。由此看到，公益性信息机构的公益性质与其所提供的信息服务是否收费之间不再是严苛的对应关系。公益性信息机构在坚持其非营利性-研究型定位的基础上，可具有经营思想和营利行为，在提供免费信息服务为主的同时，对高端和增值的信息商品和服务可以实行收费。

确定了实行有偿信息服务的合理性，公益性信息机构还需要采用“市场导向”策略，随时了解市场的需求，以满足顾客不断变化的需求，而不是主观想象公众需要什么。同时公益性信息机构需要计划如何最好地利用自己特有的优势，充分利用相对优势通过本机构自己的活动去获取资金的种种机会，包括政府支持、企业赞助、社会捐赠等多种资金来源，并将通过多种渠道获取的资金转化为资源，从而产生更大的社会效益。

近来，档案信息资源的增值开发备受关注，档案馆通过档案文化产品销售、档案珍品复制、档案编研出版、档案改编影视剧作品、档案主题展览、档案专题讲座、档案数字化资源在线利用等形式对馆藏资源进行增值开发，实现一定程度的盈利。如美国国家档案馆不仅在其展厅的出口处设有专门的纪念品商店，出售其开发的档案文化产品，还在国家档案馆网站上专门设有

① 马费成，等主编．信息经济分析［M］. 北京：科学技术文献出版社，2005：68-69.

myArchives 网上商店。网上商店分为“书籍和礼品店”“打印纽约时报店”和“出售复制品和缩微胶卷”三部分。公民可以根据自己的兴趣和需要购买承载档案信息的服饰、书籍、海报、配饰、家居和办公用品等。此外，商店还提供订单式服务，用户可根据自己的需求向档案馆提出产品要求，档案馆为其量身定做产品①。

再以图书馆为例，目前由于新媒体、社会信息机构的快速发展及自身服务方式落后等问题，图书馆已经面临着较为严重的用户流失问题，要想在新环境下吸引读者、留住读者，亟须转变传统的经营思想，树立“以用户为中心”的管理理念；在公益性服务的同时，可适当开展多种类型的有偿信息服务，使其由原来的单纯的公益性事业管理转型成为以公益性为主导的多元化管理模式。如充分利用丰富的馆藏资源制定数字发展战略，积极采用新媒体等网络信息技术改进服务手段等，为读者提供更优质的服务。

需要指出的是，公益性信息机构与营利性信息机构不同，虽然可以投入市场化运作，但是不能以营利为主要目标。公益性信息机构的管理者必须使其机构处理好推动社会公益服务和促进机构自身的生存与福利这两个目标之间的关系。

9.3.3 公益性信息机构的协作管理

随着信息技术的飞速发展，公共信息服务已经成为推动社会发展和促进经济增长的引擎。公共信息服务是一种开放性的信息服务，即以包括各行业用户在内的公众为对象，以提供公共信息发布、交流和利用服务为内容，以服务于社会为目标的社会化服务②。“公共”是公共信息服务的本质内涵，它使公共信息服务成为公共主体利用各种有效方式提供社会公共事务管理以及公共产品等相关信息，以满足人们公共信息要求的活动。对于公益性信息机构来说，其生存和发展与所处的社会环境以及其他信息机构密切关联。这一节我们将在公共信息服务的视角下对公益性信息机构的社会协作管理进行讨论。

公共信息资源主要有以下特性：①普遍性，以免费或以低廉的价格面向全体社会公众，特别是为弱势群体提供服务；②基础性，关系到公众工作、

① 刘倩倩．关于档案信息资源商业性开发的思考——有鉴美国国家档案馆的档案信息开发与利用［J］．档案管理，2014（2）：25-26.

② 邓胜利．公共信息服务的体制转型与组织研究［J］．情报理论与实践，2009（10）：17-20.

学习、生活质量的基本信息，如最基本的科技、文化、教育、医疗卫生、社会保障、农业等信息；③公开性，可以向全民公开，不涉及国家机密、国家安全、商业秘密和个人隐私的信息；④共享性，可以相互交换，实现资源共享；⑤广泛性，在科技、文化、教育、卫生、质量监督、经济、社会保障、娱乐、生活、农业、水利等各领域广泛存在全民需要。

公共信息在消费过程和消费结果上体现的是公共信息获得和受益机会均等的要求，公共信息服务应以公众为中心，强调公众可以公平获取和享受公共信息服务，这就要求公共信息服务手段要具有多样性，服务内容要具有丰富性①。因而，除了政府生产和提供制度性公共信息、基础性公共信息（如治安、消防等信息服务）等以外，大批从事社会公益性服务的第三部门甚至一些企业都成为公共信息服务的提供方，主要从事其他公共信息（如福利性公共信息、基层事务性公共信息等）的生产加工和服务。由此，逐渐形成了以政府为主导，第三部门、企业等多元主体参与的开放式公共信息服务格局②。

在这种多元主体格局下，公益性信息机构中有的隶属于政府部门，有的属于第三部门，其作为公共信息服务的主要承担者，需要与其他主体（包括企业、以及政府和第三部门中的其他机构）建立起良好的公共信息服务多元主体协作关系。在实践领域，各种政府公共资源协作管理项目在电子政府、政府门户网站、公共信息平台、公共信息服务系统、公共信息商业开发、医疗信息服务等多个领域得到应用。企业等私营部门通过服务外包、多元融资、成立公司、外聘人员、租用设备等形式参与到政府信息资源的供给、开发利用；第三部门在信息咨询、技术援助、人员支持等领域参与到政府信息资源管理过程中；此外，公众参与在政策制定、公众门户、电子论坛、网上民主、服务系统、政府网站、公众参与窗口也得到了广泛体现。协作管理的具体形式可以是自发建立的实体性服务联盟，也可以是由政府出资建立的虚拟性服务组织，较为典型的代表就是图书馆联盟。

图书馆联盟（Library Consortia）是图书馆之间为了实现资源共享，利益互惠而组织起来的合作形式，它既可以理解为馆际合作，也可以理解为传统图书馆与数字、虚拟图书馆，纸型资源与电子资源的互补共存。图书馆联盟

---

① 冯惠玲，周毅．论公共信息服务体系的构建［J］．情报理论与实践，2010（7）：26-30，6.

② 夏义堃．公共信息服务的社会选择——政府与第三部门公共信息服务的相互关系分析［J］．中国图书馆学报，2004（3）：18-23.

起源于美国，1933 年世界上诞生了第一个现代意义的图书馆联合体，即“三角研究图书馆网络”。20 世纪 90 年代以来，美国、英国、加拿大、澳大利亚、德国等发达国家也建立了很多不同类型的图书馆联盟。我国的大型图书馆联盟始建于 20 世纪 90 年代后期，经过几十年的发展，目前全国性联盟、省级联盟和区域性联盟都已逐步建立起来；同时，高校图书馆联盟、专业性图书馆联盟、公共图书馆联盟和综合性图书馆联盟百花齐放呈现良好态势。联盟的各成员机构之间共享知识和技术、共担风险，这可以有效降低信息资源组织成本、弥补单个机构的资源不足，整合资源优势。目前国内外较有代表性的数字图书馆联盟包括：国家科技图书文献中心（NSTL）、中国高等教育文献保障系统（CALIS）、中国高校人文社会科学文献中心（CASHL）、国际图书馆联盟（ICOLC）、G8 数字图书馆联盟、美国国家数字化图书馆联盟（NDLF）等①。

这类组织充分发挥各类主体在公共信息资源生产加工和服务方面的优势，并进一步完善信息共享机制，实现资源共享，同时为用户提供深度加工的高质量的公共信息资源。对信息机构来说，信息资源在量上的扩张的意义已经退居次要地位，关键在于对信息资源的深度加工、共建共享和合理配置。我国在 2022 年发布的《中共中央 国务院关于构建数据基础制度更好发挥数据要素作用的意见》中指出，要加强公共数据的汇聚共享和开放开发，强化统筹授权使用和管理，推进互联互通，打破“数据孤岛”。特别是面向社会公众的公共信息服务，由于其公共物品的特性使得这种服务更需要建立起高效的社会化协作管理模式，这对于公益性信息机构以及其他公共信息服务主体来说，都显得越来越重要。

9.4 营利性信息机构及其管理

在社会信息化条件下，营利性信息机构发挥着越来越重的作用，成为信息产业中信息服务业的主导成分。本章将对营利性信息机构的含义和特点、市场营销管理和发展策略等问题进行讨论。

9.4.1 营利性信息机构的涵义和特点

营利性信息机构又可称为信息服务企业，是信息市场化和信息商品化的

① 赵乃瑄，李杉杉．国内外图书馆联盟研究态势的可视化分析与对比研究［J］．图书情报工作，2017，61（7）：12-20.

产物，为了满足信息市场消费需要，从事信息生产、流通等经济活动，进行自主经营，实现独立经济核算、具有法人资格的专门经济单位①。主要指信息经营公司类信息服务机构，即专门从事信息市场服务、信息经纪服务、信息开发服务、信息咨询服务、信息技术服务、信息产品服务、信息网络服务等活动的营利性信息公司。与公益性信息机构不同，营利性信息机构一般非政府赞助，且以有偿服务方式为主，完全按市场经营方式运作，在市场中参与竞争，其收益也主要来自于市场。常见的营利性信息机构有数据库服务商、网络信息公司等。

数字资源的普及和社会认同程度的提高，推动专业数据库服务提供商（Database Service Provider，DSP）的产生。他们利用自身资源优势和技术优势，开发各种针对性的专业数据库作为经营项目，为客户提供各种形式的服务并以此盈利。从所加工的信息资源内容以及服务对象来划分，数据库大致可分为学术型数据库和商业型数据库两大类。学术型数据库是以学术型信息资源为加工对象，主要为科研工作者的学术研究、学习提供服务。如国外的Wiley InterScience、EBSCO、Elsevier，国内的中国知网（CNKI）、重庆维普学术数据库、万方数据资源系统科技信息平台等。商业型数据库是以商业信息资源为加工对象，主要为公司企业、信息咨询研究机构、银行投资公司等金融部门的商业数据分析及战略决策提供服务。如邓白氏全球商业数据库、万方数据资源系统商务信息平台等。

网络信息公司是以网站为代表的提供信息和服务的公司，它主要以无形产品的生产为主②。目前，我们将网络信息公司主要划分为信息门户类网站、搜索引擎公司、电子商务平台、社交网站等类型。①信息门户类网站主要以新闻、分类信息等为服务方向，根据其所提供的信息和服务，又可分为综合型门户网站，如新浪、搜狐、腾讯等；垂直型门户网站，如新闻类网站的中华新闻网、财经类的中国财经信息网等。②搜索引擎公司是为用户提供查询网络信息服务的公司，例如Google、百度等。③电子商务平台是指通过网络为买方和卖方提供电子交易活动和相关服务的网站平台，主要包括产品信息的发布与查询、产品交易、电子支付、网络营销、在线客户关系管理等，如亚马逊、阿里巴巴、淘宝等。④社交网站是提供社交网络服务的网站，主要作用是为一群拥有相同兴趣与活动的人建立线上社区，为用户提供

① 党跃武．现代信息机构管理［M］．成都：四川大学出版社，2000.

② 韩涛．基于ICP的网络企业商业模式分析［J］．商场现代化，2006（25）：67-68.

各种联系和交流的交互通道，包括聊天、日志、分享、游戏、讨论等功能，如 Facebook、微博、微信等。

由于营利性信息机构的营利目的和提供信息产品与服务的双重属性，相对于公益性信息机构以及其他社会机构，从服务、管理、技术等方面都有着自己的特点。

（1）服务格局市场化

由于营利性信息机构的主要经营目的是实现利润，因此其所提供的信息产品和服务都是市场化、商品化的，从这点上来说，与普通物质商品区别不大。此时营利性信息机构与其他企业一致，其资源配置按市场规则进行，生产要素和产品的获取、交易都由市场提供和决定。这在一定程度上可以降低政府配置资源的高昂成本，也可以帮助信息机构实现利润最大化。

（2）经营管理灵活性

营利性信息机构不像公益性信息机构具有职能和定位的限制，且不同信息机构的规模、实力不一，在竞争激烈的市场环境下，有条件也有必要建立起适应环境的灵活的组织结构，转变经营方式，选择适合自己发展的经营方式和服务模式，进而实现灵活的经营管理。机构的领导者必须具有高瞻远瞩、把握全局的能力，根据信息化社会的发展趋势和用户需求的不断变化，及时调整本机构的工作方向和服务方式，提高自身生存能力和自我发展能力①。

（3）服务项目特色化

信息的触角伸进千家万户，社会上任何人都可以利用计算机进行信息存取和检索利用；但信息的海量与时间精力的限制使得用户无法完全自行获得所需信息，在这种情况下，营利性信息机构的作用得以体现。信息机构可以提供的信息是多种多样的，但信息机构自身的信息处理能力以及某个或某类用户所需要的信息都是有限的。《“十四五”数字经济发展规划》鼓励市场力量挖掘商业数据价值，推动数据价值产品化、服务化，大力发展专业化、个性化数据服务，促进数据、技术、场景深度融合，满足各领域数据需求。这就要求信息机构进一步明确自己的定位，不仅要进行信息搜集与传递，还应该增加其服务的“智慧”成分。所提供的信息服务也不能再追求大而全，而应根据机构的定位与目标，搜集专业化信息，提供特色化服务，系统又有针对性地收集、处理信息，形成一个完整的、具有特色的知识体系，进而提高本机构的核心竞争力。目前，多数营利性信息机构都会根据本机构的定位

① 吴锐．二十一世纪我国信息机构的生存与发展［J］．行政与法，1999（6）：63-64.

和发展方向，实行有针对性的信息收集和处理，开发出独具特色的数据库以支持业务。

（4）技术手段先进性

信息机构的经营管理和服务优化战略的落地实施都需要技术的支持。这里的技术支持主要是指以信息收集、传输、组织、管理、共享等为核心的信息服务环节相关技术的升级改进。计算机技术和通信技术在内的信息科学技术为其基本的技术来源，社会信息资源管理与服务实践的发展为其确定基本的技术框。具体来说，主要包括面向系统的建设与网络组织技术、面向信息资源管理过程的技术和面向信息服务与用户的技术等①。营利性信息机构由于激烈的市场竞争环境，在这些技术升级方面更为积极，投入大量资源进行研发和实践，相对于公益性信息机构技术手段往往更加先进。

9.4.2 营利性信息机构的市场营销管理

营利性信息机构和企业经营相似，也是面向市场，将营利作为重要的目标，追求最佳的经济利益。根据二者的共性，我们可以将营利性信息机构作为企业来看待，企业管理的理念和方法也同样适用于营利性信息机构的管理。本节我们将结合企业管理的思想方法，重点对营利性信息机构的市场营销管理问题进行讨论。

美国市场营销协会认为市场营销是通过对观念、产品和服务的设计、定价、促销和分销进行计划和实施，以促成交易和满足个人与组织目标的过程。信息市场营销是指信息服务机构在有关政策和法律许可范围内，按照信息商品的市场经济规律，运用适当的营销战略和策略手段，完成信息商品从生产开发到交换利用的运转，为用户提供合格的信息产品，并实现信息服务机构的盈利目标。可见，信息市场营销是提高信息服务效益、促进信息资源合理开发与有效利用的重要保证。

9.4.2.1 营利性信息机构市场营销战略

信息机构提供的是信息商品和信息服务，由此形成了信息市场。信息作为一种特殊形态的商品，其市场营销有着与众不同的特征。不同信息机构根据其所处市场地位的不同，将不断调整其营销策略，对信息市场细分、目标信息市场选择、目标信息市场定位做出相应的行动。

（1）信息市场细分

市场细分这个概念是美国市场学家史密斯（Wendell K. Smith）在 20 世

① 胡潜．面向企业创新发展的行业信息服务重组研究［D］．武汉大学，2009.

纪50年代中期首先提出来的，是指根据消费者对产品的不同需要和购买习惯，把市场整体分割成不同或相同的小市场群，即“异质市场”（heterogeneous market）或“同质市场”（homogeneous market）。在信息市场上，用户的信息需求是十分广泛而多样的，每一信息服务机构都只能在特定的时空范围内为特定的用户提供有限的信息产品。这就决定了信息市场细分的必然性。同时，用户的信息需求及其满足受多种因素影响，如用户的职业任务、心理素质、文化水平、信息能力与信息环境等，既存在着群体差异性，又存在着群体中的个体相似性。这就为信息市场的细分提供了可能。

信息市场细分就是根据用户的信息需求特征把整个信息市场细分为若干市场区间。细分信息市场的具体标准很多，主要有用户的职业专业、兴趣爱好、受教育程度、所处地理位置、社会政治经济条件以及信息行为特征等①。

（2）目标信息市场选择

信息市场得以细分之后，就要在此基础上正确地选择目标信息市场。因为不一定是每个细分市场都值得进入，因此必须对细分市场进行评估，并由此选择最有利的细分市场作为目标市场。目标信息市场可以包含一个、多个甚至全部的细分信息市场区间，选择目标信息市场的主要标准有：

第一，目标市场的潜力。市场潜力是指一定时期内在消费者愿意支付的价格水平下通过相应的市场营销努力可能达到的销售规模，由用户的数量、购买力水平和信息环境所决定。分析评估每一细分信息市场的潜力是十分重要的。如果市场狭小，没有发掘潜力，信息机构进入后就没有发展前途。

第二，目标市场内的竞争状况。信息机构所要进入的目标市场的供应商和潜在供应商是信息机构的竞争对手。信息机构应当尽量选择那些竞争对手比较少，且竞争者在经济实力、经营能力都比较弱的细分市场作为自己的目标市场。如果一个企业完全控制了某一市场，其他企业进入的代价是十分昂贵的。特别是对那些信息基础设施和人力投入较大的信息市场，了解竞争对手的状况更显重要。

第三，目标市场盈利水平。在市场经济条件下，营利性信息机构应当进入那些能够带来更多盈利的市场。因此，选择目标市场时必须对细分市场未来可能达到的盈利水平进行估算，进行成本/收益分析。不仅要考虑当前的价格水平，还要考虑将来的趋势。成本因素不仅包括生产开发成本，还要包括市场营销成本等。

---

① 岳剑波．信息管理基础［M］．北京：清华大学出版社，1999：162.

第四，信息机构的竞争优势。目标市场是企业力所能及的和能充分发挥自身优势的市场。信息机构的竞争实力表现在机构规模、人力、财力、设备、信息技术水平、信息资源状况、信息产品和服务以及经营管理水平等方面。信息机构应根据自身优势、信息产品和信息市场的特点以及竞争对手的市场战略有针对性地采取相应的目标市场策略（包括无差异目标市场策略、差异性目标市场策略或密集性目标市场策略），才能在日趋激烈的信息市场竞争中占有有利地位①。

（3）目标信息市场定位

目标市场定位又称产品市场定位，指企业确定自己的产品在目标市场上的位置的过程。由于信息产品的多样性与信息市场竞争的复杂性，目标信息市场定位的方式方法因产品特征与竞争态势而异。它需要在对用户需求有充分了解、对竞争对手有正确分析，对自身产品有客观评价的基础上对信息产品进行深度开发与特色经营。目标信息市场的定位策略一般有三种：

第一，填补空白策略。这种策略就是将信息产品和服务的位置确定在当前目标信息市场的空白地带。这种策略的明显优势是可以避开激烈竞争的压力，而且可以自如地与竞争者在目标市场上形成鼎足之势。

第二，竞争并存策略。这种策略就是将信息产品和服务定位在现有竞争者产品的邻近。从实践看，一些实力不太雄厚的中小型信息机构常常采用这一策略。该策略的前提是：①目标市场区域还有未满足的信息需要，这些需要足以吸引新进入的产品和服务；②用户对信息产品和服务已比较了解，因而只有推出优于竞争对手的产品和服务才能为用户接受。

第三，逐步取代策略。这种策略就是将竞争对手驱逐出目标市场的原有位置，通过夺取市场占有率而逐步取而代之。该策略是富有挑战性的。首先，新进入的信息产品和服务必须明显优于现有产品和服务；其次，取代者必须加大营销力度，强化用户对新产品的印象和感觉②。

9.4.2.2 营利性信息机构市场营销策略

（1）产品和服务策略

产品是市场营销中最基本的要素，信息机构通过向目标市场提供适合用户需要的信息产品来实现其营销目标。从市场整体供求来看，信息市场中经常会存在着这样的现象：一方面许多用户找不到所需要的产品，另一方面许多信息产品又闲置不用，这就形成了产品使用与用户之间的矛盾。要解决这

① 岳剑波．信息管理基础［M］．北京：清华大学出版社，1999：163.

② 岳剑波．信息管理基础［M］．北京：清华大学出版社，1999：163-164.

一矛盾就要求信息机构需要充分了解用户需求、及时调整信息产品结构，有针对性地提供产品①。

一方面，由于信息市场进入门槛低，进入障碍少，同类信息产品的竞争比较激烈。因此信息机构需要采用产品差异战略，在竞争中以突出产品特色为中心，形成具有极大竞争优势的特色经营市场。另一方面，虽然信息产品具有非消耗性，但信息本身的时效性、信息需求的多变性以及信息环境的发展变化决定了信息产品同物质产品一样具有生命周期，生命周期思想是信息机构制定市场营销产品策略的基础。营利性信息机构的信息产品与物质商品一样需要根据市场需求变化以及市场份额等情况来明确商品所处的生命周期(如导入期、成长期、成熟期、衰退期)，并在每一阶段采取相对应的产品营销策略。此外，信息商品还具有一些与物质商品所不同的信息属性，因而还需要结合信息在生产、流通、传递、利用过程中的特性来对开展有效的信息产品生命周期管理，以充分发挥信息的最大价值和效益。

(2) 价格策略

价格是信息商品质量及有效程度的经济量度，是信息商品经济价值的货币表现形式。信息商品的价格对信息市场供求关系起着重要的调节作用，在信息市场上，根据不同的情况考虑适当的价格策略是十分必要的。信息机构在信息市场营销中通常采用的价格策略有：

①高价撇脂策略。是指在信息商品投放市场初期，在价格可行范围内尽可能制定高价，以便尽快收回投资，获取利润。这种策略适用于那些产量小、在短期内不会有竞争对手的名特优新产品，如咨询、软件和技术商品等。该策略体现了信息机构在短期内实现高额利润的要求，但易引起用户不满，招致竞争者和冒牌货迅速进入市场。

②低价渗透策略。是指在推出新的信息商品时，在价格可行范围内采取尽可能低的价格，薄利多销，迅速扩大市场占有率。这种价格策略适用于可批量生产、市场需求量大的信息商品，如数据库和网络服务等。该策略可扩大信息商品的销量，减少竞争对手出现的机会。但价格过低可能导致收益恶化。

③差别价格策略。是指对同一信息商品在不同的时间、地点，面向不同用户采取不同的价格。实行差别价格策略需要两个条件：一是信息市场必须是可分割的，并且各个部分具有不同的需求弹性；二是信息商品在各部分之

① 张弼云．信息市场的营销策略［J］．科技情报开发与经济，2007（25）：141-142.

间没有转售的可能。该策略的制定权限不易掌握，如果没有相应的制度和规章保证，很可能导致舞弊行为和财务纠纷。

④免费定价策略。是指对本应收费的某些信息商品和服务实行策略性免费，以达到特定目标。例如，在信息系统试运行阶段或信息商品测试期采用试用方式来吸引用户。对于增加市场份额来说，这种策略是一种所向披靡的武器。但必须注意，完全彻底的免费是不存在的，免费服务的目的最终还是为了增加信息机构的收益①。

通常信息服务机构会同时采纳若干种价格策略，甚至对同一信息商品的不同项目在特定时间或场合亦可采取不同的价格策略。例如，很多营利性信息机构融合免费定价策略和差别化定价策略，基本的信息商品和服务面向全体用户，采取免费策略；对于具有增值性的高端信息商品和服务，则采取收费方式。用免费的产品和服务吸引用户，然后再用增值的高端产品和服务向用户收费，已成为越来越多的营利性信息机构的普遍成长规律。

（3）渠道策略

渠道策略主要是指信息机构合理选择分销渠道及信息传递流通方式来实现其营销目标的销售策略，其中包括分销网络、流通环节、中间商和经纪人等诸多因素的组合和运用。在信息市场上，为了使信息商品在适当的时间、适当的地点、以适当的方式提供给适当的用户，在信息机构和用户中间除信息经纪人外，还往往需要有中间商，即介于信息商品生产开发者和用户中间，专门从事信息商品由生产开发领域向消费利用领域转移的经济组织。信息中间商具有：①空间效用：广泛分布的中间商能使信息商品的销售达到自行销售所不能达到的深广度，使人们在需要的地方得到它们；②时间效用：中间商能快速传递供求信息，保持信息商品供应与用户需求的一致性，使人们在需要的时候得到它们；③经济效用：中间商的介入能使信息机构加快资金周转，降低费用，减少风险；④信息效用：与信息经纪人一道，为买卖双方开设市场信息流通渠道。由于信息商品的特性决定了信息商品容易散失，而信息商品本身又需要知识产权法的保护，因此，在信息商品销售中必须注意分销渠道的可信任程度。一般而言，建立特约经销和特约代理关系的中间商比较容易对其实施有效控制。

（4）促销策略

促销策略主要是指信息机构以各种有效的形式向目标市场传递有关商品信息，启发、推动或创造对信息商品的需求，并引起用户的购买欲望和购买

① 岳剑波．信息管理基础［M］．北京：清华大学出版社，1999：165-167.

行为来实现其营销目标的综合性销售策略，其中包括广告、人员推销、信息发布会、技术成果展览会或交易会、用户培训、公共关系等手段的组合和运用。由于用户的信息意识和信息行为受多种因素影响，他们不可能注意到所需要的全部信息商品，这就需要信息机构利用各种传播媒体和传播方式把有关信息及时传递给自己的目标市场，以吸引用户的注意，激发起购买欲望。促销策略的本质是信息机构同其目标市场之间的信息沟通，所以，在日趋激烈的信息市场竞争中，为确保竞争优势，就必须掌握信息传播的客观规律，根据信息商品的特点和市场发展状况，制定有针对性的促销组合策略，努力提高促销活动中的信息传播效果①。

9.4.3 营利性信息机构的发展策略

马费成等将信息产业定义为国民经济中与信息产品和服务生产、流通、分配、消费等直接相关的产业集合②。从狭义上来说，信息产业可以分为信息制造业与信息服务业，信息制造业主要包括电信设备、计算机类产品、半导体制造设备以及其他信息产品等制造业部门；信息服务业则主要包括计算机信息处理业、咨询业、软件服务业等。本节所讨论的营利性信息机构是信息服务业的重要构成主体，其运行发展与整个信息服务业的发展趋势密不可分，信息服务业的管理方法、发展策略同样适用于营利性信息机构。本节我们将结合信息服务业的发展策略，重点对营利性信息机构的发展问题进行讨论。

9.4.3.1 产业集群发展模式

信息产业集群是指大量信息产业及相关支撑机构（科研机构、大学、政府等）在一定范围内的集中，具有机构地域化集聚、创新型强，各企业高度专业化、企业之间协作分工等特点。机构、企业在空间上的接近必然带来专业化和规模经济的好处，通过机构之间的合作实现溢出效应，最小化外部交易所产生的交通、通信、信息交换和搜寻等成本，降低生产过剩、劳动力囤积和技术锁定的风险，产生一种空间向心力，从而产生集聚效应。此外，营利性信息机构作为一种知识密集型企业，对知识和信息的依赖程度更高，因此知识的外溢和信息的共享就成了推动服务业集群形成的又一大因素。

信息产业集群的成长过程是一个长期、渐进、动态的过程。最初，我国

① 岳剑波．信息管理基础［M］．北京：清华大学出版社，1999：164.

② 马费成，王槐，查先进．信息经济学［M］．武汉：武汉大学出版社，1997.

信息产业集群的形成主要依靠外商直接投资和政府间接辅助，当时主要是以信息工业集群为主导。之后，随着社会信息产业的消费走向个性化、多样化；信息产品和服务呈现信息密集特征，信息服务业地位迅速提高，此时的集群主要以信息服务业为主导。近年来，知识传播和国家创新系统的建立，信息服务业开始强调对信息产品和服务的创造性加工和提升，这使得信息研发成为集群主导因素。营利性信息机构得益于其经营管理灵活、技术手段先进、服务特色化等特征，在集群发展过程中占据着优势地位。

营利性信息机构的集群发展模式具有以下特点：①知识技术密集。信息机构在空间上集聚，增加了机构、企业之间沟通和交流的机会，实现了信息资源共享，加快了知识扩散和技术创新。②产业链条化。信息机构及其相关产业之间并非孤立运营，他们之间的合作关系也不仅限于上下游之间的供求关系，而是逐步由分工走向融合，通过聚合和创新进一步模糊产业边界，是一种信息服务价值链上各个机构的协作关系①。③协同网络化。主要体现在信息资源配置的协同性及网络化方面、集群融合内机构间长效合作的契约约束以及各种正式、非正式的合作网络关系②。④集群生态化。通过改变信息机构相关的政府、企业、高校等组织之间分散的状态，在区域集群的基础上，将人、信息和信息环境等要素集中在一起，形成有机、联系、具有自我调节能力的生态系统，是当前营利性信息机构集群发展模式中的新趋势。

9.4.3.2 协同创新发展方式

创新驱动型发展主要依靠个人或组织的创造力与技术更新，通过开发知识产权（专利、版权、商标、设计）创造潜在财富，其竞争优势是知识与技术的高投入可保持组织核心竞争力和产业持续发展的动力③。与传统产业相比，信息服务产业发展速度更快，客户需求更复杂，科技含量更高，这就要求信息机构不断增强其创新能力，创新驱动发展成为营利性信息机构的必然趋势。但不同机构组织的竞争优势不同，独立创新的成本较高，因此组织合作协同创新对于单独的信息机构及整个信息服务业的发展都具有重要促进作用。

---

① 赵明霏．知识经济时代服务业发展的新趋势［J］．未来与发展，2012（9）：78-82.

② 徐荣贞，黎照南，姚伟．现代信息服务业区域集群融合模式研究［J］．情报杂志，2016，35（2）：175-181.

③ 滕雪宏，吴应良，李成安．基于信息生态视角的现代信息服务产业集群发展模式研究［J］．科技管理研究，2015，35（15）：165-171.

协同创新的关键是形成以企业、高校、研究机构为核心要素的大跨度整合的创新组织模式，以金融机构、中介组织、创新平台、非营利性组织等为辅助要素的多元主体协同互动的网络创新模式，通过知识创造主体和技术创新主体间的深入合作和资源整合，产生系统叠加的非线性效用①，它具有整体性和动态性的特点。

整体性是指创新生态系统中各种要素的有机集合，保证各个要素的目标、功能都统一。这首先需要尽可能地使参与主体多元化，除网络信息公司、数据库服务商、咨询公司等营利性信息机构之外，还需要高校、科研机构及社会非营利信息机构等的参与。通过各参与主体之间的分工与合作，发挥各方独特优势，进而整合资源、提高效率、降低成本，达到互利共赢协同创新的目的。动态性是指整个协同创新发展过程不是一成不变的，要进行不断的动态变化。一方面，在不同的发展阶段，实现创新所要求的具体内容不同，且随着时间和发展阶段推移，各参与主体发展情况和战略目标会有一定变动，这使得各参与主体之间的任务分配发生变动，需要根据创新发展过程不断进行调整，更好地促进信息机构、科研机构等组织发挥各自优势，提高整合互补性资源配置效率。另一方面，创新成果需要及时、高效转化，例如通过信息产品和信息服务的形式投入市场，对于营利性信息机构而言，这一点格外重要。因此，在重视创新研发的同时，要促进创新成果集成、转移、扩散和资本化的动态过程。

9.4.3.3 生态系统运行机制

伴随着社会经济的发展和科学技术的进步，大数据时代信息量的爆炸式增长，作为信息活动主体的人群与客体的信息环境之间摩擦和冲突进一步增多，为了更加高效地使人、信息以及信息环境融为一体、和谐发展，有必要对大量的信息进行深度加工、规范化管理，信息生态学应运而生。它关注产业集群中各构成要素相互影响、相互依赖的关系，并借此加深机构内部的协同与内外部信息的交换，系统把握产业集群中信息生态的平衡，促进整个产业系统的协同创新发展。

信息产业集群生态系统是由自然子系统、社会子系统及经济子系统共同构成的产业集群生态系统，营利性信息机构处于生态系统之中，并且是一个重要角色。在生态系统中，营利性信息机构及其他生态主体之间依据生态学、系统学、经济学以及工业科学、环境科学等原理协同作用，形成环环相

---

① 陈劲，阳银娟．协同创新的理论基础与内涵［J］．科学学研究，2012，30（2）：161-164.

扣的、具有依存关系的生态链。这种生态链常常具有以下特点：①各个环节存在着附加值差异性；②各个环节对要素条件的需求存在明显差异；③具有循环经济的特性；④具有开放性；⑤具有协同进化性；⑥具有层次性。生态系统中同时存在多条生态链，一家信息机构可以同时处于多条生态链之中，这样就使得系统内部生态链相互交织，构成复杂的生态链网①。

在信息生态系统构建初期，政府发挥着重要的引导作用，各个机构主体积极响应。具体来说，政府为系统的构建提供政策支持及良好发展环境；信息机构之间形成联盟，加强对信息需求的精确识别，有针对性地提供特色信息服务，形成联盟特色产业链；中介高校等一方面与机构进行信息资源交换和共享，另一方面积极向各种网络信息公司、数据中心等输送人才。将人、信息和信息环境有机融合，形成系统内对各组织之间相互依赖、不可分割、协同发展的生态环境。

本章内容提要

信息机构是实施信息搜集、加工、分析、存储、传递等活动，以及开展信息管理工作的组织形式。第 9 章首先介绍了信息机构的类型与职能，讨论了信息机构的运行与管理问题，而后分别对公益性信息机构和营利性信息机构这两类信息机构进行了分析。对公益性信息机构的讨论，强调了在坚持非营利性—研究型定位的基础上，可具有经营思想和经营行为；对营利性信息机构是将其视为一般的企业来看待，主要对其市场营销和发展策略问题进行了讨论。

本章重点

1. 掌握信息机构的类型划分；
2. 了解信息机构的管理策略；
3. 分析公益性信息机构的性质与其经营思想和经营行为之间的关系；
4. 掌握营利性信息机构的市场价格策略，能够结合实例分析信息商品的定价问题；
5. 了解营利性信息机构的发展策略。

---

① 王方．信息产业集群生态系统生态链：概念，特点及类型［J］．图书情报工作，2010，54（4）：49-52.

本章参考文献

[1] Dong Y. Jeong 著 . 信息社会中信息机构的性质、经济情况与社会展望 [J]. 曲红，译 . 图书与情报，1993 (2).
[2] 党跃武 . 现代信息机构管理 [M]. 成都：四川大学出版社，2000.
[3] 邓向阳 . 基于双边市场的数字图书馆数据库平台建设 [J]. 图书馆理论与实践，2010 (10).
[4] 贺德方 . 我国科技情报行业发展方向的探讨 [J]. 情报学报，2008 (4).
[5] 何华 . 非盈利信息机构营销互动浅议 [J]. 情报理论与时间，1994 (6).
[6] 胡广霞，周秀会 . 信息共享空间：高校图书馆信息服务的新趋势 [J]. 情报资料工作，2007 (1).
[7] 季星，丁胜 . 我国商业数据库产业发展状况分析 [J]. 科技情报开发与经济，2007 (22).
[8] 江涌 . 科技信息机构在国家竞争情报体系中的定位与作用研究 [J]. 科技管理研究，2007 (9).
[9] 梁战平 . 中国科技信息研究所的转制改革和未来发展 [J]. 中国信息导报，2002 (7).
[10] 林瑞明 . 科技信息机构与企业竞争情报服务 [J]. 情报探索，2005 (5).
[11] 林素絮 . 信息咨询服务机构辅助政府决策的意义 [J]. 情报理论与实践，2006 (4).
[12] 刘长发 . 网络环境下图书馆管理与传统图书馆管理之比较 [J]. 农业图书情报学刊，2004 (10).
[13] 刘植惠 . 图书、情报（信息）机构的未来 [J]. 情报探索，1994 (2).
[14] 沈玖玖，刘磊 . 网络环境下我国社科信息机构之间的竞争与协作 [J]. 图书馆学研究，2002 (4).
[15] 宋振峰 . 对科技信息机构改革的观察和思考 [J]. 中国信息导报，2002 (12).
[16] 王娟娟，刘昆雄，王广宇 . 基于环境分析的信息营销管理研究 [J]. 情报杂志，2008 (2).
[17] 王璐瑶，鄢小燕 . 信息机构的实践社区构建 [J]. 科技情报开发与经

济，2005（20）.
[18] 武夷山. 现阶段我国科技信息机构的公益性 [J]. 中国信息导报，2001（3）.
[19] 赵飞，赵捧未，苏山佳. 动态联盟在信息机构中的应用研究 [J]. 情报理论与实践，2008（5）.
[20] 甄国红. 国内网络公司的盈利模式及其构建研究 [J]. 情报科学，2007（9）.
[21] [美] 卡尔·夏皮罗，哈尔·瓦里安著. 信息规则：网络经济的策略指导 [J]. 张帆，译. 北京：中国人民大学出版社，2000.

10 信息政策与信息法律

习近平总书记强调，没有信息化就没有现代化。我国信息技术创新实现了历史性飞跃，智能制造取得长足进步，人工智能、数字经济蓬勃发展，图像识别、语音识别走在全球前列，5G移动通信技术率先实现规模化应用。信息技术的广泛应用和社会信息化进程的加快促进了经济的发展和人民生活水平的提高，信息技术对社会领域的深刻影响必然对传统法律产生巨大的冲击，同时也带来了一些新的社会问题和发展问题，诸如网络环境下的知识产权、隐私权问题，制定什么政策促进电子商务发展，如何界定和制裁网络犯罪行为，信息教育如何普及等。这些都需要通过制定合理正确的信息政策和法律来加以解决。用法律手段来管理信息产业的发展，规范社会信息化的进程，是世界范围的大趋势。

10.1 信息政策

10.1.1 信息政策的基本问题

（1）信息政策的含义和内容

目前理论界对信息政策的含义有不同的理解，尽管如此，作为一个共识，研究者们几乎都把信息政策的制定看做与国家层面相关的一个问题，即信息政策属于公共政策范畴。在现实中，信息政策通常是由政府部门颁布的。例如，为了加快国民经济发展和社会信息化建设，2000年中共十五届五中全会提出“以信息化带动工业化”的政策。也有一些研究者，如卡尔·夏皮罗、哈尔·瓦里安在其著作《信息规则：网络经济的策略指导》中从企业组织的角度来考虑信息政策问题。事实上，电子邮箱的收费就是互联网企业的一项信息政策。在本书中关于信息政策的讨论主要是从主流的国家信息政策的层面展开的。

我国学术界对国家信息政策的概念作过多种表述，归纳起来主要有以下几种观点：

①从管理的角度出发，认为信息政策是国家根据需要规定的有关发展与管理信息事业的方针、措施和行动指南①；

②从决策的角度出发，认为信息政策是政府或组织为实现一定的目标，如信息自由流通、信息资源共享而采取的行动准则②；

③从信息活动出发，认为信息政策是调控社会信息活动的规范和准则③。

上述观点从不同角度对国家信息政策概念作了不同的解释，但它们在目标和功能上是一致的。我们认为，国家信息政策是指在一国范围内，国家或政府为解决信息管理和信息经济发展中出现的、关系和涉及公共利益、权益、安全问题，保障信息活动协调发展而采取的有关信息产品及资源生产、流通、利用、分配以及促进和推动相关信息技术发展的一系列措施、规划、原则或指南。由于信息技术与信息之间存在如瓶与酒一样的密切关系，而且信息技术作为“使信息的存储、搜索、获取、拷贝、过滤、控制、浏览、传输和接收成为可能的基础设施”，推动了现代社会和信息经济的飞速发展。所以，讨论信息政策不仅包括对信息活动本身，还应包括信息技术发展。

信息政策的内容非常广泛，涉及信息的生产、流通和应用，涉及信息技术、信息产业、信息人才和教育、信息资源建设、信息安全和保护、信息公开、信息产权等诸多方面。联合国教科文组织（UNESCO）在其“国家信息政策指南：范围、规划与实施”（Guidelines on National Information Policy: Scope, Formulation and Implementation）中指出，国家信息政策的范围应包

---

① 梁俊兰．对美国信息政策的分析［J］．情报资料工作，1997（3）：43-45.

② 刘君．我国信息政策研究的进展与深化［J］．图书情报工作，1999（10）：3-7, 31.

③ 卢泰宏．国家信息政策［M］．北京：科学技术文献出版社，1993.

括下列项目：①确定社会的信息需求；②设计适当的方法以便使信息需求得到满足；③促进信息资源的有效利用；④信息专业人员的人力发展；⑤确定必需的基础建设；⑥确保持续的经费支持。

由于信息政策涉及广泛的领域，使得信息政策呈现主体多样化、政策价值多元化、政策目标的多重化和复合化等问题。因而，国家信息政策的设计应当趋向于整体化的趋势，而不是一种单一领域、单一目标、体现单一价值的个别政策构成的缺乏关联的组合体。

（2）信息政策的分类

由于出发点或着眼点不同，对信息政策的分类也不尽相同。

从信息政策研究的历史看，信息政策大致可以分为 4 类：第一类是为制定信息政策提供的规范性框架和指南，如联合国教科文组织（UNESCO）的《信息政策目标》、《国家信息政策》、《国家信息政策指南——范围、制定与执行》；第二类是信息政策方面的具体研究报告和咨询报告，如美国商业部的《信息政策问题》、法国的《社会的信息化》；第三类是以国家信息政策为研究对象的一般性理论方法研究，以及信息政策活动的大范围综述或述评，如澳大利亚的《国家信息政策》、国际文献联合会的《国家信息政策：对 17 个工业化国家状况的述评》；第四类是与信息技术发展有关的信息政策，如各国的 NII 政策。

从制定信息政策的主体和适用范围划分，信息政策可分为国际性信息政策、区域性信息政策、国家性信息政策、地方性信息政策等。

从信息政策规范的领域划分，信息政策可分为经济信息政策、科技信息政策、教育信息政策、文化信息政策等。

（3）信息政策的作用

随着社会信息化程度的提高和世界一体化趋势的日趋明显，信息政策对国民经济和社会可持续发展的影响越来越大，信息政策的作用也越来越显著。信息政策的主要作用包括：①确定社会信息活动的发展方针，指明信息事业的大方向，指导信息事业的发展，为社会信息活动提供具有导向性和约束力的行动准则；②调动或约束社会信息力量，促进信息资源的合理开发和有效利用；③协调信息环境系统各部门与外部环境的相互关系，保证社会信息环境的健康发展；④干预信息资源的建设和信息资源的利用过程；⑤规范信息工作的标准化。

10.1.2 国家信息政策体系的构建

20 世纪 90 年代以来，世界政治经济形势发生了深刻的变化，经济全球化趋势日益明显，发达国家利用信息技术优势，促进了经济的发展，也扩大了信息系统、信息网络的渗透力。

比如：美国通过推进“信息高速公路计划”（1993 年）和《全球电子商务框架》（1997 年），发展“新经济”，实现了经济结构调整，取得了持续十多年的经济增长；英国 1994 年宣布在全国建立光纤通信网络。此后又陆续推出了包括“电子政府计划”（1996 年）、“全国学习网计划”（1997 年）、“全国网络年计划”（2000 年）等在内的各种促进信息化发展的计划；日本于 1993 年宣布着手建设信息流通新基干网。此后，于 1994 年颁布了《日本信息技术基础设施建设新政策》；于 2003 年制定了“E-Japan II 战略”，并于 2004 年制定了 E-Japan II 政策加速计划，其战略重点是加快推进现有的基础环境下的信息技术应用。

随着大数据时代的到来，世界主要发达国家出台了一系列的国家信息政策和战略方案。比如，美国 2012 年由白宫科技政策办公室发布了《大数据研究和发展计划》，2013 年由美国信息技术与创新基金会发布了《支持数据驱动型创新的技术与政策》报告，2014 年发布了《大数据：把握机遇，守护价值》白皮书。澳大利亚政府 2012 年发布《澳大利亚公共服务信息与通信技术战略 2012—2015》，2013 年由政府信息管理办公室大数据工作组发布了《公共服务大数据战略》。英国 2013 年由商业、创新与技术部编制发布了《把握数据带来的机遇：英国数据能力战略》。法国政府 2013 年发布了《数字化路线图》，同年，法国中小企业、创新和数字经济部发布了《法国政府大数据五项支持计划》；日本 2012 年推出《面向 2020 年的 ICT 综合战略》，2013 年公布了“创建最尖端 IT 国家宣言”。

为了抓住人工智能发展的战略机遇，越来越多的国家和组织已争相开始制定相应政策，对人工智能相关的科学研究、人才培养、技能与教育、道德包容、标准与法规及数据与数字基础设施等内容进行了规划与设计。美国 2017 年发布了《人工智能政策原则》，2018 年 5 月，白宫人工智能业界峰会制定了四大 AI 发展目标。法国 2017 年制定了《国家 AI 计划》，日本 2017 年 3 月制定了《人工智能技术战略》，英国 2018 年 4 月公布了《人工智能行业新政》，加拿大 2017 年公布了《泛加拿大人工智能战略》，欧盟委员会 2018 年 4 月制定了《人工智能通讯》。此外，阿联酋、印度、新加坡、芬兰、丹麦等国家也纷纷制定了人工智能国家发展战略，强调人工智能的研发与应用。

在当前的数字经济时代，相较于传统的土地、劳动力、资本、技术等生产要素而言，数据要素作为新兴的生产要素，其流通和价值释放助推了国家高质量发展与全球竞争新优势的构筑。各个国家纷纷制定数据战略以促进数字经济的发展与数字全球化进程。美国于 2019 年发布《国防部云战略》和《国防部数字现代化战略》，于 2020 年发布《数字战略 2020—2024》，于 2023 年发布《数字政府模型》。欧盟于 2020 年和 2021 年先后公布了《欧洲数据战略》和《2030 数字指南针：欧洲数字十年之路》计划，于 2022 年批准通过了《数据治理法案》。日本于 2021 年表决通过《数字改革关联法》，由《数字厅设立法》《数字社会形成基本法》等 6 项法律构成，并于同年发布了《国家数据战略》和成立数字厅。韩国于 2021 年通过《数据产业振兴和利用促进基本法》，于 2023 年发布《数字权利法案》。

面对世界范围的大数据与人工智能发展浪潮，我国也加快了完善国家信息政策体系的步伐，先后出台了一系列国家信息政策（见 10. 1. 3. 2 节）。

下面，根据国家信息政策的五个要素，即政策主体、政策目标、政策问题、政策内容、政策形式来分析我国国家信息政策体系建构问题。

（1）政策主体

政府是国家信息政策的主体，这是非常抽象的。要全面构建我国的信息政策体系，不仅涉及政治、经济、文化、教育等广泛领域，而且触动社会各阶层、集团、组织的利益。为了保证信息政策制定的有效和公平，应在依据专业化和协调性统一原则的基础上，在有关信息管理和信息产业发展的各行政职能部门之上，建立一个全新独立的国家信息政策协调委员会。其成员由信息管理专家、经济学者、法律学者和信息技术专家组成，负责研究拟定综合性信息政策及重大改革方案，组织起草信息产业法律、法规和行政规章。这种保持独立性的好处是：第一，可以减少利益集团的影响，从而减少不确定性，并且可以制定出公平的政策；第二，具有独立性的政策制定机构将更加趋于专业化；第三，还可以增加决策的透明性。

美国信息政策和法律的立法与执法主体机构较为完善，值得参考借鉴（见图 10-1）。

除了政府之外，信息政策主体表现出的多元化属性也值得我们关注。从信息系统和网络的普遍性观点来看，信息政策主体可能涉及社会的各个方面，从国家到地方政府，从政府的各个行业主管部门到社会团体。只要把信息问题政策化，就有可能提出各种政策方案，实施各种政策措施。这只是从横向角度来说。如果从纵向角度而论，也可以把政策主体理解为一个重层组合。以往人们把只提出政策设想而没有实施权力的各种主体（如社会团体、咨询机构等）不作为政策主体来看待。但是，近年来“政策发生源的多元化和重层化”的观点已经在政策科学中得到广泛认可，因此从“政策产生

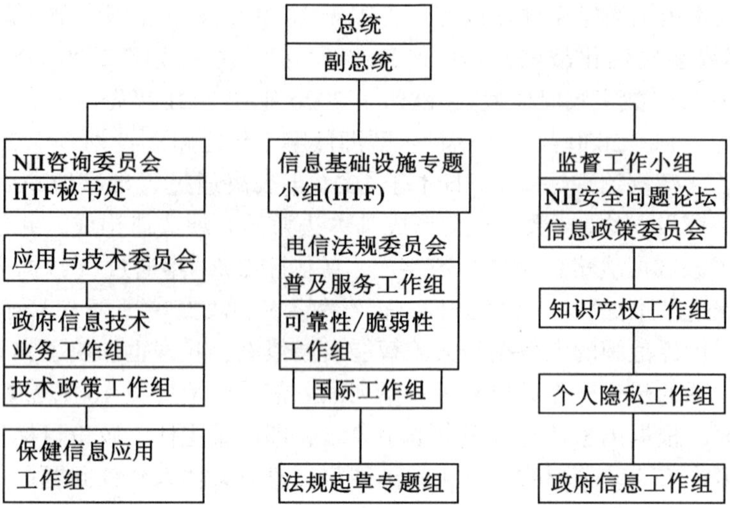

图 10-1　美国信息政策和法律的立法与执法机构

过程”来看，信息政策的主体不单纯是政府的各个主管部门，还包括从政策问题化开始涉及的一系列个人主体、团体、机构等多样化的主体构成。

由于主体的多样化，不同的政策价值、政策目标、重合的对象领域就可能交织在信息政策的设计和制定过程中。以信息产业政策为例，由于现代产业结构中信息产业所占的比重日益增大，国家在这一领域中的政策干预越来越受到重视。尽管信息产业政策从本质上是以经济资源的有效合理配置为基本目标的，但它还不得不考虑保障公民的信息权利、信息资源社会利用的最大化等属于社会范畴或道德范畴的价值标准，同时还必须要调整不同的利益集团（如民间信息企业和公共信息部门）的利害关系。因此，在政策的形成过程中，已经不同程度地把这种多元化政策主体所构成的多样化的价值、目标、对象领域的要素包含了进去①。

（2）政策目标

信息政策目标是指通过制定信息政策所实现的利益协调和分配关系。当前我国国家信息政策的目标是：深入践行新发展理念，准确把握国际国内信息化发展大势，全面落实国家重大战略部署，统筹各地区各部门信息化工作。着力增强以信息基础设施体系为支撑、信息技术产业生态体系为牵引、

① 黄纯元．信息政策的体系结构［J］. 情报资料工作，1998（5）：8-13.

数据资源体系为核心的国家信息化发展能力，着力提高信息化在驱动经济转型升级、推进国家治理体系和治理能力现代化、推动信息惠民等重点领域的应用水平，着力优化支持网信企业全球化发展、网络空间治理、网络安全保障等的发展环境，力求体系化推进信息化发展①。

（3）政策问题

信息政策问题是指能够列入政策制定议程的客观社会问题，即信息政策应该解决的社会矛盾和问题。现代社会的信息政策问题往往具有复合性和关联性，要求对信息政策从整体上进行综合性的研究，以便理清信息政策所涉及的各种复杂关系。

任何政策问题一定会涉及效率问题，即经济问题。政策制定的过程就是连续选择的过程，而经济学就是一门研究选择的科学。很多学者就曾从经济角度研究信息政策问题。如莫尔（Moore）在其《信息政策》一书中提出信息政策问题应包括宏观经济问题。

制定政策就是制定规则，成熟的信息政策最终会形成法律规范，即信息政策的法规化。信息政策是应对的手段，起导向作用，它不仅要处理既有的问题，而且要对正在形成或将要形成的问题做出反应，尚未形成法律规范的问题仍属于政策问题。信息政策对信息立法具有指导作用，同时信息政策需要依靠信息法贯彻实施，因而，研究信息政策需要从法律层面考虑。希尔（Hill）在《国家信息政策和策略》一书中就把法律方面问题如隐私权和数据保护、知识产权和工业产权归为信息政策研究的范围。伊利诺大学学者伯格（Burger）把信息政策的要素归为九大类，其中就包括计算机法规和犯罪以及知识产权问题。温格顿（F. W. Weingaraten）认为，一切用以鼓励、限制和规范信息创造、使用、存储和交流的公共法律、条例和政策的集合即为信息政策。美国 1997 年出台的《全球电子商务政策框架》，也是从财务、市场准入、法律等三个方面构架全球网络商业的信息政策。

我们把信息政策问题分为经济问题和法律问题。当前信息政策问题主要有：

①产业经济发展问题。

首先，宏观层次上的问题主要包括：

a）信息产业发展与投资。信息产业发展战略；信息产业发展与资金不足的问题；国内信息市场开放与民族信息产业保护、扶持问题。

---

① “十三五”国家信息化规划［EB/OL］.［2018-04-24］. https://baike.baidu.com/item/“十三五”国家信息化规划/20265837? fr=aladdin.

b）信息基础设施建设。解决信息传输网建设、经营与服务的关系问题，即线路提供者、网络服务者和信息提供者的关系问题；建设数字图书馆、档案馆等信息资源机构。

c）信息资源管理。信息资源合理开发与有效利用问题；国家部门机构垂直管理造成大量公用信息归部门所有的问题；政府信息管理、企业信息管理与信息用户的关系问题。

d）信息技术管理。信息技术与信息资源的关系问题，特别是电信网、计算机互联网与有线电视网的关系；公用网与专用网的关系问题；信息技术发展、创新和利用问题—信息处理过程、信息存储技术、传播技术。

e）人力资源的投资。信息产业发展与信息人才缺乏的问题；信息教育的普及问题。

f）信息经济测度标准和信息化指标的制定问题。信息经济测度标准和信息化指标是用来反映和衡量一国信息经济发展水平和信息化程度的工具。在一定程度上，信息化指标可以检验国家信息产业经济政策的科学性和正确性。

其次，微观层次上的问题主要涉及：

a）IT 行业、网络产业（如电信业）的垄断问题。解决政府规制与自由竞争的矛盾，兼顾效率与公平，商业性与公益性。

b）出版业（垄断竞争市场行业）的高额利润问题。

②法律问题

首先，知识产权的保护主要是利益问题。解决信息共享和知识产权保护的矛盾问题。

a）工业产权保护、专利权保护、技术转让。

b）版权、著作权保护。

c）商标权、域名保护。

其次，信息安全涉及广泛的社会问题。解决信息自由流通和信息安全的矛盾问题。

a）信息公开与信息保护问题。个人隐私权保护；企业财务信息披露与商业秘密保护；政府信息公开与国家机密保护；跨国数据流问题。

b）国际信息合作与国家信息主权的关系。

c）计算机病毒、黑客程序防范与计算机网络安全问题。

d）电子商务的电子签名和数字认证问题。

（4）政策内容

在进行信息政策的内容划分时，应结合国家信息政策所需解决的具体问题与矛盾，依据信息政策制定的原则，选取合理的角度去分析。国家信息政策问题是具有显著的经济和法律特征的，因此，我们把国家信息政策内容简化成经济的和法律的两个层面加以研究。

①经济层面。

a）宏观产业发展经济问题。

国家信息政策是国家管理和发展信息产业、信息经济的方针、措施及行为准则。现代社会信息产业成为国家经济增长的最重要源泉，是国民经济发展的新的增长点。国家信息政策对于提高国家整体经济素质及实力，促进经济增长和社会的可持续性发展，获取国际竞争中的领先地位具有极为重要的战略指导作用。我国应根据经济形势的发展阶段、信息产业层次水平、技术结构的演进采取相应的具有引导、扶植性质的信息政策，以现有的经济实力倾斜发展高新技术开发产业、信息服务业、信息应用技术（加工、存储、通信技术）、教育产业，重视信息资源的合理管理和有效利用，加强信息基础设施的建设（数字图书馆、档案馆），加大信息业的人力资源投资，注重信息人才的培养和信息教育的普及。

b）微观市场经济问题

对于微观信息市场应遵循规制与放松规制原则。政府应逐渐从规制政策转向竞争政策，这个过程是循序渐进的。

信息产业因公共基础设施产业产生的背景以及具有准公共物品属性而具有自然垄断性，即产业初始投入（固定成本）非常巨大，边际成本极低，产品的平均成本在其规模扩大的整个过程中明显下降，如电信行业。同时因我国的政治经济制度背景而具有行政垄断性，因而，要实现信息产业由垄断向竞争或有限竞争状况转变，需要渐进过程，而规制是此阶段的主要政策手段，并且，这种转变也必须通过规制手段引进竞争来解决。应施行如下政策：第一，价格政策。由于中国经济的公共资金的影子价格比较高，这说明在中国，自然垄断企业提供的产品或服务的价格必然较高，同时激励机制的作用比较小，也就是说，中国更适合选择基于成本补偿价格机制，而不是固定价格或价格上限机制。第二，税制改革。其目的在于减少低效率的税制所带来的经济扭曲。第三，规则和有关政府组织改革。其目的是减少腐败，建立有效的制衡机制。第四，法规改革。如建立和完善合同法，减少合同效率的损失。建立反垄断法，对已建立竞争机制的信息产业部门内的企业依法进行反垄断的审查，包括兼并与收购，与竞争对手设定标准和市场统治。第五，企业的公司化兼并与国际接轨，使企业按商业规则经营。

政府应在统一管理、统筹规划、合理配置资源、避免低水平重复建设的前提下，逐步建立市场运作规范、有效竞争政策、放松规制政策，以及充分发挥各方面积极性的信息网络化发展机制。要在继续支持主导信息基础设施建设以促进企业加快发展、增强国际竞争力的同时，采取放松规制、引进竞争措施，加大对新兴信息服务提供企业的扶持力度，促进其快速成长，扩大市场占有率。政府还要在一定程度上，引导国内外更多投资主体进入电信、有线电视、出版、邮政及其他信息服务市场，实现投资主体多元化。通过充分有效的竞争，促进信息产业整体链条上的每一个环节，包括设备制造、软件开发、通信服务、电子商务等优化资源配置，实现快速发展。

②法律层面。

a）知识产权保护。

经济学家把知识产权视为一种易逝产权（fugitive property rights）。这是因为知识是一种无形的资产，一旦公开就难于防止他人无偿使用。而知识的生产是需要耗费成本的，如果不能对生产者的权利进行有效的保护，就不会有足够的知识被生产出来，或者即使生产出来也不会公开。因此，尽管垄断会导致生产的低效率，但对于知识实施一定程度的垄断性保护，可能会有助于提高知识生产的效率。知识产权制度实质上是一种垄断性的保护制度。它的存在必然会影响到信息资源共享的程度和效率。在两者关系之间寻求合理的平衡，是我们制定政策谋求的目标。

在制定有关知识产权的政策时，应该采取使知识产权的价值达到最大化的原则，而不是最大限度地去保护知识产权。依据这条原则，我们可以在知识产权与资源共享的关系中实现最大的效率与公平。

b）信息自由流通与信息安全。

信息的自由流通与信息的安全问题都是关于信息在传播过程中所涉及的社会问题。一方面，信息、信息系统、信息环境的开放性与共享性要求信息在现实世界中自由流通；另一方面，在信息数据广域化、国际化的流通中，信息安全、信息质量都不免让人担忧。因此，在信息流通与信息安全之间寻求合理的平衡，同样成为我们制定信息政策谋求的目标。

信息自由流通是信息得以实现其价值的基本环境和前提，也是信息经济得以发展的保证。然而，信息流通的无限自由可能会导致侵犯公民隐私权，窃取企业商业秘密以及危害国家信息安全的问题。因此，制定信息流通与信息安全政策应遵循信息流通有限自由与信息流通有限控制原则。可以施行如下政策：

第一，公民通信的实时控制和控制主体的保密义务，明确控制主体的范围和权限，不干涉公民的正常通信自由以及获取信息自由，保护公民信息隐私权；

第二，政府有向公民提供信息的义务；

第三，证券交易所、上市公司有向公民披露财务信息和必要信息的义务；

第四，保护国家、政府及有关组织机构、商业机构、企事业单位的核心秘密和重要秘密；

第五，国家应独立自主地开发关键性信息技术、软件，以维护信息主权和国家信息安全；

第六，有关计算机犯罪的法规制定；

第七，推动信息国际交流。

（5）政策形式

政策形式是指政策内容的外在表现形式，是宣传、执行政策的有效工具和合法依据。信息政策的形式是指国家制定并发布执行的有关信息政策内容的文件、指南或规定。

我国在信息化法治建设的探索过程中，曾制定和发布了中国科学技术蓝皮书(第4号)《信息技术发展政策》(1990)、中国科学技术蓝皮书(第6号)《国家科学技术情报发展政策》(1991)、《90年代国家产业政策纲要》(1994)、《国家信息化领导小组关于加强信息安全保障工作的意见》(2003)、《2006—2020年国家信息化发展战略》(2006)、《国务院关于促进信息消费扩大内需的若干意见》(2013)、《国家信息化发展战略纲要》(2016)等法规。

近年来，我国的互联网工作和信息化事业取得了显著成就。在信息全球化的浪潮下，现代信息技术正深刻改变着人类社会的生活与生产方式，我国正从网络大国迈向网络强国。为推动网信事业高质量发展与网络强国建设行稳致远，我国围绕统筹推进“五位一体”总体布局和协调推进“四个全面”战略布局，以加快数字化发展为总抓手，陆续颁布了一系列信息政策法规。例如《中华人民共和国密码法》(2019)、《关于构建更加完善的要素市场化配置体制机制的意见》(2020)、《国家新一代人工智能标准体系建设指南》(2020)、《“十四五”规划和2035年远景目标纲要》(2021)、《中华人民共和国数据安全法》(2021)、《中华人民共和国个人信息保护法》(2021)、《“十四五”数字经济发展规划》(2021)、《互联网信息服务算法推荐管理规定》(2021)、《关于构建数据基础制度更好发挥数据要素作用的意见》(2022)、《最高人民法院关于规范和加强人工智能司法应用的意见》(2022)、《数字中国建设整体布局规划》(2023)、《生成式人工智能服务管理暂行办法》(2023)、《未成年人网络保护条例》(2023)等政策。

在建设中国特色社会主义法治国家的背景下，应将国家信息政策转变为具体的、可操作的法律法规，进行有效的贯彻和实施，更好发挥法治固根本、稳预期、利长远的保障作用，在法治轨道上全面建设社会主义现代化国家。同时，针对我国社会信息化发展中新出现的一系列问题，加强信息化法制建设，完善法律法规和标准规范体系建设，加强信息化、数字化、智能化理论体系研究与构建，规范社会信息行为，创造一个健康稳定的社会信息化发展环境。

10.1.3　国内外信息政策概述

10.1.3.1　国外信息政策简介

（1）美国

美国作为世界上最大的信息资源拥有国，最早制定了信息政策，政府通过各种政策活动介入信息管理，并作出了不同方向的信息政策规定。在政策思想上，美国一直坚持两个基本原则即信息的自由流动和企业在信息市场自由竞争。其出发点是适应日新月异的技术发展，谋求新的经济政治利益，其政策目标是在各种相互冲突的利益中作出权衡的选择。具体政策主要包括四个方面：a）国会从立法的角度将建立方便的公共信息渠道作为重要的政策目标之一；b）联邦政府重视信息安全、个人隐私以及知识产权保护；c）加强对信息传播与利用政策；d）在信息市场上，以竞争政策为主，规制政策为辅。鼓励和保护信息技术市场，主要利用司法手段反垄断，保护竞争，只在极为有限的领域（如通信、电信、有线电视、计算机操作系统）采取规制政策，并逐步取消。

美国联邦信息政策形成了一个广度与深度兼具的体系。从总体来看，这些政策主要围绕着以下方面展开：收集、存储、维护、管理、分析和共享大数据的先进核心技术；国家信息安全；人工智能的深度开发等。

（2）欧盟

从一定意义上说，欧洲信息社会的发展和转型是在欧盟的全方位领导下进行的。欧盟以“信息社会”为主题，制定、颁布了一系列指令、行动计划，推进欧洲社会、经济、文化、教育等领域的电子化、数字化。

欧盟的信息政策具有以下明显特点：a）二重性。《马斯特里赫特条约》的签署，标志了欧盟不仅是一个区域国家间的合作组织，更是一个经济、政治、外交、防务等全方位迈向一体化的“大国家”。这样的性质也就决定了它的信息政策既具有区域合作组织的特性，又带有国家信息政策的特征。b）合作性。欧盟的特殊性质，决定了其在制定和执行信息政策的时候必须更多地考虑国家间的协调与合作，只有这样才能更好地促进整个欧洲地区的信息化和信息社会建设。c）人本性。相比于“信息技术”，欧洲人更喜欢使用“信息社会”的概念。这一点从欧盟制定的很多文件和纲要中反映出来。社会是人的集合，信息社会的概念反映出欧洲人在进行信息化建设的过程中的一种以人为本的思想①。

目前，欧盟将出台一系列政策推动人工智能的发展，包括人工智能发展的道德准则、人工智能产品责任指令、消费者的权利义务等②。其中，《欧盟一般数据保护条例》将于2018年5月25日在欧盟全面施行。此条例是20年来数据隐私条例的重要变化，它将取代《欧盟个人资料保护指令》，协调全欧洲的数据隐私法律，重塑数据隐私保护形式，是对人工智能应用方式的整改③。

（3）日本

日本是世界上最早把信息资源视为财富并积极开展信息活动的国家，也是依靠科技立国、信息兴邦的典范。日本以“科技立国”为策，将科技信息作为研究和开发的基础，非常重视开发和利用信息资源。其信息政策是其科技政策的一部分。日本信息政策有四个基本原则即提高人的福利、利用信息促进生产、开发尖端技术和开发信息资源。具体政策包括四个主要方面：a）在政策导向上重视科学技术信息，尤其是专利信息；b）高度重视国家信息资源的开发，促进民间企业信息产业的生产和发展；c）注重国际信息交流，强调单方面地吸收和利用他国的信息资源，而不是双向交流；d、扶持企业信息系统的发展，通过优惠政策促进信息服务业的发展，鼓励企业参与市场竞争④。除了制定各种信息政策，日本政府还积极支持建立了许多信息行业团体组织，如信息处理振兴事业协会、信息服务产业协会、日本数据处理协会、日本PC机软件协会、日本信息处理开发协会等。这些行业协会、组织团体在制定行业规范和标准，沟通政府与信息企业之间的关系，维护行业利益，加强不同行业间的协作，确保行业自律等方面起到了积极作

① 郑永丰，李广建．欧盟的有关信息政策及其对我国的借鉴意义［J］．情报探索，2007（2）：124-125.

② 欧盟将出台系列政策推动人工智能发展［EB/OL］．［2018-05-14］．http：//tech. sina. com. cn/it/2018-05-02/doc-ifzyqqip6939064. shtml.

③ 《欧盟一般数据保护条例》［EB/OL］．http：//www. eugdpr. org/2018-05-15.

④ 陈亮，马费成，汪斌．简论国家信息政策体系构建［J］．情报学报，2002（5）：592-597.

用①。

现阶段，日本信息政策的重要关注点包括关键信息基础设施保护、信息安全及人工智能等方面。

10.1.3.2 我国信息政策现状

我国的信息政策的研究和制定起步较晚，进入20世纪90年代之后，面对全球信息化浪潮，中国政府在信息政策的制定、实施等方面给予了高度的重视。

以下列举我国比较重要的信息政策制定情况，详见表10-1：

表10-1 **我国信息政策列举**

时间	政策名称	部门
2011年	《关于进一步加强政府网站管理的通知》	国务院
	《关于开展依托电子政务平台加强县级政府政务公开和政务服务试点工作意见的通知》	全国政务公开领导小组
2013年	《国务院关于促进信息消费扩大内需的若干意见》	国务院
	《国务院关于印发“宽带中国”战略及实施方案的通知》	
	《关于开展国家下一代互联网示范城市建设工作的通知》	
2014年	《关于授权国家互联网信息办公室负责互联网信息内容管理工作的通知》	国务院
	《关于加强政府网站信息内容建设的意见》	
2015年	《促进大数据发展行动纲要》	国务院
2016年	《国家信息化发展战略纲要》	国务院
	《“十三五”国家信息化规划》	
2017年	《新一代人工智能发展规划》	国务院
2018年	《关于印发科学数据管理办法的通知》	国务院
	《关于促进“互联网+医疗健康”发展的意见》	国务院
	《关于发展数字经济稳定并扩大就业的指导意见》	国家发展改革委等十九部门

① 罗曼．信息政策［M］．北京：科学出版社，2005：152-153.

续表

时间	政策名称	部门
2019 年	《中华人民共和国密码法》	全国人大
	《数字乡村发展战略纲要》	国务院
	《区块链信息服务管理规定》	国家网信办
2020 年	《“十四五”规划和二〇三五年远景目标建议》	中共中央
	《关于构建更加完善的要素市场化配置体制机制的意见》	中共中央 国务院
	《国家新一代人工智能标准体系建设指南》	国家标准委等五部门
	《关于构建工业大数据发展的指导意见》	工业和信息化部
2021 年	《“十四五”规划和 2035 年远景目标纲要》	全国人大
	《中华人民共和国数据安全法》	
	《中华人民共和国个人信息保护法》	
	《关键信息基础设施安全保护条例》	国务院
	《关于印发“十四五”数字经济发展规划的通知》	
	《关于加强网络文明建设的意见》	中共中央 国务院
2022 年	《关于构建数据基础制度更好发挥数据要素作用的意见》	中共中央 国务院
	《关于印发全国一体化政务大数据体系建设指南》	国务院
	《关于加强数字政府建设的指导意见》	
	《最高人民法院关于规范和加强人工智能司法应用的意见》	最高人民法院
	《工业和信息化领域数据安全管理办法（试行）》	工业和信息化部
2023 年	《数字中国建设整体布局规划》	中共中央 国务院
	《个人信息出境标准合同办法》	国家网信办
	《关于促进数据安全产业发展的指导意见》	工业和信息化部等十六部门
	《生成式人工智能服务管理暂行办法》	国家网信办等七部门

从总体上看，我国的信息政策与法规不断健全，具有规范化、完善化的趋势，由最初的网络设施基础建设，逐步向政治、经济、文化、高新技术等

领域延伸，重视数据基础制度体系的建设。当今世界正经历百年未有之大变局，我国信息化发展的外部环境和内部条件发生复杂而深刻的变化。在信息化创新引领高质量发展的重要机遇期，要以信息化和数字化为抓手，推进国家治理体系和治理能力现代化，发挥信息化对经济社会发展的驱动引领作用。

10.1.3.3 国内外信息政策比较分析

(1) 目标比较

中国、美国、欧盟及日本在社会制度、意识形态、文化背景等方面的不同，以及现实的政治状况、经济实力、科技水平和社会进步等方面的具体差异，导致它们具有不同的信息政策总体目标。

美国国家信息政策总体目标主要体现在适应信息技术日新月异的变化，为美国谋求新的政治和经济利益，从而维护其在全球范围内包括虚拟网络空间中的政治、经济、科技等方面的霸权地位。欧盟信息政策建设的总体目标主要体现在规范和统一欧盟诸成员国社会信息化发展的步伐，整合力量，发挥优势，在全球信息化发展进程中建立和维护其应有的地位。具体表现在两个方面：一是加强欧盟各国信息活动的合作与协调能力；二是加强欧盟整体的国际竞争力。日本对于信息政策的具体目标主要表现为更多地吸收和利用他国的信息资源，而不是向国外输出本国的信息资源，特别是技术信息资源。

目前，新的时代背景下，我国信息政策的目标强调的是深入践行新发展理念，准确把握国内外信息化发展大势，全面落实国家重大战略部署，统筹各地区各部门信息化工作①。

(2) 管理体制

国家信息政策的管理体制与国家制度和传统的管理方式有着密切的关系。一般分为自由、分散的管理体制和计划与集中的管理体制，有些国家管理体制较为灵活，实行自由、分散与计划、集中并行的政策。

与美国多元化的政治制度密切相关，美国国家信息政策管理体制具有明显的分散性和多元制特点。美国国会、联邦政府部门及独立机构、联邦法院都以不同方式、在不同程度上参与美国信息立法建设；而且美国联邦政府在信息政策的制定和执行过程中，还非常注重与社会各界，尤其是私人机构的合作；还有一些私人单位、学术团体、公益事业机构、专业协会等机构从事

① “十三五”国家信息化规划[EB/OL].[2018-04-24].https://baike.baidu.com/item/“十三五”国家信息化规划/20265837? fr=aladdin.

信息政策的研究并提出报告。

欧盟由于存在不同的文化和历史，以及不同的经济发展水平，如果没有超过国家管理体制和协调机制的建立，很难想象这些国家会为了共同的目标来解决问题，并且制定政策。欧盟在信息政策方面正是采取了集中管理体制。在欧盟决策立法过程中起主要作用的是欧盟委员会、欧盟理事会和欧洲议会。欧盟委员会负责在欧盟理事会指导下，制定信息政策并提出信息立法建议；信息立法建议最终由欧盟理事会（或与欧盟议会共同）审议通过，成为正式的欧盟信息立法。欧盟这种信息政策法规的集中管理体制，有利于其实现各成员国信息政策法规的协调统一。

日本在信息政策管理体制方面采用的是分散与集中并存的形式。在国家信息政策的制定和实施过程中，政府起了主导作用，如高度重视国家对信息资源的开发，建设国家信息系统和网络。同时，日本政府要求其信息行为不能干扰民间企业的信息要素及信息市场的健康发展，对企业的信息活动主要采取了扶植的做法。此外，日本实行官民一体化收集信息的体制。政府以收集宏观经济信息为主，企业以收集微观经济信息为主，做到政府重视，鼓励民间积极参与，实行官民结合，大中小企业相结合。

我国在信息政策方面多采用计划、集中管理体制，推行按行政隶属进行管理的模式。国家从宏观层面和微观层面对信息政策的制定与管理进行有效地规划和引导。

（3）政策内容

由于信息政策涉及的领域很广，因此它包含的内容和调节的对象是广泛而分散的，具有一定的复杂性。

美国信息政策的内容丰富，范围很广，除了涉及信息本身方面的版权、通信、信息技术、跨国信息传递等措施外，还通过多项政策对各类信息机构和有关团体加以约束，形成了完整的信息体系和自我调节机制。美国的信息政策强调信息的自由流动和信息市场自由竞争。美国在制定信息政策时十分重视国家投资政策、鼓励民间投资和财税优惠政策的配套，以促进信息产业成长。

由于欧盟是一个区域性超国家组织，所以其信息政策的主题领域很广泛，内容丰富，从互联网、网络安全、个人隐私、知识产权、电子商务和电子政务、信息社会，到卫星通信、无线频率、电信与信息服务市场等方面都属于欧盟的信息政策组成部分。欧盟信息政策的主题领域主要包括：欧盟是信息社会发展、电信改革、信息资源开发利用、电子商务、信息安全、知识产权保护、研究与发展、教育与培训等方面的内容。

在日本的信息政策中，最核心的有两部分内容：科技情报政策和信息产业政策。日本非常重视国家科技情报政策，并且是在国家科技政策的框架和范畴中考虑国家科技情报政策。在信息产业方面，日本政府强力扶植信息产业，先后倾斜制定了一系列振兴信息产业、适时调整信息产业结构的政策，并一贯以经费投入作为有效的调控手段来促进信息产业的发展。

我国的信息政策是从科技信息政策入手的，内容起初局限在传统的科技信息系统建设和工作规程之中。随着改革开放的深入，我国信息政策的内容也逐渐丰富起来，就信息产业的各分支，如通信技术、数据库业、信息市场、科技咨询等方面，国家和各个部门根据实际情况制定了相应的信息产业政策。目前，我国信息政策内容着重于增强以信息基础设施体系、信息技术产业生态体系、数据资源体系为核心的国家信息化发展能力，着力提高信息化在驱动经济转型升级、推进国家治理体系和治理能力现代化、推动信息惠民等重点领域的应用水平，着力优化支持网信企业全球化发展、网络空间治理、网络安全保障等的发展环境，力求体系化推进信息化发展①。其所涉及的主题包括信息资源、信息产权、信息技术、信息产业、信息网络、信息安全、信息素养、信息标准、信息社会等各个领域。

10.2 信息法律

同信息政策密切相关的是信息法律，它利用另一种手段对信息活动加以控制。坚持全面依法治国，是中国特色社会主义国家制度和国家治理体系的显著优势。中国特色社会主义实践向前推进一步，法治建设就要跟进一步。实际上，从上文的讨论中可以看到，信息法律常常是作为信息政策的一个分析层面。这里，我们把信息法律作为一个相对独立的领域加以探讨。

10.2.1 信息法律的基本问题

（1）信息法律的含义

社会信息化对人类的生产活动具有强大的推动作用，在社会信息化进程中，社会各个领域都参与了丰富多彩的信息活动，也产生了错综复杂的信息关系。信息化在给社会带来巨大经济效益和社会进步的同时，也给社会带来了一系列的矛盾和冲突。主要表现为以下五个方面。

① “十三五”国家信息化规划［EB/OL］.［2018-04-24］. https：//baike. baidu. com/item/“十三五”国家信息化规划/20265837？fr=aladdin.

①信息自由与信息安全的矛盾。信息自由权是公民的一项重要权利，公民依法可以自由地采集、加工、处理、传播、存储和利用信息，在我国法律中将这一权利具体地分解到公民的各类基本权利之中来加以确认。计算机网络的发展为人们享有更为广泛的言论自由提供了广阔的空间和方便条件。然而信息自由并非是绝对自由和滥用信息，信息自由不允许为了商业利益及其他不正当目的而从事损害国家安全、社会利益的其他权利等违法行为。在现代信息技术构成的网络结构中，无数个分散的小系统正在日益连接成大型的综合复杂的网络信息系统，这种系统极易受到破坏和被非法利用，信息系统的安全性正受到严重威胁，其脆弱性不单单是一个技术问题，同时也是一个法律规制问题。

②信息不足与信息过滥的矛盾。人类社会的信息流动呈现出不均衡性。一方面，不能充分满足人们对信息获取的需求；另一方面，还存在着信息过剩问题。人们对信息的获取受到各种因素的限制，导致信息不充分。信息不充分不仅不利于公民实现信息获取权，而且在市场经济条件下，还会导致提供虚假信息等违法行为的产生。信息过滥现象是指在当今信息爆炸的时代，在浩瀚的信息面前鱼目混珠、真伪难辨。当真实的精确的信息和失真的模糊的信息混杂在一起时，相对信息量反而减少了，于是信息过剩反而带来新的信息匮乏，使人们搜集、处理和利用真实准确信息变得困难重重，从而制约了人类利用信息来创造财富的能力。

③信息的社会公益性和个体盈利性的矛盾。信息作为一种重要资源和商品，既对社会发展产生重要作用，又对社会产生经济效益。信息的社会公益性要求它广泛、无偿和公开地提供给社会公众利用，这就与信息所有者的经济利益产生了矛盾。效率与公平之间的矛盾表现为个人利益和社会利益之间的矛盾。信息的社会共享与个体盈利之间的矛盾只有通过法律手段来加以协调解决，兼顾效率与公平两个方面。

④信息保密与信息公开的矛盾。信息资源所有者既有自然人、法人、非法人团体，也有国家。对于个人信息、法人或非法人团体的秘密信息以及国家秘密应属权利人所专有，他人不得侵犯。然而网络的发展对于个人隐私等秘密信息构成了直接的威胁。在社会化进程中，一方面应当对保密的信息进行有效地保护，另一方面应该对需要公开的信息充分公开。信息保密和公开之间如果缺乏应有的协调，就会使应当公开的信息得不到公开，应当保密的信息不能有效地加以保护。尤其是政府信息和社会公益信息更需要用法律规范来促使其在充分公开的同时又不损害国家利益。

⑤信息商品流通过程中的矛盾。信息商品具有生产的高智力性、交易过

程的复杂性、交易主体的多样性、很强的时效性、高科技含量等特点，使得信息商品在流通过程中存在着很多矛盾。信息商品经由流通渠道或信息咨询服务到达信息消费者，在这一过程中，各种社会关系便自然而然在信息生产者、流通者、咨询服务者以及消费者等各个信息主体之间发生。不仅存在着信息商品的拥有者、生产者、传播者的信息权的问题，也存在着信息商品在信息活动主体之间交易、转让时的所有权和许可使用权等财产权益纠纷，同时各个信息商品主体的个人利益与社会利益之间的冲突也相当突出。目前，信息市场还缺乏完善有效的管理规范和运行机制，迫切要求制定相应的法律来解决这一问题①。

以上在社会信息化中所出现的种种矛盾，依靠技术本身是无法完全解决的，还需要通过法律来调整、规范信息主体的行为，协调由此产生的矛盾，以平衡各主体之间的利益。信息法律就是在这样的背景下应运而生。

信息法律是指在调整信息活动中产生的社会关系的法律规范的总称。这里的社会关系主要涉及利益、权益与安全问题，这些法律规范涉及信息系统、处理信息的组织和对信息负有责任的个人等。信息法律的主要内容包括知识产权法（专利法、著作权法、商标法等）、信息安全法、信息公开法、新闻出版与传播法、电信法、电子商务法（电子签名与数字认证法等）、数据安全法、个人信息保护法、有关计算机犯罪的法律等。

（2）信息法律的作用

信息法律的作用可以从两个层面来讲，一是信息法律对信息主体的行为的作用，即通常所讲的信息法律的规范作用；二是信息法律对由此所产生的社会关系的作用，即通常所讲的信息法律的社会作用。

①信息法律的规范作用。根据信息法律的规范作用的对象不同，可以分为指引、预测、评价、强制四种作用。

a）指引作用。是指对信息主体的行为所起到的导向、引路的作用。其对象是信息主体自己的行为。信息法律的指引是一种规范指引，其内容对任何当事人都给予同样的、一般的指引。

b）评价作用。是指信息法律作为信息主体对他人的行为的评价标准所起的作用。其作用对象是他人的行为。信息法律的评价着重点在于行为人的外部行为、实际效果及行为人的责任，即判断某种信息行为在法律上的有效性或无效性、合法性或违法性、违法程度的轻微性或严重性。所有这些评价都是依法做出的，是对某种实际信息行为的事后评价。

---

① 黄瑞华主编．信息法［M］．北京：电子工业出版社，2004：19-21.

c）预测作用。是指信息主体根据信息法律的规定，可以预先估计人们相互间将怎样行为以及行为的后果等，从而对自身的行为作出合理的安排。信息法律的预测作用对象是人们之间的相互行为。信息法律的预测作用同时也具有预警和防范的功效。

d）强制作用。它主要体现在对信息违法行为及犯罪行为的震慑。惩罚和预防。信息法律对各种违法行为设定各种民事责任或行政责任，强制违法行为人承担所规定的责任，补偿受害者所受到的损失。对各种侵犯国家或公民所有权或其他权利的犯罪行为，用刑罚进行惩罚，以保证国家与公民的合法权益。

通过信息法律的规范作用，可以规范信息主体的信息活动，对信息主体的信息活动进行调整，以实现信息法律的各项具体目标；通过规定信息主体的法律义务和法律责任来强化对信息主体所享有的各项信息权利的法律保护。通过信息法律的规范作用可以协调和解决各种个信息矛盾。

②信息法律的社会作用。

a）保护和促进科学技术进步。建立和完善信息法律的目的之一在于通过确认技术规范，维护技术发明者的利益，保护和促进信息科技进步，使其能更多地造福于人类。

b）保护国家利益和社会公共利益。这种保护作用在保护各信息主体的信息权利方面，同保障基本人权在根本上是一致的，它是充分保护信息权利的必然要求。

c）及时妥善解决信息化所产生的各种矛盾。在信息化社会，人们将要面临信息社会必然产生的效率与公平、信息相对不足或过多过滥、信息质量低劣或信息虚假。信息的营利性和社会公益性之间的矛盾。这些矛盾的解决，离不开信息法律的社会规范作用。

d）促进信息产业的发展与社会信息化进程。信息法律适应了信息社会的发展特点与技术特征，弥补了传统法律规范的不足。它不仅可以为经济效率、效益的提高提供保障，而且可以保护新的社会关系、新的生产力。客观上促进了信息产业的发展壮大。同时，有效规范和调整新的信息社会矛盾，为信息化发展排除障碍。

e）推动经济与社会的良性运行和协调发展。这是信息法律在发挥上述作用的基础上，简介产生的更深层次的影响，并且这种影响体现了信息法律的终极目标①。

---

① 黄瑞华主编．信息法［M］．北京：电子工业出版社，2004：37-38.

（3）信息法律的调整对象

信息法律的调整对象是信息关系，是指在实现信息过程时所产生的社会关系。它包含两个方面：一方面是围绕信息的生产、传播、收集、处理、存储、应用、交换、消费等信息活动所产生的社会关系；另一方面是围绕信息技术发展所产生的一系列新型的社会关系和社会问题。

围绕信息的生产产生的信息关系主要是信息拥有者与信息生产者以及其他信息主体之间的信息权、信息产权界定问题；在信息的传播、收集过程中的信息关系主要涉及信息拥有者与信息传播者、信息传播者与信息消费者之间的利益分配问题；在信息的存储、应用、交换过程中，往往与信息市场相关联，主要是指信息安全、信息市场规范化等问题；在信息消费过程中，则与信息消费者的切身利益相关联，在信息拥有者、传播者、生产者、流通者以及消费者等一系列信息活动主体所发生的社会关系中，着重追求信息消费者的权益保护。

同时，信息技术作为信息生产、传播、处理、应用、收集、交换等活动的手段，与信息活动紧密相关，信息技术的每一次突破，都必将引起信息的内涵、外延、信息活动方面的变化。所以，信息法律的调整对象还包括在信息技术活动领域中所产生的信息关系，如信息技术拥有者与使用者之间的信息关系、信息技术及其产业发展中涉及的关系等①。

（4）信息法律关系

信息法律关系是指信息法律在调整人们的信息活动过程中形成的权利、义务关系。在信息活动过程中，围绕信息拥有者、信息生产者、信息传播者、信息流通者以及信息消费者这些信息活动主体必然会形成一系列权利、义务关系，具体包括：信息拥有者的信息获取权，信息生产者的信息加工、处理权，信息传播者的信息传播权，信息流通者的信息交易权，信息消费者的信息使用权以及所有信息主体所享有的包括信息的占有、使用、收益、处分在内的信息产权和对其所享有的信息权未能充分实现后享有的司法救济权。权利和义务是对等的，权利的实现离不开义务的履行。信息活动主体在享有其权利的同时必须履行一定的义务，这里主要指信息拥有者、信息生产者提供信息的义务，信息传播者、流通者、消费者保守秘密信息的义务和不侵犯他人隐私的义务。所有这些权利义务关系都由信息法律来调整，它们构成了信息法律关系的内容。

信息法律关系的构成要素主要包括主体、客体和内容三个方面。

---

① 黄瑞华主编．信息法［M］．北京：电子工业出版社，2004：39.

①信息法律关系的主体。

信息法律关系的主体是指信息法律关系的 ，即在信息法律关系中享有权利、承担义务的人。在实践中，信息活动主体是多种多样的，当这些主体依信息法律而形成权利义务关系时，也就形成了信息法律关系，从而成为信息法律关系的主体。依据不同的标准，信息法律关系的主体有不同的分类。

按信息权利的内容划分，信息法律关系的主体可分为信息占有的主体、信息使用的主体和信息处分的主体；

按信息权利归属划分，信息法律关系的主体可分为自然人、法人和国家三类；

按信息活动类型划分，信息法律关系的主体可分为信息拥有者、信息传播者、信息加工处理者、信息商品生产者、信息咨询服务者、信息商品流通者、信息消费者七类。

②信息法律关系的客体。

信息法律关系的客体就是信息，即以上所提到的信息法律关系的主体所享有的权利和负有的义务所指向的对象，也就是将信息法律关系主体之间联系在一起的媒介，如果没有客体——信息作为媒介，就不可能在主体之间形成信息法律关系。

但是，并非一切信息都是信息法律关系客体，只有那些能够满足信息主体的利益或需要，同时又能够得到国家法律确认和保护的信息，才能成为信息法律关系的客体。

③信息法律关系的内容。

信息法律关系的内容就是信息法律关系的主体依据法律所享有的权利与所承担的义务，并且该权利与义务共同指向的对象就是信息。

信息法律关系主体享有的权利，简称信息权利，是法律关系主体依法为或不为一定的行为，以及要求他人为或不为一定行为的可能性。这种信息权利源于法律的规定，受法律保护。同时，通过行使信息权利，法律主体能够达到其信息活动的目的。

信息法律关系主体的义务，简称信息义务，是法律关系主体依法必须为或不为一定行为的必要性，它是法律对法律关系主体行为的一种约束。法律关系主体履行其信息义务，是保证信息权利有效实现的必要条件。法律关系主体如果违反法定的信息义务，侵犯信息权利，就应当承担相应的法律责任，受到法律的制裁①。

---

① 黄瑞华主编．信息法［M］．北京：电子工业出版社，2004：42-48.

10.2.2 信息法律与信息政策的关系

信息政策和信息法律是对社会信息环境实施管理和控制的两种主要手段，它们二者既有区别又有联系。

（1）信息法律与信息政策的区别

①两者制定的机关和程序不同。

信息法律是由国家专门的立法机关即全国人民代表大会及其常务委员会，或者拥有造法权能的机关如国务院及其各部委等依照法律程序而创制的，其立法权限和创制程序均有严格而复杂的规定。而信息政策的制定则出于多门，其程序也显得不很严格。我国的信息政策是按部门、划领域制定的。

②两者的表现形式不同。

在我国，信息法律通常采用制定法的形式，主要有民法通则、一些单行法律（如《著作法》《专利法》《商标法》《反不正当竞争法》）和一些单行法规（如《计算机软件保护条例》）。而信息政策则经常以国家机关制定和颁布的决定、决议、命令、规则、规定、意见以及通知、会议纪要等形式出现。

③两者调整的范围、方式不同。

从范围上看，信息政策所调整的社会关系要比信息法律广泛得多，而信息法律所调整，则往往是那些在信息活动中对国家、社会有较大影响的社会关系领域。从方式上看，信息法律一般调整较为稳定的社会关系，所以它偏重对既有的社会关系的确认、保护或控制。而信息政策是应对的手段，它不仅要处理既有的问题，而且要对正在形成或将要出现的问题作反应，因此它偏重采取灵活多样的措施，以适应社会形势不断发展的需要。

④两者的稳定性程度不同。

信息政策作为社会信息活动的指导原则，往往是宏观的方针性号召，在政策执行中允许有灵活性，而且随着信息环境的变化要不断地修正、补充和完善，由于动态性较大，因此时效较短。而信息法律一般都是在信息政策长期实施以后取得一定经验的基础上确立下来的比较具体的行为规范，时效较长，而且它的制定、修改或废除都要经过严格复杂的法定程序，具有相当的稳定性。

⑤两者的本质属性和功能不同。

信息政策代表的是政治组织的利益和意义，不具备强制力的属性；而信息法律代表的是国家的利益和意志，具有强制力的属性。信息政策只有通过特定程序，被国家机关制定或认可，才能获得国家强制力的保证，成为人人必须遵守的规范。从功能上讲，信息政策的基本功能是“导向”，即运用行政手段，鼓励和支持社会信息活动以达成信息政策的目标；而信息法律的基本功能是“制约”，即运用法律手段，限制和约束社会信息行为以保护信息环境的健康发展。

（2）信息法律与信息政策的联系

作为上层建筑的组成部分，由国家或政治组织制定的信息政策和由国家制定的信息法律均建立在一定的经济基础之上。它们的制定和实施，既体现了国家的意志，也是统治阶级和执政党的意志反映。信息法律和信息政策作为社会信息环境管理的手段，均承担着各自的职能，发挥着各自的作用。同时，它们之间又相互依存、相互配合、相互作用。

①信息政策对信息立法有指导作用。

信息政策对一切社会信息活动进行指导，信息立法作为社会信息活动的重要组成部分，当然也离不开信息政策的指导。同时，信息政策又是信息法律制定的依据。在信息立法过程中，无论立法动议的提出，还是法律草案的起草，都应当参考国家和执政党信息政策的总体精神。与此同时许多行之有效且有长远价值的信息政策逐渐被制定化、固定化为信息法律。但是，信息政策的作用并没有因此而减少。各种各样的信息政策，无论是在调节社会信息关系的针对性上，还是在解决信息环境问题的灵活性上，都具有重要作用。

②信息政策需要依靠信息法律贯彻实施。

信息政策是信息法律所要体现的一般原则、精神和内容，信息法律是国家信息政策和执政党信息政策的定型化、条文化，因此，不仅信息政策对信息法律具有指导作用，反过来信息法律对信息政策的贯彻落实也有很大的作用。信息法律是实现国家和执政党信息政策最为重要的手段。信息法律具有强制性，而信息政策则不具备这一属性，因此如果没有信息法律的体现和贯彻，仅仅依靠信息政策本身的力量和自由，往往达不到它所要达到的经济、政治目的。当然，实现信息政策的形式很多，信息法律只是实现信息政策的形式之一，它只有与信息政策的其他形式相互配合，才能发挥更大的作用①。

① 顾微微，袁卫芳．试论信息法律与信息政策的关系［J］．情报科学，2000（8）：717-719.

10.2.3 信息法律体系

信息法律体系是指信息法律的结构及分类，也就是信息法律包括哪些法律制度，即国家制定的调整信息的获取、加工处理、传播、使用、转让等信息活动过程以及信息技术活动领域中所产生的各种利益问题和安全问题的全部法律规范。信息法律体系框架的设计源于调整信息领域社会关系的需要，信息法律应包括哪些法律制度，取决于信息技术及信息活动发展所带来的一系列社会问题造成的法律需求。从目前现实来考察，主要有信息技术发展问题、信息产业发展问题、信息流通问题、信息资源管理问题、信息人员问题、信息机构组织问题、信息物质管理问题、信息安全保密问题、信息产权问题、国际信息交流与合作问题等需要信息法律加以规范。

信息法律体系的基本框架包括三个层次：第一个层次是一部高于各法律制度和法律规范的信息基本法，它侧重于对整个信息法律体系的构造、修改和补充其指导作用，以作为立法的基础和准则；第二个层次是涉及产业、组织和社会层次的信息技术、信息资源、信息产权、信息产业、信息市场、信息组织机构、信息安全、信息人才、国际信息交流合作等法律制度；第三个层次是由上述法律制度分解出来的调整范围较狭窄、目标较明确的形态各异的各种信息法律规范（包括带有法律性质的其他文件，如实施细则、条例、补充规定等）（见图 10-2）。

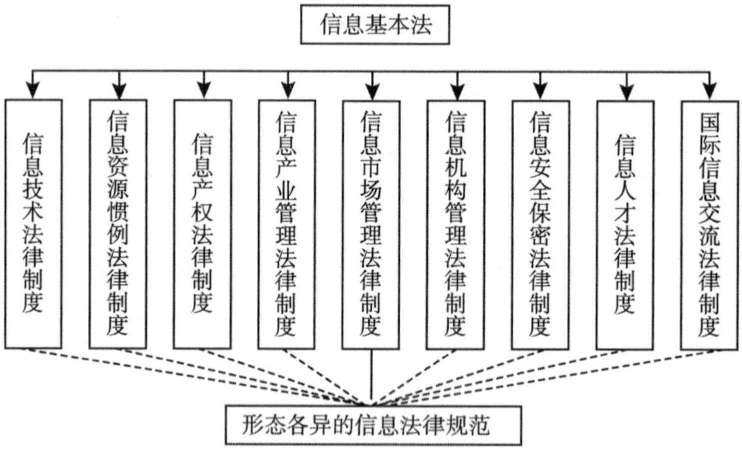

图 10-2　信息法律体系框架

根据图 10-2 所示的基本框架，我们可以将国家信息法律体系的主要内容概括如下。

（1）信息基本法

该法主要是对信息立法的宗旨、原则、调整对象和范围、信息法律关系的主体和客体等做出规定。其中，立法宗旨反映了信息立法者在立法过程中所遵循的主导思想，对各信息法律规范的制定工作起着根本性、全局性、导向性的作用。立法原则是立法宗旨在立法过程中的体现和具体化，表现为信息立法过程中所遵循的基本准则和方法。调整对象和范围反映了国家信息法律内容的范畴和边界，即国家信息法律专门调整信息生产、转换、消费等领域中发生的各种社会关系，而不调整其他领域中发生的社会关系。信息法律关系的主体指明了在信息法律关系中依法享有权利和承担义务的组织或个人。信息法律关系的客体指明了信息法律关系中主体的权利和义务所共同指向的对象，主要是指流通中的信息。

（2）信息法律制度和法律规范

①信息技术法律制度。信息技术要素涉及信息技术的评估、发展战略、标准化、引进与改造、配置与应用等问题。由此，信息技术法律制度一般包括信息技术法、信息技术评估条例、信息技术振兴条例、信息技术引进和标准化管理条例、信息技术应用管理条例等。

②信息资源管理法律制度。需要确立信息资源保护和开发的基本原则、调整范围和对象，各参与主体的权利、义务，侵权责任的承担，信息污染的控制等基本问题。具体包括国家信息资源、个人信息资源、公共信息资源和商业信息资源的收集、加工处理、使用等各项专门法律和法规。如信息资源法、信息自由法、大众传播法、新闻法、公共信息资源管理条例、政府信息资源管理条例、计算机信息网络国际联网管理规定、互联网络域名注册实施细则、无线电频谱管理条例、公众多媒体通信管理办法等。

③信息产权法律制度。随着网络信息技术的飞速发展，现有的有关知识产权保护的法律已不能满足社会发展的要求，需要不断修改、完善和补充，使其适用于以电子媒介和联机形式为主的信息传递方式，并对电子化信息的法律效力和保护措施作出必要的法律规定。现有的信息产权法律制度包括著作权法、专利法、商标法，半导体芯片保护法，商业秘密保护法，数据库版权保护条例，计算机软件保护条例，计算机信息保护条例，计算机软件著作权登记办法等。

④信息产业管理法律制度。信息产业的发展包括信息行业宏观调控、经济投入、人事管理等诸多方面。信息产业管理法律制度的内容有信息产业发

展法、信息产业管理条例、域名管理条例、国家信息工程建设投资管理条例、信息咨询服务业管理条例、信息产品与服务质量管理条例、信息技术评估条例、信息技术标准化管理条例、信息经营者资格认定条例、信息人才教育管理条例等。

⑤信息市场管理法律制度。应当包括信息市场管理法、信息标准法、信息自由法、邮政法、广告法、电信法、出版法、合同法、反不正当竞争法、经纪人法、信息商品价格管理条例、信息贸易税收管理条例、信息业反不正当竞争条例、信息业反垄断条例、信息质量管理条例等。

⑥信息机构组织管理法律制度。主要包括图书馆法、档案馆法、博物馆法、信息市场管理机构组织工作条例以及各类信息机构组织管理条例，如信息协会、信息网络组织、信息咨询服务机构组织条例等。

⑦信息安全、保密与信息犯罪法律制度。主要包括保守国家秘密法、档案法、隐私法、个人信息保护条例、个人隐私保护条例、科学技术保密条例、计算机信息系统安全保护条例、信息加密与解密管理条例、信息网络安全保护条例、计算机犯罪处罚条例等。

⑧信息人才法律制度。信息人才是国家信息化成功之本，涉及信息人才的培训、考核晋升、选拔任用、地位待遇、管理与评估等问题。由此，信息人才法律制度包括信息人员资格认定条例、信息人才教育规定、信息人才管理办法、信息人员职务晋升条例、信息生产者和经营者资格认定条例、信息经纪人管理规定等内容。

⑨国际信息合作与交流法律制度。主要包括涉外信息交流法、信息产品出口管理条例、科技人员对外联系和通信问题的规定、跨国数据传输管理规定等①②。

10.2.4 信息法律的立法模式

世界各国在其国家和社会信息化发展的进程中对于法律环境的建设，归纳起来，主要应用了以下几种模式：

(1) 专门立法模式

由于互联网、电子商务、信息服务、数据安全、网络犯罪等有关信息化发展的特有的专门概念和社会现象随着国家信息化发展的进程逐步深入人心，并且反映在社会生活的方方面面，导致了整个社会对相应的法律规范的

① 查先进．试论国家信息法的体系结构［J］．图书情报知识，2002（6）：2-5.

② 黄瑞华主编．信息法［M］．北京：电子工业出版社，2004：51-55.

强烈需求。但是，信息社会是一种崭新的社会形态，单纯依靠过去主要适用于工业社会的法律规范体系调整信息社会中特有的种种社会关系显然力不从心，无所适从，即使是根据实际情况对原有的法律做出这样或那样的补充修改，在具体应用时仍然无法很好地发挥调整和规范的作用。同时，我们知道，一个国家的信息化发展并不是在所有的领域内都齐头并进的，发展并不平衡，在某些方面可能刚刚起步，但在另一些方面已经相当成熟了，专门立法的条件也相对具备了，因此，一些国家根据实际情况，先从某些领域入手，通过专门的立法，构筑用以调整该领域内信息化发展的新的法律规范体系。国际上那些信息技术领先、信息化程度先进的发达国家，以及一些在信息化发展中某些方面卓有成效的国家，如新加坡、印度、阿根廷等往往较多地采用这种立法模式，它们比其他国家在信息化的某些方面认识更深、实践更多，获得更多的经验教训，因而更有可能进行某些方面的专门立法。例如美国在电子商务方面应用最早，实践最多，有条件率先制定有关的法律。1995 年，美国犹他州就制定了《数字签名法》，现在美国的 50 个州基本上都有了相应的电子商务法律。2000 年 6 月，美国总统克林顿还签署了《美国联邦数字签名法》。另外，意大利、德国、马来西亚、新加坡、澳大利亚、韩国、哥伦比亚、英国、菲律宾、加拿大、爱尔兰等国也先后在数字签名、电子商务等领域制定了专门的法律。

我国先后制定了与信息采集、应用、传播有关的一些专门法，比如《商标法》(1982)、《专利法》(1984)、《档案法》(1987)、《保守国家秘密法》(1988)、《著作权法》(1990)、《计算机软件保护条例》(1991)、《电子签名法》(2004)、《信息网络传播权保护条例》(2006)、《网络安全法》(2016)、《密码法》(2019)、《数据安全法》(2021)、《个人信息保护法》(2021)等一系列有关计算机及国际互联网的法律规范，内容涵盖国际互联网管理、信息安全、网络版权、域名注册、密码管理等多个方面。

《密码法》将密码分为核心密码、普通密码和商用密码，围绕密码的规范应用与管理展开立法，保障密码领域的信息安全与知识产权，推进了国家密码法制建设。《数据安全法》定义了数据、数据处理和数据安全的概念，从数据安全、风险评估、数据收集、数据跨境等方面制定了法规，进一步完善了我国数据安全治理体系。《个人信息保护法》适用于我国境内处理自然人个人信息的活动，保障了个人对其个人信息的处理所享有的知情权与决定权，推动形成个人信息领域多元主体携手共治的良好环境。

这一系列法律规范标志着我国信息法律建设逐步趋于完善，依法保障个人信息安全与国家信息安全，统筹传统安全与非传统安全，促进以数据为关键要素的数字经济发展。

（2）修改适用模式

由于社会正处于工业时代向信息时代演进的转型时期，作为推动社会进步原动力的信息技术也正在不断地飞速进步与发展，“国家信息化”以及“全球信息化”的概念更多地还只出现在一些“计划”“纲领”等书面文件里。我国社会信息化的发展尚处于发展阶段，具体实践中缺乏可资借鉴的经验，因而很难建立起比较行之有效的法律体系。世界各国在进一步研究和探索的同时，针对亟须调整的社会关系和亟须规范的有关行为，或者修改已有的法律规定，或者在已有的法律中增加相应的补充规定，使得国家的法律体系能够在保留其原有形态的情况下适用于信息化发展的现实，以此起到完善已有法律体系的作用。许多信息技术相对落后、信息化程度相对欠发达的发展中国家都主要应用这种立法模式，他们基本上只对已经存在的相对完整且普遍适用的传统法律部门中的主干法律做出补充性修改，一般不另外专门单独立法。

比如，我国在刑法中所作的关于惩治计算机犯罪的补充规定以及在合同法中所作的关于数据电文形式合同的规定；2001 年修订的《著作权法》中明确了信息网络传播权，等等。

（3）谨慎暂缓模式

由于国家的信息化发展整体上正处在迅速发展的过程中，有许多具体问题还需要研究、探索和试验，其法律性质、由此所产生的法律关系、法律规范作用点、相关法律价值取向和具体构架等一系列问题都还需要进一步认识，现在就要通过立法建立规范调整机制，显然条件并不成熟。我们认为，部分国家信息化发展正处在起步阶段，如果制定过多的法律条款，虽然出发点是好的，但会对信息化的发展造成限制和影响，而且，只有在信息服务、电子商务等信息业充分发展的基础之上，才能够制定出正确、合理、高效的“游戏规则”。因此许多国家目前主要采取“谨慎”的态度，暂缓立法，而主要依靠政府的政策导向推动国家信息化的自由发展。

10.3 信息政策与法律的制定原则

正确的信息政策与法律的制定来源于对实践经验的科学总结和对现实典型案例的充分研究，要结合我国的实际情况，贯彻中国特色社会主义法治理论，系统总结运用新时代中国特色社会主义法治建设的鲜活经验，不断推进理论和实践创新发展。坚持依法治国，发挥法治对信息化改革发展稳定的引领、规范、保障作用，逐步实现国家治理制度化、程序化、规范化。信息政策与法律所指导和调整的对象的特殊性，要求我们在制定信息政策与信息立法时应坚持和遵循以下具体原则。

（1）务实性原则

制定国家信息政策与法律必须要从国情出发，实事求是，与社会信息化的现状与实际发展水平相一致。从法制基础角度来看，我国的法制建设比较落后，许多领域本应该有的政策法律法规出台很晚或尚未出台，法律之间不配套的情况很多。考虑到我国当前的经济实力和法制基础，信息政策与法律的制定就需要从全社会的总体效果和总体平衡来考虑，而不能够片面追求发达国家强保护策略的做法。只有这样，才能与社会信息化进程取得良性互动，并推动它向前发展。

（2）协调性原则

这一原则需要做到：①国家原有的政策法律与新制定的政策法律相互协调和配合，从而保持国家信息政策与法律的一种连续性与继承性；②在国家信息政策法律内部，无论是纵向向上的下一级与上一级的信息政策法律之间，还是横向上的各个具体领域的信息政策法律之间相互都能够取得协调，达成一致；③在国家信息政策法律之外的整个国家政策法律体系中，信息政策法律既要与宪法相协调，即合宪，同时又要能够相互与经济、政治、科技、文化、军事等其他领域部门的政策法律相互协调，避免冲突和出现不必要的重复；④一国的信息政策法律必须关注他国的信息政策法律的发展情况，做到尽量与国际惯例接轨，即做好与国际信息政策法律的协调工作。

（3）均衡性原则

人类所处的信息环境存在着四大基本矛盾：信息自由与信息保密之间的矛盾；信息不足与信息过滥之间的矛盾；信息公开与信息安全之间的矛盾；信息的社会公益性（信息共享）与信息的私人占有性（信息独占）之间的矛盾。这些矛盾构成了人类社会信息化所要付出的成本。随着人类迈向信息时代的步伐的加快，这些矛盾变得更加突出。国家在制定信息政策与法律时必须要正视并解决好这一问题，要充分体现均衡性原则，注意对矛盾双方的利益的协调，找到双方都能够接受的一个利益平衡点，即使双方最终达到均衡状态。

（4）经济性原则

该原则有两层含义，它既针对国家信息政策法律的制定过程，也针对国家信息政策法律的具体内容。国家信息政策法律本身在社会信息化的发展过程中是能够发挥出经济效益的，但与此同时也要付出相应的代价，因为信息政策法律的制定花费相应的人力、物力和财力。当制定成本超过了所获得的收益时，这个政策法律是缺乏经济效率和效益的。因此，从经济性原则出发，在制定信息政策法律时要使整个制定成本小于社会从它所获得的收益。

另一方面，国家信息政策法律本身也应该具有经济功能，即能够起到降低交易费用、提高经济效益、提供激励机制、减少不确定性、将外部性予以内部化以及促成合作等经济作用。国家信息政策法律在社会信息化进程中的出现，要能够有助于信息资源与信息技术本身的效益的发挥。

(5) 弹性原则

该原则要求国家信息政策法律不仅是作为当前已经存在的信息活动的总结、概括和提炼，还要具有导向、预示的功能，能够对信息技术的前沿发展和信息社会日新月异的变化趋向有所预见，以便当前已有的国家信息政策法律能够根据环境的变化和事态的发展而及时进行补充和修改。

(6) 全面性原则

由于人类的信息活动是涉及领域十分广阔的社会活动，信息法律大多是以散见在各类法律法规之中的形式存在的，因而导致信息法律体系存在许多漏洞，尚未成为有机统一的体系。在数量上，所制定的信息法律远远不能满足信息社会日益增长的法律需求，而且在数量尚且不足的法律规范中，还较多地存在着交叉重复现象。在质量上，法律内容较为宽泛、条文不精细、可操作性较差，严重影响了法律的效力与司法效率。因此，在国家信息政策与法律制定过程中必须要积极实施并认真贯彻全面性的原则，从而构建出系统全面的信息政策法律体系。

(7) 动态性原则

由于信息政策一般是在一定的历史时期内发挥作用，具有阶段性、灵活性和可变性的特点；而信息法律是由成熟的政策转化而来的，具有较强的稳定性。因此，相对于信息法律而言，动态性的制定原则在国家信息政策的制定中表现得尤为明显。作为一定时期内为达到某一现实目标而制定的信息政策，可能会随着时间的推移，以及随着所要达到的目标的实现或调整，其政策的内容开始变得过时，进而要求予以更改甚至是消亡，这时就需要制定出新的信息政策来弥补所出现的政策真空。

(8) 重点性原则

在制定国家信息政策法律时，应该集中力量去解决所面临的众多问题中的要害问题与关键问题。从空间角度来看，既要实施全面性原则，方方面面均要涉及，同时也要明确方向，重点突出，优先考虑当前迫切需要制定政策和进行立法的领域，以解决众多矛盾中的最主要矛盾，而将其他的次要矛盾暂缓一下。从时间角度讲，则是在不同的发展时期要有不同的重点①。

10.4 网络环境下的信息政策与法律

10.4.1 网络信息政策

10.4.1.1 网络信息政策的含义及产生背景

网络信息政策是国家信息政策的有机组成部分，是针对互联网的特殊性而制定的有关规范、管理和发展网络信息活动的行为准则和指南。由于网络信息政策可灵活地随着国家的发展目标、政治、经济、文化等状况和条件的变化而改变，因而特别适合当前互联网发展变化迅速的客观实际。实践证明，互联网对国家信息政策具有着多方面和多层次的需求，而且随着网络环境的变化，新的政策需求还会不断地显现出来。

互联网对国家信息政策的需求主要表现在：

①如何建设和发展本国的网络系统。网络系统是网络信息活动的前提和基础。美国自 1993 年制定 NII 行动计划、决心建设和发展贯通全美的网络系统以来，网络系统建设和发展曾一时间成为世界各国政策需求的热点，一些国家的政府部门纷纷效仿，从政策角度展开了信息网络大战。制定网络系统建设的发展政策的目的是给信息资源的开发利用提供优质、可靠、安全、形式多样的信息服务，以及宽松、快捷、畅通无阻的信息传输通道。

②如何开发和利用网络信息资源。网络系统的建设和发展为网络信息资源的开发利用提供了前所未有的技术基础和条件。一方面，在网络系统优势的吸引下，越来越多的人成为网络用户并借助于网络系统提供的技术支持享用网上信息资源。另一方面，网络系统环境的特殊性和网络服务的复杂性又使网络信息资源的开发利用面临新的难题。例如，如何在大数据环境中合理合法地开发与利用信息资源，如何解决人工智能开发利用信息资源过程中所带来的系列法律冲突问题，如何在网络数据库、信息技术与网络设备的引进和自行开发设计之间做出合理选择，如何进行网络信息投资，如何培养网络信息人才等，这些都迫切需要从政策上提供一个指南和准则。

③如何促进网络的市场化和产业化。市场化和产业化是当今世界发展经济的基本经验，互联网作为全球经济富含新的增长点，必然也要选择市场化

① 肖勇．论国家信息政策法规的制定原则［J］．情报科学，2003（12）：1328-1334.

和产业化的发展道路。目前，网络信息市场尽管很庞大，但市场结构却是脆弱的，内部运行机制也是不完善的；网络信息产业与此类似。这一切决定了网络在市场化和产业化方面都迫切需要政府部门的政策扶持、规范和引导。

10.4.1.2　网络信息政策的内容框架

网络信息政策体系应由一系列具体的政策组成，并以相互联系、相互制约的方式作用于社会而产生系统效应。其基本内容框架如图 10-3 所示：

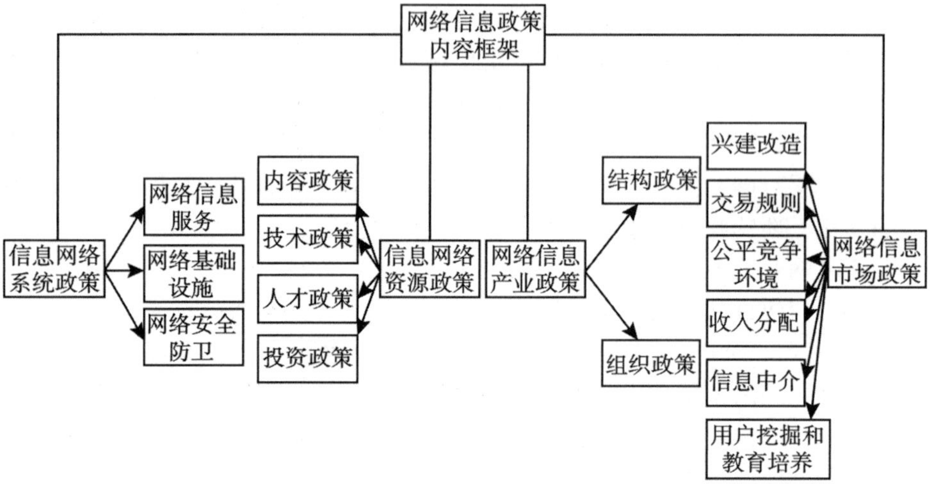

图 10-3　网络信息政策内容框架

①信息网络系统的建设和发展政策。具体包括网络信息服务、网络安全和防卫、网络基础设施等系统的建设和发展政策。

②信息网络资源政策。由下述具体政策构成：

a）网络信息内容政策：包括网络信息的搜集、开发利用、合理布局、组织协调政策；网络信息传输的组织管理和控制政策；跨国信息流通政策等。

b）网络技术政策：包括网络技术的配置与应用、开发与创新、引进与出口、标准化等政策。

c）网络人才政策：包括网络人才的培养、素质要求、选拔任用、考核晋升、地位待遇、管理与评估等政策。

d）网络投资政策：包括网络投资资金的来源渠道、构成、分配方式以及投资的强度、主体、调控机制等政策。

③网络信息产业政策。一般可分为网络信息产业结构政策和网络信息产

业组织政策。

④网络信息市场政策。一般包括网络信息市场的兴建和改造、网络信息商品的定价和交易规则、网络信息市场公平竞争环境的建立和维护、网络信息市场收入的分配、网络信息中介的组织和规范、网络信息用户的挖掘和教育培养等政策①。

10.4.2 网络环境下的信息法律

互联网日益成为推动发展的新动能、维护安全的新疆域、文明互鉴的新平台。互联网的发展和渗透对我们的生活产生了巨大的影响，特别是给我们的信息活动创造了前所未有的便利和效率，但也由此引发了诸多新的问题，如大数据环境中的侵权、个人隐私泄露、人工智能法律问题、网络信息安全等，这又使网络环境下的信息管理面临着更为严峻的挑战。然而，社会信息化程度的加深和IT产业的发展并不因此而止步。相反，人们在现实世界中的生活正一步步地被映射到网络世界中，电子交易、查询资料、网上购物、远程教学、网络社交、人工智能等活动，已经成为我们生活中不可缺少的部分。正是由于互联网对于国家经济的发展、人们生活质量的提高有如此重要的作用，因而对于互联网以及互联网环境下的信息活动的法律规制显得尤为重要。但由于互联网具有很多不同于传统信息传输工具的特点，互联网空间对于传统的信息法律规则产生了极大的冲击，传统信息法律规则不能直接适用于网络空间，从而使得对于互联网的信息法律规制变得更加紧迫。

目前网络环境下的信息法律所涉及的问题众多，下面我们主要从网络知识产权、电子商务、网络隐私、网络信息安全、人工智能法律问题等五个方面来展开讨论。

10.4.2.1 网络知识产权

我国正从知识产权引进大国向知识产权创造大国转变，知识产权保护工作关系国家治理体系和治理能力现代化与新发展格局的构建。知识产权作为信息法律的重要组成部分，其法律关系的客体是作为创新型智力成果的信息内容，创新是引领发展的第一动力，保护知识产权就是保护创新。而在网络环境下，数字化信息成为信息内容主要形式，同时还出现了一些新型的知识产权作品类型，如数字作品、数据库、软件用户界面、网络游戏等。这些形态各异的信息内容给网络知识产权保护提出了全新的挑战。

① 马费成主编．信息资源开发与管理［M］．北京：电子工业出版社，2009.

(1) 数字作品的保护

根据《中华人民共和国著作权法实施条例》的解释,著作权法所称作品,是指文学、艺术和科学领域内具有独创性并能以某种有形形式复制的智力成果。基于这一定义,我们可以认为数字作品是指通过数字化技术在网络上运行的,具有独创性的并能以有形的形式加以复制的文学、艺术和科学智力作品,包括数字化的文字作品、美术作品、摄影作品、音像作品、视频作品、软件作品以及经过智力创作的网页,以及直接在网络上、利用计算机技术创作的数字作品。如果作进一步细分的话,网络作品可大致分为两类:第一类是经过数字化后在网络上存储和传播的传统作品(如纸质图书的网络电子版、唱片公司所发行歌曲的网络 MP3 等格式),这些作品在原先传统介质和载体的基础上经过了数字化处理;第二类是直接在网上生产、存储和传播的数字作品(如博客、网络小说),这些作品的创作、使用和传播都是在纯粹的数字化环境下进行的,当然它们也能够通过传统的印刷等形式再现。

数字作品具备传统作品的一些共同特点,同时也具有网络环境给其带来的独特性。从共性和个性,数字作品的特征主要表现为:

①独创性又称原创性。指数字作品作者独立用创作来表现个人思想感情,而不是仅仅抄袭或复制别人的作品。

②可复制性。一般是指以印刷、复印、拓印、录音、录像、翻录、翻拍等方式将作品制作一份或多份;虚无缥缈的意念或想象,即没有通过可感知的方式予以固定的思想是不具备复制性的,不是著作权保护的对象。

③无形性,又可称为隐形性。网络环境下的作品传播和以往的传播形式相比较,具有无形性的特征。这个无形性不仅体现为传播过程的无形性,而且还体现为所传播的作品本身的无形化。如通过网络方式传播的电子版作品、软件、数据库等,均不需要通过传统传播途径下所体现的纸张、书籍等物理载体来显现内容。

④开放性。传统的作品发布和传播是需要经过相对严格的审批程序和条件才能实现的。但网络环境下的作品发布方便而快捷、传播范围空间也远超过传统传播方式。

⑤失控性。数字作品一旦完成并保存于网络空间后,很大程度上就不是作者或权利人本人可以操控的了。比如一个作者将其作品录入到其博客空间,如果这个博客存储空间遭遇黑客攻击或者运营商关掉该服务器,那么该作者的作品将消失于网络空间。

⑥虚假性,又可称为真实待定性。网络著作权的虚假性,主要是因为法律对著作权人身份核查调整规范的缺失。而网络传播的匿名性、便捷性又导

致网络环境中存在一个作品多个署名的状况，而该种署名的混乱状态，往往就导致难以核实谁是真正的权利人①。

由此可以看出，在网络环境下，著作权作品表现形式的多样化，以及网络特征的突出性，使得大数据环境下数据侵权行为更具复杂性、灵活性和隐蔽性。随着社交网络、“微格式”及人工智能时代的来临，用户生成内容（User Generated Content，UGC）作为一种全新的网络信息内容类型，其所面临的网络著作权保护问题开始成为人们关注的热点。我国于 2006 年 7 月 1 日开始施行《信息网络传播权保护条例》，并于 2013 年进行了修订。《信息网络传播权保护条例》对信息在网络传输中的著作权问题、信息网络传播权的限制问题等问题予以了法律强制性规定。

（2）数据库的保护

欧盟于 1996 年颁布的《关于数据库法律保护指令》对数据库定义为：数据库是指经系统或有序地安排，并可通过电子或者其他手段单独加以访问的作品、数据或其他材料的集合。作为网络应用中的一种基础性应用，互联网的快速发展与数据库技术的广泛应用是分不开的。因此各国对数据库的保护都非常重视，尝试通过各种不同模式来对数据库进行保护。

目前，世界上对数据库的保护形式主要有三种：第一种是纳入著作权保护的范畴，在这种保护模式下，它要求数据库具备独创性的特征，能够构成作品（汇编作品）；第二种是纳入反不正当竞争法保护的范畴，这种保护模式下，并不要求受保护的数据库具备独创性；第三种是制定专门的数据保护制度，如欧洲有些国家就为保护数据库创设了专门的数据库保护制度。

①数据库的著作权保护方式。

数据库的著作权保护方式，主要是把符合汇编作品特征的数据库纳入著作权保护范畴，也就是说要求数据库本身是具有独创性的作品。这个独创性，仅仅是指数据库在编排、汇集、整理等过程中具有独创性，而不是指数据库中的材料本身具有独创性，且对数据库的保护也不能包含数据库本身中的材料。

但是利用著作权法来保护数据库也有很多不足之处：第一，著作权法保护的作品要求该作品有独创性，因此，那些无独创性但被广泛传播和使用的、具有巨大商业价值的数据库就不能得到相应的著作权保护。第二，著作权法保护的是表达形式而非作品所表达的内容和思想，因此，通过著作权法保护的是知识数据库的本身，即其编排方式和架构，而并不是其内容和思

① 刘玥．网络法律热点问题研究［M］．北京：知识产权出版社，2008：36-49.

想，这样可能导致，他人将数据库破译并重新编排后，产生一个内容完全相同的数据库，但根据著作权法的相关规定，这种行为却是不侵权的。第三，著作权的保护周期过长。按照《伯尔尼公约》的规定，对作品的经济权利保护不少于作者有生之年加死后50年，如此长的保护时间并不利于知识的传播，也不利于数据库及时进入公众领域从而服务大众。

②数据库的反不正当竞争法保护。

由于著作权法保护数据库的局限性，尤其是那种付出了艰辛劳动或大量资金投入的但不具备独创性的数据库，却不能获得著作权法范畴的保护，这无疑是不利于促进知识传播和保护权利人的利益的。因此，很多国家在这种不具备独创性的数据库保护方面，援引《反不正当竞争法》的相关规定来予以保护。这种保护方式的意义在于，我们不仅可以对那些包含科学、文化、艺术等领域内作品的数据库进行保护，而且可以对那些包含类似于期货交易量信息、汇率信息等非传统作品形式的数据库进行保护。因为通常来说，这类数据库不太具备汇编作品的特征，更多的时候是数据的汇总。

但通过《反不正当竞争法》实施对数据库的保护的范围比较狭窄，如它对主体有要求，一般进行非经营性活动的个人，不成为侵权主体。而且保护条件也较为严格，只有行为人与受害人之间存在竞争关系才能纳入保护的范畴。

③数据库的特殊权利保护制度。

如前所述，不管是将数据库纳入著作权法保护范畴还是纳入反不正当竞争法保护范畴，都存在着这样或那样的不足，因此为了让数据库得到全面周延的保护，欧盟在1996年推出了《关于数据库的法律保护指令》法案，尝试对数据库的保护建立特殊的保护制度。该保护制度与著作权保护制度的最大区别，首先在于数据库的特殊权利保护是一种投资保护制度，保护的标准在于数据权利人在制作书刊的过程中的实质性投入，而并不要求其在材料或内容的选择上或编排上有独创性，这样就可以扩大数据库的保护面，将那些不符合独创性标准的数据库涵盖进来。其次，数据库的特别保护制度强调对数据库内容的保护，与著作权被保护侧重于结构和表达方式（形式）明显不同，能有效防止大量复制利用数据库内容的“搭便车”行为。

虽然数据库特殊权利保护制度有利于数据库尤其是不具备独创性的数据库的保护，但其如何在保护数据库权利人的经济利益的同时兼顾个人利益和公众利益的平衡，仍需要继续探讨，这也是它在国际上并未得到广泛推广和借鉴的原因之一①。我国在数据库保护上，应立足于《著作权法》、《反不正当竞争法》等法律规范来进一步充实和完善数据库保护制度。

（3）计算机软件的知识产权保护

计算机软件著作权是指软件的开发者或其他权利人依据有关著作权法律的规定，对于软件作品享有的各项专有权利。利用著作权法来保护计算机软件是目前世界上对计算机软件最主要的法律保护方式。美国在1980年通过了《计算机软件保护法案》；1994年关贸总协定乌拉圭会议通过了《与贸易有关的知识产权协议》（TRIPS），是第一个明确规定计算机软件著作权保护的国际性条约，确立了著作权在计算机软件保护中的核心地位。我国计算机软件产业相对落后，计算机软件保护立法较晚。我国最新版的《计算机软件保护条例》自2013年3月1日起施行。

①计算机软件著作权保护的客体和主体。

软件著作权保护的客体是符合法定保护条件的计算机软件，包括计算机程序和有关文档。计算机软件要取得著作权必须具备两个条件，即由开发者独立开发，具有独创性；固定在某种有形物体上，且具有可复制性。

软件著作权的主体是依照相关法律法规规定享有软件著作权的法人、非法人单位或公民，是软件著作权权利义务的承受者即著作权人。通常情况下，软件著作权一般属于软件开发者享有。同时，《计算机软件保护条例》还规定了几种特殊情况的著作权归属：合作开发软件、委托开发软件、国家机关下达任务开发软件以及职务开发软件的著作权主体。

②计算机软件著作权保护的权利内容。

我国计算机软件著作权保护的权利内容包括：发表权、署名权、修改权、复制权、发行权、出租权、信息网络传播权、翻译权以及应当由权利人享有的其他权利。

③计算机软件著作权侵权及其法律责任。

侵权行为包括未经权利人许可发表、复制、发行、转让或使用软件、剽窃他人软件、独占合作开发软件、故意避开或破坏相关技术措施、故意删除或改变管理信息等；责任承担方式包括停止侵害、消除影响、赔礼道歉、赔偿损失等民事责任，以及相应的行政责任和刑事责任。

④计算机软件著作权的其他法律保护。

计算机软件著作权的其他法律保护主要包括计算机软件的专利权保护、计算机软件的商标权保护、计算机软件的商业秘密保护以及计算机软件的单

---

① 刘玥．网络法律热点问题研究［M］．北京：知识产权出版社，2008：93-103.

独立法保护。

(4) 在线网络游戏的知识产权保护

所谓在线网络游戏，就是通过计算机应用程序，将计算机游戏内容经过选择、编辑和数字制作加工，以互联网（含局域网、专网）为传播载体，发送到电脑、电视、手机等用户终端，供多人同时在线浏览、阅读、使用或者下载的行为。

在线网络游戏作为一种知识密集型产品，对知识产权保护有很高的要求。网络游戏软件本身就是享有著作权保护的作品，涉及的版权主要包括计算机程序版权、美术作品版权、音乐版权等。其中，计算机程序还包括客户端软件、服务器端软件、用户数据库、计费平台软件等，涉及以上任何一种的未经授权复制他人作品的行为，都构成侵权。

但网络游戏又与传统作品有着明显的区别。网络游戏的构思凝聚着开发者大量的创造性劳动，是其精华所在，而其他专业人员只要掌握了这种思想或者构思，就能开发出大同小异的产品。所以，网络游戏的构思才是设计人创造性智力成果的本质，是最具有价值和最需要保护的部分。然而，在目前，这种思想或构思在传统的著作权法中尚不能得到应有的保护，因而给网络游戏版权的实质性保护造成了困难。

此外，对于网络游戏名称、标识及人物造型等内容，由于其具有特殊的商业价值，可以采用商标法保护的方式，根据在线网络游戏运营涉及的各个环节，进行全方位的商标注册，以达到完全保护的目的。而对目前网络游戏业界最为阴暗中的“私服”和“外挂”现象，可以考虑主要从竞争法的角度寻找入手点。

由于知识产权各专门法都有各自的特点与保护范围，要寻求对网络游戏的完备保护，只依靠某专门法可能难以完全实现目的。因此，必须为在线网络游戏产品建立立体的法律保护体系，多建立几道防御阵地，以此应对层出不穷的侵害行为①。

10.4.2.2 电子商务法律问题

在网络的迅猛发展和日益普及下，电子商务欣欣向荣，人们可以通过计算机网络进行并完成各种商务活动、金融活动和相关的综合服务活动。电子商务颠覆了传统的商业模式，也对法律产生了诸多影响。

---

① 孙可舟. 在线网络游戏的知识产权保护 [M] //蔡海宁主编. 信息网络与高新技术法律前沿. 北京：法律出版社，2009：155-158.

（1）电子签名和电子认证

根据我国制定的《电子签名法》，电子签名被定义为“指数据电文中以电子形式所含、所附用于识别签名人身份并表明签名人认可其中内容的数据”。尽管电子签名涉及的技术问题复杂，但其面对的法律问题则相对简单。因为商务活动的绝大多数法律问题在传统法律中已经解决，因此《电子签名法》只要解决因商务活动信息载体的变化所涉及的法律问题即可。同时，因为电子商务所具有的显著优势就在于利用不受国界限制的全球性互联网方便地进行网上交易，这就必然要求电子签名法律制度应当是国际统一的。因此，涉及电子签名的法律制定，必须采取“技术中立”的立法原则，即法律只规定作为安全可靠的电子签名所应达到的标准，至于采用何种技术手段来实现这一标准，法律不作规定。

基于上述原因，我国在《电子签名法》中规定电子签名同时符合下列条件的，即视为可靠的电子签名：①电子签名制作数据用于电子签名时，属于电子签名人专有；②签署时电子签名制作数据仅由电子签名人控制；③签署后对电子签名的任何改动能够被发现；④签署后对数据电文内容和形式的任何改动能够被发现。当事人也可以选择使用符合其约定的可靠条件的电子签名，且可靠的电子签名与手写签名或盖章具有同等的法律效力。

电子认证是指在电子商务环境下，为保证网络上数字化业务应用的安全性，由第三方发放具有一定格式和内容的数字证书，并对数字证书进行确认的过程，其实就是一种身份确认方式。电子认证服务是指为电子签名相关各方提供真实性、可靠性验证的公众服务活动。电子认证的作用是保障电子商务的安全进行，具有担保功能和预防功能。

（2）电子合同

电子合同是指平等主体的自然人、法人、其他组织之间在网络环境下，通过电子数据交换和电子邮件等方式设立、变更、终止民事权利义务关系的协议。虽然电子合同的订立主体和传统的纸质合同或口头协议订立者并无两样，自然人、法人、其他组织均是电子合同的当然主体。但和传统的纸质合同或口头协议不同的是，电子合同的实施必须是要有相应的技术来支持和保障，如CA认证技术、电子印章、智能文档技术等。

电子合同是电子商务的基础，随着电子合同的发展，不少国家已经意识到运用法律确定电子合同效力的必要性。联合国国际贸易法委员会1996年6月采用了《电子商业示范法》。该法指出：因为数码信息具有以后被引用的可能性，足以担当书面文件的任务，不能仅仅因为信息采用的方式是数码信息而否定其法律效力、有效性和可强制执行性。我国《合同法》已将传模式的法律，就无法遏制计算机病毒的泛滥。

在面对一系列网络安全问题时，现行法律的适用性受到了极大的挑战。“预防为主、综合防范”是安全法的一项基本原则，网络安全法律需要以预防和控制性的法律规范来代替传统的“惩治”性的刑事法规范；以程序保障为重点，从网络安全评估、网络安全责任和网络安全应急三方面开展过程控制的制度设计①。我国先后颁布实施了一系列有关网络安全的法律法规或规章条例，其中较有代表性的网络环境下的信息立法如表 10-2 所示：

表 10-2 **我国网络环境下信息立法列举**

名称	部门	主要内容
规范互联网信息服务市场秩序若干规定（2011）	工业和信息化部	规范互联网信息服务市场秩序
电信和互联网用户个人信息保护规定（2013）	工业和信息化部	保护电信和互联网用户的合法权益
网络安全法（2016）	全国人大常委会	涉及网络安全、监测预警与应急处理、法律责任等
网络信息内容生态治理定（2019）	国家网信办	建立健全网络综合治理体系与营造良好网络生态
数据安全法（2021）	全国人大	规范数据处理活动，保障数据安全，维护国家安全和发展利益
网络安全审查办法（2021）	国家网信办等十三部门	保障关键信息基础设施供应链安全、网络和数据安全
互联网信息服务算法推荐管理规定（2021）	国家网信办等四部门	规范互联网信息服务算法推荐活动和相关监督管理工作
反电信网络诈骗法（2022）	全国人大	加强反电信网络诈骗工作
互联网上网服务营业场所管理条例（2022）	国务院	加强对互联网上网服务营业场所及经营活动的管理
互联网用户账号信息管理规定（2022）	国家网信办	加强互联网用户账号信息安全管理，完善互联网信息服务规范

① 马民虎．网络安全：法律的困惑与对策［J］．中国人民公安大学学报（社会科学版），2007（1）：57-63.

续表

名称	部门	主要内容
关于依法惩治网络暴力违法犯罪的指导意见（2023）	最高人民法院 最高人民检察院 公安部	涉及依法惩治网络暴力违法犯罪和提供法律救济
网信部门行政执法程序规定（2023）	国家网信办	规范和保障网信部门行政执法及监督制度
未成年人网络保护条例（2023）	国务院	保障未成年人利于身心健康的网络环境及合法权益

作为我国首部针对数据安全的法律，2021年颁布实施的《数据安全法》对数据、数据处理、数据安全作了定义，分为总则、数据安全与发展、数据安全制度、数据安全保护义务、政务数据安全与开放、法律责任和附则七章。《数据安全法》适用于我国境内开展的数据处理活动及其安全监管。该法指出，数据处理行为应当遵守法律法规，尊重社会公德与道德伦理。在数据处理活动中，应当加强风险监测与定期开展风险评估，并制定应对措施。国家应支持数据开发利用技术及其活动，并建立数据保护制度及管理制度，推进健全数据安全治理体系。在互联网信息处理层面上，该法指出，应在网络安全等级保护制度的基础上利用互联网开展数据处理活动，国家网信部门应依法负责协调网络数据安全和相关监管工作。《数据安全法》从总体国家安全观的角度，明确数据责任相关主体及其监管职责，建立健全数据安全治理体系，保障数据的合理有效开发利用与有序自由流动。为发展数字经济、构建数字社会提供了法律框架与依据。

10.4.2.5　人工智能领域法律问题

人工智能（Artificial Intelligence，AI）是以研究、开发用于模拟、延伸和扩展人的智能的理论、方法、技术及应用系统的一门新的科学技术①，是由人工建立的一种软件或硬件系统的智能。其在制造业、金融业、医疗行业、服务业、交通运输、安全防御等领域的应用让人目不暇接。人工智能深刻地改变着我们的生活、生产和工作方式。比如，“无人驾驶汽车”“机器人手术医生”“智能教师”“消防救援机器人”“智能服务机器人”“智能语

① 倪楠．人工智能发展过程中的法律规制问题研究［J］．人文杂志，2018（4）：122.

音助手”都是人工智能的体现。随着基础科学领域的重大突破，人工智能呈现出深度学习、跨界融合、人机协同、群智开放和自主操作的能力，并逐步迈向类脑智能、自主智能、混合智能以及群体智能的新发展阶段。

近年，我国法治建设聚焦于人工智能的发展和治理，稳步有序推进人工智能领域立法，统筹体系建设、场景创新、伦理规范、司法正义等层面，建立健全人工智能应用规范。旨在抓住机遇，应对挑战和防范化解风险，助力人工智能在我国科学、经济、文化等领域的规范应用，构建国家竞争新优势，推动国家发展、社会进步、人民生活水平提高。

我国近年颁布的有关人工智能治理相关的法规政策与规范有《国家新一代人工智能标准体系建设指南》（2020）、《新一代人工智能伦理规范》（2021）、《最高人民法院关于规范和加强人工智能司法应用的意见》（2022）、《关于加快场景创新以人工智能高水平应用促进经济高质量发展的指导意见》（2022）、《关于支持建设新一代人工智能示范应用场景的通知》（2022）、《生成式人工智能服务管理暂行办法》（2023）等。

《国家新一代人工智能标准体系建设指南》从基础共性、支撑技术与产品、基础软硬件平台、关键通用技术等八个部分提出了人工智能标准体系的顶层设计与宏观纲领，并针对每个部分列出人工智能标准研制方向，以引领和指导人工智能发展。《生成式人工智能服务管理暂行办法》则着眼于生成式人工智能，指出生成式人工智能服务的提供和使用应遵守法律法规与道德伦理，不得实施歧视、垄断、不正当竞争等行为，鼓励生成式人工智能的技术创新和场景创新。

中央网信办于 2023 年发布《全球人工智能治理倡议》，提出 11 项主张，涵盖人工智能的发展、风险评估、立法、伦理等层面，指出各国应秉持共同、综合、合作、可持续的安全观，构建开放、公正、有效的治理机制，秉持共商共建共享的理念，同各国加强交流和对话，协力促进全球人工智能的文明治理与健康有序发展。

我国还制定出台《关于构建更加完善的要素市场化配置体制机制的意见》《关于构建数据基础制度更好发挥数据要素作用的意见》《数字中国建设整体布局规划》等举措，将数据纳入生产要素范畴，确立数据在要素市场化配置中的重要地位，构建更加完善的要素市场化配置体制机制与数据要素基础性制度，为人工智能的发展奠定数据基础，促进数字经济的发展和人类信息社会的变革。

在国际上，世界各国也针对人工智能制定出台了相应的政策法规。美国于 2021 年颁布《2020 年国家人工智能倡议法案》，于 2022 年发布《人工智能权利法案蓝图》《国防部负责任人工智能战略和实施路径》，于2023年发布《国家人工智能研发战略计划》。欧盟委员会于2020年发布《人工智能白皮书》，于2022年通过《人工智能责任指令》和《关于缺陷产品的责任指令》两项提案，欧洲议会于2022年表决通过《人工智能法案》草案。英国于2021年公布了为期10年的《国家人工智能战略》，并于2022年发布《国防人工智能战略》。日本于2021年公布《AI原则实践的治理指南》，并于2023年成立了人工智能战略委员会。

人工智能研究公司OpenAI于2022年发布的ChatGPT引发了全球关注与热议，作为基于生成式预训练语言模型开发而成的对话交互式模型，ChatGPT可以通过理解和分析用户输入的文本、语音、图像等信息，以自然语言与用户进行智能回答交互，并且可以利用交互的信息内容来进行模型训练与优化。以ChatGPT为代表的新一代人工智能可以为人类提供更加智能化、易于理解的服务体验，推动信息交流的多元化发展。

与此同时，新一代人工智能也带来了一系列法律议题。

①人工智能的法律主体地位；

②人工智能法律责任的认定；

③人工智能服务中数据安全与信息隐私的保护；

④人工智能生成内容的著作权归属与保护；

⑤人工智能服务中的伦理道德规范。

2023年，由英国倡议举办的首届全球人工智能安全峰会（The AI Safety Summit 2023）于布莱切利园（Bletchley Park）开幕，来自中国、美国、英国等28个国家联合签署了《布莱切利宣言》（The Bletchley Declaration）。作为全球首个针对人工智能规范的国际性声明，《布莱切利宣言》重点关注人工智能安全风险的识别和基于风险的政策制定，以促进建设一个具有国际包容性的前沿人工智能安全科学研究网络。

人工智能视角下的立法应统筹传统安全与非传统安全，坚持发展与安全并重、依法治理与创新相结合，构建促进人工智能向上向善、高水平高质量、健康文明可持续发展的法律规范体系，赋能国家经济、文化、社会、科学技术等领域的建设，为推动人工智能技术造福人类提供法律保障。

本章内容提要

合理有效的信息政策与信息法律是信息管理工作得以顺利开展的保障，除了技术、经济等维度以外，我们还需要从行政与法律的视角对信息管理进行研究。第 10 章首先分别概述了信息政策与信息法律的相关问题，包括信息政策的含义、体系构建、国内外信息政策简介及比较，信息法律的含义、调整对象、法律关系、法律体系、立法模式等；而后阐述了信息政策与法律制定需要遵循的原则。在网络环境下的信息政策与信息法律部分，分为两个部分：第一部分介绍了网络信息政策的含义、产生背景及内容框架；第二部分集中从网络知识产权、电子商务法律、网络隐私保护、网络信息安全、人工智能领域法律问题五个方面对网络环境下的信息法律相关问题进行了分析和讨论。

本章重点

1. 掌握信息政策的含义及体系构建；

2. 了解国内外信息政策的发展现状；

3. 掌握信息法律的含义，分析其所要解决的矛盾和冲突主要表现在哪些方面；

4. 结合信息活动及信息管理工作，认识并了解信息法律制度及规范主要涉及哪些领域；

5. 掌握信息法律立法的三种模式；

6. 了解网络环境下信息政策与信息法律产生的背景，以及所要解决的问题。

本章参考文献

[1] 杜佳. 国家信息政策法规体系研究：基于“国家信息政策法规数据库”的实证分析 [M]. 北京：北京图书馆出版社，2005.

[2] 查先进. 信息政策与法规 [M]. 北京：科学出版社，2004.

[3] 郎庆斌，孙毅，杨莉. 个人信息保护概论 [M]. 北京：人民出版社，2008.

[4] 马费成，李小宇. 我国信息政策法规研究现状、热点与进展分析 [M] //李纲主编. 情报学研究进展（第二辑）. 武汉：武汉大学出版社，2010：1-32.

[5] 汪少敏. 信息政策与信息法律 [M]. 武汉：湖北人民出版社，2004.

[6] 燕金武. 网络信息政策研究 [M]. 北京：北京图书馆出版社，2006.

[7] 颜祥林. 网络信息政策法规导论 [M]. 南京：南京大学出版社，2005.